지구촌 시대의 평화와 인권

국제기구에 도전하는 젊은이에게

나남
nanam

박경서

서울대 문리대 사회학과 졸업, 독일 괴팅겐대 사회학 석사·박사
크리스찬 아카데미 부원장
스위스 제네바 WCC 아시아 총무, 아시아 정책위 의장
국가인권위원회 상임위원, 대한민국 인권대사 역임
네팔정부 인권상, 미얀마 아웅산 수치 여사 민주위원회 위원
인도, 파키스탄, 방글라데시, 스리랑카 인권상 및 공로패 등
현재 WCC 자문위원, 이화여대 학술원 석좌교수, 진실과 화해위원회 자문위원
성공회대 대학원 석좌교수, 사단법인 동북아평화연구소 명예소장
유엔 인권정책센터, 국가인권위원회 고문

저서
《노동쟁의의 정치사회적 의미》, 《산업민주주의》, 《아시아의 고뇌》(영문판),
《화해 그리고 통일》(영문판), 《인권대사가 체험한 한반도와 아시아》,
Promoting Peace & Human Rights on Korean Peninsula 등

나남신서 1409

지구촌 시대의 평화와 인권

국제기구에 도전하는 젊은이에게

2009년 8월 15일 발행
2009년 8월 15일 1쇄

저자_ 朴庚緒
발행자_ 趙相浩
발행처_ (주) 나남
주소_ 413-756 경기도 파주시 교하읍
출판도시 518-4
전화_ (031) 955-4600 (代), FAX : (031) 955-4555
등록_ 제 1-71호(79.5.12)
홈페이지_ http://www.nanam.net
전자우편_ post@nanam.net

ISBN 978-89-300-8409-3
ISBN 978-89-300-8001-9
책값은 뒤표지에 있습니다.

나남신서 1409

지구촌 시대의 평화와 인권

국제기구에 도전하는 젊은이에게

박경서 지음

나남
nanam

Peace & Human Rights in 21st Century

by

Park, Kyung-seo

nanam

책을 내면서

2001년 9월 11일 미국에서 알카에다가 저지른 테러 만행은 무고한 3천여 명의 목숨을 앗아간 인간 비극이었다. 그러나 유엔의 권고 없이 미국과 영국이 주도한 아프가니스탄, 이라크 공격은 실패한 전쟁으로 평가된다. 이라크 침공은 9·11 테러범들에 대한 보복을 위해, 그리고 대량살상무기의 발견과 민주주의 건설이라는 명분으로 시작되었다. 그러나 대량살상무기는 발견되지 않았고 민주주의의 실현은 시아파와 수니파의 갈등으로 요원해 보인다. 미군 4천 명을 포함해 2백만 명 이상의 무고한 생명을 앗아간 이라크 전쟁은 값진 인간 역사의 유산까지도 파괴한 채 실패한 전쟁으로 남게 되었다. 이 전쟁에서 우리는 결국 폭력이나 전쟁은 어느 경우에도 진정한 평화나 참 민주주의의 실현을 가져오지 않는다는 값진 교훈을 다시 얻은 셈이다.

전쟁과 함께 세계를 현혹시켰던 신자유주의 경제도 투기로 인한 금융자본의 극단적인 폐해로 말미암아 전 세계는 경제위기라는 전대미문의 소용돌이에서 헤어나지 못하고 있는 실정이다. 진정한 자본주의 그리고 시장경제란 좋은 물건을 팔아 정당한 이윤을 낼 때에 값진 것이지, 남의 돈을 탐내는 투기와 허구의 금융자본으로는 그 빛을 발하지 못한다는 상식을 우리는 다시금 깨닫고 있다.

요즘과 같은 시기야말로 우리 모두가 차분하게 삶의 의미를 되새겨 보아야 할 때가 아닌가 싶다. 그래서 정의, 평화, 생태보존, 지속가능한 발전과 같은 화두(話頭)가 더욱 절실하게 느껴지는지도 모르겠다.

2006년 12월 크리스마스를 앞둔 어느 날 이화여자대학교 총장님으로부터 전화를 받았다. 2007년 2월 1일부로 이화여자대학교 이화학술원의 석좌교수로 초빙되었으니 3월 봄 학기부터 3학점짜리 교양과목을 맡아서 평화와 인권, 그리고 지속가능한 발전 문제를 유엔을 중심으로 한 국제기구들의 시각에서 강의해 주십사 하는 것이었다. 물론 거절은 없는 것으로 알겠다는 말도 잊지 않고 말이다.

이런 영광스러운 초청은 나로서는 전혀 예상치 못한 것이었다. 당시 나로서는 약 7년 동안의 공직 생활이 끝나면 어렴풋이 이름만 걸어 놓고 가르치지 못한 성공회대학교 대학원의 석좌교수 생활을 충실히 하리라 생각하고 있었다. 이화여대에서의 강의는 우선 수강생의 숫자에서부터 만만치 않아 걱정이 앞섰던 기억이 난다. 그러나 1970년대 서울대학교에서 6년 동안을 가르쳤던 경험과 1977~78년 2년간 이화여자대학교 대학원 사회학과에서 가르쳤던 경험이 있어 낯설지만은 않게 느껴진 것도 사실이었다.

이렇게 늙은이의 '지구촌 인권 평화 특강'이라는 제목의 강의는 시작되었다. 이화의 강단은 1970년대와 사뭇 다른 모습이었다. 그 사이 대학의 강의도 많이 달라져 있었는데, 우선 70년대의 수강생은 많아야 고작 40~50명이었으나 지금은 기본적으로 학생의 수가 150~200명이 되어 그 수에서부터 엄청났다. 또한 기계들의 발전이 눈에 띈다. 특히 파워포인트(PPT)의 등장이 눈에 띄었다. 이것의 공과 실은 여기서 논할 게 아니지만 나도 모르게 2년이 지난 오늘 이 방법에 익숙해진 것이 사실이다. 휴강은 고사하고 결석을 하는 학생도 없다. 이는 선생이 준비 없이 함부로 가르칠 수 없다는 얘기이다. 물론 123년의 전통을 갖는 이화여대의 분위기에는 서울대학교나 성공회대학교와는 판이하게 다른 그 무언가가 있다. 깨끗한 캠퍼스, 성실한 학생들, 고요한 학풍은 이화여대가 가진 많은 장점들 중 일부에 불과하다.

가르치기 위해 쓰기 시작하여 모아진 자료들을 묶은 것이 이 책이다. 처음부터 학생들을 위해 쓰면서 자료들을 모았다. 봄 학기와 가을 학기에 따라 약간의 차이는 있지만 한 학기가 대강 3시간짜리의 한 강좌를 12번 하고 나면 마무리된다. 그래서 이 책도 열두 토막으로 구성되어 있고 부록까지 하면 열세 토막이다.

즉, 한 학기의 강의 교재란 뜻일 게다. 그 사이 국제기구들을 추가하였고 부록이 많아져서 대강 1년을 가르칠 수 있는 충분한 분량이지만 대학은 학생들이 스스로 공부하도록 해야 된다고 생각하기에, 그리고 대학의 학제는 학기별로 계산되기에 한 학기에 소화될 수 있다는 가정도 가능하리라. 어찌 보면 한 토막 한 토막이 독립된 분야일 수도 있다. 그래서 몇 군데에서는 반복된 구절이나 내용들이 있음을 독자들이 이해해주기 바란다. 그리고 본문에 내가 쓴 영어를 넣은 이유는 꼭 필요한 경우에 한했다. 이 영문 자료들은 해당 국제기구에 응시할 젊은이들을 위해(구두시험 준비를 위해서) 불가피하게 넣은 것이기 때문에 국제기구에 응시하지 않을 독자들은 읽지 않아도 될 것이다.

나는 59세에 20년간의 스위스 제네바의 세계교회협의회(WCC) 생활을 마감하고 귀국하였다. 그것이 2000년 1월 1일이었다. 그전의 독일, 영국, 네덜란드 등지에서의 생활까지 합하면 30년이다. 예순 살이 될 때까지의 절반을 외국에서 보낸 셈이라 아직도 나는 우리의 문제를 울타리 밖에서 보게 된다. 그래서 한국의 정서에 맞지 않다는 핀잔을 가끔 듣지만 나 같은 사람도 있어야 된다는 고집으로 살고 있다. 그래야 균형 잡힌 한국인이 될 수 있다고 믿기 때문이리라. 그래서 유엔본부 및 산하기구, 또 여타의 국제기구들에 우리의 젊은이들이 많이 진출해야 우리가 선진국으로 도약하는 데 큰 발판이 된다고 믿어왔다. 그 길잡이가 될 만한 책이 필요하다는 생각에서 이 책을 쓰게 되었다. 평소 우리나라가 국제기구에 내는 분담금이나 한국의 젊은이들이 국제기구에서 일하는 숫자가 우리나라의 국력에 비해 적다고 느껴왔기에 말이다. 이 책의 또 다른 역할은 유엔 그리고 국제기구에서 일하고 싶은 젊은이들의 취업을 위한 입문서이기도 하다. 단순히 직장을 구하기 위한 취업이 아니라 평화, 인권, 개발의 전문가가 되어 못 살고 억압받는 사람을 위해서 보람 있는 일을 하기 위한 국제기구의 취업 말이다.

이웃 일본은 말할 것도 없고 인도, 방글라데시의 젊은이들보다 왜 우리의 젊은이들이 국제기구에 소홀할까? 물론 남북이 세계무대에서 서로 싸우느라고 1991년에야 유엔에 동시 가입한 점이 그 이유 중의 하나겠지만 이제 우리도 유엔 사무총장을 배출했고 유엔 인권이사회의 부고등판무관도 배출했고, 국제형사재판소장도 배출했으니 그에 걸맞게 한국 젊은이의 진출을 적극적으로 지원해야 하겠다.

스위스 제네바에서의 근 20년은 지금의 나를 만들어낸 귀중한 산실이었다. 우물 안 개구리였던 나에게 세계를 알게 해주었다. 우선 유엔을 비롯한 국제노동기구(ILO: International Labour Organization), 국제적십자사는 물론 세계 평화와 인권을 위한 국제사면위원회(Amnesty International), 프리덤하우스(Freedom House), 휴먼라이트와치(Human

Rights Watch) 등 많은 정부 및 비정부 국제기구들을 알게 해주었다. 무엇보다 값진 것은 WCC 아시아 국장으로 재직한 18년 동안 아시아, 아프리카, 라틴 아메리카, 그리고 중동 등 이른바 후진국들의 고뇌와 영성(*spirituality*), 존엄성, 인격, 그리고 전통들을 배울 수 있었던 귀한 체험의 시간들이었다. 귀국하여 2001년부터 2007년까지 대한민국 초대 인권대사로서의 7년간의 경험 또한 산지식이 되어 우리 학생들을 이화에서 또는 다른 곳에서 가르치는 데 큰 도움이 되고 있다. 특히 학생들에게 이론과 실제를 통합하여 전달할 수 있어서 학생들도 좋아하고 나 역시 보람을 느끼고 있다. 그래서 나는 건강이 허락하면 앞으로 계속 가르치게 될 것이며 그것을 위한 교재로 이 책이 이용될 것이다.

이화여자대학교는 앞으로 필자를 중심으로 과학재단의 협력을 얻어 앞으로 5년간 평화학연구소를 중점 육성할 계획이다. 2009년부터 5년간 1996년 노벨 평화상 수상자인 라모스 오르타 현 동티모르 대통령과 2006년 노벨 평화상 수상자인 방글라데시의 그라민은행 총재인 무하마드 유누스 박사, 1992년 노벨 평화상 수상자인 리고베르타 멘추 여사 등 세계 평화학의 석학들이 이화여자대학교에 와서 특강을 하고 질문을 받으며 세미나를 진행하게 될 것이다. 이들과 함께 이화여자대학교의 평화학연구소는 우리나라의 평화와 동북아 평화공동체 건설에 크게 이바지하기를 원한다. 우리는 이 땅에 평화, 화해, 그리고 치유의 사도로 부르심을 받았고 이 땅을 평화의 땅으로 건설하라고 명령을 받은 사람들이다. 늘 평화와 정의의 편에 서는 우리 모두가 되기를 기원하고, 이 책이 그런 꿈을 가진 청년학도들에게 작은 보탬이 되길 바라 마지않는다.

이 책은 평화, 인권, 국제기구에 관한 대학교 교재로의 역할도 있지만, 일반시민들에게 유엔이나 그 산하 기관들, 여타의 국제기구들을 알리는 길잡이 역할을 할 것이다. 지구촌의 많은 가난한 나라들에 대해 배우고 싶다면 이 책이 좋은 정보를 제공하게 될 것이다. 다만 안타까운 점은 내가 세계를 섭렵하면서 재미있게 경험한 얘기들을 이곳에 많이 싣지 못한 것이다. 독자들은 이 책이 교과서이기 때문에 그렇다는 것을 이해하리라 믿는다. 그런 얘기들은 내 강의를 수강하는 학생들만이 들을 수 있는 특권이라는 점에 우선 만족해야겠다.

이 책이 나올 수 있도록 나를 초청한 이화여자대학교에 우선 감사드린다. 먼저 오늘의 이 책이 나오기까지 드문 기회를 주신 이화여자대학교 윤후정 이사장님과 이배용 총장님, 그리고 진덕규 학술원 원장님께 깊이 감사드린다. 지난 2년 반 동안 나를 도와 공부하면서 조교 일을 한 나의 많은 제자들, 특히 이대 평화학연구소의 서보혁 박사와 오승희, 윤미영 연구원, 그리고 음악치료학 전공인 나의 수업조교 송임하양은 책 편집에 수고해 주었다. 두루 감사드린다. 서양사를 전공하여 유럽사의 관점에서 나에게 많은 조언을 준 나의 아내인 오영옥에게도 고마움을 전한다.

끝으로 이 책을 내시겠다고 선뜻 결정하신 나남의 조상호 사장님께 깊이 감사드린다. 조 사장님은 33년 만에 이화여대에서 나와 다시 만나 이 책을 내신다고 하셨기에 지금도 나는 나남에 손해를 끼쳐서는 안 된다는 걱정을 갖고 있음도 밝혀 둔다.

2009년 8월 15일

이화여자대학교 이화학술원 연구실에서

박 경 서

나남신서 · 1409

지구촌 시대의 평화와 인권

국제기구에 도전하는 젊은이에게

차 례

제1장

이 책의 개요와 구성

지구촌 시대의 평화와 인권이라는 제목의 이 책은 다음과 같은 시각을 갖고 쓰였다. 물론 이 시각은 나의 평소 생각이다. 거창하게 말한다면 사회와 세계를 보는 나의 사상이다. 아래 몇 가지의 사상적 틀은 평소 나의 지론임은 독자들도 짐작하리라 믿는다.

우선 한국사회의 현실을 분석하기 위해서 우리가 살고 있는 한국을 밖으로부터 조명했다. 특히 국제적 시각에서 한국의 현실을 분석하기 위해서 유럽, 아시아 그리고 아프리카, 라틴아메리카의 현실과 쟁점을 부각시키고 유엔의 제반 권고와 한국의 위치를 재조명하여 세계화에 대한 올바른 이해를 돕고 21세기에 부응하는 성숙하고 균형 있는 (*Mature and Balanced*) 우리나라의 지도자상을 독자들과 같이 그려보려 노력했다. 그렇기에 다음의 몇 가지는 알고 있어야 하겠다.

1) 세계화와 한국

세계화와 한국에 대해서 다 같이 생각해 보자. 한국의 세계화는 미국이나 일본의 모든 것을 닮아가려고 하는 것은 아닌가? 일본의 장단점, 미국의 장단점을 분석해 보는 것도 의미 있지 않을까? 장점은 우리도 공유하고 단점은 과감하게 거부해야 한다. 독자들이 이해하는 세계화는 무엇인가?

제2차 세계대전의 전범국가인 독일과 일본은 전쟁 후 어떤 식으로 전쟁에 대한 자신들의 범죄를 마무리했는가? 자라나는 세대들은 일본의 전후세대와 어떻게 지내야 하는가?

세계화는 미국이나 유럽연합, 즉 잘 사는 나라들의 경험만이 아니다. 가난하지만 우리의 이웃인 아시아의 여러 나라들, 그리고 아프리카와 라틴아메리카의 고뇌를 살펴보는 것도 진정한 세계화일 것이다. 더구나 한국이 세계 13번째의 무역규모를 자랑하는 선진국 대열의 문턱에 있다고 한다면 우리보다 못한 나라들에 대한 연구를 병행하며 우리의 국제적 의무도 짚어 보아야 할 것이다. 이런 점을 감안하여 구체적 논의에서는 유럽연합 지침(EU Guideline)과 유엔의 각종 권고사항 등을 참조하여 기술하였다.

2) 합리적 보수와 이성적 진보

진보, 그리고 보수라는 의미의 상대성, 맑스 이후의 그 후계자들 간의 논쟁에서 보수와 진보라는 개념의 상대성을 독자들로 하여금 깨닫게 한다. 그러나 이러한 원론적 정의에서 벗어나 정반합(正反合)의 원리나 'Between & Beyond'라는 도식으로 토론을 전개해보면 다른 접근이 가능하다.

역사발전에서는 대치나 극단적 투쟁 일변도의 방식보다 대화를 통한 평화적 방법으로 두 가지 세력이 협력하도록 꾸준히 노력하고, 그 후에 다 같이 제3의 새 길을 모색함이 사회발전에 기여한다는 이론이 유용할 수 있다. 어느 선진국이건 보수와 진보는 공존한다. 보수와 진보는 서로 견제하면서 균형발전을 가져오므로 양대 진영은 마치 비행기의 두 날개처럼, 독수리의 양 날개처럼 도약을 위해서는 둘 다 꼭 필요하다는 것이다. 그러기 위해서는 우선 보수는 합리적이어야 하고 진보는 이성적이어야 한다. 그러나 우리나라의 경우는 배타적 보수와 파괴적 진보세력이 양 진영의 목소리를 대표하여 합리적 보수의 목소리와 이성적 진보의 목소리가 가려지는 안타까움이 있다.

그래서 독자들을 상징적으로 이 사이에서 대화를 유도하는 교량 역할을 하는 지도자로 설정하여 두 건전한 날개를 같이 묶는 역할을 하도록 하고, 그 다음에는 그곳에 머물러 안주하지 않고 제 3의 길로 도약하도록 하는 사고를 가져야 할 것이다. 그래서 이런 과정을 'Between and Beyond'(B&B) 라고 상징적으로 표현했으며 이러한 역할을 하고 독수리처럼 양대 진영을 추슬러 제 3의 길로 도약하는 자를 21세기의 지도자로 명명하였다.

이 제 3의 길은 도약이면서 신과의 관계로도 설정 가능하고, 자기 성찰의 길이기도 하다. 한국이 이 제 3의 길을 유엔이 선포한 정의, 평화, 지속가능한 발전으로 닦아갈 때 21세기의 선진국이 될 것이다.

3) 보편성과 특수성

사물, 현상을 판단할 때 우리는 보편성(*Universality*)과 특수성(*Particularity*)이라는 두 가지의 잣대(*Yardstick*)를 가지고 결론을 도출하는 것이 이상적이다. 미국의 상황윤리학(*Situational Ethics*)의 거장 조지프 플레처(Joseph Fletcher)는 어느 규칙, 율법, 법보다 인간의 존엄이 더욱 중요함을 갈파하였다. 예를 들면, 북한 인권을 다룰 때에도 인권의 보편성과 한반도의 특수성, 그리고 한반도의 평화정착을 동시에 추구하는 예지가 요구됨은 강조할 필요가 있다. 우리 젊은이들도 상황을 판단하거나 결정을 내려야 할 때 특수성과 보편성이라는 두 개의 잣대를 함께 이용해야 할 것이다. 왜냐하면 많은 경우는 이것 아니면 저것(*Either or*)이 아니라, 차선(*Larger Good*)이나 차악(*Lesser Evil*)의 선택이기 때문이다.

4) 국제적 기준과 한국의 현실

유엔은 오래 전부터 사형제도 폐지를 권고하고 있지만 우리나라, 미국 연방법, 일본, 싱가포르 등의 나라에서는 이의 폐지를 계속해서 반대한다. 그 이유 중의 하나는 흉악범의 문제이다. 그러나 오래 전부터 사형제를 폐지한 나라들(예: 유럽연합의 대부분 국가들)에서는 흉악범의 수가 폐지 후에도 증가하지 않았다. 다만 피해자 가족들의 치유문제는 아직도 많은 문제를 안고 있다. 우리나라는 다행히 지난 11년간 사형수(약 60명)에 대한 형 집행을 하지 않고 있어서 국제사회에서 사형제 폐지로 가는 나라로 평가받기는 하지만, 국민의 합의를 전제로 언젠가는 폐지해야 할 것이다. 이러한 상황에서는 국민의 이해수준이 문제가 될 것이다. 그래서 국민 계몽이나 교육이 중요한 과제로 대두된다. 그 외에도 대체복무의 문제, 외국인 노동자들의 문제, 탈북자들의 문제들이 이러한 범주에 속한다.

우리나라의 인권은 어느 정도 발전했으며 세계는 어떤 평가를 내리고 있는가? 미국 뉴욕소재 국제인권단체인 프리덤하우스(Freedom House)는 약 12년 전부터 한국의 자유권 수준을 평균 2점으로 매겼다. 그리고 자유국가, 즉 인권 선진국으로 평가한다. 그러면 한국 인권수준은 정말 선진국 수준일까? 본론에서는 한국이 가입한 유엔 규약은 몇 개이고 무엇이 있는가 하는 문제들을 다루었다.

5) 서양의 계몽주의

1688년의 명예혁명에서 1789년의 프랑스 혁명까지 100년간 서양의 계몽주의는 어떤 역할을 했는가? 왜 계몽주의가 네덜란드에서 꽃피었는가? 영국, 독일, 프랑스에서는 계몽주의가 어떤 식으로 전개되었는가? 칸트, 루소, 몽테스키외, 볼테르는 어떤 역할을 했는가? 명예혁명에서 프랑스 혁명까지의 사회상은? 프랑스 혁명의 특징은? 사회주의, 자본주의 그리고 민족주의와의 연관성은 무엇인가?

이런 질문들을 염두에 두고 이 책은 서양의 계몽주의를 개관하고 인권의 발전사를 조망해보았다. 한국은 계몽주의 시대가 없이 민주화가 이루어져 후유증이 만만치 않다고 하는데 이는 무엇을 뜻하는지에 대해서도 함께 논해 보았다.

6) 국제기구의 역할

국제연합(UN)의 설립이념, 당면과제, 그리고 개혁의 핵심과제는 무엇인가? 유엔의 구조조정은 이미 끝났는가, 아니면 앞으로도 계속되는 과정인가? 우리나라가 유엔에서 차지하는 위상과 요구받는 역할은 무엇인가?

국제적십자사는 어떻게 유래되었는가? 1858년의 솔페리노(Solferino) 전투의 경험과 앙리 뒤낭(Henry Dunant)의 역할은? 스위스라는 작은 중립국의 역할은? 제네바라는 도시에 많은 국제기구들이 있는 이유는 무엇인가? 구체적으로 유엔총회를 제외한 거의 모든 국제기구가 제네바에 존재하는 이유는 무엇인가?

국제노동기구(ILO)의 유래와 목적은 무엇인가? 정부, 사용자 그리고 노동자 대표들로 구성된 국가대표단들이 이 국제기구에서 하는 역할은? 각국의 노사분규와 국제노동기구의 관계는 무엇인가? 이 기구의 구조, 조직 그리고 의사결정구조는 어떠한가? 지금의 쟁점과 어려움은 무엇인가? 직원 채용은 어떻게 이루어지는가?

여타의 유엔 난민고등판무관실, 유엔 인권이사회, 세계보건기구, 그리고 유엔총회 등의 문제도 다루었다.

세계교회협의회(WCC: World Council of Churches)는 왜 탄생했는가? 제2차 세계대전 종식은 인류에게 무엇을 가져왔는가? 1948년의 공식 탄생 이전에 교회는 어떤 연합운동을 했는가? 세계교회협의회의 간략한 역사, 그리고 쟁점은 무엇인가? 이 기구의 조직과 의사결정과정은 어떻게 이루어지는가? 직원 채용은 어떻게 이루어지는가? 그리고 새로운 형태의 선교는 무엇이어야 하는가? 등을 고심하면서 몇 가지 예를 소개하였다.

7) 정의, 평화, 그리고 지속가능한 발전

전쟁, 그리고 평화의 관계에서 과연 정의의 전쟁(*Just War*)이 존재하는가? 평화와 정의의 관계는 무엇인가? 지속가능한 발전과 생태계의 보존문제, 즉 창조질서의 보존(*Integrity of Creation*)의 문제는 무엇인가? 환경파괴는 생명과 어떤 연관성이 있는가가 관심이다. 교토 의정서는 무엇이며 잘 지켜지지 않는 이유는 무엇인가도 생각해 볼 주제이다.

8) 인권의 역사, 그리고 북한 인권

통일독일 이전 서독은 동독 인권을 어떤 식으로 다루었는가? 1975년의 헬싱키협약은 무엇인가? 4번의 투표 불참, 기권 끝에 찬성으로 돌아선 한국정부의 유엔 북한인권 결의안에 대한 입장은 무엇인가? 그리고 북한인권 개선과 관련하여 한국정부의 향후 역할은 무엇이라 생각하는가? 인권의 역사, 자유권, 사회권, 평화권, 발전권, 환경권 등 다방면의 인권에 대해 설명하고 인권이사회의 특징에 대해서 알아보고자 하였다.

9) 유럽연합과 동북아시아 공동체

먼저 유럽연합의 형성에 대해 설명하였다. 구체적으로 유럽연합의 생성과정에 대해서 논했으며, 유럽에는 몇 개국이 있으며 그 중 유럽연합에 가입한 나라는 어느 나라인가, 그리고 가입한 나라들의 면모 등을 부록에 서술하였다. 그리고 노르웨이, 스위스, 아이슬란드는 왜 유럽연합에 가입하지 않고 있는가를 논하였고 유로화를 쓰는 나라는 몇 개국이며 앞으로는 어떻게 전개될 것인지 등에 대해 논하였다. 유럽연합의 발전과정에서 동북아시아 평화공동체 건설을 위해 배울 만한 교훈들을 독자들에게 전달하기 위한 배려를 하였다.

유럽연합과 비교하면서 과연 동북아 공동체의 설립 가능성은 있는가를 또한 살펴보았으며, 한・일 관계와 앞으로 한・일 학생들의 이상적 관계는 어떤 것이며, 마찬가지로 한・중과의 관계, 그리고 한・중 학생들의 미래상은 어떠해야 하는가를 연구하였다.

10) 유엔의 고민

유엔의 역사, 유엔의 쟁점, 그리고 유엔의 조직, 의사결정과정은 무엇인가와 직원 충원방식 등을 논하였고 유엔본부 및 산하기구들, 그리고 국제노동기구, 국제적십자사, 세계교회협의회 등과 같은 국제기구들의 역사, 쟁점, 프로그램 등을 서술하였다. 나아가 유엔 평화유지군은 무엇이며 상임 이사국과 비상임 이사국의 역할은 무엇인가를 살펴보았다. 반기문 사무총장의 유엔 개혁정책을 논하였고 그 가능성을 타진하였다.

11) 아시아의 고뇌와 개발도상국의 미래

서구 식민지의 경험은 개발도상국가들에게 무엇을 남겼으며, 식민지 경험이 없는 타일랜드의 역사는 무엇인가를 살펴보았다. 아시아는 또한 국제기구에서 몇 개의 소지역(*Sub Region*)으로 나누어지는가를 기술했으며 각 소지역의 경험과 고뇌는 무엇인가를 살펴보았다.

12) 세계는 어떤 젊은이를 원하는가?

결론적으로, 이 책은 21세기를 살아가는 한국의 젊은이들이 어떤 식으로 자기를 육성할 수 있는가를 살핌으로써 21세기를 살아감에 있어서의 균형 있고 성숙된 지도자의 모습이란 어떤지를 아는 데 도움이 되기를 바란다. 이상과 같은 필자의 사상적 배경을 바탕으로 2장부터 본격적인 내용을 서술하겠다.

제2장

평화, 정의, 그리고 지속가능한 발전

1. 들어가는 말

평화란 무엇인가를 생각할 때에, 우리에게 방향을 잘 잡을 수 있도록 도와주는 것이 1901년부터 수여된 노벨 평화상이다. 이 노벨 평화상은 인간이 100년 이상을 살아온 근세에서 평화를 위해 노력한 개인과 기구들에게 수여하는 세계 최고의 상이다. 이 상을 수상한 이들의 면모를 한 번 살펴보면서 평화를 생각해 보는 것은 큰 의미가 있다.

노벨상, 그리고 노벨 평화상을 말하기 전에 스칸디나비아 4개국을 우선 살펴보는 것이 유익할 것이다. 우선 핀란드를 제외한 덴마크, 노르웨이, 그리고 스웨덴은 많은 경우에 역사를 함께 했다. 반면 핀란드만은 인종의 유래부터 언어의 기원까지 여타의 3개국과 그 역사를 달리하고 있음에 주목해야 한다. 우선 1397~1523년 사이 이 세 나라는 칼마르조약에 의한 동맹국으로 덴마크 왕의 통치하에 있었다. 스웨덴은 이 세 나라 중 지금은 가장 큰 나라이지만, 노르웨이는 가장 부자나라이고, 덴마크는 그린란드와 페로여 섬까지(스코틀랜드와 아이슬란드 사이까지의 섬) 합하면 현 독일보다 더 큰 나라임을 알아야 한다. 이 세 나라와 핀란드까지 4개국은 중립국임을 선포한 후 그렇게 살아오고 있으며, 복지국가의 모범, 여성해방의 실천, 분쟁해결의 모범, 그리고 평화와 인권의 중재자로서 세계에 공헌하고 있음을 우리는 평가해야 한다. 네 나라 다 루터교가 대종을 이루고 있으며 섬, 호수, 백야, 그리고 한국인의 입양으로도 잘 알려졌다(우리 한국인에게는 수치스러운 과거의 일이며, 지난날 한국의 다른 어두운 얼굴인 것이다. 우리는 이제부터 우리가 우리 아이들을 입양해야 할 것이다).

이상의 스칸디나비아의 네 나라 외에 세계평화에 이바지하는 나라는 역시 스위스이다. 전쟁을 거부하고 평화의 상징으로 영세 중립국으로 명실 공히 세계의 인정을 받는 나라가 인구 700만의 스위스이다. 강대국의 틈새에서 생존을 위한 4개 민족의 단일화를 매끄럽게 유지한, 적십자사의 시작과 중심이고 유엔총회를 제외한 유엔의 집결지인 스위스를 연구해야 한다.

2. 노벨 평화상

다이너마이트를 발명한 알프레드 노벨(Alfred Nobel)은 스웨덴 사람이다. 그는 1896년 세상을 떠나면서 유언을 통해 1억 7천만 달러를 기부하면서 인류복지에 공헌한 사람에서 상을 주라고 하였다. 이것이 노벨상의 시작이며 물리, 화학, 의학(생물학을 포함), 문학, 평화 등 5개 부문에서 상이 주어진다. 1969년 이후부터는 경제학상이 추가되어 6개 부문에서 수여된다. 5개 분야의 상은 스웨덴의 수도인 스톡홀름의 시청 대강당에서 수여되지만, 유독 평화상만은 노르웨이의 수도 오슬로에서 시상된다. 그 이유는 노르웨이 사람들의 다수로 구성된 노벨 평화상 심사위원회가 노르웨이에 있기 때문이지만, 그보다 더 노벨 평화상의 창시자인 노벨의 유언에 의해서 평화상만은 그곳에서 수여된다. 노벨이 평소에 노르웨이 의회의 분쟁해결 능력에 감명을 받았으며, 그의 친구이자 평화 작가인 보르숀의 영향이라는 설이 지금도 설득력 있게 받아들여진다.

여하튼 노벨 평화상은 100년이 넘는 전통을 가지고 있으나 세계 어느 나라도 그 권위를 부인하지 않을 정도이며 평화의 상징으로서 우리에게 인식된다. 노벨 평화상의 수상자들은 주로 전쟁종식, 평화운동, 난민정착, 노동자복지, 가난한 사람들의 생존권 등의 분야에서 공헌한 사람들에게 수여되었음을 알 수 있다.

예를 들면, 1901년 인도주의와 적십자정신을 제창한 스위스 제네바의 실업가 앙리 뒤낭, 1906년 러시아-일본 전쟁을 종식시킨 루스벨트 대통령, 1952년 알베르트 슈바이처 박사, 1954년 유엔 난민고등판무관실(UNHCR: United Nations High Commissioner for Refugee), 1963년 국제적십자사, 1964년 마틴 루터 킹 2세, 1965년 유엔아동기금(UNICEF), 1969년 국제노동기구(ILO), 1971년 빌리 브란트, 1973년 헨리 키신저, 1975년 사하로프, 1977년 국제사면위원회, 1979년 마더 테레사, 1983년 레프 바웬사, 1987년 아리아스 산체스, 1989년 달라이 라마, 1991년 아웅산 수치, 1993년 넬슨 만델라, 그리고 클레르크 대통령, 1994년 아라파트, 페레스, 라빈, 1996년 벨로 주교와 라모스 오르타, 1997년 조디 윌리엄스, 1999년 국경없는 의사회, 2000년 김대중 대통령, 2001년 코피 아난 사무총장, 2002년 지미 카터 대통령, 2007년 유누스 그라민은행 창시자, 2008년 마르티 아티사리 전 핀란드 대통령 등의 면모이다.

3. 평화에 대한 묵상

평화와 함께 유엔에서, 그리고 국제기구들에서 강조되는 중요 분야는 지속가능한 발전(*Sustainable Development*)이다. 경제성장이라는 구호로 인간이 자연을 무자비하게 파괴하였던 과오에서 탈출하여 성장의 양과 질이 떨어지더라도 자연을 존중하자는 사상에서 그 근거를 찾을 수 있다. 이것을 쉽게 이해하기 위해서 예를 들자면, 호주 대륙의 원주민들은 자연을 어머니의 품이라고 묘사하여 자연파괴를 죄악시하였다. 그러나 18세기말 쿡 선장 일행이 영국에서 죄수들을 이끌고 오스트레일리아에 상륙하여 원주민들을 원시인이라 규정하고 자연을 파괴하며, 개발이라는 이름으로 오늘까지 번영을 누렸다고 생각했다. 하지만 100년이 지난 20세기 말부터 오스트레일리아 교회는 '지속가능한 발전'을 선교목표로 내걸고 '하나님의 창조질서 보존'(*Integrity of Creation*) 이라는 신앙고백을 한 것을 우리는 눈여겨보아야 한다.

또 한 가지 예로 2003년 3월 26일 한국 국가인권위원회는 이라크 전쟁 발발을 보면서 국가기관으로서는 드물게 반전 평화인권선언을 함으로써 국내외에 큰 반응을 일으킨 바 있다. 당시에 발표된 많은 사회조사에서 한반도 평화를 위해서는 전쟁에 반대한다는 의견이 70%를 상회하였다. 이 선언은 이렇게 나타난 국민적 공감대를 반영하였다. 국가인권위원회는 인류사회 모든 구성원의 고유한 존엄성과 평등하고 양도할 수 없는 권리를 인정하는 것이 세계의 자유, 정의, 평화의 기초임을 천명한 세계인권선언의 정신에 따라, 국민들의 인권과 평화를 보호하고 향상시키는 고귀한 임무를 국민으로부터 위임받았다고 천명하면서 대한민국 헌법의 이념과 가치를 수호하는 일에 책임을 다할 것을 천명하였다. 이 선언의 다섯 번째 입장을 보면 "동서고금의 인류역사가 반증하는 것처럼 인권 없는 평화와 평화 없는 인권은 모두 허망한 착각에 불과하다. …"라고 주장하였다.

국가인권위원회의 반전 평화선언에서 우리는 다음과 같은 교훈을 얻을 수 있다. 첫째, 평화는 인권과 정의를 동반할 때만 진실한 평화가 될 수 있다는 사실이다. 그것은 바로 전쟁으로는 진정한 평화달성에 한계가 있다는 것이기도 하다. 진정한 평화는 무력이 아닌 평화적 방법으로만 달성가능하기 때문이다.

둘째, 평화의 질과 폭은 인류의 또는 당사자들의 노력과 투쟁의 폭만큼 커진다는 사실이다. 즉 양자관계는 늘 정비례했음을 알 수 있다. 그래서 우리는 평화의 성취를 위해서 주어진 여건 속에서 최대한 평화를 만들어가는 평화의 역군으로서의 책임과 노력을 다해야 한다는 것이다. 이렇듯 평화는 인류 모두가 쟁취해야 하는 지고의 가치임을 어느 누구도 부인할 수 없다.

역사학자들에 의하면 문자기록이 시작된 3,521여 년 동안 인류는 전 기간의 8%인 286년을 전쟁 없는 평화의 해로 보냈고, 나머지 92%인 3,235년을 전쟁을 하면서 살아왔다고 얘기한다. 그러니 어찌 보면 우리에겐 전쟁이 늘 함께 있었다고 할 수 있다. 그러나 한편으로는 전쟁을 종식하고 예방하고자 하는 평화의 역군(*Peace Maker*) 또는 평화실천가(*Activist for Peace*)의 노력도 간과해서는 안 된다. 바꾸어 말하면 인류의 역사는 전쟁을 도발하는 세력, 즉 전쟁을 통해서만 평화가 온다는 사람들과 전쟁은 또 다른 전쟁을 불러오므로 진정한 평화는 전쟁이 아닌 평화적 수단에 의해서만 성취된다는 사람들 사이의 줄다리기 역사라고 말할 수 있겠다. 후자의 경우 평화는 정의를 동반해야 참 평화이기에 전쟁은 한계가 있다는 이론과 상통한다고 할 수 있다.

전쟁을 통해 평화가 온다는 주장의 전형적 예는 로마의 세계정복에서 온 로마평화이다(*Pax Romana*). 로마는 로마인들의 평화로운 삶을 위해 세계를 군대와 무력으로 정복했다. 정복을 당한 주변국가들의 정의문제는 로마인의 평화를 위해서는 무시되었다. 결국 팍스 로마나는 그 한계를 드러내고 무너지고 말았던 것을 우리는 기억해야 할 것이다. 오늘의 세계를 보면서 우리는 팍스 아메리카나(*Pax Americana*)를 경험하게 되었다. 미국의 평화는 주위국가들과의 공영과 상생이라는 평화를 저버린 채 미국인들만의 안녕을 추구하는 것 같다. 이라크 침공이 그 대표적 예이다. 그들에게 세계화라는 것은 금융자본(*Financial Capital*)을 엔진으로 작동하면서 미국식 세계화를 전 세계에 강요하는 것에 다름 아니다. 만약 미국식 평화, 미국식 세계화가 지구촌의 모든 국가에게 삶의 질을 향상시키고 행복을 가져다주거나, 또는 가까운 미래에 그것을 보장한다면 우리는 기꺼이 그것을 환영할 것이다. 그러나 현실은 그렇지 않다. 그리고 지금 우리는 미국발 전대미문의 경제위기에 당면해 있다.

오늘날 세계는 소수의 부자 나라와 다수의 가난한 나라들로 양분되어 있고, 한 나라 속에서도 다수의 가난한 사람들과 소수의 부자들로 양분되었으며 그 괴리는 날로 심화되고 있음을 우리는 주시한다. 물론 미국 내에서 그리고 지구촌 각 곳에서 평화의 역군들이 이를 거부하는 것도 우리는 잘 알고 있으며, 그러기에 여기서는 2004년 세계 곳곳에서 일어난 평화운동을 교회를 중심으로 살펴보기로 하자.

2003년 2월 5일 독일 베를린에서는 유럽, 중동, 미국 등 10개국 교회들의 총회장 및 주교들이 모였다. 이 모임은 제2차 세계대전 중 폭격으로 절반이 무너졌다가 다시 복구된 베를린 중심지의 카이저 빌헬름 기념교회에서 세계 평화를 위해 세계 교회들이 기도회 형식으로 모인 것이다. 이 모임은 세계교회협의회와 유럽교회연합회가 주최하였다. 그날은 당시 미 국무장관 콜린 파월(Colin Powell)이 유엔 안전보장이사회에서 이라크에서의 전쟁수행 계획과 관련하여 연설하는 날이었다. 이 기도회 후 교회 대표들은 독일 수상 게르하르트 슈뢰더(Gerhard Schröder)를 만나 교회 공동의 기도문을 전달하는 것으로 세계교회들의 평화기원을 전 세계에 공포했다. 외신들은 이 사건을 대대적으로 취급했지만, 한국의 이른바 유력지들은 이를 전혀 기사화하지 않는 오류를 범했다. 이 기도회에서의 몇몇 발언들을 소개하겠다.

- 우리 교회는 미국의 이라크 전쟁을 단호히 거부한다. 유엔 안전보장이사회는 유엔헌장이 명시한 대로 군대를 이용하는 것에서 제한된 원칙을 완벽하게 지켜줄 것을 권고한다. 왜냐하면 전쟁은 견딜 수 없는 인명피해를 동반하기 때문이다.
- 우리 교회는 세계 최강대국이 전쟁을 일종의 외교적 수단으로 사용하는 것을 그 나라의 교회대표들과 함께 반대한다.
- 이라크도 유엔이 요구한 권고사항을 지켜주기를 권고한다. 이라크의 국민에게 전쟁이 아니고, 독재정권이 아닌 새로운 희망을 줄 것을 간절히 기도한다.
- 로마 교황도 이라크에 대한 전쟁은 인류의 종말을 고한다고 천명했다.

이 모임에는 오스트리아, 덴마크, 핀란드, 프랑스, 독일, 네덜란드, 그리스, 노르웨이, 스웨덴, 스위스, 영국, 미국, 그리고 중동의 교회수장들이 참석했다.

그 외에 2002년에 새로 취임한 로완 윌리엄스(Rowan Williams) 캔터베리 대주교는 영국의 토니 블레어(Tony Blair) 수상과는 반대로 이라크 전쟁에 단호히 반대하고 나섰다. 스웨덴 루터교의 대주교 함마(K. G. Hammar) 주교도 미국의 이라크에 대한 전쟁은 비도덕적이고 현명치 못하다고 천명했다. 2002년 1월 브라질에서 개최된 세계사회포럼에 참석한 독일의 마르고트 케스만(Margot Kässmann) 주교도 "나는 이라크의 무장해제를 전적으로 찬성합니다. 그러나 나는 한걸음 더 나아가 전 세계, 즉 미국을 포함한 모든 나라도 무장해제해야 한다고 주장합니다"라고 발언하여 세계사회 포럼 참석자들로부터 뜨거운 박수를 받았다.

미국 교회협의회(NCC USA)는 2002년 1월 15일을 기해 미국연합감리교회 감독회장인 당시 68세의 멜빈 탤벗(Melvin G. Talbert) 감독으로 하여금 CNN과 지방 케이블 방송에 출연하여 '이라크와의 전쟁은 하나님의 질서에 반하는 것'이라는 30초짜리 광고방송을 하루에도 여러 차례, 뉴욕과 워싱턴 DC에서 조직, 주선, 방영한 바 있다. 탤벗 감독은 1991년의 걸프전쟁도 반대했던 평화주의자로, 부시 대통령이 감리교인이라 큰 영향력을 가진 인물이었다. 그는 "지금 미국에서는 베트남 전쟁을 반대했던 때보다 더 많은 여론이 이라크와의 전쟁을 반대하고 있습니다. 왜 내가 광고방송을 하게 되었느냐면 나를 포함한 감리교 감독들과의 비공식 회의조차 부시 대통령이 거부하기에 TV에 출연했습니다"라고 말했다.

미국 교회협의회는 2002년 1월 30일 부시 대통령에게 보낸 공식서한에서 "우리 1천만 미국인, 즉 미국 정교회와 개신교를 대표하는 교회협의회는 전쟁을 다만 군사행동으로서만 인식해서는 안 되고 윤리적, 도덕적으로 접근해야 하며, 이라크와의 문제를 푸는 데는 전쟁보다 평화적 방법을 총동원하도록 권고한다"는 입장을 천명하였다.

2004년 11월 26일과 2005년 1월 15일에 미국 워싱턴에서 열린 평화를 사랑하는 사람들의 행진에서는 미국 전역에서 수십만 명이 참가해 전쟁은 최선책이 아님을 명백히 밝혔다.

이와 같이 세계는 전쟁을 일으키는 사람들이 있는가 하면, 한편으로는 평화를 이룩하기 위해 전쟁을 반대하는 일에 앞장서는 평화의 일꾼들(*Peace Maker*)이 있음을 알아야 한다. 그리고 우리나라에서는 평화로운 촛불시위로 평화에 대한 염원을 담은 우리 국민의 뜻을 전 세계에 전달했음을 우리는 기억한다.

전쟁을 통하지 않고 평화적 방법인 대화를 통한, 그리고 서로의 이해와 신뢰를 바탕으로 한 참 평화는 시간이 오래 걸리고 인내를 요구한다. 그러나 이러한 과정을 통해서 성취된 평화가 진정한 평화이다. 정의를 동반한 평화는 사회구성원 모두가 골고루 부의 결실을 나누기에 소외되고 낙오되었다고 느끼는 사람들이 상대적으로 적다. 상대적 박탈감이 큰 사회라면 그 사회는 평화로운 사회라고 할 수 없다. 사회 구성원 하나하나가 얼마나 중요한가는 2003년의 대구 지하철 참사에서 알 수 있다. 당시 57세의 한 남성의 어려워진 삶이 수없이 많은 사람들의 평화를 깨트렸다. 우리는 이러한 비극이 재연되지 않도록 이웃을 더불어 사는 상대로 생각해야 할 것이다.

평화에 대한 정의는 자기가 처한 상황 속에서, 또는 단체가 가장 우선이라고 생각하는 것에 따라 다를 수 있다. 여러 가지 입장에서 내리는 평화라는 정의의 공통분모 한 가지는 전쟁이 없는 사회, 곧 폭력을 거부하고 핵의 위험으로부터 완전히 해방되는 것이며, 골고루 잘 사는 사회라고 규정하는 데는 별 이의가 없을 것이다.

사실상 오늘날까지도, 전쟁이 평화를 가져올 수 있다는 사람들과, 전쟁은 절대로 진정한 평화를 가져오지 않으니 진정한 평화는 대화를 통하고 서로 양보를 전제로 한 평화적 수단에 의해서 달성된다고 믿는 사람들의 두 축이 우리들 사이에 지금도 첨예하게 대립된다.

유엔은 1984년 11월 12일 유엔 창설 40주년을 기념하여 평화권(*Declaration on right of people to peace*)을 유엔 회원국가들에게 선포하였고, 모든 회원국가는 이 평화권을 우선시하겠다고 약속했다. 그럼에도 불구하고 오늘날까지 전쟁은 우리를 괴롭히고 있는 실정이다. 1, 2차 세계대전 이후 유엔, 노벨평화재단, 적십자사, 바티칸, 그리고 세계교회협의회는 일관되게 평화의 중요성을 선포하고 있으나, 이 평화권은 아직도 그 실현이 요원하여 더 많은 노력과 연구를 필요로 하는 분야이다. 따라서 우리는 늘 평화를 위해서 노력해야 할 것이다. 그러면 평화를 위해서 수고하는 평화운동을 살펴보기로 하자.

4. 평화운동

베트남 전쟁과 이라크 전쟁 이전에 전 세계의 평화운동은 여러 가지 비정부기구들(NGOs), 예를 들면 종교적 평화운동가, 환경운동가, 여성해방운동가, 인종차별반대자, 이상주의자들이 혼재해서 평화운동을 임시방편적 공통분모로 전개하였다고 할 수 있다. 그런 이유 때문에 평화의 의미가 각자의 해석에 따라서 달라지는데, 어떤 때는 환경운동에 중점을 두고, 어떤 때는 여성해방운동에 중점을 두는 경향도 있었다. 그러나 베트남 전쟁이나 이라크 전쟁 발발 이후 역설적으로 평화운동에 선명성이 나타나고 결집된 힘을 과시한 것도 주목할 사실들이다. 특히 이러한 평화운동에 대한 각자의 다양한 해석 때문에 나타난 산만함에 정의(*justice*)라는 개념이 도입되어 평화와 함께 사용됨으로써 그 뜻이 더욱 선명해졌다고 할 수 있다.

즉, '평화는 정의를 동반할 때만 진정한 평화가 온다', '정의를 동반하지 않는 평화는 허구이다'라는 주장들이 설득력을 갖게 되었다.

최근 평화운동의 경향 중 하나이지만, 평화주의자들을 국회의원 후보로 추천하여 후원함으로써 상당한 나라에서는 평화 운동가들이 정치적 영향력을 행사하는 경우도 발생하였다. 특히 이 경우 독일의 경험이 유용하다. 전임 사회민주당의 슈뢰더 수상시절 외교부 장관인 조세카 피셔(Josecka Fischer)는 독일에서 녹색당(Green Party)을 창설하여 녹색당으로 하여금 사회민주당과 연정하여 이라크 전쟁 발발시, 프랑스 대통령인 자크 시라크(Jacques Chirac)와 함께 미국 부시 행정부에 유엔안보리 상임이사국의 권고가 없는 이라크 전쟁은 반대라는 입장을 전 세계에 천명하면서 많은 영향력을 행사한 인물이다. 오늘날의 평화운동은 확산일로에 있으며 특히 IT산업이 발달된 선진국에서는 전쟁을 반대하는 평화운동가들 사이에 세계적 네트워크 형성이 주목할 만하다.

독일 이외에도 캐나다의 평화운동은 'ACT'(Against Cruise Testing) 라는 단체에서 시작되었고 '전 세계의 군축과 무장해제를 위하여'(*Act for Disarmament and Demilitarization for whole world*) 라는 구호로서 많은 영향력을 행사한다. 1998년까지 *Peace Ecology & Human Right* 라는 이름의 신문을 발간하였고 1999년부터는 *The Activist Magazine* 이라는 잡지로 대치되었다.

영국에서 평화운동은 1908년 7월부터 8월 사이에 17개의 평화단체가 산재했으나, 1908년 9월부터 '전국평화협의회'(National Peace Council) 라는 단체로 결집하였다. 제 2차 세계대전 후 평화운동은 영국의 제국주의에 대한 반발과 미국의 영향으로부터의 해방, 소련 공산주의에 대한 반대운동으로 번졌으며 핵전쟁 반대(*Anti-nuclear war*) 라는 구호로 지금도 막강한 영향력을 행사한다. 특히 영국에서는 2000년부터 이 평화운동의 단체들이 집권 노동당에 정치적 영향력을 발휘하여 2003년 이라크 전쟁 발발시, 토니 블레어 수상에 반대하여 여러 명의 장관들이 사임하였다. 결국 영국의 이라크 참전은 사실상 노동당의 잔여그룹과 보수당의 합작으로서 참전할 수 있었다. 2004년 런던의 하이드 파크에서 200만 명의 영국 시민들이 벌인 이라크 전쟁 반대운동은 영국 평화운동의 정점을 이루었다고 할 수 있다.

미국에서 평화운동은 최초에는 기독교인들의 신앙고백으로, 그리고 소수의 평화주의자들에 한정되어 있었다. 1948년부터 1990년 사이의 냉전시대에는 평화운동은 각광을 받지 못하였다. 그런 가운데서도 베트남 전쟁이 발발한 후, 평화운동은 다시 힘을 얻었으며 1973년 파리의 평화조약이 체결되고, 1975년 사이공이 함락되면서, 그리고 베트남이 라오스와 캄보디아를 손아귀에 넣음으로써 미국의 평화운동은 환경운동으로 변신하였다.

1991년 11월 소련연방이 붕괴되면서 클린턴 행정부가 평화와 번영이라는 슬로건을 내세우면서 이라크에 대한 경제제재를 실시하여 50만의 어린이가 굶어죽게 되면서 미국의 평화운동은 화해운동으로 다시 시작되었다. 2003년 이라크 전쟁이 시작되는 전후에 바티칸의 교황, 캔터베리 대주교, 세계교회협의회 회원 350개 교단의 총회장들, 그리고 세계 각국의 교회협의회 조직, 심지어 미국 부시 전 대통령이 속한 미국 감리교회 탤벗(Talbert) 대주교까지 이라크 전쟁을 반대하였다. 이러한 반대의 일환으로 로스앤젤레스, 뉴욕, 워싱턴 DC를 중심으로 50만, 30만, 20만의 평화를 사랑하는 사람들의 시위가 조직되었다. 지금까지 미국의 평화운동은 교회가 주축을 이루고 NGO들이 합세하여 전개되었는데, 특히 코드 핑크(CODE PINK)의 '여성은 전쟁에 반대한다'(*Women say no to war*)와 '절규하는 군인가족들'(*MFSO: Military Family Speak out*)의 활발한 움직임이 눈에 띈다.

이러한 평화운동에 반하여 부시 행정부는 이라크에서 여성을 데려와서 전쟁의 정당성을 갈파하였다. 그러나 2005년 3월 16일 주간 영자지 〈뉴스위크〉(*Newsweek*)가 실시한 여론조사에서 이라크 전쟁 3년 이후 미국 국민의 75%가 이라크 전쟁은 실패라고 규정하였다. 정치적 분야에서는 미국에서 제2차 세계대전 이후 상하원 국회의원 중 상당수의 의원들이 평화·비폭력기구(*Department of peace and non-violence*)의 창설을 주장하여 실행에 옮겼으며, 지금도 이 조직은 활동한다. 그러나 아직도 많은 미국사람들에게 여성해방운동은 시기상조다. 여성의 참정권은 아직 먼 이야기다. 그러면서 남성의 우위를 주장하면서 전쟁은 평화를 가져올 수 있다고 믿고 있는 것이 현실이다.

다음의 기관들이 미국 평화운동을 전개하는 단체들 중 일부이다.

- 아메리카 프렌즈 봉사단(American Friends Service Committee)
- 평화를 만드는 사람들(Christian Peace Maker Team)

- 노벨 평화상 수상자모임(Nobel Peace Prize Group)
- 그린존 캠페인(Green Zone Campaign)
- 반지뢰 캠페인(Anti Land-mine Campaign)
- 평화사무국(Department of Peace)

5. 20세기 발전모델의 한계

기존에 있던 20세기 발전모델의 특징은 경제수치의 증가에 초점을 맞추었다. 후진국이 경제발전을 하기 위해서는 당연히 외국자본을 끌어와야 하는데 후진국에서는 국가안보를 중요시하여 외국자본을 안정적으로 투자하도록 유도하였다. 그 결과로 인권이나 정의, 환경보존이라는 인류의 기본가치가 손상되는 잘못을 저질렀다. 예를 들자면, 인도네시아나 한국의 모델이 이런 범주에 속한다. 20세기에 성행한 경제성장 위주의 발전모델은 그 한계를 드러내어 1997년 12월 아시아 국가들의 경제위기로 나타났고, 한국, 인도네시아, 타일랜드, 필리핀은 IMF의 구제금융에 의지할 수밖에 없었다. 이들 경제위기로 인해 20세기의 발전모델은 한계를 가지고 있음이 입증되었고 21세기에는 이러한 일이 다시 반복되지 않아야 한다는 자각을 불러일으켰다.

6. 21세기의 발전모델: 솔로몬군도의 이건산업

21세기의 발전모델은 환경, 평화, 복지 또는 정의, 그리고 지속가능한 발전을 핵심으로 정립된다. 19세기 후반부터 '개발'이라는 명제 하에 지속적으로 자연파괴가 이루어졌고, 이로 인해 오늘날 인류는 지구온난화로 인한 기후변동, 인류의 무고한 목숨을 수없이 앗아간 쓰나미 같은 자연재해로 고통받는다. 이 때문에 유엔에서는 21세기의 지속가능한 발전(*Sustainable Development*)이라는 발전모델을 제시하였다. 동시에 여기에서 인권의 새로운 분야인 환경권이 탄생하였다.

지속가능한 발전의 전형적 모델은 국제사회에서 자랑스럽게 인정한 태평양 솔로몬군도에 있는 한국의 이건산업이다. 시스템 창을 만들어내는 이 기업은 원목을 벌목한 다음, 그 자리에 다수의 묘목을 다시 심어 5년에서부터 10년 사이 자연이 파괴되는 것을 미리 방지하는 방식으로 환경을 보존하였다. 그리고 더 중요한 것은 여기에서 나오는 이익의 상당부분을 원주민의 복지, 자라나는 세대들의 장학금으로 내놓아 솔로몬군도의 모범기업으로 칭송받는 것이다. 이러한 모델들이 21세기의 모범 답안이라 할 것이다.

7. 팍스 로마나와 팍스 아메리카나

앞에서 지적했듯이 로마제국은 로마인들의 평화를 위하여 주변국 시민들의 평화를 짓밟는 잘못을 범했다. 주변국가들의 인권은 로마사람들의 안위를 위해서 철저히 무시되었다. 이러한 로마사람들만의 인권은 주변국가들의 인권을 짓밟는 결과를 초래했기에 로마제국은 오래가지 못했고, 이를 후세 사람들은 팍스 로마나(*Pax Romana*)의 종말이라고 이야기한다.

마찬가지로, 미국의 경우를 생각해 보자. 2001년 9월 11일 오사마 빈 라덴에 의해서 미국 번영의 상징인 뉴욕의 쌍둥이 빌딩이 폭탄테러를 당해 무참히 파괴되고 3천 명 이상의 무고한 목숨이 희생된 인간 참극이 벌어졌다. 이러한 국제테러집단의 만행은 어떤 경우라도 용서될 수 없다.

분노한 미국정부는 유엔 안보리 상임이사국으로부터 필요한 찬성을 받지 않고 2003년 3월 19일 이라크 전쟁을 일으켰다. 미국의 전쟁목적은 사담 후세인의 독재를 마감하고 이라크의 민주주의를 실현하고자 함과, 이라크가 보유하는 대량살상무기를 파괴하기 위함이었다. 전쟁이 끝난 지금까지 이라크에는 민주주의가 실현되지 않고 있으며 종족분쟁과 갈등은 여전하다. 이라크 전쟁 이후 아직까지 이라크가 소유했으리라고 추정되었던 대량살상무기는 발견되지 않았다. 이 전쟁의 가장 큰 비극은 수십만의 무고한 이라크 국민들의 목숨과 미국인들, 그리고 기타 여러 사람들의 목숨을 앗아갔다는 사실이다.

그러므로 우리는 팍스 로마나, 이라크 전쟁의 경우에서 보는 바와 같이 진정한 평화는 무력으로는 절대 달성될 수 없다는 교훈을 배워야 할 것이다. 진정한 평화는 폭력이 아닌 평화적 수단인 '대화'를 통한 협상에 의해서 달성된다는 사실을 우리는 알아야 할 것이다. 이를 위해서는 우리 모두가 평화를 만드는 일꾼들이 되어야 할 것이다. 평화를 만드는 일들을 영어로는 'Advocacy Work for Peace'라고 말한다.

참고로 이 책의 부록에 실린 필자가 2007년 6월 29일 영국 에든버러 대학에서 명예신학박사 학위수여시 했던 연설문을 읽어보기 바란다.

8. 폭력과 비폭력: 아웅산 수치 여사와 미얀마

이상의 평화적 수단에 의해서 자국의 민주주의와 평화를 가져오려고 노력하는 세계적 여성 지도자로 우리는 미얀마의 지도자 아웅산 수치(Aung San Suu Kyi) 여사를 꼽을 수 있다. 대영제국은 식민정책을 통해 인도를 식민지로 만들었고 인도는 다시 미얀마를 식민지화하였다. 미얀마 사람들의 입장에서 생각해 본다면, 그들은 이중 식민지 정책의 희생자라고 할 수 있다. 이러한 이중의 식민지 사슬이 1947년 1월 4일, 드디어 풀어졌다.

그러나 미얀마는 일곱 개의 소수민족으로 구성된 다민족 국가이다. 설상가상으로 아웅산 장군의 서거 이후, 미얀마는 독재체제의 통치로 인해 비극을 맞이하였다. 미얀마는 오랜 독재 끝에 1989년 5월 학생과 국민들의 승리로 대선거를 치를 수 있었다. 이 선거에서 아웅산 수치 여사가 이끄는 민족민주동맹(NLD: National League for Democracy) 정당이 88%의 압도적 지지를 받았으나, 군부독재는 아직도 아웅산 수치 여사에게 정권을 이양하지 않고 있으며 수치 여사는 지금도 가택연금 중에 있다. 필자는 1996년 11월, 1997년 4월 두 차례에 걸쳐 수치 여사를 만나서 오랫동안 이야기하면서 이 지도자의 "진정한 평화는 평화적 수단에 의해서 달성될 수 있다"는 확신을 배울 수 있었다. 분명, 아웅산 수치 여사는 세계적 여성 지도자임에 틀림이 없다. 미얀마의 민주주의에 대한 끝없는 도전은 9장에서 상세히 논하겠다.

제3장

국제기구의 역할

제2차 세계대전을 치른 인류는 전쟁의 참혹상을 스스로 깨닫고 전쟁 없는 세계를 모두가 소망하였다. 제1차, 제2차 세계대전은 인류의 무지에서 초래된 비극이기에 이제는 지구상에 전쟁이 없는 평화로운 세상을 만들어야 되겠다는 각오가 발현되었다. 그래서 스위스 제네바에 유엔총회를 제외한 대부분의 유엔기구들 외에도 국제노동기구, 세계교회협의회, 국제적십자사, 세계보건기구 등 다섯 개의 거대한 국제기구가 만들어지게 되었다.

1. 유엔

국제기구 중 제일 먼저 유엔(UN)총회의 면모를 살펴보기로 하자. 유엔총회의 이해를 돕기 위해 필자가 참석했던 62차 총회를 논하겠다.

이 총회 기간 중인 2007년 10월 29일 월요일 오후 4시부터 약 1시간 동안 필자는 반기문 사무총장과 유엔 새천년발전목표(MDG: Millennium Development Goals)가 제시한 8개 분야에 한국이 어떤 기여를 할 수 있겠는가를 상의하기 위해 총장실에서 회담을 가졌다. 총회에서는 10월 31일 오후 3시부터 속개된 한반도 평화 번영을 위한 남북정상회담 결과 보고가 유엔 194개 회원국의 만장일치로 통과되었다.

유엔의 절차 등을 본 다음 한반도 평화에 대한 24개국 대표들의 발언 중 몇 나라들의 발언을 동시에 살펴보자. 이 제62차 유엔총회 중 한반도 세션에서 있었던 각국 대사들의 발언을 원문 그대로 싣는 이유는 독자들 중 장래에 유엔 총회에서의 발언 기회를 미리 연습할 수 있도록 하기 위함이다. 정치적 발언들을 제외하고, 거의 모든 국제회의에서는 발언할 때 군더더기는 빼고 사무적이고 본론을 간단명료하게 표현함을 알 수 있다. 유엔이나 모든 국제기구들의 발언은 우선 주어진 시간을 엄수해야 하며 간단명료하고 핵심을 표현해야 하므로 독자들은 많은 연습을 쌓아야 할 것이다. 그럼 유엔총회의 면모를 유엔 한국 대표부의 자료를 중심으로 살펴보자.

1) 유엔 개황

(1) 유엔 창설 경위

- 1944. 10. 미・영・소・중이 워싱턴의 덤바턴 옥스 회의에서 유엔의 목적, 원칙, 구성 등에 합의.
- 1945. 2. 미・영・소 3국 정상, 얄타회담에서 유엔헌장 작성을 위한 연합국 회의를 1945. 4. 샌프란시스코에서 개최키로 합의.
- 1945. 6. 샌프란시스코 제헌회의, 유엔헌장 채택 및 서명(51개국).
- 1945. 10. 유엔헌장 서명국 과반수 비준으로 정식 발족.

(2) 유엔의 목적

- 국제평화 및 안전유지.
- 국가 간 우호관계 발전.
- 경제・사회・문화・인도적 문제 해결 및 인권과 기본적 자유의 존중을 위한 국제 협력.

· 상기의 공동목표를 달성하기 위한 국가 간의 활동을 조화시키는 데 중심적 역할.

(3) 유엔의 활동 원칙

· 모든 회원국의 완전한 주권 평등.
· 모든 회원국의 유엔헌장 의무 준수.
· 국가 간 분쟁의 평화적 해결.
· 국제관계상 무력사용 및 위협 금지.
· 유엔의 조치에 대한 지원, 유엔의 예방 또는 강제조치 대상국에 대한 지원 금지.
· 비회원국에 상기 원칙에 입각한 행동 촉구.
· 국내문제 불간섭.

〈그림 3-1〉 뉴욕 유엔본부 총회 회의장

(4) 유엔 회원국

· 가입자격: 유엔헌장상의 의무를 준수하고 이를 이행할 능력과 의사가 있다고 인정되는 평화 애호국.

· 회원국 수: 192개국(한국은 1991. 9. 17. 제46차 총회시 북한과 함께 가입, 161번째 회원국) (2008. 3)과 2개의 옵서버국, 총 194개국.

2) 유엔의 주요기구

(1) 총회(General Assembly)

· 유엔헌장 범위 내의 모든 문제를 토의할 수 있는 최고 결정기구로서 전 회원국으로 구성.

· 매년 9월 셋째 화요일에 개회하여 12월 중순까지 정기회기를 가짐(필요시 속개회의, 특별총회 및 긴급 특별총회 개최).

· 6개 주요위원회

- 제1위원회: 군축 및 국제안보문제
- 제2위원회: 경제 · 환경 및 금융 · 개발 문제
- 제3위원회: 인도적 · 사회적 및 문화적 문제
- 제4위원회: 특별정치 및 탈식민 문제
- 제5위원회: 행정 및 예산문제
- 제6위원회: 법률문제

· 2개 절차위원회: 운영위원회, 신임장위원회.

· 기타: 분담금위원회(COC), 행정 · 예산문제 자문위원회(ACABQ) 등 상설위원회 및 여타 사안별 위원회 다수.

- 유엔 공식언어: 영어, 프랑스어, 스페인어, 러시아어, 중국어, 아랍어 등 6개 국어.

(2) 유엔 인권이사회(United Nation Human Rights Council)

· 총회 산하기관으로서 유엔 시스템 내 인권의 주류화 및 효과적 조정을 담당.
· 47개 이사국.

(3) 안전보장이사회(Security Council)

· 국제평화와 안전유지에 관한 일차적 임무를 수행하며, 회원국들에게 구속력이 있는 결정을 하는 유일한 기구.
· 상임이사국(5개) : 미국, 영국, 프랑스, 중국, 러시아.
· 비상임이사국(10개) : 2년 임기, 매년 5개국씩 교체.
  - 현 비상임이사국 : 리비아, 베트남, 코스타리카, 크로아티아, 부르키나파소(임기: 2009년 말)
  : 일본, 멕시코, 터키, 우간다, 오스트리아 (임기: 2010년 말).

〈그림 3-2〉 유엔 기

(4) 경제사회이사회 (ECOSOC)

· 총회의 감독 하에 유엔의 경제 및 사회활동 담당.

· 54개 이사국, 임기 3년, 매년 18개국씩 교체.

- 산하기구로 9개의 기능위원회와 5개의 지역위원회가 있음.

(5) 신탁통치이사회 (Trusteeship Council)

· 국제신탁통치 감독기구.

· 유엔 창설 초기에는 11개 지역에 달하였으나, 현재 남아있는 유일한 지역은 미국이 시정권자로 있는 태평양 제도임.

(6) 국제사법재판소 (International Court of Justice)

· 국제분쟁의 사법적 해결기능 담당.

· 임기 9년의 판사 15명으로 구성.

(7) 유엔 사무국 (Secretariat)

· 본부(뉴욕), 지역사무소(제네바, 비엔나 및 나이로비) 및 경제사회이사회 산하의 지역위원회.

· 직원 수: 약 3만 명(뉴욕본부 근무인원 약 6천 명).

· 예산(2006~07): 38억 2천만 달러.

· 사무총장

- 안보리의 권고에 따라 총회에서 임명.

- 임기: 헌장상 별도 규정은 없으나, 1946년 제1차 총회 결의에 따라 5년 임기로 임명(연임 가능).

- 현 사무총장(제8대): 반기문(Ban Ki-moon)

- 역대 사무총장

제1대(1946~52): Trygve Lie(노르웨이)

제 2대(1953~61): Dag hammarskjöld(스웨덴)

제 3대(1961~71): U Thant(미얀마)

제 4대(1972~81): Kurt Waldheim(오스트리아)

제 5대(1982~91): Javier Pérez de Cuéllar(페루)

제 6대(1992~96): Boutros Boutros-Ghali(이집트)

제 7대(1997~2006): Kofi A. Annan(가나)

제 8대(2007~현재): Ban Ki-moon(한국)

(8) 그 밖의 유엔체제내의 기구

· 독립적 예산과 조직 유지.
  - 유엔 교육과학문화기구(UNESCO) 등 16개 전문기구.
  - 국제원자력기구(IAEA), 세계무역기구(WTO) 등 4개 독립 기구.

· 유엔 프로그램 및 기금(*Programmes and Funds*)
  - 유엔 아동기금(UNICEF), 유엔 개발계획(UNDP), 유엔 난민고등판무관(UNHCR) 등 13개 기구.

· 기타 기구
  - 유엔 훈련개발원(UNITAR), UN 대학(UNU) 등 5개.

(9) 유엔 옵서버대표부 현황

· 교황청(옵서버 국가) / 팔레스타인 자치정부(옵서버)

(10) 정부 간 기구 및 기타

유럽공동체(EU: European Union)

아랍연맹(Arab League)

아프리카 단결기구(Organization of African Union)

국제적십자위원회(International Committee of the Red Cross)

영연방(Commonwealth of Nations)
이슬람회의기구(Organization of the Islamic Conference) 등.

3) 한국과 유엔의 관계

(1) 건국 및 정부수립 지원

- 1947. 11. 14. 제2차 유엔총회, 유엔 한국임시위원단(UNTCOK) 감시 하 통일정부 수립을 위한 자유총선 실시 결의 채택.

(2) 6·25 전쟁시 유엔의 지원

- 1950. 6. 25. 안보리, 북한의 남침을 평화의 파괴로 규정, 북한에 대한 즉각 정전 및 철군요구 결의 채택.
- 1950. 6. 27. 안보리, 침략격퇴와 평화회복을 위해 필요한 원조를 각 회원국에 권고하는 결의 채택.[1)]
- 1950. 10. 7. 제5차 유엔총회, 한국전역의 안전상황 확보, 통일 정부수립을 위한 총선실시 촉구 및 유엔 한국통일부흥위원단(UNCURK) 설치 결의 채택.
- 1953. 8. 28. 제7차 유엔총회, 정전협정체결 승인 결의 채택.

(3) 남·북한의 유엔가입

- 한국은 1949년 이래 한국 단독명의로 5회, 우방국 주도로 5회 가입을 시도하였으나 무산.
- 북한은 1949년 이래 북한명의로 2회, 소련제출 결의안으로 2회 가입을 시도하였으나 무산.
- 1991년 제46차 총회시 남·북한 동시 유엔가입 실현.

---

1) 유엔 역사상 유일하게 유엔군을 파견한 군사적 강제조치.

(4) 남・북한 정상회담

- 2000년 제55차 총회시 남북 정상회담 지지결의안 통과.
- 2007년 제62차 총회시 2차 남북 정상회담 지지결의안 통과.

(5) PKO 참여 실적

- 1992. 7. 유엔 캄보디아 평화유지단(UNTAC)에 선거감시요원 5명 파견.
- 1993. 7~1994. 9. 유엔 소말리아 평화유지단(UNOSOM II)에 공병대대 252명 파견.
- 1993. 12~1994. 9. 유엔 소말리아 평화유지단(UNOSOM II)에 사령부 참모 6명 파견.
- 1995. 10~1996. 12. 유엔 앙골라 평화유지단(UNAVEM III)에 공병대대 198명 파견.
- 1996. 2~1997. 2. 유엔 앙골라 평화유지단(UNAVEM III)에 사령부 참모 6명 파견.
- 2004. 6~현재. 유엔 부룬디 평화유지단(ONUB)에 군옵서버 2명 파견.
- 2003~현재. 유엔 라이베리아 평화유지단(UNMIL)에 부대 1, 군옵서버 1명 파견.
- 1991. 4~2006. 12. 유엔 서부사하라 평화유지단(MINURSO)에 19개 부대 파견.
- 1994. 11~현재. 유엔 인도・파키스탄 평화유지단(UNMOGIP)에 군옵서버 9명 파견.
- 1993. 8~현재. 유엔 조지아 평화유지단(UNOMIG)에 군옵서버 7명 파견.
- 2002. 3~현재. 유엔 아프가니스탄 평화유지단(UNAMA)에 군옵

서버 1명 파견.

· 2007. 3. 유엔 네팔 임무단(UNMIN)에 군옵서버 5명 파견.

· 2006. 11~현재. 유엔 동티모르 평화유지단(UNMIT)에 경찰 5명 파견.

· 2007. 7~현재. 유엔 레바논 평화유지단(UNFIL)에 보병대대 350명 파견.

(6) 우리의 대 유엔분담금 납부현황

· 정규예산(07년도): 분담률 2.173%.
순위: 11위, 약 4천 4백만 달러(2006~07년 38억 달러).

※ 참고: 미국(1위) 분담률 22%, 일본(2위) 분담률 16.624%, 북한 분담률 0.007%.

· PKO 예산(2007년): 약 1.9557%.

(7) 유엔사무국 한국인 진출

· 우리는 유엔 가입 후 10년 만에 제56차 유엔총회(2001-02) 의장직 수임.

· 1991년 9월 유엔가입 이후 한국인의 유엔사무국 진출을 적극 추진하여 현재 반기문 사무총장 등 사무차장보(ASG)급 이상 고위직 3명을 포함, 총 40여 명이 유엔 사무국에서 P급 이상 정규직위에서 근무중.

■ 유엔 총회 운영절차

1) 회기 기간(정기회기의 경우)

매년 9월 셋째 주 화요일(2007년 62차 총회의 경우 9월 18일)에 개막하며, 차기총회 개막 전일까지 지속.

2) 조 직

(1) 의장단

- 총회의장(President of the General Assembly: PGA)
  총회에서 지역그룹 순환원칙에 따라 1년 임기로 선출되는 것이 관례.
  ※ 한국은 2001~02년 임기 제 56차 총회 의장(한승수) 역임.
- 부의장(*Vice-President*): 21명.
  총회는 지역그룹에서 추천한 21명을 부의장으로 선출
  (안보리 상임이사국은 당연직).
- 주요위원회(*Main Committees*) 의장: 6명.
  총회는 지역그룹의 추천을 받아 6개 주요위원회의 의장을 선출.

(2) 산하조직

- 6개 주요위원회, 절차 위원회 [운영위(*General Committee*) 및 신임장위(*Credentials Committee*)], 상설 위원회 [행정예산자문위(ACABQ) 및 분담금위(CoC))] 및 다수의 산하기관으로 구성.

※ 행정예산문제자문위원회(ACABQ: Advisory Committee on Administrative and Budgetary Questions).

※ 분담금위원회(CoC: Committee on Contributions).

3) 회의 진행절차

(1) 개요

- 총회 개막 → 각국 수석대표의 기조연설(*General Debate*) → 총회 본회의(*Plenary*) 및 6개 주요위원회 개최 → 총회 폐막

(2) 상세 절차

① 총회 개막

- 총회 개막(2008년의 경우 9월 18일) 다음날 개최되는 총회 운영위원회(*General Committee*)에서 ⓐ 의제 채택, ⓑ 채택된 의제의 위원회별 배당, ⓒ 기조연설 기간 등을 결정, 본회의에 채택 권고.
- 총회 운영위원회는 총회의장, 부의장 21명, 6개 주요위원회 의장으로 구성됨.

② 의제의 종류

- 보충의제(*Supplementary Item*)

  회원국, 유엔 주요기관(총회, 안보리, 경사리, 신탁통치이사회, ICJ 및 사무국: 헌장 7조 1항) 또는 유엔 사무총장이 회의개막 30일 이전에 의제로 포함시켜 주도록 요청한 안건.
- 추가의제(*Additional Item*)

  회원국, 유엔 주요기관 또는 유엔 사무총장이 회의 개막 30일 이내 또는 회기 중에 의제로 포함시켜 주도록 요청한 안건.

③ 기조연설(*General Debate*)

- 총회 개막 1주일 후(9. 25)부터 9일간(주말 제외) 진행하며, 기조연설 순서는 국가원수, 정부수반, 외교장관 순으로 배정.
- 매년 기조연설시 첫 번째 발언국은 브라질이며, 이는 10차 총회시 어느 나라도 첫 번째로 발언하기를 원치 않는 상황에서 브라질이 지원함에 따라 생기게 된 관행.
- 두 번째 발언국은 유엔을 유치한 미국.

- 총회장 좌석배치는 매년 사무총장이 총회 개막전 추첨을 통해 한 회원국을 선발하면, 동 회원국이 총회장 제일 앞줄의 첫 번째 좌석에 앉고 나머지 회원국들은 영문 알파벳순으로 좌석이 배정됨(제 62차 총회에는 멕시코가 뽑힘).

(3) 총회 본회의 및 주요 위원회

- ⓐ 사안의 성격 또는 정치적 고려상 주요위원회에 배정하기 어려운 의제나 ⓑ 안보리, 경제사회이사회 등 주요기관 및 사무총장 등 주요 직책 선거 등은 총회 본회의에 직접 상정.
  ※ 총회의장 주도로 안보리 개편, 여성문제 등 주요 문제에 대한 논쟁(*Thematic Debate*)도 활성화되는 추세.
- 각 위원회는 위원회별 기조연설, 총회 운영위원회가 배정한 의제들에 대한 토의를 거쳐 결의안을 채택하여 본회의에 채택을 권고하는 순으로 토의 진행.

(4) 차기 총회 개막 하루 전 폐막

각 위원회 중심의 대부분의 회의는 12월 중순경 각종 결의안이 채택되면 사실상 종결.

4) 결의 채택절차

(1) 위원회를 거치는 절차

- 공식회의(*Formal*)에서 의제 상정 → 비공식 회의(*Informal*) 협의 → (필요시) 비공식-비공식 회의(*Informal-Informal*) 협의 → 공식회의에서 결의안 채택 → 본회의에 상정, 결의안 채택.
- 공식회의는 각 회원국들이 의제에 대한 기본입장을 밝히는 기회로 활용되고 결의안에 대한 실질적 교섭은 비공식 회의에서 진행.

(2) 본회의 직접 상정결의 채택절차(*Without Reference*)

- 공식회의에서 의제 상정 및 토의 → (필요시) 비공식 회의에서 결의안 문안 협의 → 공식회의에서 결의안 채택.

■ 안전보장이사회의 운영절차

1) 권 능

- 국제평화와 안전유지에 대한 1차적 책임 보유.
  헌장 24조에 '*Primary responsibility for the maintenance of international peace and security*' 규정.
- 헌장 7장(강제조치)에 의거하여 전 회원국에 대하여 법적 구속력을 갖는 조치 가능.

2) 구 성

- 5개 상임이사국(P5)과 10개 비상임이사국(E10)으로 구성.
- 5개 상임이사국: 미국, 영국, 프랑스, 러시아, 중국(거부권 보유).
- 10개 상임이사국: 매년 총회에서 5개국을 새로 선출, 임기 2년.
  ※ 2009년 비상임이사국(만기년)
  리비아, 베트남, 코스타리카, 크로아티아, 부르키나파소(이상 2009년 말), 일본, 멕시코, 터키, 우간다, 오스트리아(이상 2010년 말).
- 산하기관
  - 10개 제재위원회(Sanctions Committee),
    배상위원회(UN Compensation Commission),
    대테러위원회(Counter-Terrorism Committee) 등.

3) 회의 운영

(1) 비공식 회의

▪ 연중 상설 운영되는 비공식 회의(*Informal Consultations as a Whole*)에서 모든 의제가 논의, 사전 합의됨.

- 필요시 실무급 협의(*Expert Meeting*)도 운영.
- 비이사국의 참석은 일체 불허, 공식기록도 남기지 않는 것이 원칙.

※ 의장국: 9월 프랑스, 10월 가나, 11월 인도네시아,
12월 이탈리아, 1월 리비아, 2월 파나마, 3월 러시아.

▪ 통상 P5간 사전협의·합의된 사안이 다시 E10과의 전체 회의에서 논의되는 방식.

- P5 중에서도 P2(미·영) 또는 P3(미·영·프) → P5(미·영·프·중·러)의 순으로 협의가 진행되는 경향.
- 최근 E10들은 P5들이 합의한 결과를 강요하는 관행에 반발하는 사례도 있으나 극복하기 어려운 관행으로 정착.

▪ 비이사국, 개인 등과의 정보 및 의견 교환을 위해서는 이른바 아리아 포뮬러(*Arria Formula*)를 활용.

- 비공개로 진행, 개별이사국 단독 또는 공동으로 개최.

(2) 공식회의

▪ 비공식 회의에서 합의된 결의안, 의장성명 등은 공식회의(*Formal Meeting*)에서 채택.

- 비이사국들도 참관 가능.
- 당사국은 투표권 없이 참석·발언 가능.

※ 결의 1718 채택 시 남북한 대표 참석·발언, 단 투표참여는 불가능.

▪ 공식회의에는 ⓐ 조치의 채택을 위한 회의, ⓑ 주요 문제(*Thematic Issue*)를 대상으로 일반 회원국에게도 토의 참석 기회가 주어지는 공개토의(*Open Debate*), ⓒ 공개브리핑(*Open Briefing*) 등이 있음.

- 안보리 이사국과 특정사안의 당사국인 회원국이 토의를 갖는 비공개 토의(Private Debate: Closed Formal Meeting), 평화유지군(PKF)의 병력공여국만 참석하는 병력공여국 회의(TCC Meeting) 등이 있음.
  ※ 코소보(Kosovo) 문제를 논의하기 위하여 비이사국으로서 동 문제의 당사국인 세르비아 대통령과 비공개 토의(*Private Debate*)를 개최.
- 당사자이나 독립국이 아닌 코소보 대통령과는 아리아 포뮬러 개최.

4) 안보리 조치형태

▪ 안보리 의장의 대언론성명(PST: Statement to the Press).
- 안보리 회의 후 안보리 의장이 언론 공개(*Media-stakeout*) 형식으로 논의된 이슈에 대하여 설명.
- 동 문안도 사전협의 필요.

▪ 안보리 의장성명(PRST: Presidential Statement)
- 기본적으로 합의로 도출하지만 합의가 더 어려운 때도 있음.

▪ 결의(*Resolution*)
- 표결을 거친다는 점에서 가장 권위 있고 공식적 조치.
- 중요사안, 제재의 완화/강화, 평화유지활동(PKO) 임무연장 등 최고의 형식 요건이 필요할 때 결의 형식 사용.
- 표결·채택 24시간 전에 이른바 블루 텍스트(*Blue Text*)로 전환되어야 함.
- 절차문제(*Procedural Matters*)를 제외한 모든 문제는 5개 상임이사국을 포함한 9개 이사국의 찬성투표로 채택(거부권 적용).

5) 헌장 7장의 적용

(1) 적용 대상

▪ 제재결의, 대테러 비확산 결의, PKO/다국적군 파견 결의 및 군사조치.
▪ 헌장 7장 적용은 회원국에 대해 법적 구속력 부여.

- 헌장 25조/48조, 국내문제 불간섭 원칙의 예외.
- 반드시 7장 언급만 가지고 구속력이 있지는 않으며, 일반적으로 ⓐ 국제평화와 안전에 대한 위협의 존재 결정(*Determine*), ⓑ 헌장 7장에 의거한 조치임을 명기, ⓒ 안보리의 결정(*Decide*)이 구속력을 갖기 위한 3대 요소.
- ⓐ, ⓑ가 있다 하더라도 Urge나 Call on은 구속력이 없으며, 회원국의 자발사항.

(2) 7장의 구성

- 39조: 평화에 대한 위협, 파괴, 침략행위의 존재여부 결정(*Determine*)
- 40조: 잠정조치 준수 요청
- 41조: 비군사적 강제조치 - 경제제재
- 42조: 군사적 강제조치

(3) 적용사례

- 일반적으로 결의안 전문에 관련사태가 '국제(지역) 평화와 안보에 대한 위협'[*Threat to International (Regional) Peace and Security*]을 구성함을 결정.
- 본문 시작부분에 유엔헌장 제7조에 의거하여 행동함"(*Acting Under Chapter VII of the Charter of the United Nations*)을 명기.

■ 제62차 유엔 총회 한반도 평화 번영 결의안 관련 각국 대표 발언

다음의 연설문들은 2007년 제62차 유엔 총회에서 상정된 한반도 평화 번영 결의안에 대한 각국 대표들의 발언 원문이다. 이 결의안은 27개국의 찬성 발언 후 만장일치로 가결되었다. 그중 한국, 북한, 일본, 그리고 유럽연합 대표들의 발언만 싣는다.

Item 167: Peace, security and reunification on the Korean peninsula at the 62nd Session of the General Assembly of the United Nations
31 October 2007
New York
THE REPUBLIC OF KOREA
Statement by H.E. Ambassador KIM Hyun Chong

Mr. President,

1. Thank you for giving me this opportunity to introduce the draft resolution entitled "Peace, security and reunification on the Korean Peninsula". Issued as General Assembly document A/62/L.4, the draft resolution was prepared and tabled jointly by the Democratic People's Republic of Korea and the Republic of Korea.
2. The inter-Korean summit was held from October 2 to October 4 in Pyongyang where President Roh Moo-hyun and Chairman Kim Jong Il adopted "The Declaration on the Advancement of Inter-Korean Relations, Peace and Prosperity". While reconfirming the commitment to peace and prosperity, which are consistent with the principles of the United Nations, this sui generis Declaration sets forth a paradigm that is intended to have a salutary effect on future inter-Korean relations.
3. The Declaration calls for both Koreas to work towards establishing

a peace regime on the Korean peninsula and this notion is consistent with the Korean people's ethos which contemplates eventual reunification. To obviate military altercations, President Roh Moo-hyun and his counterpart agreed to set up a peace zone in the West Sea and explore the feasibility of designation the area as a common fishery zone.

Mr. President,

4. At the summit, both President Roh and Chairman Kim expressed their commitment to the denuclearization of the Korean peninsula. This intention is unequivocally reflected in the Declaration, which calls on both sides to implement fully the September 19th Joint Declaration and the February 13th Agreement of the six-Party Talks so as to resolve the nuclear issue. In tandem with the inter-Korean summit, the most recent round of the Six-Party Talks held in Beijing concluded on October 3rd. At these talks, the Democratic People's Republic of Korea expressed its intention to disable its nuclear facilities in Yongbyon. The dynamics of the two meetings indicate that the Six-Party Talks and inter-Korean relations are progressing in a mutually reinforcing manner.

5. Significant progress was also made in the economic and trade area. The Gaeseong Industrial Complex, which is located in the DPRK and employs some 18,000 local workers, will be upgraded to accommodate further investments. An additional industrial complex in the Democratic People's Republic of Korea is also being contemplated. To further economic development, the Gaeseong-Shinuiju Railway and the Gaeseong-Pyongyang Expressway in the DPRK will be improved for common use by both Koreas. On the cultural front, the two Koreas will cooperate closely at the Beijing Olympics in 2008.

6. Through its various provisions, the Declaration points the way forward for common prosperity, eventual peaceful reunification on the Korean peninsula, and the resolution of longstanding regional concerns. The Republic of Kore firmly believes that the inter-Korean summit and the resulting Declaration are positive developments not only for both Koreas, but for the international communi-

ty as a whole.

Mr. President,

7. It was exactly seven years ago today that the General Assembly adopted its resolution 55/11 under the same agenda item, welcoming and supporting the June 2000 inter-Korean summit and its Joint Declaration. I am confident that on this special day, the Member States will once again demonstrate their support for advancing inter-Korean relations and peace and prosperity on the Korean peninsula by adopting the draft resolution by consensus.

Thank you.

Democratic People's Republic of Korea
Statement by H.E. Mr. Pak Gil Yon

Mr. President,

I have the honor to introduce a draft resolution contained in document A/62/L.4 entitled "Peace, security and reunification on the Korean peninsula"

The inter-Korean summit was held in Pyongyang from October 2 to 4, 2007 adopting the Declaration on the Development of North-South Relations, Peace and Prosperity.

The summit, the second time of its kind since the year 2000, provided and important occasion in opening up a new phase for peace, common prosperity and reunification on the Korean peninsula by taking the inter-Korean relations onto a higher stage on the basis of Joint Declaration of June 15, 2000 and the spirit of "by our nation itself".

The draft resolution welcomes and supports the inter-Korean summit including the Declaration and encourages the both sides to implement it faithfully and in good faith, inviting member states to

support and assist the current positive process.
The adoption of this draft resolution will be further conducive to bringing durable peace and reunification of the Korean peninsula and also peace and stability in the rest of the world.
Hence, I hope that this draft resolution will be adopted by consensus.

Thank you.

Japan
Statement by H.E. Mr. Yukio Takasu

Mr. President,

I would like to express Japan's support for the draft resolution on "Peace, security and reunification on the Korean peninsula" Japan welcomes the recent inter-Korean summit as a symbolic event demonstrating the deepening of dialogue between the Republic of Korea and the DPRK. We believe that the inter-Korean summit has contributed to further advancing inter-Korean relations as well as easing tension on the Korean peninsula.
Japan welcomes the Declaration on the Advancement of South-North Korean Relations, Peace and Prosperity, which was signed at the inter-Korean summit. It underscores that the Republic of Korea and the DPRK have agreed to work together to implement smoothly the 19 September 2005 Joint Statement and the 13 February 2007 Agreement of the Six-Party Talks. We also welcome the commitment made by the DPRK, in the outcome document of the Six-Party Talks issued on 3 October 2007, inter alia, to declare all nuclear programs and disable the three facilities at Yongbyon by the end of this year, as measures to be taken in the second phase for the implementation of the Joint Statement of 19 September 2005.
The denuclearization of the DPRK is essential for the peace and stability of not only Northeast Asia but the entire international

community. We consider it most important for the DPRK to implement these commitments fully. Japan continues to work actively towards a peaceful resolution of the nuclear issue within the framework of the Six-Party Talks, with a view to comprehensively resolving outstanding issues, such as the abduction, nuclear and missile issues, settling the 'unfortunate past' and realizing the normalization of relations with the DPRK, based on the Japan-DPRK Pyongyang Declaration.
We sincerely hope that the adoption of the draft resolution will further promote the denuclearization process of the DPRK and the resolution of other outstanding issues.

Thank you for your attention.

On behalf of the European Union
Statement by H.E. Ambassador João Salgueiro

Mr. President,

I have the honour to speak on behalf of the European Union. The Candidate Countries Turkey, Croatia[2)] and the Former Yugoslav Republic of Macedonia, the EFTA countries Liechtenstein and Norway, the Countries of the Stabilisation and Association Process and potential candidates Albania, Bosnia and Herzegovina and Montenegro, as well as Ukraine, the Republic of Moldova, Armenia and Georgia align themselves with this declaration.

Mr. President,

The European Union follows with keen interest all efforts to reduce the tensions on the Korean Peninsula. Accordingly, the EU supports

2) Croatia and the Former Yugoslav Republic of Macedonia continue to be part of the Stabilization and Association Process.

any initiative conducive to the fostering of peace, stability and cooperation on the Peninsula, namely the adoption of a resolution by the General Assembly of the United Nations on peace, security and reunification on the Korean Peninsula.
The EU fully supported the Summit between President Roh Moo-hyun and General Secretary Kim Jong-il, held in Pyongyang on 2-4 October, as well as the outcome of this Summit, the Declaration on the Advancement of North-South Korean Relations, Peace and Prosperity, and considers that it contributed to the reinforcement of the growing atmosphere of confidence and trust on the Korean Peninsula. In turn, the EU believes that this atmosphere will contribute to efforts within the framework of the Six-Party Talks, a process fully supported by the EU, to achieve the complete denuclearization of the Korean Peninsula.
Furthermore, the EU looks forward to the follow-up to this initiative, starting with the meeting between the Prime-Ministers of the Democratic People's Republic of Korea and the Republic of Korea, which will take place in November. The EU stands ready to contribute to the process of inter-Korean dialogue, reconciliation and reunification, as called for in the resolution before us.

Thank you Mr. President.

2. 유엔 인권이사회

1) 유엔 인권보호시스템(UN Human Rights Protection System)

유엔에서는 인권보호를 위해 다음과 같은 시스템을 갖추고 있다. 총회산하의 인권이사회(HR Council)는 자문위원회와 특별절차, 실무그룹을 운영하고 있으며, 안전보장이사회는 PBC와 CTC 등을 운영하고 있다. 경제사회이사회에서는 CSW 등의 기능위원회와 ESCAP 등의 지역위원회를 운영하고 있다. 사무국 내에서는 인권고등판무관실(OHCHR) 인권이사회와 각종 인권조약들과 연계하여 인권보호를 위한 업무를 담당하고 있다.

〈그림 3-3〉 유엔 인권이사회 현장

2) 유엔 인권기구의 개혁

코피 아난 유엔 사무총장의 2002년 "Strengthening the UN", 2005년 "In Larger Freedom" 보고서와 2005년 9월의 유엔 정상회의에서 채택된 결과보고서에서 유엔 인권기구의 개혁의 필요성이 논의되었고, 이후 기존의 유엔 인권위원회(Commission on Human Rights)가 폐지되고 2006년 3월 15일 유엔 총회 결의 60/251에서 유엔 인권이사회(United Nation Human Rights Council)가 신설되었다(찬성 170, 반대 4, 기권 3).

현재 인권조약감시기구(Treaty Monitoring Bodies)에서 정부보고서의 통합, 감시기구 통합, 업무방식 통합방안을 놓고 개혁논의가 진행 중이다. 유엔 인권고등판무관실(OHCHR)은 예산이 확대되면서 직원 확대, 지역/국가 사무소가 설치되는 등 그 역할이 강화되고 있다.

〈그림 3-4〉 유엔 인권보호시스템

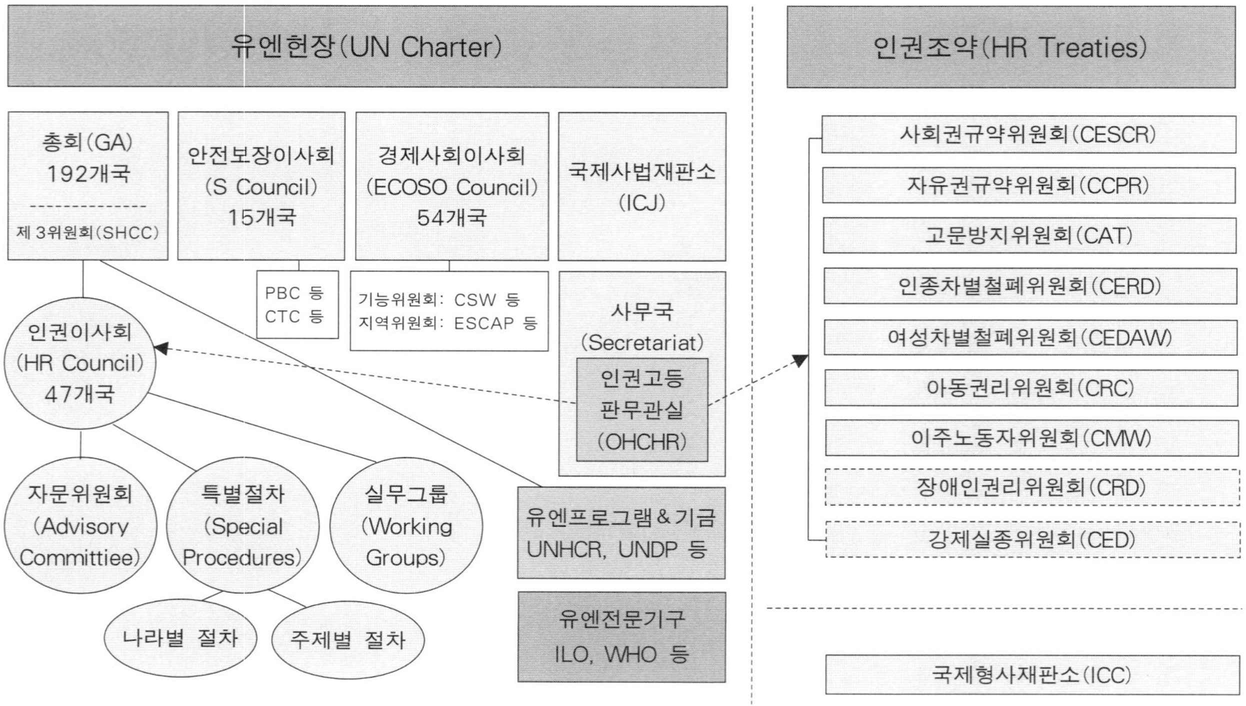

3) 유엔 인권위원회 vs. 유엔 인권이사회

기존의 유엔 인권위원회와 개혁된 현재의 유엔 인권이사회를 비교하면 〈표 3-1〉과 같다. 또한 이사회 1차 회기부터 5차 회기까지(2006. 6. 19~2007. 6. 18)의 제도구축 논의를 비교하면 〈표 3-2〉와 같다.

〈표 3-1〉 인권위원회 vs 인권이사회[3)]

	인권위원회(CHR)	인권이사회(HRC)
지위	경제사회이사회(ECOSOC) 산하기관	총회(GA) 산하기관으로 격상
구성	53개국(아시아 12, 아프리카 15, 라틴아메리카 11, 동유럽 5, 서유럽 및 기타 10)	47개국(아시아 13, 아프리카 13, 라틴아메리카 8, 동유럽 6, 서유럽 및 기타 7)
선출 방법	ECOSOC에서 지역그룹별 다득표 순으로 선출 - 지역그룹별 Endorse 가능 - 위원국 자격요건 없음	192개 총회 회원국의 절대과반수로 선출 - 자발적 공약 - 총회 투표 2/3로 이사국 자격박탈 가능
개최 빈도	연 1회: 6주(매년 3월~4월), 특별회기 가능	준 상설화: 연중 최소 3회, 총 10주 이상, 이사국 1/3요청으로 특별회기 가능
임무 및 기능	▪인권규범의 제정 및 이행 ▪국가별, 주제별 인권상황에 대한 조사와 모니터링 특별절차 ▪정부에 대한 자문 및 기술협력	▪유엔 시스템 내 인권의 주류화 및 효과적 조정 - 인권침해상황에 대한 즉각적 대처 - 주제별 인권이슈에 대한 대화 장 인권교육, 역량강화, 국제협력 등 증진 ▪보편적 정례검토제도(UPR) 도입 ▪기존 인권위원회의 임무 및 기능에 대한 검토

3) 유엔 총회 결의 60/251(2006. 3. 15) 참조.

〈표 3-2〉 인권위원회와 인권이사회의 비교[4)]

인권위원회(CHR)	인권이사회(HRC)
-	보편적 정례검토제도
특별절차 : 주제별 절차(28개), 나라별 절차(12개)	특별절차 ▪ 주제별 절차(28개), 나라별 절차(10개) - 쿠바, 벨로루시 특별보고관 폐지 - 각 Mandate에 대한 유지/폐지/통합/신설 검토 계속 ▪ 후보 추천: 정부, 지역그룹, 국제기구, NGO, 기타 인권기구, 개인 ▪ Mandate-holder 임기 : 최장 6년으로 제한 - 주제별 절차(최소 3년), 나라별 절차(최소 1년) ▪ Mandate-holder 행동수칙 제정
인권의 증진과 보호에 관한 인권소위원회 : 독립전문가 26인, 매년 7~8월 3주간 회기	자문위원회 ▪ 독립전문가 18인 ▪ 후보추천: 정부 - 자국뿐만 아니라 소속지역그룹의 전문가 추천 - 후보 추천시 국가인권기구 및 시민사회와의 협의 의무 ▪ 임기: 최장 6년으로 제한 ▪ 매년 2주간 회기 ▪ 결의 또는 결정 채택할 수 없음

4) 유엔 인권이사회 결의 5/1(2007. 6. 18) 참조.

4) 유엔 인권이사회 이사국(임기) 현황

〈표 3-3〉은 유엔 인권이사국 임기현황을 표로 정리한 것이다.[5] 이사국 선거는 매년 5월 경 유엔 뉴욕본부에서 이루어지며 지역별로 구분되어 3년간 임기를 수행하며 매년 순차적으로 임기를 마감한다. 한국과 일본은 2008년 5월 열린 선거에서 제 4대 이사국으로 재선되어 새롭게 2011년까지 임기를 시작하였다. 2009년 제 4대 이사국 의장은 아시아지역 그룹의 순서이다.

〈표 3-3〉 유엔 인권이사국 임기현황

	제 1대 이사국 06. 6. 19~07. 6. 18	제 2대 이사국 07. 6. 19~08. 6. 18	제 3대 이사국 08. 6. 20~09. 6. 19
아시아 (13)	바레인, 인도네시아, 인도, 필리핀(2007) 일본, 한국, 파키스탄, 스리랑카(2008) 방글라데시, 중국, 요르단, 말레이시아, 사우디(2009)	일본, 파키스탄, 한국, 스리랑카(2008) 방글라데시, 중국, 요르단, 말레이시아, 사우디(2009) 인도, 인도네시아, 필리핀, 카타르(2010)	방글라데시, 중국, 요르단, 말레이시아, 사우디(2009) 인도, 인도네시아, 필리핀, 카타르(2010) 일본, 바레인, 한국, 파키스탄(2011)
아프리카 (13)	알제리, 모로코, 남아공화국, 튀니지(2007) 가봉, 가나, 말리, 잠비아(2008) 카메룬, 지부티, 나이지리아, 세네갈. 모리셔스(2009)	가봉, 가나, 말리, 잠비아(2008) 카메룬, 모리셔스, 지부티, 나이지리아, 세네갈(2009) 마다가스카르, 앙골라, 이집트, 남아공화국(2010)	모리셔스, 카메룬, 지부티, 나이지리아, 세네갈(2009) 앙골라, 이집트, 마다가스카르, 남아공화국(2010) 잠비아, 가나, 가봉 부르키나파소(2011)

5) 이사국 선거결과 및 자발적 공약은 http://www.un.org/ga/62/elect/hrc 참조.

라틴 아메리카 (8)	아르헨티나, 에콰도르(2007) 브라질, 과테말라, 페루(2008) 쿠바, 우루과이, 멕시코(의장국)(2009)	브라질, 과테말라, 페루(2008) 쿠바, 멕시코, 우루과이(2009) 볼리비아, 니카라과(2010)	쿠바, 멕시코, 우루과이(2009) 볼리비아, 니카라과(2010) 칠레, 브라질, 아르헨티나(2011)
동유럽 (6)	체코공화국, 폴란드(2007) 루마니아, 우크라이나(2008) 아제르바이잔, 러시아(2009)	루마니아(의장국), 우크라이나(2008) 아제르바이잔, 러시아(2009) 보스니아헤르체고비나, 슬로베니아(2010)	아제르바이잔, 러시아(2009) 보스니아헤르체고비나, 슬로베니아(2010) 슬로바키아, 우크라이나(2011)
서유럽 및 기타 (7)	핀란드, 네덜란드(2007) 프랑스, 영국(2008) 캐나다, 독일, 스위스(2009)	프랑스, 영국(2008) 캐나다, 독일, 스위스(2009) 이태리, 네덜란드(2010)	캐나다, 독일, 스위스(2009) 이태리, 네덜란드(2010) 프랑스, 영국(2011)

5) 유엔 인권이사회 정기/특별회기 개최현황

유엔 인권이사회의 정기회기(*Regular Sessions*)와 특별회기(*Special Sessions*)의 개최현황은 〈표 3-4〉와 같다.

6) 유엔 인권이사회의 의제항목(Agenda Item)

- 항목 1: 업무조직 및 절차문제들
- 항목 2: 인권고등판무관, 인권고등판무관실, 사무총장 연례보고서
- 항목 3: 자유권, 사회권, 발전권 등 모든 인권의 증진과 보호
- 항목 4: 이사회의 주의를 요하는 인권상황
- 항목 5: 인권기구 및 메커니즘
- 항목 6: 보편적 정례검토

〈표 3-4〉 정기/특별회기 개최현황

정기회기	특별회기
제 1차(2006년 6월 19~30일)	제 1차(2006년 7월 5~6일 / 팔레스타인 인권상황)
제 2차(2006년 9월 18일~10월 6일 / 11월 27~29일)	제 2차(2006년 8월 11일 / 이스라엘의 레바논 공격에 따른 인권상황)
제 3차(2006년 11월 29일~12월 8일)	제 3차(2006년 11월 15일 / 팔레스티인 인권상황)
제 4차(2007년 3월 12~30일)	제 4차(2006년 12월 12~23일 / 수단 다르푸르 인권상황)
제 5차(2007년 6월 11~18일)	제 5차(2007년 10월 2일 / 미얀마 인권상황)
제 6차(2007년 9월 10~28일 / 12월 10~14일) 3주+1주	
제 7차(2008년 3월 3~28일) 4주	
제 8차(2008년 6월 2~13일) 2주	
제 9차(2008년 9월 8~26일) 3주	

- 항목 7: 팔레스타인 및 여타 피점령 아랍영토의 인권상황
- 항목 8: 비엔나 선언 및 행동계획의 후속조치 이행
- 항목 9: 인종주의, 인종차별, 외국인 혐오, 불관용, 더반 선언 및 행동계획의 후속조치와 이행
- 항목 10: 기술지원 및 역량구축

7) NGO의 유엔 인권이사회 참여

NGO의 유엔 인권이사회 참여는 다음과 같은 단계를 거친다.

(1) 준비단계

① **의제항목**(*Provisional Agenda*) **및 회기 세부일정**(*Timetable*) **체크**
- 문서제출 목록(*List of Documentation*) 및 현황 검토
- 각 주제별/나라별 보고서 검토

② NGO **서면 발언문**(*Written Statement*)
제출일정 체크 및 제출, 보도자료 배포

③ (**직접참여의 경우**) **간담회 등 행사**(*Parallel Event*) **개최 준비**
- 관련 단체들과의 협의/기획
- 특별절차 'Mandate-holder' 참석 가능성 타진
- 회의실 예약, 보도자료 배포

④ (**직접참여의 경우**) OHCHR **사무국에 참가자명단 등록**
경제사회이사회 협의지위가 있는 경우/ 없는 경우

⑤ (직접참여의 경우) 사전 언론조직
보도자료 배포, 기획기사 조직 등

⑥ (직접참여의 경우) 제네바 현지 Logistics 준비
- Mandate International Welcome Center
- http://www.genevainternational.org
  http://www.mandint.org

⑦ 면담/방문 사전섭외
OHCHR, 특별절차 'Mandate-holder', 대사관, 관련단체 등

NGO는 '유엔 경제사회이사회 협의지위'(NGOs in Consultative Status with the UN ECOSOC)를 얻을 수 있으며, 국내에서는 '민주사회를 위한 변호사모임', '한국여성단체연합', '참여연대', '진보네트워크' 등 20여 개의 NGO들이 협의지위를 획득한 상태이다.[6]

(2) 모니터링단계

① (직접참여의 경우) 명찰 만들기/유엔 빌딩구조 파악
- NGO Information Note 확인
- 문서센터, 기자실, OHCHR 사무국, NGO 회의실 등

② 논의현황 및 맥락, 일일스케줄(*Order of the Day*) 파악
- 유엔 웹 캐스트 (http://www.un.org/webcast/unhrc)
- NGO들이 제작하는 Daily Updates, Weekly Newspaper 등 ISHR

6) 이에 관한 보다 자세한 정보는 http://www.un.org/esa/coordination/ngo 참조.

(http://www.ishr.ch), FORUM-ASIA (http://www.forum-asia.org)

- OHCHR Extranet Portal (http://portal.ohchr.org)
  ID: hrc extranet / PW: 1session

③ (직접참여의 경우) 간담회 등 행사 개최, 관련 단체/기관 방문/면담 현지 언론조직

④ (직접참여의 경우) NGO 구두발언

- NGO Information Note 확인 (특히 발언자목록 등록시한 체크)
- 공동성명(*Joint Statement* 가능성 타진)
- 발언문 준비(주의: *Interactive/Action-Oriented*)
- 발언문 및 관련자료 배포

〈그림 3-5〉 간담회 등 행사(Parallel Event)개최

⑤ 정부 발언내용 모니터링 및 후속작업

- 관련자료 번역, 관련단체와 공유, 대정부 질의서/성명서, 보도자료 등
- 해외단체, OHCHR 사무국과의 지속적인 정보교류 및 네트워킹

연습

http://www.un.org/webcast/unhrc/archive.asp?go=070320

〈그림 3-6〉 NGO 구두발언

3. 보편적 정례검토

1) 보편적 정례검토의 신설의 배경

1948년의 세계인권선언 이후 각종 인권협약들, 예를 들면 인종차별철폐협약(1965), 사회권규약(1966), 자유권규약(1966), 여성차별철폐협약(1979), 고문방지협약(1984), 아동권리협약(1989), 이주노동자협약(1990), 장애인권리협약(2006), 강제실종협약(2006)이 마련되어 왔다. 이러한 국제적인 규약들이 인권에 대한 기준을 설정해주는 역할을 해왔다는 점에서 '기준설정의 시대'(*Era of Standard Setting*)로 본다면 앞으로는 이러한 기준들을 이행하는 '이행의 시대'(*Era of implementation*)가 도래했다고 볼 수 있다. 이러한 취지에서 고안된 보편적 정례검토제도(UPR: Universal Periodic Review)는 모든 192개 유엔 회원국의 인권상황을 매 4년마다 검토하는 것으로, 기존 유엔 인권위원회의 정치화, 이중기준, 선별성을 극복하기 위한 근원적인 대책으로 마련된 것이다. 이는 조약이행의 감사기구로서 체약국에만 해당된다.

2) 보편적 정례검토: 내용과 방법[7)]

(1) 검토의 토대

먼저 검토의 토대(*Basis of the Review*)가 되는 것은 첫째, 유엔 헌장, 세계인권선언, 검토대상국가가 가입한 인권조약들, 둘째, 이사국 선거시 검토대상국가가 제시한 자발적 공약, 셋째, 적용가능한 국제인도법 등이다.

---

7) 아래에서 설명할 보편적 정례검토(UPR)의 내용과 방법은 2007년 6월 18일 유엔 인권이사회 결의 5/1에 근거하고 있다.

(2) 원칙(Principles)

① 인권의 보편성, 상호의존성, 불가분성, 상호연관성을 증진한다.

② 객관적이고 신뢰할만한 정보와 상호대화를 기초로 한 협력적 메커니즘을 원칙으로 한다.

③ 모든 국가에 대해 보편적 범위를 적용하고 평등한 대우를 한다.

④ 정부간(*intergovernmental*), 행동지향적(*action-oriented*) 프로세스를 추진한다.

⑤ 검토대상국가의 완전한 참여와 연계를 확보한다.

⑥ 기존 조약감시기구 활동과의 관계를 중복할 수 없지만 보완은 가능하다.

⑦ 객관적, 투명적, 비선별적, 건설적, 비대립적, 비정치화 방식을 원칙으로 한다.

⑧ 검토대상국가 또는 인권이사회의 여타 의제처리에 과도한 부담이 되어서는 안 된다.

⑨ 현실적인 검토는 시간과 인적, 재정적 자원을 과잉 소모하지 않는 방식으로 한다.

⑩ 긴급 인권상황에 대한 인권이사회의 대응 역량을 저해하지 않아야 한다.

⑪ 성 평등적 관점의 완전한 통합을 원칙으로 한다.

⑫ 검토대상국가의 발전정도와 특수성을 고려한다.

⑬ 비정부기구(NGOs)와 국가인권기구(NIs) 등 모든 관련기구들의 참여를 보장한다.

(3) 목적(Objectives)

① 인권상황을 실질적으로 개선한다.

② 검토대상국가의 인권의무 충족, 긍정적 발전상황과 당면과제를

평가한다.

③ 검토대상국가의 역량강화. 검토대상국가와의 협의 및 동의에 기초한 기술지원을 강화한다.

④ 여타 국가들, 관련기구들과 모범사례를 공유한다.

⑤ 인권의 증진과 보호를 위해 협력과 지원을 실시한다.

⑥ 인권이사회, 여타 인권기구들, 인권고등판무관실과의 완전한 협력과 협조를 장려한다.

(4) 검토의 주기와 차례(Periodicity and order of the review)

① 각 국에 대해 검토는 4년마다 실시된다(유엔 회원국이 192개국임을 감안하면 매년 48개국이 검토를 받음).

② 매년 3회 2주 단위의 실무그룹 회기를 개최한다(매회 실무그룹 회기 당 16개국을 검토함).

③ 모든 이사국들은 임기 내에 검토를 받아야 하며, 제1대 이사국들, 특히 1년~2년 임기의 이사국들이 우선적 검토대상이 된다. 이사국들과 옵서버국가들을 혼합하여 검토대상국가를 정한다. 검토대상국가를 선정함에 있어 지역배분의 원칙을 존중한다.

④ 제1차 검토대상은 각 지역그룹별로 이사국들과 옵서버국들 중에 추첨을 통해 선정하며, 이후의 순서는 여타 국가들이 검토를 자원하지 않는 한 각 지역별 제1차 검토대상국들을 기준으로 알파벳 순서대로 차례를 정한다.

(5) 문서(Documentation)

① 검토대상국 정부가 제출하는 정보는 서면상의 최대분량은 20쪽으로 한다(검토시 구두로 추가정보를 제공할 수 있다). 국가보고서 형태는 인권이사회 제6차 정기 회기에서 국가보고서 가이드라인에

의해서 채택하고 예정한다. 제출정보 준비시 각국 내에서 모든 관련기구들과 광범위한 논의를 거칠 것을 장려한다(*In-Country Process*).

② 유엔 인권고등판무관실(OHCHR)이 준비하는 정보는 서면상의 최대분량 10쪽으로 정하고 조약감시기구 및 특별절차 보고서들과 여타 유엔 공식문서들을 취합하여 정리한다.

③ 여타 관련기구들이 UPR과 OHCHR에 제공하는 신뢰할 만한 정보들의 요약은 서면상의 최대분량을 10쪽으로 정한다.

④ 모든 문서는 보편적 정례검토 실무그룹 회기 6주 전까지 제출되어야 한다. 관련기구 보고서의 경우 OHCHR이 자료 취합 이후 유엔 공용어로 번역하는 데 걸리는 시간도 고려해야 한다(예를 들면 제 1차 UPR 대상 국가들에 관한 NGO자료는 11월 20일까지). 개발도상국, 특히 최빈국의 참여를 촉진하기 위해 UPR제도를 위한 자발적 신탁기금(UPR Voluntary Trust Fund)이 설립될 예정이다.

(6) 양식(Modalities)

인권이사회 47개 이사국들로 구성된 UPR 실무그룹(*Working Group*)을 설치한다. 'Each member State will decide on the composition of its delegation'의 조항에서 알 수 있듯이 독립전문가의 참여가 가능하며 옵서버 국가들은 실무그룹 검토에 참여(*participate*)할 수 있으며 발언권이 있다. 여타 관련 기구들은 실무그룹 검토에 참석(*attend*)할 수는 있지만 발언권은 없다. 47개 이사국 중 추첨을 통해 3명의 보고관들(*Rapporteurs*)을 선정한다. 보고관들은 세 개의 지역그룹에서 각 1명씩 선정하며, 실무그룹 보고서 준비 등 각 검토를 조정하는 역할을 담당한다. 보고관들은 실무그룹의 검토를 준비하고 상호대화에 초점을 맞추기 위하여 사전에 관련 이슈와 질의를 검토대상국가에 전달할 수 있다. 각 검토대상국가 당 실무그룹의 검토회의시간은 3시간이고 실무그룹보고서의 채택은 30분이며, NGO는 발언할 수 없다. 그러나 최종 검토결과 문서가 채택되는 인권이사회 정기회기(전체회의)에서는 각 검토국가 당 최종 검토결과 문서 논의 및 채택이 1시간이며, NGO 발언이 가능하다.

(7) 검토결과(Outcome of the review)

검토결과 문서의 형식에는 '검토회의록 요약', '결론 및 권고', '검토대상국의 자발적 약속' 등으로 구성된다. 검토결과 문서의 내용으로 ① 긍정적 발전상황과 당면과제 등 검토대상국의 인권상황에 대한 객관적, 투명적 평가, ② 모범사례, ③ 인권의 증진과 보호를 위한 협력강화 강조, ④ 검토대상국과의 협의와 동의를 기초로 기술지원 및 역량강화 제공에 관한 권고, ⑤ 검토대상국의 자발적 약속이 포함된다.

검토결과 문서의 채택은 인권이사회 정기회기(전체회의)에서 채택하며 검토결과는 문서 채택 전에 상호대화에서 충분히 설명하지 못했던 문제와 이슈에 대해 검토대상국가에게 답변할 기회를 제공함으로써 검토대상국이 검토결과 문서의 내용에 충분히 관여할 수 있도록 해야 한다. 검토결과 문서 채택 전 검토대상국가, 이사국들, 옵서버 국가들, 여타 관련기구들이 의견을 표명한다. 이에 따라 검토결과 문서 채택과정에서 표결이 이루어질 가능성이 있다.

검토의 후속조치에서 차기의 정례검토는 선행 정례검토 결과문서의 이행에 초점을 두고 실시한다. 정례검토 후속조치에 관한 의제를 인권이사회 정기회기 의제로 상시화해야 한다. 국제사회는 검토대상국가에 대한 기술지원 및 역량강화에 관한 권고와 결론을 이행하기 위해 지원해야 한다. 검토결과 문서를 심의할 때 검토대상국가에 대해 별도의 후속조치가 필요한지, 그리고 언제 이러한 후속조치가 이루어져야 하는지를 결정할 수 있다. 국가가 정례검토제도에 협조할 수 있도록 모든 노력을 경주하였음에도 비협조가 계속되는 경우 인권이사회는 정례검토제도에 대한 이러한 비협조 문제를 제기(*address*)해야 한다.

3) NGO 참여의 주요전략

검토용 국가보고서 제출 전 국내 논의 절차(*In-country process*)에 관해서는 'Broad consultation process at the national level with all relevant stakeholders'가 원칙이다. 한국의 관행은 외교부, 국가인권위원회, 인권단체 등 다양한 정부부처들의 논의와 참여를 필요로 하고 있다. 보고서 작성과정뿐만 아니라 결과문서의 이행에 대한 후속작업과 모니터링이 필요하다. 보편적 정례검토와 조약감시기구에서도 역할의 차이가 있는데 주요 국제인권협약에 대부분 가입하고 있는 경우 보편적 정례검토의 활용가치는 특별절차의 활용에 대한 국내 NGO들의 인식 제고를 필요로 하고 있다. 핵심 쟁점을 둘러싼 중심의 보고서의 작성 전략에서도 차이를 찾아볼 수 있다. 또한 모범사례를 제시하고 국가 간 이슈연계를 통한 연대(*Solidarity*)의 마인드 세팅에서도 차이가 있다. 협의지위가 없는 NGO들의 참여문제, UPR에서 국내 NGO들의 역할에 대한 논의가 필요하며, 보편적 정례검토를 통한 실질적 효과 또는 실효성의 문제와 같이 유엔의 인권보호메커니즘에 대한 종합적 이해가 필요하다. 여기에서 보편적 정례검토에 대한 영어 소개를 함으로써 독자들에게 이 중요한 제도의 인식을 도우려고 한다.

Universal Periodic Review Mechanism

1. Basis of the Review

The Center of the United Nations;
The Universal Declaration of Human Rights;
Human rights instruments to which a Sated is party;
Voluntary pledges and commitments made by Stated, including those undertaken presenting their candidatures for election to the Human Rights Council;
In addition to the above and given the complementary and mutually reinforcing nature of international human rights law and international humanitarian law, the review shall take into account applicable international humanitarian law.

2. Principles and Objectives

1) Principles

The Universal Periodic Review (UPR) should:
Promote the universality, interdependence, indivisibility and interrelatedness of all human rights;
Be a cooperative mechanism based on objective and reliable information and on interactive dialogue;
Ensure universal coverage and equal treatment of all States;
Be an intergovernmental process, United Nations Member-driven and action-oriented;
Fully involve the country under review;
Complement and not duplicate other human rights mechanisms, thus representing an added value;
Be conducted in an objective, transparent, non-selective, constructive, non-confrontational and non-politicized manner;
Not be overly burdensome to the concerned Stated or to the agenda of the Council;

not be overly long. It should be realistic and not absorb a disproportionate amount of time, human and financial resources;
Not diminish the Council's capacity to respond to urgent human rights situations;
Ensure that a gender perspective is fully integrated in the UPR;
UPR should, without prejudice to the obligations contained in the elements provided for in the basis of review, take into account the level of development and specificities of countries;
Ensure participation of all relevant stakeholders, including non-governmental organizations (NGOs) and national human rights institutions (NHRIs), in accordance with General Assembly (GA) resolution 60/251 and Economic and Social Council resolution 1996/31, as well as any decisions that the Council may take in this regard.

2) Objectives

Improvement of the human rights situation on the ground;
Fulfillment of the State's human rights obligations and commitments and assessment of positive developments and challenges faced by the State;
Enhancement of the State's capacity and technical assistance;
Sharing of best practices among States and other stakeholder in consultation with and with the consent of the State concerned;
Support for cooperation in the promotion and protection of human rights;
Encouragement of full cooperation and engagement with the Council, other human rights bodies and the OHCHR.

3. Periodicity and order of the Review

Review begins after the adoption of the UPR mechanism by the Council;
The order of review should reflect the principles of universality and equal treatment;
The order of review should be established as soon as possible in

order to allow Sates to prepare adequately;
All member States of the Council shall be reviewed during their term of membership;
The initial members of the Council, especially those elected for one or two-year terms, should be reviews first;
A mix of member and observer Sates of the Council should be reviewed;
Equitable geographic distribution should be respected in the selection of countries for review;
The first member and observer Sates to be reviewed will be chosen, from each regional group in such a way as to ensure full respect for equitable geographic distribution, by drawing of lots. Alphabetical order will then be applied beginning with these countries, with the exception of those who volunteer to be reviewed;
The period between review cycles should be reasonable so as to take into account the capacity of State to prepare and the capacity of other stakeholders to respond to the requests arising from the review;
The periodicity of the review for the first cycle will be of four years. This will imply the consideration of 48 States per year during three sessions of the Working Group of two weeks each.[8)]

4. Process and Modalities of the Review

1) The documents on which the review would be based are;

Information prepared by the State concerned on the basis of General Guidelines to be adopted by the Council at its sixth session (First session of the second cycle), and any other information considered relevant by the Sated concerned, which could be presented either orally or in writing; provided that the written presentation sum-

8) As the UPR is an evolving process, the Council, after the conclusion of the first review cycle, may review the modalities and the periodicity of this mechanism, based on best practices and lessons learned.

marizing the information will not exceed 20 pages, to guarantee equal treatment to all States and not to overburden the mechanism. States are encouraged to prepare the information through a broad consultation process at the national level with all relevant stake-holders;
A compilation of the information contained in the reports of treaty bodies, special procedures, including observations and comments by the State concerned, and other relevant official United Nations documents, prepared by the OHCHR, which shall not exceed 10 pages;
In the review, the Council should also take into consideration additional credible and reliable information provided by other relevant stakeholders to the UPR. The OHCHR will prepare a summary of such information that shall not exceed 10 pages:
The documents prepared by the OHCHR should be elaborated following the structure of the General Guidelines adopted by the HRC for the information prepared by the State concerned;
Both, the State's written presentation and the summaries prepared by OHCHR shall be ready six weeks in advanced to the review by the Working Group to ensure the distribution of documents simultaneously in the six official languages of the General Assembly, in accordance with the General Assembly resolution 53/208 of January 14, 1999.

2) The modalities of the review shall be as follows;

The review will be conducted in one Working Group, chaired by the President of the Council and composed of the 47 member States of the Council. Each member State will decide on the composition of its delegation[9];
Observer States can participated in review, including in the interactive dialogue;

9) A UPR Voluntary Trust Fund should be established to facilitate the participation of developing countries, particularly LDCs, in the UPR mechanism.

Other relevant stakeholders can attend the conduct of the review in the Working Group;
A group of three rapporteurs, selected by drawing of lots among the members of the Council and from different regional groups (troika) will be formed to facilitate each review, including the preparation of the report of the Working Group. The OHCHR will provide the necessary assistance and expertise to the rapporteurs;
The concerned country may request that one of the rapporteurs be from its own regional group and may also request the substitution of a rapporteur in only one occasion;
A rapporteur may request to be excused from its participation in a specific review process;
Interactive dialogue between the country under review and the Council will take place in the Working Group. The rapporteurs could identify issues or questions to be transmitted to the State under review to facilitate its preparation and focus in the interactive dialogue, while guaranteeing fairness and transparency.
The duration of the review will be three hours for each country in the Working Group. Additional time of up to one hour will be allocated for the consideration of the outcome by the Council plenary;
Half an hour will be allocated for the adoption of the report of each country under review in the Working Group;
A reasonable timeframe should be allocated in between the review and the adoption of the report of each Stated in the Working Group;
The final outcome will be adopted by the plenary of the Council.

5. Outcome of the review

1) Format of the outcome

A report consisting of a summary of the proceedings of the review process; recommendations and/or conclusions; and voluntary commitments.

2) Content of the outcome

The UPR is a cooperative mechanism. Its outcome could include, inter alia:
Assessment in an objective and transparent manner of the human rights situation in the reviewed country, including positive developments and challenges faced by the country;
Sharing of best practices;
Emphasis on enhancing cooperation for the promotion and protection of human rights;
Provision of technical assistance and capacity-building in consultation with and with the consent of the country concerned[10];
Voluntary commitments and pledges made by the country reviewed.

3) Adoption of the outcome

The reviewed country should be fully involved in the outcome;
Before the adoption of the outcome by the plenary of the Council, the Stated concerned should be offered the possibility to present replies to questions or issues that were not sufficiently addressed during the interactive dialogue;
The State concerned and the member States of the Council, as well as observer States, will be given the opportunity to express their reviews on the outcome of the review before the plenary takes action on it;
Other relevant stakeholders will have the opportunity to make general comments before the adoption of the outcome by the plenary;
Recommendations that enjoy the consent of the State concerned will be identified as such. Other recommendations, together with the comments of the State concerned thereon, will also be reflected. Both will be included in the outcome report to be adopted by the Council.

10) A decision should be taken by the Council on whether to use existing financing mechanisms or to create a new mechanism.

6. Follow-up to the review

The outcome of UPR, as a cooperative mechanism, should be implemented primarily by the State concerned and, as appropriate, by other relevant stakeholders;
The subsequent review should focus, inter alia, on the implementation of the preceding outcome;
The Council should have a standing item on its agenda devoted to UPR;
The international community will assist in implementing the recommendations and conclusions regarding capacity-building and technical assistance, in consultation with and with the consent of the country concerned;
In considering the UPR outcome, the Council will decide if and when any specific follow-up would be necessary;
After exhausting all efforts to encourage a State to cooperate with the UPR mechanism, the Council will address, as appropriate, cases of persistent non-cooperation with the mechanism.

4. 특별절차의 활용

1) 특별절차 'Mandate-holder'의 주요활동

특별절차 'Mandate-holder'로서 특별보고관, 특별대표, 독립전문가가 있으며 이들의 주요활동으로는 주제별, 나라별 인권상황에 관한 연례보고서 작성, 국가 방문, 진정 및 긴급청원(*communications*) 등이 있다. Mandate-holder의 각 활동에 따른 NGO의 활동들을 살펴보면, 주제별/나라별 인권상황에 관한 연례보고서에는 관련 인권상황에 관한 자료를 제공하고, 보고서 내용을 체크하며, 서면 혹은 구두발언(*Interactive*)으로 한다. 국가방문과 관련해서는 국가방문 요청, 방문기관의 목록 제안, 간담회 개최, 보고서 체크 및 후속작업 등의 업무를 담당한다. 진정 혹은 긴급청원과 관련하여 각 주제별 상황에 대한 긴급행동(*Urgent Action*)을 요청하고, 정부의 답변여부와 답변내용 그리고 연례보고서를 체크한다.

2) 주제별 특별절차

(1) 특별보고관(Special Rapporteur, 17+1)

주제별 특별보고관에는 ① 적정한 주거에 관한 특별보고관, ② 현대적 형태의 인종주의, 인종차별, 외국인혐오, 불관용에 관한 특별보고관, ③ 비사법적, 약식, 자의적 처형에 관한 특별보고관, ④ 종교 또는 신념의 자유에 관한 특별보고관, ⑤ 독성위험 제품과 폐기물의 불법 이동, 폐기가 인권에 미치는 영향에 관한 특별보고관, ⑥ 인신, 특히 여성과 아동의 매매에 관한 특별보고관, ⑦ 이주민의 인권에 관한 특별보고관, ⑧ 판사와 변호사의 독립에 관한 특별보고관, ⑨ 대테러 과정에서 인권 및 기본적 자유의 증진과 보호에 관한 특별보고관, ⑩ 의사표현의 자유에 관한 특별보고관, ⑪ 획득 가능한 최상의 신체적, 정신적 건강에 관한 특별보고관, ⑫ 교육권에 관한 특별보고관, ⑬ 식량권에 관한 특별보고관, ⑭ 아동매매, 성매매, 포르노그래피에 관한 특별보고관, ⑮ 선주민의 인권과 기본적 자유에 관한 특별보고관, ⑯ 고문과 기타 잔인한, 비인간적, 굴욕적 대우 및 처벌에 관한 특별보고관, ⑰ 여성의 대한 폭력과 그 원인 및 결과에 관한 특별보고관, ⑱ 현대적 형태의 노예제도에 관한 특별보고관(2007. 9. 신설)등이 있다.

(2) 실무그룹(Working Groups, 4)

주제별 특별절차 실무그룹에는 ① 아프리카 출신 인들의 인권에 관한 전문가 실무그룹, ② 자의적 구금에 관한 실무그룹, ③ 강제적 또는 비자발적 강제실종에 관한 실무그룹, ④ 인권침해 및 자결권 향유 저해의 수단으로 사용되는 용병의 문제에 관한 실무그룹 등이 있다.

(3) 독립전문가(Independent Expert, 4),
특별대표(Special Representative, 3)

주제별 독립전문가에는 ① 인권과 국제연대에 관한 독립전문가, ② 소수자 문제에 관한 독립전문가, ③ 경제개혁정책 및 외채가 인권 특히 사회권의 향유에 미치는 영향에 관한 독립전문가, ④ 인권과 극빈에 관한 독립전문가들이 있고, 특별대표에는 ① 인권과 다국적 기업 및 기타 기업의 문제에 관한 사무총장 특별대표, ② 인권옹호자의 상황에 관한 사무총장 특별대표, ③ 국내실향민의 인권에 관한 사무총장 대표가 있다. 유엔 총회에는 아동과 무력갈등에 관한 사무총장 특별대표가 있다.

3) 나라별 특별절차

(1) 독립전문가(Independent Expert, 5),
특별대표(Special Representative, 1)

나라별 특별절차 독립전문가에는 ① 아이티의 인권상황에 관한 사무총장 독립전문가, ② 소말리아의 인권상황에 관한 사무총장 독립전문가, ③ 부룬디의 인권상황에 관한 독립전문가, ④ 라이베리아에 대한 기술협력 및 자문서비스에 관한 독립전문가, ⑤ 콩고민주공화국의 인권상황에 관한 독립전문가들이 있고 특별대표로는 ⑥ 캄보디아의 인권에 관한 사무총장이 있다.

(2) 특별보고관 (Special Rapporteur, 4)

나라별 특별절차 특별보고관에는 ① 수단의 인권상황에 관한 특별보고관, ② 미얀마의 인권상황에 관한 특별보고관, ③ 조선민주주의인민공화국의 인권상황에 관한 특별보고관, ④ 팔레스타인 피점령 지역의 인권상황에 관한 특별보고관이 있다.

5. 국제적십자위원회

1) 역 사

제네바를 여행하는 사람이면 누구든 국제기구들, 그리고 아름다운 레만 호수(Lac Lehmann)와 함께 국제 적십자사를 연상하기 마련이다. 적십자정신은 스위스의 상징이면서 제네바 사람들의 긍지임에 틀림없다. 창설자인 장 앙리 뒤낭(Jean-Henry Dunant)이 제네바 출신의 사업가여서가 아니다. 적십자정신인 인도주의의 원칙은 유엔 창설의 기본이념 중 하나일 뿐만 아니라 모든 인류가 갈망하는 평화의 상징이기 때문이다. 스위스라는 나라의 영세 중립성은 이 적십자정신에 바탕을 두고 있음은 물론이다.

국제기구들을 스위스정부가 유치하면서 적십자사를 중심으로 마주보는 자리에 유엔 기구들을 앉히고 제 2차 세계대전의 양대 전승국이면서 동시에 냉전의 중심세력인 미국과 소련의 대사관을 오른편과 왼편에 세우게 한 것도 스위스 인들이 생각할 때는 자기나라의 영세중립성이 분명히 냉전구조에 화해로써 답하려고 하는 굳은 의지의 표현이었음을 분명히 보여준다.

우리 독자들에게 제네바 여행의 기회가 주어지면 이곳 적십자사와 적십자위원회를 꼭 견학하라고 권하고 싶다.

국제적십자운동은 1859년 이탈리아 북부의 솔페리노(Solferino) 전쟁을 목격한 스위스 사업가인 앙리 뒤낭에 의해서 처음 시작되었다. 그는 사업차 나폴레옹 3세를 만나러 가는 도중 솔페리노 지방을 여행하고 있었다.

뒤낭은 프랑스 및 이탈리아의 도시국가 피몽(Peamont)공화국이 합쳐진 사르데냐 연합국과 합스부르크가의 오스트리아군 사이의 전투가 끝난 카스틸료네 마을에 도착하게 되었는데, 그곳에서의 많은 전상자들이 그대로 버려져 있는 참혹한 광경에 충격을 받게 되었다. 그가 인근 마을사람들과 함께 적군 그리고 아군을 망라한 전상자들을 치료하고 돌보아준데서 적십자정신은 탄생하게 된다.

뒤낭은 이 경험을 바탕으로 《솔페리노의 회상》(*Un Souvenir de Solferino*)이라는 책을 출판했다. 이 책에서 뒤낭은 전쟁 중에 부상당한 사람, 그들을 치료하는 의료요원들, 그리고 인근의 의료시설 및 활동을 보장할 수 있는 국제적 협약을 만들 것을 요청하였다. 그는 이렇게 적십자사를 창설하면서 국제 구호운동에 참여함으로써 세계평화에 공헌하게 되었다. 그는 프랑스의 페사이와 함께 세계평화에 기여한 공로를 인정받아 1901년 최초의 노벨 평화상 수상자가 되었다(책 부록 1의 노벨 평화상 수상자 참조).

이러한 적십자정신은 다음 7가지의 기본 원칙에 근거하여 실시된다.

첫째가 인도주의(*Humanity*)이다. 인간은 신의 형상으로 창조되었기에 존엄성을 갖고 있고, 이러한 인간들이 고통에서 해방되어야 한다는 인도주의 원칙을 가장 중요시한다. 행복을 누리기 위해 서로 사랑하고 싸우지 않으며 이 지구를 평화스러운 공동체로 만들겠다는 인도주의는 뒤낭에게는 일종의 철저한 신앙이었다.

둘째가 불편부당성(*Impartiality*)의 원칙이다. 누구든 차별 없이, 즉 인종, 국적, 종교, 계급, 신념이 다르다고 차별받아서는 안 된다는 원칙이다.

셋째가 중립성(*Neutrality*)이다. 운동의 지속적 성장을 위해서 반대 의견, 적개심을 초월하여 정치적으로 종교적으로 그리고 인종적으로 중립을 지키는 것이다.

넷째가 독립성(*Independence*)이다. 적십자는 정부에 종속된 봉사기구가 아니라 국내법의 간섭에서 완전히 자유스러워야 된다는 원칙이다. 그러나 안타깝게도 독립성은 독재정권에서는 잘 지켜지지 않는 것이 사실이므로 우리는 적십자 활동의 독립성 확보를 위해 계속해서 노력해야 할 것이다.

다섯째가 자발적 봉사원칙(*Voluntary Service*)이다. 이윤 추구나 어떤 목적 달성을 위한 운동은 아니라고 천명한다.

여섯 번째가 이 운동으로 인한 분열을 막는 원칙이다. 국제적이건 국내적이건 하나의 기구에 전부 뭉쳐야 한다는 원칙이다.

마지막 일곱 번째가 보편성(*Universality*)이다. 이 운동에서는 높고 낮음도 없고 누구나 동등한 입장에서 서로 존경하고 동등한 의무와 권리를 위해 다함께 참여하여 봉사한다는 원칙이다.

이상의 원칙을 갖고 적십자 운동은 역사적인 궤도에 오르기 시작하였다. 그런 제안을 실현하기 위해서 뒤낭은 국제부상자구호위원회(제 5 위원회)를 조직하여 1863년 10월 29일 제네바에서 회의를 개최하였다.

이 국제회의를 통해 흰색 바탕에 붉은 십자 모양의 표장을 선정하고, 1864년 8월 적십자 규약을 채택함으로써 국제부상자 구호위원회가 발족하였다. 1876년 현 명칭인 국제적십자위원회로 개정하였다. 다만 아랍권의 국가들은 십자가를 예수의 상징으로 여겨서 거부감을 나타내기에 합의에 의해 흰색 바탕에 붉은색의 초승달로 대신하게 하여 아랍 나라들은 십자가 대신 초승달이 박혀 있는 상징을 쓴다.

전쟁부상자의 치료, 정신적·육체적으로 어려운 장애인, 억류당한 자나 포로들에 대한 보호, 지진으로 인한 희생자 보호, 갈등으로 인해 헤어진 가족 면회, 영아 보호 및 위생문제, 헌혈운동, 피점령 지역의 민간인 보호, 모든 자연재해로 인한 희생자 구호 등 실로 헤아릴 수 없는 많은 인도적 구호 활동을 하는 적십자 운동은 세계 150여개 국가들이 국내 적십자운동 본부들을 창설시켰고 지금도 고통받는 모든 희생자들을 위한 봉사활동을 위해 정치적 이념이나 종교적 배타심을 떠나서 전 세계 어디서나 활동한다. 앙리 뒤낭은 최초의 노벨 평화상의 수상자이기도 하지만 한 사람의 위대한 꿈이 모든 인류의 행복을 실현한 위대한 업적을 남긴 사람이다.

부상당한 병사를 도와주려는 한 사업가의 자발적 행동에서 시작한 국제적십자위원회는 적십자운동의 모체가 되었으며, "전쟁 중에도 자비를"(*Inter arma caritas*)이란 좌우명을 가지고 분쟁지역에서의 중재자로서 인도적 활동을 전개하며 수백만 명의 전쟁부상자들을 돕는다. 그 밖에 국제적십자위원회는 제네바조약의 확대 및 수정에 기여하여 1907년 해전 희생자 보호, 1929년 전쟁포로 보호, 1949년 전쟁시 민간인 보호조항을 채택하는 데 기여한 것도 기억할 일이다.

2) 앙리 뒤낭

앙리 뒤낭은 1828년 5월 8일 스위스 제네바의 부유한 실업가의 집안에서 태어나 유복한 가정에서 교육을 받으며 심신을 연마하는 유년기를 보냈다. 특히 그가 즐겼던 YMCA의 활동은 유럽의 여러 나라를 섭렵하는 기회를 제공해 주어 해외견문을 넓혔다. 독립적으로 시작한 사업에서 성공을 거두어 뒤낭은 성공한 기업인이었다. 이 기업의 확장을 위하여 1859년 6월 이탈리아 북부의 솔페리노 전투를 진두지휘하는 나폴레옹 3세를 만나러 가던 뒤낭은 전쟁의 참상을 목격하게 된다. 적군 아군 할 것 없이 즐비하게 널려서 신음하는 전상자는 그로 하여금 나폴레옹 3세와의 약속을 어길 수밖에 없게 했고 인근 동네에서 부녀자들을 동원하여 적군 아군을 구별하지 않고 부상자들 치유에 나섰다.

뒤낭은 제네바에 돌아와 《솔페리노의 회상》이라는 소책자를 발간하게 된다. 이 책에서 그는 전쟁의 부상자를 치유하기 위해서 자원봉사자들을 사전에 교육하여 언제 발발할지 모르는 전쟁 참사를 극소화해야 하며, 이를 위해 봉사자들을 사전에 교육·배치함과 동시에 군 의료진과 군목(軍牧)들이 그들의 임무를 수행할 수 있도록 국제협약을 맺을 것을 제안한다. 그는 이 책자를 유럽 각국의 국가원수들에게, 그리고 지도자들에게 배포하고 그들을 방문하여 전쟁 부상자들을 돕는 중립적이고 인도주의에 입각한 봉사가 보장되어야 하며 국제규약이 필요함을 역설하여 많은 국가원수들에게서 호응을 얻게 된다.

그리고 그의 사상과 활동은 일반인에게도 알려져 많은 후원과 호응을 낳았고 그의 꿈인 국제적이고 확고한 조직체 건설의 필요성도 많은 지지를 얻기 시작하였다. 그러면서 국제적십자위원회(ICRC: International Committee of Red Cross and Red Crescent)의 전신이 탄생하게 된다. 아래는 그 이후 국제적십자위원회가 발전해나간 주요 계기들이다.

- 1863년 2월 7일 뒤낭은 앙리 뒤푸르(Henri Dufour) 등 나머지 3인과 함께 적십자사의 전신인 국제부상자 구호위원회를 조직하였다.
- 1863년 10월 16개국 대표들이 모여 창설 회의를 개최하여 10개 규약을 통과시키고 중립성의 원칙과 적십자의 상징인 흰색 바탕에 붉은 십자가를 채택하였다.
- 1864년 스위스정부는 12개국 정부 대표를 초청하여 최초의 제네바협약을 조인하였다.
- 1866년 뒤낭은 《동양의 재건을 위한 범세계적기구》(*Universal &*

International Society for the Revival of the Orient)라는 책을 발간하였는데, 이 책을 계기로 적십자정신을 유럽을 넘어 아시아로 넓히는 발판을 마련하였다.

- 1872년 전쟁포로문제를 부각시키는 회의가 개최되었다.

그러나 뒤낭의 위대한 사상을 전파하는 데 전력을 쏟은 결과 그의 사업은 기울어지기 시작하였는데, 실제 북아프리카에서의 그의 사업이 기울자 1967년 그는 파산하고 말았다. 그 영향으로 그는 적십자위원회 위원직을 사퇴하기에 이른다. 상류사회에서 백안시당한 그는 1875년부터 20년간 사람들의 기억에서 잊혔으며 길거리에서 잠을 자고, 버려진 빵 부스러기로 연명하는 등 비참한 생활을 하는 유랑자가 되었다. 1890년 하이든이란 시골 마을에 도착한 그를 학교 선생님이 알아보고 뒤낭이 살아 있다고 세상에 알리게 되었고 이 마을의 노인병원에 안착하여 검소한 생활을 시작하게 된다.

1895년 한 지방신문 기자가 방문하여 뒤낭의 방랑생활과 비참했던 20년을 소개하자 로마 교황청뿐 아니라 각계에서 성금이 답지하였고, 그는 1901년 제1차 노벨 평화상을 수상하는 영광을 안게 된다. 그러나 그는 답지한 성금과 상금들을 이 노인병원에 전부 기부하고 돈 없어 치료를 받지 못하는 모든 사람들에게 자기의 모든 것을 바침으로써 다시 한 번 인도주의 정신을 실천하였다.

1910년 10월 20일, 뒤낭은 이 병원에서 향년 82세의 나이로 조용히 숨을 거두었다. 그의 정신은 분쟁지역은 어디든지 가서 무고한 희생자들을 돌보는 국제적십자운동으로 거듭나게 되었다. 한 사람의 위대한 사상과 실천이 인류 전체의 평화에 얼마나 크게 기여할 수 있는지를 우리에게 가르쳐준 좋은 예일 것이다.

그러면 다음에서 그의 위대한 사상이 결실을 맺었다고 평가되는 제네바조약을 한글과 영어로 소개하겠다. 이것은 지금도 유엔 등 어디에서나 하나의 원칙으로 통하고 있다. 앞으로 적십자운동에 동참하고 싶은 분들에게 참고가 되었으면 하는 바람이다.

3) 제네바조약

1949년 제네바에서 개최된 회의에서 민간인보호에 관한 협약이 추가된 1949년 8월 12일자 전쟁 희생자 보호에 관한 제 4협약이 채택되었다. 그 4개 협약의 명칭은 다음과 같다.

제 1협약 육전에서의 군대의 부상자 및 병자의 상태개선에 관한 제네바조약
제 2협약 해상에서의 군대의 부상자, 병자 및 조난자의 상태개선에 관한 제네바조약
제 3협약 포로의 대우에 관한 제네바조약
제 4협약 전시에서의 민간인보호에 관한 제네바조약

이 협약은 실질적으로 강대국들을 포함한 세계 모든 국가가 가입한 조약으로 일반화된 국제법규라고 할 수 있다. 우리나라의 경우 이상의 제네바 4개 협약에 1966년 8월 16일자로 가입하였다.

4) 조 직

(1) 총 회

15~25명 사이의 스위스 인들로 구성되어 있으며, 최고의 의결기관이다. 모든 활동을 감독하며 정책 결정 및 개발, 전략제시와 목표수립, 예산과 회계를 총괄한다. 또한 총재를 선출하고, 총재의 임기는 4

년(중임 가능)이다. 합의제 성격을 가진다.

이 최고의 의결기구인 위원회의 위원들이 왜 스위스 인들로 구성되는가란 물음에 대한 해답은 역시 적십자위원회의 탄생 역사에서 그 이유를 찾아야 할 것이다. 창설자인 앙리 뒤낭이 스위스 인이며 그리고 가장 중요시하는 원칙이 불편부당한 중립성 원칙이기에 중립국인 스위스에서 그 이유를 찾아야 할 것이다.

만약 위원회가 다국적 인으로 구성된다면 위원들이 속한 국가들끼리 분쟁에 휘말렸을 때 중립성이 가능하겠는가 하는 물음에 이론적으로는 답할 길이 없는 것이다. 그 이외에 효율성이라든지 전통성의 고수 필요를 이유로 들 수 있으며 현재로서는 스위스 인에 의한 총회구성이 아무 탈 없이 잘 운영된다.

(2) 이사회

총회의 부속기관으로서 총재를 포함해 5명으로 구성되어 있으며, 정책 결정의 보조기구 역할을 수행한다.

(3) 집행기구

사무총장 외 5명의 국장으로 구성된 집행기구가 총회의 각종 결정사항 및 정책을 실천한다.

제네바 본부에서 근무하는 직원들은 스위스 인을 포함해 전 세계인으로 구성되어 있다. 이들을 채용하는 기준은 적십자정신과 업무수행능력을 우선순위로 평가하여 채용하고 있으며 많은 경우 해당 국가의 적십자사와 필요한 협력을 한다. 스위스 제네바에서 근무하는 본부 직원 825명을 비롯하여, 전 세계 69개국에서 80가지의 프로그램 수행을 위해 10,108명이 활동(직원 900명, RC 222명, 그리고 현지 요원 8,986명이 봉사)한다.

5) 국제적십자기구의 임무와 역할

(1) 구 성

국제적십자는 국제적십자위원회(ICRC), 각국 적십자(NS) 및 각국 적십자사의 연합체인 국제적십자연맹(IFRC, 세칭 Federation), 제네바협약 가입국으로 이루어졌다. 제 1차 세계대전까지는 국제적십자위원회(ICRC)가 국제적십자운동의 주도적 역할을 담당하였으나 제 1차 세계대전 후 국제적십자연맹(IFRC)이 탄생했다. 각국 적십자사가 계속 설립됨으로써 국제적십자의 일원적 성격은 상실되고 세 기구들이 긴밀한 관계를 유지하며 국제적십자를 구성한다.

① 국제적십자위원회(ICRC)

앞의 93~96쪽을 참조하기 바란다.

② 국제적십자연맹

제 1차 세계대전 후 전쟁 복구를 위해 각국 적십자사 창설의 필요성이 대두되면서, 미국 적십자사 총재 헨리 데이비슨(Henry Davison)의 주창으로 1919년 5월 5일 프랑스 파리에서 창설되어 1939년 제네바로 이전되었다. 이 집행기구는 제네바 본부에서 약 1㎞ 떨어져 있는 가까운 곳에 사무실을 두었다.

국제적십자연맹(IFRC: International Federation of Red Cross & Red Crescent Societies)은 평시의 활동을 맡고 있으며 "인도주의를 통한 평화달성"(*Through Humanity To peace*)라는 모토 아래 각국 적십자사의 활동을 격려하고 지원하며, 이러한 활동을 통해 국제적십자운동의 결속을 다지며 평화를 유지 증진시키는 역할을 한다. 또한 각국 적십자사들 간의 조정기관으로서의 역할을 하기도 하며 신생 적십자사의 발전을 위해 전문기술 및 재정지원도 한다. 주요 활동은 긴급구호사업, 보건 및 사회사업, 청소년사업 등 주로 평화와 관련된 활동이다.

연맹(*Federation*) 회원국 적십자사(178개)들이 모여 2년마다 국제 적십자사연맹 총회를 열며, 사전에 연맹 총재를 의장으로 27명으로 구성된 관리이사회가 주요 정책들을 심의하여 총회에 상정한다. 제네바 본부에 250명을 비롯하여 전 세계 14개 지역 및 63개국에서 750여 명의 대표들이 활동을 한다.

③ 각국 적십자사 및 적신월사

1863년 이래 각국에서 자체 조직된 적십자사 및 적신월사는 현재 176개국에 이르며 정부의 인도적 사업을 보조함은 물론 전시 및 평시에서의 인도적 활동을 담당한다.

(2) 임 무

국제적십자위원회는 공정하고 중립적이며 독립적 기구로서 전쟁 및 국내외 분쟁지역의 피해자들의 존엄성과 생명을 지키고 그들에게 구호를 제공하는 인도주의적 임무를 수행하는 기구이다. 적십자위원회는 분쟁이 발생할 시 국제적 구호활동의 방향을 제시하고 주관한다. 또한 인도주의법과 세계 인도주의 관련 원칙을 장려하고 강화한다. 아래 표는 적십자위원회의 구체적 임무를 보여 준다.

국제적십자위원회가 담당하는 임무는 다음과 같다.

> 신생 적십자사 승인보호 활동, 전쟁 포로 및 민간인 구금자 방문, 실종자 수색, 무력충돌로 헤어진 가족들 간 서신 교환 주선, 가족상봉, 민간인에 대한 급식 및 의료지원, 국제인도법 보급 및 존중에 기여지원, 경제적 안전 확보, 물과 자생지 보호 보건, 지역 보건, 교도소내의 보건, 전쟁부상자 치료, 무기와 보건국제 인도법 증진,

군대와 경찰, 청소년 피해예방 활동, 지뢰 위험 인식 등 인도적 외교, 유엔, 유럽연합, 아프리카통일기구와 협력민간부분과의 관계 수립, ICRC를 후원하는 민간 기구 및 무력충돌 지역의 기업들에 대한 안전 확보, 각국 적십자사와의 협력무력충돌 상황 대비, 각국 정부에 제네바조약 비준 및 존중 촉구, 국제인도법 보급 요원 양성.

(3) 주요 활동

인도주의 원칙에 근거된 적십자사 활동은 다음의 몇 가지가 두드러진다. 주로 전쟁 상항이나 분쟁지역에서나 그 외 국제적으로 인간이나 자연이 만든 재해 상황에서의 인도적 활동이다.

첫째가 분쟁이나 전쟁으로 헤어진 가족의 상봉 및 재회를 위한 활동과 그들을 보호하기 위한 활동이다, 이는 국제적십자위원회의 중앙심인국(*Central Tracing Agency*)에서 수행한다. 이 활동은 1870년의 프랑스-프러시아 전쟁에서 그 유래를 찾을 수 있다. 전쟁 포로들의 생사여부, 가족편지 전달, 필요시 여행 서류 발급, 포로수용소 방문 등이 이에 속한다.

둘째가 자유를 잃고 인질로 잡힌 사람들을 방문하여 그들이 비인간적 대우를 받지 않도록 감시하고 그들을 보호하는 활동이다. 몇 년 전 한국인 23명이 아프가니스탄의 탈레반 군에 인질로 잡혀 자유를 잃었을 때의 적십자사 활동을 상기하면 좋을 것이다.

셋째가 구호활동이다. 여기에는 식량공급, 난민 거주지 건축, 식량·식수 공급처 건설, 추위에 떨지 않도록 하기 위한 담요 및 의류 공급 등이 있다.

넷째가 건강보건에 관한 활동이다. 부상자 긴급의료, 부상자 후송작전, 긴급수술, 의족 의수 제작 공급 및 그에 관한 훈련 지침을 공급하며, 영양실조 예방, 의약품 등을 공급한다.

다섯째가 교육 및 홍보를 들 수 있다. 적십자정신 소개, 활동 홍보,

인도주의 강의, 인도주의 원칙 홍보 등이다. 이 같은 적십자 활동들은 인간의 존엄성을 옹호하고 고통을 덜어주기 위한 것에 목적을 둔다.

(4) 이슈

국제적십자위원회의 영구적 의제는 제네바조약과 국제적십자위원회 정관을 통한 국제법에 근거하는데, 구체적 사항은 다음과 같다.

- 제네바조약에 의거해 분쟁에 연루된 세력 감시
- 전쟁터에서 부상당한 사람들에 대한 간호 업무
- 전쟁포로 대우의 감시와 그들을 수용하는 기관과의 협의
- 무장충돌로 인한 실종자 찾기
- 민간인을 위한 보호와 간호
- 분쟁 관련 세력 사이의 중재
- 이상의 임무를 수행하는 데 효과적이고 신속한 방법 연구 토론

역시 이슈는 '앞서 말한 7가지의 원칙을 여하히 지키면서 인도주의 원칙에 입각한 적십자정신을 수행할 수 있는가'일 것이다. 특히 독립성, 중립성, 그리고 불편부당성은 '정치적 이념이 다른 곳이라든지 독재정권 하에서 신음하는 비참한 희생자들을 구원하는 데 한계가 있지 않느냐'하는 지적을 받을 수도 있다. 그러기에 적십자 운동은 완성이 아니라 늘 우리 스스로 갈고 닦아야 할 이상일 것이다. 언젠가는 완성을 향한 진전일 것이다.

유엔 창설이념인 평화와 인도주의는 서로 맞물려서 인간이 추구하는 가치이다. 적십자정신이 유엔 창설에도 크게 기여했음도 이미 기술한 바 있다.

(5) 인도주의 원조 원칙

① 긴급원조는 항상 인적 물적 복구를 수행하여야 한다(*Emergency Assistance must be accompanied by rehabilitation work*).

② 희생자들은 인간 존엄성을 유지하면서 스스로 삶을 다시 개척할 수 있을 때까지 도와야 한다(*Victims must be made self sufficient as soon as possible to restore their dignity*).

③ 희생자의 목소리를 경청하며 원조는 그 현실에 적합해야 한다(*Victims must be listened to and local resources identified to ensure that assistance given tailored to the situation*).

④ 동등하고 끈끈한 인간관계가 현지와 국제 차원에서 생성 발전하여 계속되는 작업수행의 능률을 향상시키도록 해야 한다(*Contacts, partnerships and synergic relationships must be developed at the local and international levels to ensure the efficiency of the constantly expanding operations).*

⑤ 항상 평화로운 옛날로 복귀하도록 깊은 사고를 해야 한다(*In the meantime, thought must be given to preparing to return to lasting peace).*

이상의 원칙들은 적십자정신에 의한 원조뿐 아니라 다른 기관들의 원조에도 적용되어야 할 것이다.

■ 1949년 8월 12일 제네바협약과 그 추가의정서(요약)

전쟁시, 어떠한 인도법은 적에게도 반드시 준수되어야 했다. 이러한 규칙들은 1949년 8월 12일 제네바 4개 조항과 1977년 6월 8일 추가의정서에서 주요하게 다루어진다.
제네바조약은 개인과 그의 존엄을 존중한다는 사상에 기반을 둔다. 적대적 행위에 직접적 관련이 없고 그로 인한 질병, 상해, 납치 또는 다른 원인으로 인한 행동에 놓여있지 않은 사람들은 전쟁의 영향으로부터 존중받고 보호되어야 하며, 이에 해당되어 고통받는 사람들은 차별 없이 도움을 받고 관리되어야 한다.
추가의정서는 이를 확장시켜 무력충돌로 인해 영향을 받는 개인을 보호한다. 따라서 추가의정서는 충돌의 당사자와 전투원들이 민간인과 민간재산을 공격해서는 안 되며 군사행동이 인류애를 바탕으로 인권법을 준수하면서 이루어져야 한다고 규정한다.

▪ 네 개의 조약과 그 추가의정서에 공통되는 일반규칙

전쟁이 발발하면, 이 조약과 의정서는 모든 상황에서 적용된다(I~IV, 2; P.I, 1). 괄호 안의 로마자는 조약이나 추가의정서(P)의 번호를 나타낸다. 아라비아 숫자는 조항을 가리킨다. 다만 특정한 규칙만이 적용되는 몇몇 국내적 무력 충돌의 경우에는 제한된다(P.II). 그러나 모든 경우에 인도적 원칙은 보호되어야 한다(I~IV, 3). 따라서 다음과 같은 사항은 언제든지, 어디서든지 모두 금지된다: 사형, 고문, 신체적 처벌, 신체손상, 인간의 존엄성에 대한 침해, 인질, 집단적 처벌, 정규재판 없는 사형집행과 모든 잔혹하고 모욕적 대우(I~IV, 3; I, II, 12; III, 13; IV, 32, 34; P.I, 75; P.II, 4, 6).
이 조약과 의정서 1장은 부상자, 환자, 조난자, 의료인과 의료서비스, 민간인 보호자와 그 서비스, 포로, 민간인, 민간사물과 문화재, 자연환경, 위험한 작업과 시설에 대한 보복을 금지한다(I, 46; II, 47; III, 13; IV, 33; P.I, 20, 51~56).
어느 누구도 이 조약에 의해 주어진 보호를 포기하거나 포기하도록 강요받지 않는다(I~III, 7; IV, 8).
보호받는 사람들은 언제든지 보호국(그들의 이익을 보호할 의무가 있는 중립국)이나 국제적십자사 또는 다른 공정한 인권기관에 호소할 수 있어야 한다(I~III, 8, 9, 10; IV, 9, 10, 11; P.I, 5).

I. 지상전에서의 군대의 부상자 및 병자의 상태 개선에 관한 1949년 8월 12일자 제네바협약.

II. 해상에서의 군대의 부상자, 병자 및 조난자의 상태개선에 관한 1949년 8월 12일자 제네바협약 375, 2009년 1월 2일.

추가의정서 I, PART III; 의정서 II, PART III

모든 부상자, 병자, 조난자는 모든 경우에 존중되고 보호받아야 한다(I, 12; II, 12; P.I, 10; P.II, 7). 그들의 생명을 위협하는 시도는 없어야 하며 어떠한 방법으로도 다치지 않아야 한다. 부상자, 병자, 조난자들은 집합되어야 하며 인간적 대우를 받아야 하고 충분하고 실질적인 지역에서 가능한 한 지체됨이 없이 그들의 상황에 필요한 치료와 관심을 받아야 한다. 의료적 기준 외에 어떠한 근거로도 그들 간에 구분을 두어서는 안 된다(I, 12, 1; II, 12, 18; P.I, 10; P.II, 7).
교전국은 포로가 된 전군의 부상자, 병자, 조난자를 자국민 부상자, 병자, 조난자에게 하듯이 보호해야 한다(I, 12, 14; II, 12, 16; P.I, 44).
사망자의 시체를 모아 손상되지 않도록 막기 위해 가능한 한 모든 수단을 취해야 한다(I, 15; II, 18; P.I. 33; P.II, 8).
만약 의학적 조사가 가능하다면 시체는 매장되거나, 화장되고 수장되기

전에 식별되고 사망이 확인되어야 한다(I, 16, 17; II, 19, 20).
더 나아가 부상자, 병자, 조난자, 실종자를 찾는 데 가능한 한 모든 수단이 지체 없이 취해져야 한다(I, 15; II, 18; IV, 16, P. I, 33; P. II, 8).
부상자, 병자, 조난자와 사망자의 식별에 도움이 되는 어떠한 사항도 반드시 기록되어야 한다(I, 17; II, 19).
부상자, 병자, 조난자의 이해에 직결되므로, 관계 당국의 통제 하에 놓인 모든 의료기관은 군대, 민간인을 불문하고 보호를 받는다(I, 19~37; II, 22~40; P. I, 8, 9, 12; P. II, 11). 즉 의료원, 의료재료, 시설, 설비와 수송이 의료목적으로 조직되며, 이는 흰색 바탕의 붉은 십자가나 붉은 초승달 무늬의 표장으로 표시된다.
의료요원과 종교요원은 다음을 포함한다. ⓐ 요원은 (의사, 노인, 간호원, 들것 드는 사람) 영구적이든 일시적이든 오로지 의료 목적으로 (탐색, 집합, 수송, 부상자, 병자, 조난자의 진단 및 처방, 그리고 질병의 예방) 배당된다. ⓑ 요원은(행정가, 운전사, 요리사 등) 영구적이든 일시적이든 의료부대나 의료수송의 행정이나 운영을 위한 목적으로만 배당된다. ⓒ 종교인은 군대나 민간을 불문하고 그들의 목회의 운영을 위해서만 헌신하는 목사와 같은 자를 포함한다(I, 24~27; II, 36, 37; P. I. 8; P. II, 9).
이러한 요원들은 흰색 바탕 위에 적십자 또는 적신월사의 뚜렷한 표장을 입고(I, 40; II, 42; P. I, 18, Annex I, 3; P. II, 12) 신분증을 소지한다(I, 40; II, 42; P. I, Annex I, 1, 2). 그들은 자신과 부상자와 병자의 방어를 위해 무기를 소지할 수 있다(I, 22; II, 35; P. I, 13).
만약 의료요원과 종교요원이 적군의 영향력 하에 놓이게 되면, 그들은 부상자와 병자에 대한 그들의 의무를 지속하도록 허락된다(I, 19). 어느 누구도 의학윤리원칙에 반하는 행동을 하도록 강요받지 않으며 이러한 규칙이 요구하는 행동을 하는 것을 제지당하지 않는다(P. I, 16; P. II, 10). 포로를 보호하기 위해 반드시 남아있는 것이 아닌 모든 요원들은 본국으로 송환된다(I, 30, 31; II, 37). 남아있는 자들은 포로로 간주되지 않으며 그들의 작업을 위한 폭넓은 편의를 가진다(I, 28). 점령지에서 민간인 의료요원은 그들이 민간인 인구를 위한 충분한 의료서비스의 공급과 이미 치료중인 부상자나 병자관리의 지속을 위해 필요한 한 강제 소집당하지 않는다(P.I, 14).

민간인은 부상자, 병자, 조난자가 적대적 편에 속한 자이더라도 존중하며, 그들에 대해 어떠한 폭력도 가하지 않는다(P.I, 17). 민간인은 모여서 부상자, 병자를 국적에 상관없이 돌보는 것이 허락되며 이로 인해 처벌받지 않는다. 오히려 그들은 이러한 일에 관해 도움을 받아야 한다(I, 18).

의료부대는 그것이 군대든 민간인이든 모든 건물과 영구적 시설들(병원과 다른 비슷한 시설), 수혈과 예방 의학센터를 포함하며 의학 저장소와 상점, 또는 유동부대(야전병원, 텐트, 야외시설)는 의학적 목적으로 설치된다(I, 19; P.I, 8, 9, 12; P.II, 11). 이들은 공격당하거나 침해받지 않으며 비록 그 당시에 부상자나 병자를 수용하고 있지 않더라도 군사행동으로부터 보호를 받는다(I, 19).

동등한 보호가 육지, 해상, 항공에 의한 의료수송에도 적용된다. 앰뷸런스, 화물차나 트럭, 병원선, 구조선, 의료기(I, 35, 36; II, 22~27, 38, 39; P.I, 8, 21~31; P.II, 11).

의료장비(들것, 의료용·수술용 장비와 기구, 의약품, 붕대 등)는 파기되어서는 안 되고 어디에 있든지 간에 의료요원의 처분에 남겨져야 한다(I, 33, 34; II, 28, 38).

흰색 바탕의 적십자사나 적신월사의 표장은 부상자와 병자의 구조를 위한 상징으로 보호할 자격을 가진 시설, 부대, 수송, 요원과 물질들을 나타내기 위해 사용된다. 이는 다른 방법으로 사용되지 않으며 관계당국의 동의 없이 표시되지 않는다. 이는 항상 철저히 존중받아야만 한다(I, 38~44; II, 41~43; P.I, 18; P.II, 12).

III. 포로의 대우에 관한 1949년 8월 12일자 제네바협약

추가의정서 I(특히 Part III, section II)

지 위

분쟁 당사국의 군대 일원들은 (의료요원과 종교요원이 아닌) 전투원이며, 적군에 잡힌 전투원은 포로가 된다(III, 4; P.I, 43, 44). 또한 적군이 진격해오는 상황에서 침략군에 저항하는 비점령지 주민들은 무력을 공개적으로 행사하고 전쟁법 및 관습(대중반란)을 존중할 경우 그들이 체포된다면 전쟁포로의 자격을 가진다(IIII, 4). 이러한 군대는 반드시 조직되어야 하며 지배지를 지휘하기 위한 당에 대해 책임을 지는 사령관 하에서여야 하며 무력충돌에 적용 가능한 국제법 규칙에 따르게 하는 내부규율시스템에 종속되어야 한다(P.I, 43).
이러한 순응은 특히 전투원들이 적어도 공격중이거나 공격준비를 위한 군사작전중일 때 유니폼이나 다른 뚜렷한 표시를 이용하여 민간인들과 자신들을 구분해야 한다는 것을 의미한다(P.I, 44). 특별한 경우에는 적대적 성질상 그들은 공개적으로 무기를 소지하여 자신이 전투원임을 표시한다. (P.I, 44).
전쟁포로들은 그들을 잡은 개인이나 군대가 아닌, 적의 국가의 지배아래 있어야 한다(III, 12).

대 우

적대행위에 참여하는 사람과 잡힌 자는 전쟁포로로 간주되며 그의 지위에 관해 의심이 드는 경우일지라도 다음과 같이 대우되어야 한다(III, 5; P.I, 45).
전쟁포로는 모든 상황에서 인간적 대우를 받으며 그들의 인격과 명예를 존중받는다(III, 13, 14). 여성은 그들의 성에 의해 존중받는다(III, 14). 모든 전쟁포로들은 동일하게 취급된다. 특별대우는 건강, 성별, 연령, 군사계급 또는 전문적 자질에 의해서만 이루어질 수 있다(III, 16). 의심이 되는 경우, 그들의 성명, 연령, 계급 그리고 군번을 제시해야 한다. 그들은 다른 어떠한 정보를 제공할 것을 강요받지 않아야 한다(III, 17). 그들은 개인용도의 소유물과 물품을 보유할 권리가 있다. 적군은 의류와 식량품을 제외한 군사 장비를 압수할 수 있다. 금전과 귀중품은 영수증과 교환되지 않는 한 그들로부터 취해져서는 안 되며 풀려날 때 반드시 되돌려야 한다(III, 18).

죄수는 일반적으로 억류국이라고 불리는 교전중의 상대방 국가의 규율과 군사법령에 종속된다(III, 39, 82~88). 기밀상 군사법령은 그들의 자유를 제한할 수 있으나, 법을 위반하지 않는 한 그들을 감금하지 않아야 한다(III, 21). 어떠한 판결이 내려지기 전에, 그들은 그들의 사건을 진술할 기회를 가져야 한다(III, 96, 99, 105, 106).

적대행위에 포함되어 있고 전쟁포로의 지위를 완전히 박탈당한 자는 그에게 적용되는 제 4의정서의 조항과 더불어 기본적 권리를 부여받고 그의 인격(그의 생명과 건강에 대한 침해 금지)과 존엄(모욕적이고 무시하는 대우의 금지)이 존중됨을 보장받는다. 기소시에는 공정한 재판을 받을 권리를 가진다(I, 75). 이러한 권리들은 국제적 성격이 아닌 무력충돌의 경우에도 또한 인정된다(I~IV, 3). 특히 이러한 충돌이 매우 심각할 때에도 그러하다(P. II, 4, 6).

포로의 조건

억류국은 포로에게 적당한 식량과 의복을 무상으로 제공하고 자군의 숙사에 비해 열등하지 아니한 숙사를 제공하고 포로의 건강상태에 필요한 의료를 제공해야 한다(III, 15, 25, 26, 27, 30).

전쟁포로는 일할 의무를 지게 되며 관리자의 예외가 인정된다. 근무수당을 받으며, 작업환경은 억류국 국민들과 동등하여야 한다. 군사업무나 위험하고 비위생적이며 품위가 손상되는 일을 하도록 강요받지 않는다(III, 49~54).

포로를 받아들이게 되면, 포로의 근친자와 국제적십자위원회의 중앙 심인국에게 통고할 의무를 진다. 이후 친척들과 정기적으로 연락을 하고 구제를 받을 수 있고, 자신이 믿는 종교의 성직자의 도움을 받을 수 있다(III, 33, 63, 70, 71, 72).

포로는 억류국의 담당자와 그들을 지원하는 복지기구에 대해서 그들을 위해 행동할 대변인(포로의 대표)을 선출할 수 있다(III, 79).

그들은 불만을 표명하고 국제적십자위원회의 대표단으로 인정받은 억류국의 대표자에게 캠프를 방문하고 그들과 직접 또는 대표자를 통해 이야기할 것을 요청할 권리를 가진다(III, 78, 126).

이 조약의 본문은 개별 캠프에 게시되어 포로들은 항상 그들의 권리와 의무를 확신할 수 있어야 한다(III, 41).

송환

심각한 병을 앓거나 부상을 입은 전쟁포로는 바로 송환되며 추후에 적극적 군사의무를 보충하지 않아야 한다(III, 109, 117).

적극적 적대행위가 끝났을 때, 포로들은 풀려나고 지체 없이 송환되어야 한다(III, 118).

추가의정서 I

Part III, Section I

전투원의 행동

이 의정서는 적대기간 동안 전투원들의 행동에 관련된 규칙을 다룬다.

이러한 규칙들이 기반하는 기본 원칙은 갈등 당사자들이 전쟁의 방법과 수단을 선택하는 권리가 무제한으로 허용되지 않는다는 것이다. 따라서 필요이상의 위해나 불필요한 고통을 야기하는 성격을 가진 무기, 발사체, 물질 그리고 수단을 사용하는 것을 금지한다(P.I, 35).

또한 민간인들은 그들의 존재로 군사작전으로부터 면제받도록 하기 위한 특정 지점 또는 지역으로 이용되지 않는다(P.I, 51).

적을 배신행위에 의하여 죽이거나 상해를 주거나 포획하는 것은 금지된다(P.I, 37). 적십자, 적신월사의 표장, 백기, 문화재 보호표장 등과 같이 승인된 표장을 남용해서는 안 된다(P.I, 38). 적대국의 국가 표장이나 갈등 당사자가 아닌 국가의 표장을 사용하는 것은 금지된다(P.I, 39). 따라서 이 의정서는 무력충돌법칙은 전투원들의 최소한의 공정성을 요구함을 확인한다.

구명을 거절하는 것은 금지된다(P.I, 40). 전의를 상실한 적(예를 들면, 더 이상 적대행위에 참여하지 않거나 참여할 수 없는 자)이 항복했거나 명시적으로 항복의사를 밝힐 때는 공격의 대상으로 여겨져서는 안 된다(P.I, 41, 42). 포로들을 대피시킬 수단을 상실한 포획자는 포로들을 풀어주어야 한다(P.I, 41).

Part IV, Section I

적대행위 영향으로부터의 일반적 보호

기본적 규칙으로, 민간인과 전투원 간의, 민간물자와 군사목표물들 간의 구별이 항상 이루어져야 하며 따라서 군사 작전은 군사목표물에 대해서만 행하여지도록 한다(P.I, 48).

군대에 속하지 않은 모든 사람은 민간인이다(P.I, 50). 민간물자는 군사목표물이 아닌 모든 물건이다. 예를 들면 군사행동에 유효한 기여를 하지 않고, 그것의 파괴가 당시의 지배적 상황에서 명백한 군사적 이익을 제공하는 것이 아닌 것들이다(P.I, 52).

1. 무차별 공격은 금지된다(P.I, 51). 민간인과 민간물자가 공격이 대상이 되지 않아야 할 뿐만 아니라 군사목표물을 공격하거나 위치함에서 우발적으로 민간에 끼칠 수 있는 손실 또는 피해를 피하거나 가능한 한 최소화하기 위해 모든 예방조치가 취해져야 한다(P.I, 57, 58). 어떠한 경우에도 이러한 손실 그리고/또는 피해가 소기의 구체적이고 직접적 군사 이익에 비하여 과도해서는 안 된다(P.I, 51, 57).

적대국의 민간주민을 굶주리게 하고, 그들의 생존에 불가결한 물자들을 파괴하고 환경에 광범위하고 장기적이며 심각한 피해를 야기하는 것은 금지된다(P.I, 54, 55).

문화재와 위험시설물, 무방어 지역과 비무장지역(안전지역과 중립지역을 포함)은 민간방어기구의 직원과 시설물과 같이 특별한 보호를 받으며, 그들의 적절한 보호와 신변을 위해 조항이 만들어진다(P.I, 53, 56, 59, 60 and 61~70, Annex I, Chap. V and VI.).

민간인에 대한 공격 금지, 그들의 생존을 위해 불가피한 물자의 파괴 금지, 위험시설물과 문화재 공격 금지는 비국제적 무력 충돌에도 똑같이 적용된다(P.II, 13, 14, 15, 16).

특히 이러한 규칙들이 준수되는지 감시하는 것은 군대 지휘관들의 책임이다(P.I, 86, 87).

IV. 전시에서의 민간인의 보호에 관한 제네바협약과 그 추가의정서

보호의 최소한의 일정한 규칙들은 국적과 주거지역에 관계없이 무력충돌로 영향을 받는 모든 사람들에게 적용된다.

따라서 식량, 의료공급, 의류 등과 관련된 구호행동은 허가된다 (IV, 23; P.I, 69, 70, 71; P.II, 18).

여성과 아이들은 특별히 존중되어야 할 대상이며 저속한 공격으로부터 보호된다(IV, 24; P.I, 76, 77, 78).

이산가족 상봉과 가족 소식의 교환이 촉진되어야 한다(IV, 25, 26; P.I, 74).

무엇보다도, 무력충돌에 영향을 받는 개개인과 모든 사람은 차별 없이 그의 근본적 권리를 부여받고 보장된다. 그의 인격, 존엄, 확신과 종교적 관습은 존중되어야 하며, 민간인인지 또는 군대 요원인지에 관계없이 그의 존엄에 대해 공격받아서는 안 된다. 기소된 경우, 공정한 재판을 받을 권리를 가진다(P.I, 75). 이러한 권리와 보장은 비국제적 무력충돌에서도 똑같이 유효하다(P.II, 4 and 6).

또한 제 4협약은 특히 적군 하에 있는 민간인들을 다루고 있으며 두 개의 카테고리를 구별한다(IV, 4).

적군 영토 내의 민간인

안보상의 이유로 금지되지 않는 한, 적국 영토내의 민간인들은 떠날 수 있어야 한다(IV, 35). 만일 민간인이 떠나지 않고, 억류되어 있을 경우 일반 외부인들과 동등하게 대우되어야 한다(IV, 38). 안보상의 이유로 그들의 억류가 불가피할 경우, 항고할 권리를 가지며, 그들의 사건이 공정하게 검토되어야 한다(IV, 41~43).

점령지의 주민

민간인은 가능한 한 평상시의 생활을 지속할 권리가 있다. 점령국은 공공질서를 유지할 의무를 가진다(IV, 64).

일반적으로 주민의 추방과 이동은 금지된다(IV, 49). 병력의 강제 입대는 엄격한 규정이 적용된다. 18세 이하의 청소년은 전부 제외되며, 징집된 인력은 군사작전에 참여하도록 하는 노동을 강요받아서는 안 된다(IV, 51). 재산의 약탈과 불필요한 파괴는 금지된다(IV, 33, 53).

점령국은 어린이 복지에 대한 의무와(IV, 50) 의료 및 건강 서비스를 유지할 의무를 가진다(IV, 55). 구호 위탁품의 반입과 그 용이한 운송이 인정된다(IV, 59~62). 일반적으로 관리당국, 행정부와 공공 및 민간기관들은 그 운영을 지속한다(IV, 54, 63, 64).

점령국은 자국 행정부와 군대 구성원에 대한 적대적 행동을 막을 권리를 가진다. 이와 관련하여 특별한 법이 도입될 수 있나(IV, 64). 자신의 법정 앞에 피의자를 세울 수 있으나 (IV, 66), 정규 재판 없이는 어떠한 판결도 내려질 수 없다(IV, 71). 안보상 불가결한 이유로 특정인을 억류할 수 있다 (IV, 78). 그러나 이러한 모든 수단들은 명백한 조항에 의해 규율되며 보호국의 감독 하에 이루어진다(IV, 65~77, 78, 136, 137, 143).

적국 영토에 있는 민간인들과 점령지 하의 주민들은 일반적으로 특정한 권리를 가진다. 그들은 모든 상황에서 그들의 인격, 명예, 가족의 권리, 종교적 신념과 관행 그리고 그들의 풍습과 관습을 존중받을 권리를 갖는다. 그들은 항상 인간적 대우를 받으며(IV, 27) 어떠한 강압도 작용되지 않는다(IV, 31). 여성은 그 존엄을 훼손하는, 특히 강간과 강제추행과 같은 공격으로부터 특별히 보호받는다(IV, 27).

민간인들은 보호국, 국제적십자위원회, 국내 적십자사나 그 지역의 적신월사에 자유롭게 의지할 수 있다(IV, 30). 보호국과 국제적십자위원회는 그들을 자유롭게 방문할 수 있다(IV, 30, 143).

적국의 정부는 자국의 민간관료나 군인에 의해 점령지 주민들에게 허용되는 대우를 할 의무를 가진다(IV, 29).

마지막으로, 만일 점령지 주민들이 처벌의 형태로 취해지는 것이 아닌 조치로써 억류된 경우 그들은 대체적으로 전시포로와 유사한 대우를 민간인이라는 점을 고려하여 받을 권리를 가진다(IV, 79~135).

다음 영문의 제네바협약의 요약은 제네바의 적십자사에서 근무하고 싶은 독자들을 위함이다. 해당되지 않는 독자는 필요가 없겠다.

■ SUMMARY OF THE GENEVA CONVENTIONS OF AUGUST 12, 1949 AND THEIR ADDITIONAL PROTOCOLS

In time of war, certain humanitarian rules must be observed, even with regard to the enemy. These rules are set out mainly in the four Geneva Conventions of August 12, 1949 and their Additional Protocols of 8 June 1977.

The Geneva Conventions are founded on the idea of respect for the individual and his dignity. Persons not directly taking part in hostilities and those put out of action through sickness, injury, captivity, or any other cause must be respected and protected against the effects of war; those who suffer must be aided and cared for without discrimination.

The Additional Protocols extend this protection to any person affected by an armed conflict. They furthermore stipulate that the parties to the conflict and the combatants shall not attack the civilian population and civilian objects and shall conduct their military operations in conformity with the recognized rules and belows of humanity.

▪ GENERAL RULES COMMON TO THE FOUR CONVENTIONS AND TO THE ADDITIONAL PROTOCOLS

Once armed conflict breaks out, the Conventions and Protocols shall be applicable in all circumstances(I~IV, 2; P.I, 1). The Roman figures in brackets refer to the number of the Convention or Additional Protocol (P); the Arabic numerals indicate Articles, though with restrictions in the case of severe non-international armed conflict, where only certain rules shall apply(P.II). In all cases, however, the principle of humanity must be safeguarded(I~IV, 3). Thus the following are prohibited at any time and in any places whatsoever: murder, torture, corporal punishment, mutilation, outrages upon personal dignity, the taking of hostages, collective punishments, execution without regular trial and all cruel and degrading treatment(I~IV, 3; I, II, 12; III, 13; IV, 32, 34; P.I, 75; P.II, 4, 6).
The Conventions and Protocol I prohibit reprisals against the wounded, the sick and the shipwrecked, medical personnel and medical services, civilian defence personnel and services, prisoners of war, civilian persons, civilian and cultural objects, the natural environment, and works and installations containing dangerous forces(I, 46; II, 47; III, 13; IV, 33; P.I, 20, 51~56).
No-one may renounce or be forced to renounce the protection accorded him by the Conventions(I~III, 7; IV, 8).
Protected persons must at all times be able to have resort to a Protection Power(the neutral State responsible for safeguarding their interests) or to the International Committee of the Red Cross, or any other impartial humanitarian organization(I~III, 8, 9, 10; IV, 9, 10, 11; P.I, 5).

I. GENEVA CONVENTION FOR THE AMELIORATION OF THE CONDITION OF THE WOUNDED AND SICK IN ARMED FORCES IN THE FIELD, OF AUGUST 12, 1949

II. GENEVA CONVENTION FOR THE AMELIORATION OF THE CONDITION OF WOUNDED, SICK AND SHIPWRECKED MEMBERS OF ARMED FORCES AT SEA, OF AUGUST 12, 1949

ADDITIONAL PROTOCOL I, PART II; PROTOCOL II, PART III

All the wounded, sick and shipwrecked must be respected and protected in all circumstances(I, 12; II, 12; P.I, 10; P.II, 7). There must be no attempt on their lives, nor must they be harmed in any way. They must be collected and treated humanely and must receive, to the fullest extent practicable and with the least possible delay, the medical care and attention required by their condition. There must be no distinction among them founded on any grounds other than medical ones (I, 12, 1; II, 12, 18; P.I, 10; P.II, 7).

Belligerents must care for the wounded, sick or shipwrecked members of enemy armed forces taken prisoner as they do for their own (I, 12, 14; II, 12, 16; P.I, 44).

All possible measures must be taken to collect the dead and prevent them from being despoiled(I, 15; II, 18; P.I. 33;P.II, 8).

Bodies must be identified and death confirmed, if possible by medical examination, before being interred, cremated, or buried at sea(I, 16, 17; II, 19, 20).

Furthermore, all possible measures must be taken, without delay, to search for and collect the wounded, sick, shipwrecked and missing (I, 15; II, 18; IV, 16, P.I, 33; P.II, 8).

Any particulars which may assist in the identification of the wounded, sick, shipwrecked and dead must be recorded(I, 17; II, 19).

In the direct interest of the wounded, sick, and shipwrecked, all medical units, whether military or civilian, placed under the control of the competent authority, shall also be protected (I, 19~37; II, 22~40; P.I,

8, 9, 12; P.II, 11), namely medical personnel, material, establishments and installations as well as transport organized for medical purposes, which shall be indicated by the emblem of the red cross or red crescent on a white ground.
Medical and religious personnel include: (a) personnel(doctors, orderlies, nurses, stretcher-bearers) assigned, whether on a permanent or temporary basis, exclusively to medical purposes(search for, collection, transportation, diagnosis and treatment of the wounded, sick and shipwrecked, and for the prevention of disease; (b) personnel(administrators, drivers, cooks, etc.) assigned exclusively, whether permanent or temporary, to the administration or operation of medical units or medical transport; (c) religious personnel includes persons, whether military or civilian, such as chaplains, who are dedicate exclusively to the exercise of their ministry(I, 24～27; II, 36, 37; P.I. 8; P.II, 9).
Such personnel shall wear the distinctive emblem of the red cross or red crescent on a white ground(I, 40; II, 42; P.I, 18, Annex I, 3; P.II, 12) and carry an identity card (I, 40; II, 42; P.I, Annex I, 1, 2). They may bear arms for their own defence and that of the wounded and sick (I, 22; II, 35; P.I, 13).
If medical and religious personnel fall into enemy hands they shall be allowed to continue their duties towards the wounded and sick (I, 19). No person shall be compelled to perform acts contrary to the rules of medical ethics or the refrain from performing acts required by these rules (P.I, 16; P.II, 10). All personnel whose retention is not indispensable to the care of prisoners shall be repatriated(I, 30, 31; II, 37). Those retained shall not be considered as prisoners of war and shall have wide facilities for their work(I, 28). In occupied territory the services of civilian medical personnel may not be requisitioned as long as they are necessary for the provision of adequate medical services for the civilian population and for the continuing care of any wounded or sick already under treatment(P.I, 14).
The civilian population shall respect the wounded, sick, and shipwrecked, ever if they belong to the adverse party, and shall commit no act of violence against them(P.I, 17). Civilians are permitted to collect and care for the wounded, sick, of whatever nationality, and shall not be penalized

for doing so. They must on the contrary be aided in this work(I, 18). Medical units, whether military or civil, shall include all buildings or permanent installations(hospitals and other similar units), blood transfusion and preventive medicine centers, medical depots and stores, or mobile units(field hospitals, tents, open air installations) set up for medical purposes(I, 19; P.I, 8, 9, 12; P.II, 11). They may not be attacked or damaged, or prevented from operation, even if, for the moment, they do not contain either wounded or sick(I,19).
The same protection shall apply to medical transports by land, water or air; ambulances, lorries or trucks, hospital ships, rescue craft, medical aircraft(I,35,36; II, 22~27, 38, 39; P.I, 8, 21~31; P.II, 11).
Medical equipment(stretchers, medical and surgical appliances and instruments, medical supplies, dressing, etc.) must never be destroyed, but must be left at the disposal of the medical personnel, wherever they may be(I, 33, 34; II, 28, 38).
The emblem of the red cross or re-crescent on a white ground, symbol of aid to the wounded and sick, shall be used to designate establishments, units, transports, personnel and material entitled to protection. It may not be otherwise employed, nor displayed without the consent of the competent authority. It must at all times be scrupulously respected(I, 38~44; II, 41~43; P.I, 18; P.II, 12).

III. GENEVA CONVENTION RELATIVE TO THE TREATMENT OF PRISONERS OF WAR OF AUGUST 12, 1949

ADDITIONAL PROTOCOL I
(in particular Part III, section II)

Status

Members of the armed forces of a party to a conflict(other than medical and religious personnel) are combatants and any combatant captured by the adverse party shall be a prisoner of war(III, 4; P.I, 43, 44) In addition inhabitants of non-occupied territory who, in the approach of the enemy, spontaneously take arms to resist the invading forces are also

entitled to the status of prisoner of war, provided they carry arms openly and respect the laws and customs of war(Mass uprising) (IIII, 4). Such armed forces must e organized, placed under a command responsible to that party for the conduct of its subordinates and subject to an internal disciplinary system which shall enforce compliance with the rules of international law applicable in armed conflict(P.I, 43).
Such compliance implies, in particular, that the combatants are obliged to distinguish themselves from the civilian population, by a uniform or by some other distinctive sign, at least while they are engaged in an attack or in a military operation preparatory to an attack(P.I, 44). In exceptional situations owning to the nature of hostilities they may distinguish themselves as combatants by openly carrying arms(P.I, 44).
Prisoners of war shall be in the power of the enemy State, but not of the individuals or troops who have captured them(III, 12).

Treatment

A person who participates in hostilities and who is capture, shall be presumed to be prisoner of war and shall be treated as such, even in case of doubt concerning his status(III, 5; P.I, 45).
Prisoners of war are entitled in all circumstances to humane treatment and respect for their person and their honour(III, 13, 14). Women shall be treated with all the regard due to their sex(III, 14).
All prisoners of war shall be treated alike; privileged treatment may be accorded only on grounds of health, sex, age, military rank or professional qualifications(III, 16). If questioned, they are bound to give their name and first name, age, rank and army number. They may not be compelled to give other information(III, 17).
They are entitled to retain their effects and articles of personal use. The enemy may impound their military equipment, except articles of clothing and feeding utensils. Sums of money and valuables must not be taken from them except against receipt, and must be handed back at the time of release(III, 18).
Prisoners of war shall in general be subject to the discipline and military code of the capturing part to the conflict, called the Detaining Power(III, 39, 82~88). For security reasons the latter may restrict their liberty, but

may not imprison them except for breaches of the law(III, 21). Before any sentence is passed, they must have the possibility of stating their case(III, 96, 99, 105, 106).

A person who, having taken part in hostilities, finds himself definitively deprived of the status of prisoner of war, is entitled, in addition to the provisions of the Fourth Convention which are applicable to him, to fundamental rights and guarantees concerning respect for his person(prohibition of violence to his life and health) and for his dignity (prohibition of humiliating and degrading treatment)(P. I75). In the event of prosecution he has the right to a fair trial(I, 75). These rights are also recognized in the case of armed conflicts not of an international character (I~IV, 3), and particularly so when this conflict is especially severe(P.II, 4, 6).

Conditions of captivity

The Detaining Power shall supply prisoners of war, free of charge, with adequate food and clothing, provide them with quarters not inferior to those of its own troops, and give them the medical care their state of health demands(III, 15, 25, 26, 27, 30).

Prisoners of war, with the exception of officers, may be obliged to work. They shall receive pay; working conditions shall be equal to those of nationals of the Detaining Power. They may not be compelled to do military work, nor work which is dangerous, unhealthy, or degrading (III, 49~54).

When taken prisoner, they shall be enabled to advise their next of kin and the Central Tracing Agency of the International Committee of the Red Cross. Afterwards, they may correspond regularly with their relatives, receive relief, and be attended by ministers of their own religion(III, 33, 63, 70, 71, 72).

They shall be entitled to elect a spokesman (prisoners' representative), who shall act for them with the authorities of the Detaining Power and with welfare organizations assisting them(III, 79).

They shall have the right to address complaints and requests to representatives of the Protecting Power who are authorized, as are delegates of the International Committee of the Red Cross, to visit the

camps, and talk with them either directly or through their representative(III, 78, 126).
The text of the Convention must be posted up in each camp, so that prisoners may at all times ascertain their rights and duties(III, 41).

Repatriation

Prisoners of war certified seriously ill or wounded shall be directly repatriated, but may not afterwards take up active military duties (III, 109, 117).
At the end of active hostilities, prisoners must be released and repatriated without delay(III, 118).

ADDITIONAL PROTOCOL I

Part III, Section I

Conduct of Combatants

The protocol reviews the rules relative to the conduct of combatants during hostilities.
The basic principle underlying these rules is that the right of the parties to the conflict to choose methods and means of warfare is not unlimited. It follows that it is prohibited to employ arms, projectiles and material and methods of warfare of a nature to cause superfluous injury or unnecessary suffering(P.I, 35).
Nor shall civilians be used to render, by their presence, certain points or areas immune from military operations(P.I, 51).
It is prohibited to kill, injure or capture an adversary by resort to perfidy(P.I, 37). The recognized emblems(red cross or red crescent emblem, white flag, protective emblem of cultural property, etc.) must not be misused(P.I, 38). The use of nationality emblems of adverse parties or other States not parties to the conflict is prohibited(P.I, 39). The Protocol thus affirms that the law of armed conflict requires a minimum of fairness of the combatants.
It is prohibited to refuse quarter(P.I, 40). The adversary who is hors de

combat (i.e. who is not or is no longer able to take part in hostilities), who has surrendered or who clearly expresses the intention of surrendering, must not be made the object of attack(P.I, 41, 42). The captor who lacks the means to evacuate his prisoners must release them(P.I, 41).

Part IV, Section I

Protection of the civilian population against effects of hostilities

The basic rule requires that a distinction must be made at all times between the civilian population and combatants and between civilian objects and military objectives, and that operations must accordingly be directed only against military objectives(P.I, 48).

Any person not belonging to the armed forces is a civilian(P.I, 50). Civilian objects are all objects which are not military objectives, i.e. which do not make an effective contribution to military action and whose destruction would not, in the circumstances prevailing at the time, offer a definite military advantage(P.I, 52).

Indiscriminate attacks are prohibited(P.I, 51). Not only must civilians and civilian objects not be the object of attack, but every precaution must also be taken, in attacking or location military objectives, to avoid, and in any event minimize incidental civilian losses and damage(P.I, 57, 58). In no case shall these losses and/or damage be excessive in relation to the concrete and direct military advantage anticipated(P.I, 51, 57).

It is prohibited to starve the civilian population of the adverse party, to destroy objects indispensable to their survival, and to cause widespread long-term and severe damage to the environment(P.I, 54, 55).

Cultural objects, installations containing dangerous forces, non-defended localities and demilitarized zones(including safety zones and neutralized zones), likewise the personnel and installations of civil defence organizations, are under special protection, and provision is made for their appropriate marking and identification(P. I, 53, 56, 59, 60 and 61~70, Annex I, Chap.V and VI.).

The Prohibition on attacking the civilian population, destroying objects indispensable to their survival and on attacking installations containing

dangerous forces and cultural objects applies equally to non-international armed conflicts(P.II, 13, 14, 15, 16).
It is the responsibility of military commanders, in particular, to see that these rules are observed(P.I, 86, 87).

IV. GENEVA CONVENTION RELATIVE TO THE PROTECTION OF CIVILIAN PERSONS IN TIME OF WAR AND THE ADDITIONAL PROTOCOLS

Certain minimum rules of protection apply to all persons affected by armed conflict, whatever their nationality and the territory in which they live.
Relief actions covering food, medical supplies, clothing, etc. must therefore be permitted(IV, 23; P.I, 69, 70, 71; P.II, 18)
Women and children shall be the object of special respect and shall be protected against any form of indecent assault(IV, 24; P.I, 76, 77, 78).
The reunion of dispersed families and the exchange of family news must be facilitated(IV, 25, 26; P.I. 74).
Above all, each and every person affected by armed conflict is entitled to his fundamental rights and guarantees, without discrimination: his person, honour, convictions and religious practices must be respected; no attacks must be made, whether by a civil or military agent, on his dignity. In the event of prosecution, he has the right to a fair trial(P.I, 75). These rights and guarantees are equally valid in non-international armed conflicts(P.II, 4 and 6).
In addition, the Fourth Convention deals especially with civilians in enemy hands and distinguishes between two categories(IV, 4).

Civilians in enemy territory

Unless security reasons forbid it, civilians in enemy territory must be allowed to leave(IV, 35). If they do not leave or are retained, they shall be treated in the same way as aliens in general(IV, 38). If security reasons make their internment imperative, they shall have the right to appeal, and to have their case impartially reviewed(IV, 41～43).

Population of occupied territory

The civilian population shall as far as possible, be enabled to continue as usual. The Occupying Power shall be responsible for the maintenance of public order(IV, 64).

Deportations and transfers of population shall in general be prohibited(IV, 49). Every compulsory enlisting of manpower shall be subject to strict regulations. Persons under eighteen years of age are entirely excepted, and enlisted workers may not be forced to do labour which would make them participate in military operations(IV, 51). Pillage and unnecessary destruction of property are forbidden(IV, 33, 53).

The Occupying Power shall be responsible for the welfare of children(IV, 50), the maintenance of the medical and health services(IV, 55). It shall allow the entry of relief consignments, and facilitate their transport(IV, 59~62). In general the authorities, administration, and public and private institutions shall continue to function(IV, 54, 63, 64).

The Occupying Power has the right to defend itself against acts hostile to its administration and to members of its armed forces. It may introduce special laws in this connection(IV, 64). It may try accused persons before its own tribunals(IV, 66), but no sentence may be pronounced without regular trial(IV, 71). It may, for imperative security reasons, intern certain persons(IV, 78). All these measures are, however, governed by explicit provisions and
subject to the supervision of the Protecting Power(IV, 65~77, 78, 136, 137, 143).

Civilians in enemy territory and the inhabitants of occupied territories have certain rights in common.

They are in all circumstances entitled to respect for their person, their honour, family rights, religious convictions and practices, and their manners and customs. They shall at all times be humanely treated(IV, 27); no coercion shall e exercised against them(IV, 31). Women shall be especially protected against any attack on their honour, and in particular against rape and any form of indecent assault(IV, 27).

These civilians shall have the right of free recourse to the Protecting Power, the International Committee of the Red Cross and the National Red Cross or Red Crescent Society of the country where they may be

(IV, 30). The representatives of the Protecting Power and of the International Committee shall be able to visit them freely(IV, 30, 143). The enemy government shall be responsible for the treatment accorded to them by its civilian officials or military personnel(IV, 29).
Finally, should they be interned — a measure which cannot be taken as a form of punishment — they shall be entitled to treatment which shall, in general, and taking into account the fact that they are civilians, be analogous to that of prisoners of war(IV, 79～135).

Mission

The International Committee of the Red Cross(ICRC) is an impartial, neutral and independent organization whose exclusively humanitarian mission is to protect the lives and dignity of victims of war and internal violence and to provide them with assistance. It directs and coordinates the international relief activities conducted by the Movement in situations of conflict. It also endeavors to prevent suffering by promoting and strengthening humanitarian law and universal humanitarian principles. Established in 1863, the ICRC is at the origin of the International Red Cross and Red Crescent Movement.

이상에서 우리들은 국제적십자사의 규약을 한국말과 영어로 읽어 보았다. 다음에서는 제네바의 국제적십자사에서 일하고 싶어하는 독자들을 위해서 국제적십자사의 모든 것을 영어로 간략히 소개하겠다. 국제적십자사에서 일하고 싶은 사람들은 다음의 자료를 거의 완전히 소화하여 영어로 적십자사를 소개할 때 사용했으면 하는 바람이다.

The International Committee of the Red Cross(ICRC) is a private humanitarian institution based in Geneva, Switzerland. The community of states has given the ICRC a unique role, based on international humanitarian law of the Geneva Conventions as well as customary international law, to protect the victims of international and internal armed conflicts. Such victims include war wounded, prisoners, refugees, civilians, and other non-combatants.

The ICRC is part of the International Red Cross and Red Crescent Movement along with the International Federation and 186 National Societies. It is the oldest and most honored organization within the Movement and one of the most widely recognized organizations in the world, having won three Nobel Peace Prizes in 1917, 1944, and 1963.

Characteristics

The original motto of the International Committee of the Red Cross was Inter Arma Caritas("Amidst War, Charity"). It has preserved this motto while other Red Cross organizations have adopted others. Due to Geneva's location in the French-speaking part of Switzerland, the ICRC is also known under its initial French name Comité international de la Croix-Rouge(CICR). However, the ICRC has six official languages, including Arabic. The official symbol of the ICRC is the Red Cross on white background(the inverse of the Swiss flag) with the words "COMITE INTERNATIONAL GENEVE" circling the cross.

Mission

The official mission statement says that: "The International Committee of the Red Cross(ICRC) is an impartial, neutral, and independent organization whose exclusively humanitarian mission is to protect the lives and dignity of victims of war and internal violence and to provide them with assistance" It also directs and coordinates international relief and works to promote and strengthen humanitarian law and universal humanitarian principles. The core tasks of the Committee, which are derived from the Geneva Conventions and its own statutes, are the following:

to monitor compliance of warring parties with the Geneva Conventions

to organize nursing and care for those who are wounded on the battlefield

to supervise the treatment of prisoners of war and make confidential interventions with detaining authorities to help with the search for missing persons in an armed conflict (tracing service) to organize protection and care for civil populations

to act as a neutral intermediary between warring parties

The ICRC drew up seven fundamental principles in 1965 that were adopted by the entire Red Cross Movement. They are humanity, impartiality, neutrality, independence, volunteerism, unity, and universality.

Legal status

Like the Holy See and the Sovereign Military Order of Malta, the ICRC is a rare example of a non-governmental sovereign entity. It is the only institution explicitly named under International Humanitarian Law (IHL) as a controlling authority. The legal mandate of the ICRC stems from the four Geneva Conventions of 1949, as well as its own Statutes. The ICRC has expanded from its grounding in international law to undertake tasks that are not specifically mandated by law, such as visiting political prisoners outside of conflict and providing relief in natural disasters. Contrary to popular belief, the ICRC is not a non-governmental organization in the most common sense of the term, nor is it an inter-state organization such as the United Nations. Because it limits its membership to Swiss nationals only, and because new members are selected by the Committee itself(a process called co-optation), it does not have a policy of open or restricted membership for individuals like other legally defined NGOs. However, since the early 1990s, the ICRC employs persons from all over the world to serve in its field mission and at Headquarters. In 2007, almost half of ICRC staff was non-Swiss. The ICRC has special privileges and legal immunities in many countries, based on national law in these countries, based on agreements between the ICRC and the respective governments, or, in some cases, based on international jurisprudence(such as the right of ICRC delegates not to bear witness in front of international tribunals).

According to Swiss law, the ICRC is defined as a private association. However, the ICRC has enjoyed de facto sovereignty and immunity within the territory of Switzerland for many years. On March 19, 1993, a legal foundation for this status was created by a formal agreement between the Swiss government and the ICRC. This agreement protects the full sanctity of all ICRC property in Switzerland including its headquarters and archive, grants members and staff legal immunity, exempts the ICRC from all taxes and fees, guarantees the protected and duty-free transfer of goods, services, and money, provides the ICRC with secure communication privileges at the same level as foreign embassies, and simplifies Committee travel in and out of Switzerland.

Funding and financial matters

The 2005 budget of the ICRC amounted to about 970 million Swiss francs. All payments to the ICRC are voluntary and are received as donations based on two types of appeals issued by the Committee: an annual Headquarters Appeal to cover its internal costs and Emergency Appeals for its individual missions. The total budget for 2005 consisted of about 819.7 million Swiss Francs(85% of the total) for field work and 152.1 million Swiss Francs(15%) for internal costs. In 2005, the budget for field work increased by 8.6% and the internal budget by 1.5% compared to 2004, primarily due to above-average increases in the number and scope of its missions in Africa.

Most of the ICRC's funding comes from Switzerland and the United States, with the other European states and the E.U. close behind. Together with Australia, Canada, Japan, and New Zealand, they contribute about 80～85% of the ICRC's budget. About 3% comes from private gifts, and the rest comes from national Red Cross societies.

Responsibilities within the Movement

The ICRC is responsible for legally recognizing a relief society as an official national Red Cross or Red Crescent society and thus accepting it into the Movement. The exact rules for recognition are defined in the statutes of the Movement. After recognition by the ICRC, a national society is admitted as a member to the International Federation of Red Cross and Red Crescent societies. The ICRC and the Federation cooperate with the individual national societies in their international missions, especially with human, material, and financial resources and organizing on-site logistics. According to the 1997 Servile Agreement, the ICRC is the lead Red Cross agency in conflicts while other organizations within the Movement take the lead in non-war situations. National societies are given the lead especially when a conflict is happening within their own country.

Organization

The ICRC is headquartered in the Swiss city of Geneva and has external offices called Delegations in about 80 countries. Each delegation is under the responsibility of a Head of Delegation who is the official representative of the ICRC in the country. Of its 2,000 professional employees, roughly 800 work in its Geneva headquarters and 1,200 expatriates work in the field. About half of the field workers serve as delegates managing ICRC operations in the different countries while the other half are specialists like doctors, agronomists, engineers or interpreters. In the delegations, the international staff are assisted by some 13,000 national employees, bringing the total staff under the authority of the ICRC to roughly 15,000. Delegations also often work closely with the National Red Cross Societies of the countries where they are based and thus can call on the volunteers of the National Red Cross to assist in some of the ICRC operations.

The organizational structure of the ICRC is not well understood by outsiders. This is partly because of organizational secrecy, but also because the structure itself is highly mutable and has been prone to change. The Assembly and Presidency are two long-standing institutions, but the Assembly Council and Directorate were created only in the latter part of the twentieth century. Decisions are often made in a collective way, so authority and power relationships are not set in stone. Today, the leading organs are the Directorate and the Assembly.

Directorate

The Directorate is the executive body of the Committee. It attends to the daily management of the ICRC, whereas the Assembly sets policy. The Directorate consists of a Director-General and five directors in the areas of 'Operations', 'Human Resources', 'Resources and Operational Support', 'Communication' and 'International Law and Cooperation within the Movement'. The members of the Directorate are appointed by the Assembly to serve for four years.

Assembly

The Assembly(also called the Committee) convenes on a regular basis and is responsible for defining aims, guidelines, and strategies and for supervising the financial matters of the Committee. The Assembly has a membership of a maximum of 25 Swiss citizens. Members must speak the house language of French, but many also speak English and German as well. These Assembly members are co-opted for a period of four years, and there is no limit to the number of terms an individual member can serve. A three-quarters majority vote from all members is required for re-election after the third term, which acts as a motivation for members to remain active and productive.

In the early years, every Committee member was Genevan, Protestant, white, and male. The first woman, Renée-Marguerite Cramer, was co-opted in 1918. Since then, several women have attained the Vice Presidency, and the female proportion after the Cold War has been about 15%. The first non-Genevans were admitted in 1923, and one Jew has served in the Assembly.

While the rest of the Red Cross Movement many be multi-national, the Committee believes that its mono-national nature is an asset because the nationality in question is Swiss. Thanks to permanent Swiss neutrality, conflicting parties can be sure that no one from 'the enemy' will be setting policy in Geneva.

The President

The Assembly also selects, for a term of four years, one individual to act as President of the ICRC. The president is both a member of the Assembly and leader of the ICRC, and he has always been included on the Council since its formation. The President automatically becomes a member of the aforementioned groups once he is appointed, but he does not necessarily come from within the ICRC organization. The last three presidents were previously officials in the Swiss government. Since 2000, the president of the ICRC has been Jakob Kellenberger. In February 2007, he was appointed by the Assembly to another four-year term which will run until the end of 2011.

Staff

As the ICRC has grown and become more directly involved in conflicts, it has seen an increase in professional staff rather than volunteers over the years. The ICRC had only twelve employees in 1914 and 1,900 in the Second World War complemented its 1,800 volunteers. The number of paid staff dropped off after both wars, but has increased once again in the last few decades, averaging 500 field staff in the 1980s and over a thousand in the 1990s. The ICRC's international staff are assisted in their work by some 13,000 national employees hired in the countries where the delegations are based.

Relationships within the World Order

The ICRC is one of the largest and most respected humanitarian and non-state actors in the international system. Its efforts have provided aid and protection to victims of armed struggle in numerous conflicts for over a century.

The ICRC prefers to engage states directly and relies on low-key and confidential negotiations to lobby for access to prisoners of war and improvement in their treatment. Its findings are not available to the general public but are shared only with the relevant government. This is in contrast to related organizations like Doctors Without Borders and Amnesty International who are more willing to expose abuses and apply public pressure to governments. The ICRC reasons that this approach allows it greater access and cooperation from governments in the long run. When granted only partial access, the ICRC takes what it can get and keeps discreetly lobbying for greater access. In the era of apartheid South Africa, it was granted access to prisoners like Nelson Mandela serving sentences, but not to those under interrogation and awaiting trial. After his release, Mandela publicly praised the Red Cross.

History

Solferino, Henry Dunant and the foundation of the ICRC

Up until the middle of the 19th century, there were no organized and well-established army nursing systems for casualties and no safe and protected institutions to accommodate and treat those who were wounded on the battlefield. In June 1859, the Swiss businessman Henry Dunant traveled to Italy to meet French emperor Napoléon III. When he arrived in the small town of Solferino on the evening of June 24, he witnessed the Battle of Solferino, an engagement in the Austro-Sardinian War. In a single day, about 40,000 soldiers on both sides died or were left wounded on the field. Henry Dunant was shocked by the terrible aftermath of the battle, the suffering of the wounded soldiers, and the near-total lack of medical attendance and basic care. He completely abandoned the original intent of his trip and for several days he devoted himself to helping with the treatment and care for the wounded. He succeeded in organizing an overwhelming level of relief assistance by motivating the local population to aid without discrimination. Back in his home in Geneva, he decided to write a book entitled A Memory of Solferino which he published with his own money in 1862. He sent copies of the book to leading political and military figures throughout Europe. In addition to penning a vivid description of his experiences in Solferino in 1859, he explicitly advocated the formation of national voluntary relief organizations to help nurse wounded soldiers in the case of war. In addition, he called for the development of international treaties to guarantee the neutrality and protection of those wounded on the battlefield as well as medics and field hospitals.

Original document of the first Geneva Convention, 1864

In February 1863 in Geneva, Henry Dunant founded the "International Committee for Relief to the Wounded" (together with four other leading figures from well-known Geneva families) as an investigatory commission of the Geneva Society for Public Welfare. Their aim was to examine the feasibility of Dunant's ideas and to organize an international conference about their possible implementation. In October 1863, the international conference organized by the committee was held in Geneva to develop possible measures to improve medical services on the battle field. The conference was attended by 36 individuals: eighteen official delegates from national governments, six delegates from other non-governmental organizations, seven non- official foreign delegates, and the five members of the International Committee. The states and kingdoms represented by official delegates were Baden, Bavaria, France, Britain, Hanover, Hesse, Italy, the Netherlands, Austria, Prussia, Russia, Saxony, Sweden, and Spain. Among the proposals written in the final resolutions of the conference, adopted on October 29, 1863, were:

The foundation of national relief societies for wounded soldiers;

Neutrality and protection for wounded soldiers;

The utilization of volunteer forces for relief assistance on the battlefield;

The organization of additional conferences to enact these concepts in legally binding international treaties; and

The introduction of a common distinctive protection symbol for medical personnel in the field, namely a white armlet bearing a red cross.

Only one year later, the Swiss government invited the governments of all European countries, as well as the United States, Brazil, and Mexico, to attend an official diplomatic conference. Sixteen countries sent a total of twenty-six delegates to Geneva. On August 22, 1864, the conference adopted the first Geneva Convention "for the Amelioration of the

Condition of the Wounded in Armies in the Field" Representatives of 12 states and kingdoms signed the convention: Baden, Belgium, Denmark, France, Hesse, Italy, the Netherlands, Portugal, Prussia, Switzerland, Spain, and Württemberg. The convention contained ten articles, establishing for the first time legally binding rules guaranteeing neutrality and protection for wounded soldiers, field medical personnel, and specific humanitarian institutions in an armed conflict. Furthermore, the convention defined two specific requirements for recognition of a national relief society by the International Committee:

The national society must be recognized by its own national government as a relief society according to the convention, and

The national government of the respective country must be a state party to the Geneva Convention.

Directly following the establishment of the Geneva Convention, the first national societies were founded in Belgium, Denmark, France, Oldenburg, Prussia, Spain, and Württemberg. Also in 1864, Louis Appia and Charles van de Velde, a captain of the Dutch Army, became the first independent and neutral delegates to work under the symbol of the Red Cross in an armed conflict. Three years later in 1867, the first International Conference of National Aid Societies for the Nursing of the War Wounded was convened.

In the following years, national societies were founded in nearly every country in Europe. In 1876, the committee adopted the name 'International Committee of the Red Cross' (ICRC), which is still its official designation today. Five years later, the American Red Cross was founded through the efforts of Clara Barton. More and more countries signed the Geneva Convention and began to respect it in practice during armed conflicts. In a rather short period of time, the Red Cross gained huge momentum as an internationally respected movement, and the national societies became increasingly popular as a venue for volunteer work.

When the first Nobel Peace Prize was awarded in 1901, the Norwegian Nobel Committee opted to give it jointly to Henry Dunant and Frédéric Passy, a leading international pacifist.

In 1906, the 1864 Geneva Convention was revised for the first time. One year later, the Hague Convention X, adopted at the Second International Peace Conference in The Hague, extended the scope of the Geneva Convention to naval warfare. Shortly before the beginning of the First World War in 1914, 50 years after the foundation of the ICRC and the adoption of the first Geneva Convention, there were already 45 national relief societies throughout the world. The movement had extended itself beyond Europe and North America to Central and South America (Argentina, Brazil, Chile, Cuba, Mexico, Peru, El Salvador, Uruguay, Venezuela), Asia(the Republic of China, Japan, Korea, Siam), and Africa(Republic of South Africa).

World War One

With the outbreak of World War I, the ICRC found itself confronted with enormous challenges which it could only handle by working closely with the national Red Cross societies. Red Cross nurses from around the world, including the United States and Japan, came to support the medical services of the armed forces of the European countries involved in the war. On October 15, 1914, immediately after the start of the war, the ICRC set up its International Prisoners-of-War(POW) Agency, which had about 1,200 mostly volunteer staff members by the end of 1914. By the end of the war, the Agency had transferred about 20 million letters and messages, 1.9 million parcels, and about 18 million Swiss francs in monetary donations to POWs of all affected countries. Furthermore, due to the intervention of the Agency, about 200,000 prisoners were exchanged between the warring parties, released from captivity and returned to their home country.
During the entire war, the ICRC monitored warring parties' compliance with the Geneva Conventions of the 1907 revision and forwarded complaints about violations to the respective country. When chemical weapons were used in this war for the first time in history, the ICRC vigorously protested against this new type of warfare. Even without having a mandate from the Geneva Conventions, the ICRC tried to ameliorate the suffering of civil populations. In territories that were officially designated as 'occupied territories', the ICRC could assist the

civilian population on the basis of the Hague Convention's 'Laws and Customs of War on Land' of 1907. This convention was also the legal basis for the ICRC's work for prisoners of war. In addition to the work of the International Prisoner-of-War Agency as described above this included inspection visits to POW camps. A total of 524 camps throughout Europe were visited by 41 delegates from the ICRC until the end of the war. After the end of the war, the ICRC organized the return of about 420,000 prisoners to their home countries.
A year before the end of the war, the ICRC received the 1917 Nobel Peace Prize for its outstanding wartime work. It was the only Nobel Peace Prize awarded in the period from 1914 to 1918. As a direct consequence of World War I, an additional protocol to the Geneva Convention was adopted in 1925 which outlawed the use of suffocating or poisonous gases and biological agents as weapons. Four years later, the original Convention was revised and the second Geneva Convention "relative to the Treatment of Prisoners of War" was established. The events of World War I and the respective activities of the ICRC significantly increased the reputation and authority of the Committee among the international community and led to an extension of its competencies. As early as in 1934, a draft proposal for an additional convention for the protection of the civil population during an armed conflict was adopted by the International Red Cross Conference. Unfortunately, most governments had little interest in implementing this convention, and it was thus prevented from entering into force before the beginning of World War II.

World War Two

The legal basis of the work of the ICRC during World War II were the Geneva Conventions in their 1929 revision. The activities of the Committee were similar to those during World War I: visiting and monitoring POW camps, organizing relief assistance for civilian populations, and administering the exchange of messages regarding prisoners and missing persons. By the end of the war, 179 delegates had conducted 12,750 visits to POW camps in 41 countries.

The Central Information Agency on Prisoners-of-War (Zentralauskunftsstelle für Kriegsgefangene) had a staff of 3,000, the card index tracking prisoners contained 45 million cards, and 120 million messages were exchanged by the Agency. One major obstacle was that the Nazi-controlled German Red Cross refused to cooperate with the Geneva statutes including blatant violations such as the deportation of Jews from Germany and the mass murders conducted in the concentration camps run by the German government. Moreover, two other main parties to the conflict, the Soviet Union and Japan, were not party to the 1929 Geneva Conventions and were not legally required to follow the rules of the conventions. Thus, other countries were not bound to follow the Conventions regarding their prisoners in return.

During the war, the ICRC failed to obtain an agreement with Nazi Germany about the treatment of detainees in concentration camps, and it eventually abandoned applying pressure in order to avoid disrupting its work with POWs. The ICRC also failed to develop a response to reliable information about the extermination camps and the mass killing of European Jews. This is still considered the greatest failure of the ICRC in its history.

After November 1943, the ICRC achieved permission to send parcels to concentration camp detainees with known names and locations. Because the notices of receipt for these parcels were often signed by other inmates, the ICRC managed to register the identities of about 105,000 detainees in the concentration camps and delivered about 1.1 million parcels, primarily to the camps Dachau, Buchenwald, Ravensbrück, and Sachsenhausen.

In 1944, the ICRC received its second Nobel Peace Prize. As in World War I, it received the only Peace Prize awarded during the main period of war, 1939 to 1945. At the end of the war, the ICRC worked with national Red Cross societies to organize relief assistancc to those countries most severely affected. In 1948, the Committee published a report reviewing its war-era activities from September 1, 1939 to June 30, 1947. Since January 1996, the ICRC archive for this period has been open to academic and public research.

After the Second World War

On August 12, 1949, further revisions to the existing two Geneva Conventions were adopted. An additional convention "for the Amelioration of the Condition of Wounded, Sick and Shipwrecked Members of Armed Forces at Sea", now called the second Geneva Convention, was brought under the Geneva Convention umbrella. The 1929 Geneva convention "relative to the Treatment of Prisoners of War" became the third Convention. Reacting to the experience of World War II, the Fourth Geneva Convention, a new Convention "relative to the Protection of Civilian Persons in Time of War", was established. Also, the additional protocols of June 8, 1977 were intended to make the conventions apply to internal conflicts such as civil wars.

In celebration of its centennial in 1963, the ICRC, together with the League of Red Cross Societies, received its third Nobel Peace Prize. Since 1993, non-Swiss individuals have been allowed to serve as Committee delegates abroad, a task which was previously restricted to Swiss citizens.

On October 16, 1990, the UN General Assembly decided to grant the ICRC observer status for its assembly sessions and sub-committee meetings, the first observer status given to a private organization. The resolution was jointly proposed by 138 member states and introduced by the Italian ambassador, Vieri Traxler, in memory of the organization's origins in the Battle of Solferino. An agreement with the Swiss government signed on March 19, 1993, affirmed the already long-standing policy of full independence of the Committee from any possible interference by Switzerland.

The ICRC has continued its activities throughout the 1990s and beyond. It broke its customary media silence when it denounced the Rwandan Genocide in 1994. It struggled to prevent the crimes that happened in and around Srebrenica in 1995 but admitted, "We must acknowledge that despite our efforts to help thousands of civilians forcibly expelled from the town and despite the dedication of our colleagues on the spot, the ICRC's impact on the unfolding of the tragedy was extremely limited". It went public once again in 2007 to decry 'major human rights abuses' by

Burma's military government including forced labor, starvation, and murder of men, women, and children.

Fatalities

At the end of the Cold War in1980, the ICRC's work actually became more dangerous. In the 1990s, more delegates lost their lives than at any point in its history, especially when working in local and internal armed conflicts. These incidents often demonstrated a lack of respect for the rules of the Geneva Conventions and their protection symbols.

The Holocaust

By taking part in the 1995 ceremony to commemorate the liberation of the Auschwitz concentration camp, the then-President of the ICRC, Cornelio Sommaruga, sought to show that the organization was fully aware of the gravity of The Holocaust and the need to keep the memory of it alive, so as to prevent any repetition of it. He paid tribute to all those who had suffered or lost their lives during the war and publicly regretted the past mistakes and shortcomings of the Red Cross with regard to the victims of the concentration camps.
In 2002, an ICRC official outlined some of the lessons the organization has learned from the failure:
from a legal point of view, the work that led to the adoption of the Geneva Convention relative to the protection of civilian persons in time of war;
from an ethical point of view, the adoption of the declaration of the Fundamental Principles of the Red Cross and Red Crescent, building on the distinguished work of Max Huber and the late Jean Pictet, in order to prevent any more abuses such as those that occurred within the Movement after Hitler rose to power in 1933;
on a political level, the ICRC's relationship with Switzerland was redesigned to ensure its independence;
with a view to keeping memories alive, the ICRC accepted, in 1955, to take over the direction of the International Tracing Service where records

from concentration camps are maintained;
finally, to establish the historical facts of the case, the ICRC invited Jean-Claude Favez to carry out an independent investigation of its activities on behalf of the victims of Nazi persecution, and gave him unfettered access to its archives relating to this period; out of concern for transparency, the ICRC also decided to give all other historians access to its archives dating back more than 50 years; having gone over the conclusions of Favez's work, the ICRC acknowledged its past failings and expressed its regrets in this regard.
In an official statement made on 27 January 2005, the anniversary of the liberation of Auswitz, the ICRC stated:
Auschwitz also represents the greatest failure in the history of the ICRC, aggravated by its lack of decisiveness in taking steps to aid the victims of Nazi persecution. This failure will remain part of the ICRC's memory, as will the courageous acts of individual ICRC delegates at the time.

Iraq War

The International Committee of the Red Cross reported on March 17, 2008 that there is no let-up in the Humanitarian Crisis in Iraq after the start of the war in 2003. Despite limited improvements in security in some areas, armed violence is still having a disastrous impact. Civilians continue to be killed in the hostilities.

6. 국제노동기구

1) 역사

국제노동기구(ILO: International Labor Organization)는 제 1차 세계대전을 종식시켰던 1919년 6월 28일 베르사유조약 제 13편(노동편)에 의해 국제연맹과 더불어 설립된 국제기구이다. 이는 정부와 사용자, 노동자의 대표들이 함께 모여 사회정의(*Social Justice*)를 실천하기 위한 국제협약의 체결을 바탕으로 노동자들의 안녕을 도모하고 노사의 상생을 이루고 정부의 중립적 감시역할을 신장하여 노동생산성을 극대화하여 이윤을 창출해 보다 나은 복지사회를 구현함을 위해 탄생한 조직이다. 1969년 50주년의 생일을 169개 회원국과 함께 축하했을 때 ILO는 노벨 평화상을 수상하는 영광을 안았다.

그럼 이 기구의 탄생 역사를 살펴보자.

17세기 영국의 산업혁명 후 이루어진 각국의 공업화 과정에서 노동자의 권리가 참혹하게 착취당했다. 이는 극심한 사회갈등으로 번져 결과적으로 노동자의 조직화와 더불어 사회주의 혁명으로 이어져갔다.

1864년 칼 맑스와 프리드리히 엥겔스가 중심이 되어 최초로 국제적 노동조합의 성격을 갖는 국제노동자연맹(제 1인터내셔널)을 조직하였고, 후에 제 2인터내셔널, 제 3인터내셔널로 재조직되어갔다. 초기 이러한 국제적 노동연대는 사회주의 세력에 의해 조직되는 경향을 보였지만, 제 1차 세계대전 이후에는 노동자들 스스로가 근로조건 개선이라는 인도적 목적을 가지고 국제적 움직임을 보였다.

1890년 이러한 노동계급의 노력은 14개국 대표들이 참석한 베를린 회의를 그 효시로 볼 수 있다. 그러나 이 회의에서는 그들의 요구조건들이 알려졌지만 어떤 결론도 도출해내지 못했다.

1897년 브뤼셀 회의에서는 한걸음 더 나아갔다. 즉 노동의 합리적 보장을 위한 국제사무소가 필요하다는 권고안이 통과되게 된다. 3년 후 파리 회의에서 국제 노동법을 위한 사무소가 스위스 바젤에 설립되고 이곳에서 국제노동규약들이 번역되어 각국에 배포되며 이것을 기본으로 생긴 'International Association for Labour Legislation'이 오늘의 ILO의 전신이다.

이 연합체에 의해서 1906년 스위스 베른에서 외교관 회의가 개최되어 두 가지의 협약을 비준하기 위한 연구를 하기로 결정하게 된다. 첫째가 인체에 해로운 성냥 공장에서 백색의 '인' 사용량을 줄이자는 협약과 큰 공장에서 여성들의 야간작업을 금지하는 협약이 다른 하나이다(우선 작은 공장에서는 이행을 보류하더라도 큰 공장에서만은 금지하는 협약이었다). 이 협약의 체결을 위한 연구는 획기적이었으며 그 외에 청년들의 야간 노동금지, 그리고 여성과 청소년들의 10시간 노동시간 준수 등의 연구가 활발했으나 1914년의 제1차 세계대전으로 인하여 이 모든 노력들이 아깝게도 무산되고 말았다.

이처럼 19세기 후반 유럽에서는 노동법 제정이 중요한 사회적·정치적·국제적 문제로 대두되었고, 이들의 실천을 위해서 ILO가 탄생하기에 이른다.

ILO는 1946년 국제연맹이 국제연합으로 바뀌면서 유엔 전문기구의 하나로 편입되었다.

2) 헌장

노동에 관한 주요 지도원칙과 함께 국제노동기구(ILO)의 구성 절차가 선언되었는데, 이를 국제노동기구 헌장이라고도 한다. 노동이 단순한 상품이 아니라는 것, 노동자의 단결권, 적정임금, 1일 8시간 주 48

시간제, 아동노동의 금지와 연소자노동의 제한, 남녀 동일노동 동일임금 등이 규정되어 있다. 국제노동기구는 1946년 제 29차 총회에서 이 헌장의 정신을 지도원리로 삼을 것을 결의하였다.

1944년 국제노동기구(ILO)의 필라델피아 총회에서 채택된 필라델피아 선언에는 ILO의 목적에 관하여 명시되어 있다.

제 2차 세계대전 후부터 현재에 이르기까지 ILO의 활동을 규정하는 다음과 같은 원칙을 명확히 한다. 그래서 필라델피아 선언은 대단히 중요하다고 할 수 있다. 이 선언의 중요한 골자는 다음과 같다.

① 노동은 상품이 아니다.
② 표현과 결사(結社)의 자유는 진보를 위해 불가결한 요건이다.
③ 일부의 빈곤은 사회 전체의 번영에 위험이 된다.
④ 어려움을 해결하기 위해서는 정부, 노동자, 사용자 대표들이 계속적이고 협조적인 국제적 노력을 기울여야 한다.

3) 조 직

ILO는 3개의 주축으로 이루어져 있으며, 이는 정부, 노사 대표들로 구성되어 있다.

(1) 국제노동회의

ILO 회원국들은 매년 6월 제네바에서 국제노동회의를 연다. 회원국당 2명의 정부 대표단과 노사 대표 각 1명씩 참석한다. 전문 고문단은 대표단을 도우며 대개 각국의 고문관이 정부를 대신하기도 한다. 노사대표는 자유롭게 의사를 표현할 수 있으며, 기업의 지침에 따라 투표를 할 수도 있다. 총회는 국제적 노동기준을 세우고 중요한 사회적 문제를 토론할 수 있으며, 의견을 채택한다. 또한 예산을 다루며 이사회를 임명한다.

(2) 집행기관

집행기관은 국제노동기구의 행정기관으로 제네바본부에서 1년에 3차례 회의를 주관한다. 또한 주 업무로는 ILO의 정책을 결정하고 예산에 따른 프로그램을 기획한 후 총회에 제출하고 사무총장을 임명하는 것인데, 사무총장의 임기는 5년으로 재임이 가능하다. 집행부에는 28명의 정부 회원, 28명의 노사를 대표하는 회원으로 구성되어 있으며, 중요 산업국으로 인정되는 10개의 국가들은 영구적 회원국으로 지정된다. 정부 회원국의 대표는 매 3년마다 지역 안배를 고려하여 선출되며 노사 양측도 각각 그들의 대표를 선출한다.

(3) 국제노동사무국

국제노동사무국은 집행기관의 검토와 사무총장의 지시 아래 ILO의 전반적 활동을 준비하며 실행한다. 제네바를 본부로 전 세계 40여개의 현지 사무소가 있으며, 110여개 국가에서 온 1,900여 명의 직원이 근무한다. 또한 600여 명의 전문가들이 세계 여러 지역에서 전문적 협력을 통해 프로그램을 진행한다. 국제노동사무국은 연구소와 문헌센터, 인쇄 설비를 갖추고 있으며 전문보고서와 간행물을 편찬한다.

4) 임 무

국제노동기구는 가난한 국가와 부유한 국가 모두의 기준에 맞는 직업과 생계수단, 산업 안전, 그리고 더 나은 생활수준을 보장하기 위해 노력한다. 이를 위하여 국제노동기구는 일자리에서의 권리 향상, 노동기회 장려, 사회적 보호 강화, 그리고 직업에 관련된 문제에 대한 대화를 촉진하는 노력을 한다.

국제노동기구는 노동계를 위한 국제적 만남의 장소이다. 노동과 고용에 대한 전문인들로 구성되어 있으며 경제성장과 발전을 위하여 노동의 문제가 얼마나 중요한 역할을 하는지에 중점을 둔다.

국제노동기구는 국제 노동기준을 국제조약으로 공식화하는 데 노력하여 기본적 노동권리에 대한 최소한의 기준을 정한다. 그 권리는 단결권, 단체교섭권, 강제노동 거부권, 기회와 평등한 대우 그리고 노동과 관련된 모든 전반적 조건이 포함된다.

국제노동기구의 임무는 네 가지의 전략적 목표 속에서 잘 드러난다. 그 목표는 노동에서의 기본적 원칙과 권리 수준의 증진과 실현, 성별과 관계없이 직업선택의 기회창출, 사회보장의 효율성 증진 및 사회적 대화를 강화하는 것이다.

5) 이 슈

국제노동기구는 국제노동기준 제시, 노사 간의 대화의 장 제공, 관련 행사 및 캠페인, 프로젝트, 간행물 발간, 통계 자료화, 교육훈련 등으로 나누어 볼 수 있다.

세계적 번영과 인류의 발전을 위해서는 지속적 경제 개발, 세계화, 그리고 경제성장과 사회정의를 국가적, 국제적, 공동체적 단계로 강화할 수 있는 다변적 국정관리를 필요로 한다.

국제노동기구는 다수의 교차적 활동을 하는데 국제노동통계국, 국제노동연구소(IILS), 국제노동훈련센터에서는 기준에 맞는 노동, 정책 통합, 양성 평등, 지식의 보편화를 담당하고 있으며, 협력 및 소통을 통하여 국제노동기구의 국제적 노동 기준을 알리는 데 노력한다.

6) ILO와 한국

제네바의 모리옹 길(Rue de Morillion)에 자리잡고 있는 이 국제노동기구는 한때 남북의 볼썽사나운 각축장으로 뜻있는 사람들의 눈살을 찌푸리게 한 30년 전의 역사를 간직하고 있어 필자에게는 남다른 곳이다. WCC와 ILO는 약 100미터를 사이에 두고 위치한다. 많은 프로그램을 공유하는 이 두 기관은 회의실의 공간을 서로 빌려 쓴다든지, 새로 온 직원들의 프랑스어를 배우는 언어코스를 공동으로 관리하기도 한다. 예를 들면 필자는 한때 ILO의 장학위원으로서 ILO의 프로그램에 약 3년간 관여했던 기억이 있다. 또한 우루과이 라운드가 WTO에서 통과되었을 때 유럽 노동자연맹 소속 노동자 500명 규모의 시위를 ILO와 WCC가 공동 대처했던 기억도 있다.

우리나라의 전교조와 민주노총이 국내에서 불법 단체로 규정되어 발이 묶여 있을 때 그 대표단들이 ILO 총회에 참관단을 파견하여 각국의 대표들에게 그 부당성을 호소하고 그 호소문들을 WCC의 내 사무실에서 번역하여 복사하고 그 호소문이 총대들에게 배포되던 1970~80년대는 이제 우리들의 지나간 어두운 역사의 추억이 되어야 한다. 이렇게 국내의 그림자는 국제적 그림자로 동시에 부각된다는 사실이 매우 중요하다. 오늘날 개도국들의 어두운 얼굴들이 옛날의 우리를 보는 것 같아서 늘 언짢은 마음으로 제네바를 방문한다. 그것이 미얀마이건 스리랑카이건 독재의 불의를 숨길 수 있다고 착각한다면 큰 오산일 것이다. 그런 나라들이 유엔 국제기구의 가이드라인이나 권고안을 하루 속히 실천해서 독재정권을 종식하고 민주주의와 인권, 평화정착에 노력해 주기를 간절히 바란다. 이런 모든 것들을 종합해서 평가한다면 아직도 부족하지만 국제 파수꾼으로서 국제기구들이 존재하는 것이라고 주장해도 무리는 아닐 것이다.

다음의 영어는 국제노동기구에서 일하고 싶어하는 사람들에게 ILO의 중요 부분을 영어로 요약한 글이다. 이곳에서 일하고 싶은 사람들은 이 자료를 완전히 소화하여 이 기구에 대해서 영어로 이야기할 수 있어야 한다.

The International Labour Organization(ILO) is a specialized agency of the United Nations that deals with labor issues. Its headquarters are in Geneva, Switzerland. Its secretariat — the body of people whom the organization employs throughout the world — is known as the International Labour Office. The organization received the Nobel Peace Prize in 1969.

History

The ILO was established as an agency of the League of Nations in the Treaty of Versailles which ended World War I. Post-war reconstruction and the protection of labor unions occupied the attention of many nations during and immediately after World War I. In Great Britain, the Whitley Commission, a subcommittee of the Reconstruction Commission, recommended in its July 1918 Final Report that 'industrial councils' be established throughout the world to deal with the issue of labor unions. The British Labour Party had issued its own reconstruction program in the document titled 'Labour and the New Social Order'. In February 1918, the third Inter-Allied Labour and Socialist Conference (representing delegates from Great Britain, France, Belgium and Italy) issued its report, advocating an international labour rights body, an end to secret diplomacy, and other goals. Then in December 1918, the American Federation of Labor(AFL) issued its own specifically apolitical report, which called for the achievement of numerous incremental improvements in the situation via the collective bargaining process. As the war drew to a close, two competing visions for the post-war labor world emerged. The first was offered by the International Federation of Trade Unions(IFTU), which called for a meeting in

Berne in July 1919 to consider both the future of the IFTU and the various proposals which had been made in the previous few years. The IFTU also proposed including delegates from the Central Powers as equals. Samuel Gompers, president of the AFL, boycotted the meeting, wanting the Central Powers delegates to act in a subservient role as an admission of guilt for their home countries' culpability in starting the war. Instead, Gompers favored a meeting in Paris which would only consider President Woodrow Wilson's Fourteen Points as a platform. Despite the American boycott, the Berne meeting went ahead as scheduled. In its final report, the Berne Conference demanded an end to wage labour and the establishment of socialism. If these ends could not be immediately achieved, then according to the Conference an international body attached to the League of Nations should enact and enforce legislation to protect workers and trade unions.

Meanwhile, the Paris Peace Conference sought to dampen public support for communism. After the conference, the Allied Powers agreed that clauses should be inserted into the peace treaty protecting labor unions and workers' rights, and that an international labor organization should be established to help guide international labor relations in the future. The advisory Commission on International Labour Legislation was established by the Peace Conference to draft these proposals. The Commission met for the first time on February 1, 1919, and Gompers was elected chairman. Two competing proposals for an international body emerged during the Commission's meetings. The British proposed establishing an international parliament to enact labor laws which each member state in the League would be required to implement. Each member state would have two delegates to the parliament, one each from labor and management. An international labor office would collect statistics on labor issues and enforce the new international laws. Philosophically opposed to the concept of an international parliament and convinced that international standards would lower the few protections achieved in the United States, Gompers proposed that the international labor body be authorized only to make recommendations, and that enforcement be left up to the League of

Nations. Despite vigorous opposition from the British, the American proposal set forth by Gompers was adopted.
Gompers also set the agenda for the draft charter protecting workers' rights. The Americans made 10 proposals. Three were adopted without change:
that labour should not be treated as a commodity;
that all workers had the right to a wage sufficient to live on;
and that women should receive equal pay for equal work.
A proposal protecting the freedom of speech, press, assembly, and association was amended to include only freedom of association. A proposed ban on the international shipment of goods made by children under the age of 16 was amended to ban goods made by children under the age of 14. A proposal to require an eight-hour work day was amended to require the eight-hour work day or the 40-hour work week (an exception was made for countries where productivity was low). Four other American proposals were rejected. Meanwhile, international delegates proposed three additional clauses, which were adopted:
one or more days for weekly rest;
equality of laws for foreign workers;
and regular and frequent inspection of factory conditions.
The Commission issued its final report on March 4, 1919, and the Peace Conference adopted the Commission's Charter without amendment on April 11. The report became Part XIII of the Treaty of Versailles.
The ILO became a member of the United Nations system after the demise of the League in 1946. Its constitution, as amended, includes the Declaration of Philadelphia(1944) on the aims and purposes of the organization. Its director-general is Juan Somavia(since 1999).

Representation

Unlike other United Nations specialized agencies, the International Labour Organization has a tripartite governing structure which represents the governments, employers and workers of its member states.

Governing Body

The Governing Body is the executive office of the International Labour Office. It meets three times a year in March, June and November. It makes decisions on ILO policy, formulates the agenda of the International Labour Conference, adopts the draft program and budget of the organization for submission to the Conference, and elects the director-general of the ILO.
The Governing Body is composed of 28 government representatives, 14 workers' group representatives, and 14 employers' group representatives. Ten of the governmental seats are held permanently by Brazil, China, France, Germany, India, Italy, Japan, the Russian Federation, the United Kingdom, and the United States. The remaining governmental representatives are elected by governmental delegates every three years.

International Labour Conference

The ILO organizes the International Labour Conference in Geneva every year in June, where new conventions and recommendations are drafted and adopted. The conference also makes decisions on the ILO's general policy, work program and budget. Each member state is represented at the conference by four people: two government delegates, a management delegate and a labor delegate. They all have individual voting rights and all votes are equal, regardless of the population of the delegate's member state. The management and labor delegates are normally chosen in agreement with the 'most representative' national organizations of employers and workers. Usually, the labor delegates coordinate their voting, as do the management delegates.

International Labour Code

One of the principal functions of the ILO is setting international labor standards through the adoption of conventions and recommendations which administer to a broad spectrum of labor-related subjects and which are sometimes holistically referred to as the International Labour Code. The topics covered include a wide range of issues: freedom of association, health and safety at work, working conditions in the maritime sector, night work, discrimination, child labor, and forced labor, among others.

Conventions

Adoption

Adoption of a convention by the International Labour Conference allows governments to ratify it, and the convention then becomes a treaty in international law when a specified number of governments have done so. However, all adopted ILO conventions are considered international labor standards regardless of how many governments have ratified them.

Ratification

When a convention comes into force, the nations that have ratified it have a legal obligation to apply its provisions. Ratification of a convention is voluntary. Conventions that have not been ratified by member states have the same legal force as recommendations. Governments are required to submit reports detailing their compliance with the obligations of the conventions they have ratified. Every year the International Labour Conference's Committee on the Application of Standards examines a number of alleged violations of international labor standards. In recent years, one of the member states that has received the most attention is Myanmar(Burma), as the country has repeatedly been criticized for its failure to protect its citizens against forced labor exacted by the military.

1998 Declaration on Fundamental Principles and Rights at Work

In 1998, the 86th International Labour Conference adopted the Declaration on Fundamental Principles and Rights at Work. This declaration identified four issue areas as 'core' or fundamental international labor standards. This meant that any ILO member state was obligated to ratify or have ratified at least the eight key conventions, which concern freedom of association and collective bargaining, discrimination, forced labor, and child labor. These core or fundamental standards have been ratified by the overwhelming majority of ILO member states.

Criticism of the establishment of core or fundamental labor standards

Despite the rapid ratification by many countries of the eight 'core' conventions, a number of academics and activists have criticized the ILO for creating a 'false division' between different international labor standards, many of which cover specific and concrete human rights topics but were excluded from the 1998 declaration. Examples include standards on health and safety and working hours. To add further confusion, the new core conventions are often exclusively referred to as addressing human rights, whereas previously all international labor standards were seen as addressing human rights. This has been seen by some as a 'narrowing' of international labor standards in the name of human rights advocacy.

Recommendations

Recommendations do not have the binding force of conventions and are not subject to ratification by member countries. Recommendations may be adopted at the same time as conventions to supplement the latter with additional or more detailed provisions. In other cases recommendations may be adopted separately and may address issues not covered by or unrelated to any particular convention.

Child labor

The term 'child labour' is often defined as work that deprives children of their childhood, their potential and their dignity, and that is harmful to physical and mental development. It refers to work that:
is mentally, physically, socially or morally dangerous and harmful to children;
and interferes with their schooling by:
depriving them of the opportunity to attend school;
obliging them to leave school prematurely; or
requiring them to attempt to combine school attendance with excessively long and heavy work.
In its most extreme forms, child labor involves children being enslaved, separated from their families, exposed to serious hazards and illnesses and/or left to fend for themselves on the streets of large cities — often at a very early age. Whether or not particular forms of 'work' can be deemed 'child labor' depends on the child's age, the type and hours of work performed, the conditions under which it is performed and other issues particular to individual countries or sectors within a given country.

Not all work done by children should be classified as child labor and targeted for elimination. Participation in work that does not affect children or adolescents' health and personal development or interfere with schooling is generally regarded as being something positive. This includes activities such as helping parents around the home, assisting in a family business, or earning pocket money outside school hours and during school holidays. These kinds of activities contribute to child development and to the welfare of families; they also provide the participants with skills and experience and help prepare them to be productive members of society during their adult life.

ILO's Response to Child Labour

The ILO's International Programme on the Elimination of Child Labour (IPEC) was created in 1992 with the overall goal of the progressive elimination of child labor, which was to be achieved through strengthening the capacity of countries to deal with the problem and promoting a worldwide movement to combat child labor. IPEC currently has operations in 88 countries, with an annual expenditure on technical cooperation projects that reached over US$74 million in 2006. It is the largest program of its kind globally and the biggest single operational program of the ILO.

IPEC's partners have expanded over the years in number and range, and now include management and labor organizations, other international and governmental agencies, private businesses, community-based organizations, NGOs, media outlets, parliamentarians, judiciaries, universities, religious groups and, of course, children and their families.

IPEC's work to eliminate child labor is an important facet of the ILO's Decent Work Agenda. According to the agenda, child labor not only prevents children from acquiring the skills and education they need for a better future but also perpetuates poverty and negatively affects national economies through losses in competitiveness, productivity and potential income. Withdrawing children from child labor, providing them with education, and assisting their families with training and employment opportunities contribute all directly to creating decent work for adults.

The ILO also has a specialist program working to research and expose forced labor networks around the globe.

HIV/AIDS

Under the name ILOAIDS, the ILO created the Code of Practice on HIV/AIDS and the World of Work as a document providing principles for "policy development and practical guidelines for programmes at enterprise, community, and national levels". Goals include:

the prevention of HIV;
the management and mitigation of the impact of AIDS on labor;
the care and support of workers infected and affected by HIV/AIDS;
the elimination of stigma and discrimination associated with an individual or group's real or perceived HIV status.

Membership

Membership in the ILO is limited to nation-states, and includes all who were members on 1 November 1945, when the organization's new constitution came into effect. In addition, any original member of the United Nations and any state admitted thereafter may also join. Other states can be admitted by a super-majority vote of any ILO General Conference.

7. 세계보건기구

1) 역사

세계보건기구(WHO: World Health Organization) 역시 유엔 전문기구로서 국제공공보건을 위한 조정권한을 가진다. 1946년 61개국의 세계보건기구 헌장 서명 후 1948년 11월 7일 26개 회원국의 비준을 거쳐 정식으로 설립되었고 스위스 제네바에 본부를 둔다.

제 2차 세계대전 전에 존재하였던 국제공공위생사무소(Office of International Public Hygiene), 국제연맹보건기구(League of Nations Health Organization)의 제반임무를 이어받았다.

세계보건기구는 1946년 7월 22일 국제연합의 51개 회원국을 포함한 61개국이 헌장에 서명하고, 1948년 4월 7일(세계보건의 날) 26개국이 헌장에 비준함으로써 정식으로 발족하였다.

2007년 기준으로 현재 193개국이 가입하였고, 한국은 1949년 제 2차 로마총회에서, 북한은 1973년에 가입하였다.

2) 조 직

세계보건기구는 유엔 정회원국가인 193개 국가(리히텐슈타인 제외)와 2개 준회원국가(니우에 섬, 쿡 제도)가 가입한 상태이다.

유엔 정회원국가가 아닌 영토도 유엔 총회가 승인하면 'Associate Member'(모든 정보 공유, 그러나 제한된 참여와 투표권)로 가입할 수 있다. 푸에르토리코와 토켈라우 제도가 'Associate Member'이다. 독립단체들도 참관인 자격이 주어질 수 있으며, 팔레스타인 해방기구(PLO)와 바티칸 시국이 그 예이다.

조직은 총회·집행위원회·사무국으로 구성되어 있다.

총 회원국 중 집행이사국은 32개국이며, 그 임기는 3년이다. 총회는 매년 1회의 정기총회와 집행이사회, 또는 회원국 과반수의 요청에 따라 소집되는 특별회의로 구성되며, 정기총회는 매년 5월 제네바에서 열린다. 주요 기능은 세계보건기구의 정책을 결정하는 것이다.

집행이사회는 34명의 보건전문가로 구성되며 3년마다 새로 선출된다. 집행이사회는 연 2회의 회의를 개회한다. 다가오는 총회의 어젠다에 대한 합의와 총회에 제출할 결의문을 채택하는 첫 회의를 매년 1월에, 그리고 총회 이후 많은 행정적 문제들을 처리하기 위한 두 번째 정기 소회의를 5월에 연다.

이사회의 주요 기능은 총회에서 결정된 정책과 결정을 실행, 총회의 업무에 조언하고 촉진하는 것이다.

사무국에는 본부와 전 세계에 설치된 국가사무소, 6개의 지역기구에서 활동하는 보건 및 다른 분야의 전문가 등 8천여 명의 사람들이 일을 한다. 사무총장의 임기는 5년으로 집행이사회에서 재적 과반수 이상의 득표와 총회의 인준을 받아 임명된다. 3년 전 공무 중 심장마비로 서거한 이종욱 사무총장은 한국이 낳은 세계보건 전문가로서 세계의 모든 사람들, 특히 질병에 시달리는 가난한 사람들의 기억에 길이 남을 것이다.

사무국은 의학전문가, 공중보건전문가, 과학자 및 전염병전문가를 비롯한 건강통계, 긴급구조 영역의 전문가는 물론 경영, 회계, 그리고 정보시스템 운용에 능숙한 사람들로 구성된다. 이 기구의 각 지역 사무소는 아래와 같다.

아프리카 지역사무소(Regional Office for Africa)
주요국: 알제리, 남아프리카공화국, 케냐 등.
아메리카 지역사무소(Regional Office for the Americas)
주요국: 캐나다, 미국, 브라질 등.
유럽 지역사무소(Regional Office for Europe)
주요국: 영국, 프랑스, 러시아 등.
지중해 동쪽 지역사무소
(Regional Office for the Eastern Mediterranean)
주요국: 이집트, 사우디아라비아, 쿠웨이트 등.
태평양 서쪽 지역사무소(Regional Office for the Western Pacific)
주요국: 대한민국, 일본, 중국, 호주 등.
동남아시아 지역사무소(Regional Office for South-East Asia)
주요국: 북한, 인도, 타일랜드 등.

3) 임 무

세계보건기구의 목적은 모든 사람들이 가능한 최상의 건강수준에 도달하도록 하는 데 있다. 세계보건기구 헌장에는 '건강이란 단순히 질병이 없는 상태가 아니라 육체적, 정신적, 그리고 사회적으로 완전히 안정된 상태'로 정의한다. 이를 위해 중앙검역소 업무와 연구자료 제공, 유행성 질병 및 전염병대책 후원, 회원국의 공중보건관련행정 강화 및 확장, 지원 등의 일을 맡아 본다.

세계보건기구는 점점 복잡해지고 빠르게 변화하는 환경에 놓여있다. 공중보건의 의미가 건강의 기회나 결과에 관련된 다른 분야로까지 확대되면서 그 경계가 희미해졌다.

세계보건기구는 여섯 가지 중점의제를 이용하여 이러한 문제에 답한다. 이 여섯 가지 중점의제는 두 개의 건강목표를 다루고, 두 개의 전략적 필요와 두 개의 운영 접근방법을 다룬다.

(1) 발전의 증진

지난 10여 년간 보건은 사회경제적 향상에 선례가 없는 중요한 역할을 했다. 그럼에도 빈곤은 계속 건강 악화를 부르고, 실제 많은 빈곤층의 건강이 좋지 않다. 보건증진은 평등이라는 도덕적 법칙에 따른다. WHO는 빈곤층에게 우선적으로 보건혜택을 줌으로써 이 법칙에 충실하려고 노력한다.

(2) 건강 보험 장려

국제 건강보험의 가장 큰 적은 전염성이 높은 질병의 확산이다. 이러한 질병의 확산은 빠르게 증가하고 있고 도시화, 잘못된 환경관리, 식량이 생산·거래되는 방식, 항생제의 오용으로 인해 더 심해진다. 2007년 6월부터 세계는 전염병의 확산 예방을 강화하기 시작했다.

(3) 보건제도 강화

건강의 향상이 빈곤층 감소와 이어지려면 건강 업무는 빈곤한 사람들을 포함해야 한다. 그러나 세계의 많은 나라들이 그렇지 못하므로 건강시스템을 강화하는 것이 WHO의 우선순위로 여겨진다.

(4) 조사, 정보, 증명 활동

증거는 우선순위 결정, 전략의 정의, 그리고 결과를 평가한다. WHO는 건강에 대한 정보를 전문의와 상의하여 얻고 기준을 세우며 세계 보건 상태가 어떻게 돌아가는지 감시한다.

(5) 협력관계 강화

WHO는 유엔 산하기구나 다른 국제기구, 후원자, 시민단체, 그리고 사기업들과 같은 협력단체와 같이 일하고 후원을 받는다. WHO는 자국 내에서 프로그램을 진행하는 협력단체들에 최상의 기술적 지침과 경험을 제공한다.

(6) 성능향상

WHO는 효율과 효과를 늘리기 위한 여러 가지 국내외적 개선 노력에 참여한다. WHO는 가장 중요한 자산인 직원들이 격려를 얻고 보람을 느끼는 환경에서 일을 할 수 있도록 노력한다. WHO는 예산과 활동을 결과에 근거를 두어 경영한다.

4) WHO와 한국

(1) 분담금

한국의 WHO 정규 분담금 규모는 2004년 기준 781만 8천 달러로 전체예산 중 1.82%에 해당되며, 분담 순위는 회원국 중 10번째이다. 서태평양 국가 중에서는 일본에 이어 2번째 분담국이며, 2002~2003년 북한, 말라리아 퇴치사업에 약 138만 달러 상당의 의약품 및 장비 등을 지원하였다. 2003년 이라크 인도적 지원 계획에 따라 200만 달러 상당의 의약품과 기자재 등을 지원하였다.

(2) WHO 진출 한국 직원

1984년부터 WHO에 근무한 고(故)이종욱 박사(결핵국장)가 2003년 5월 21일 제56차 WHO 총회에서 사무총장으로 인준되어 7월 21일 취임하였으나, 2006년 5월 22일 타계하였다. 현재 한국인 4명이 제네바 본부에서 일한다. 앞으로 많은 젊은이들이 이곳에서 일하기를 바라는 마음 간절하다.

5) 이슈

사스(중증 급성 호흡기 증후군), 말라리아, 폐결핵, 에이즈와 같은 전염병을 감시하는 국제적 노력을 주선하는 WHO는 그런 질병들을 예방하거나 치료하는 데 힘쓴다. WHO는 효과적 항생제, 의학적 진단 그리고 약의 배급 및 개발을 지원한다.

질병을 근절시키는 것 이외에도 WHO는 보건과 관련된 캠페인을 한다. 예를 들면 과일과 채소의 소비를 늘리고 흡연을 줄이자는 캠페인을 들 수 있다. 그 외에도 의료보건에 관한 조사연구, 예를 들면 휴대폰이 사람의 건강에 해롭다는 조사연구, 정보수집, 보급, 각국 정부에 정책조언 및 권고활동도 수행한다.

아래의 영문자료는 세계보건기구에서 일하고 싶어하는 젊은이들을 위한 것이다. 이곳에서 일하고 싶은 사람은 아래의 자료를 완전히 소화하여 영어로 이 기구를 소개하는 데 손색이 없길 바라는 마음이다.

The World Health Organization(WHO) is a specialized agency of the United Nations(UN) that acts as a coordinating authority on international public health. Established on 7 April 1948, and headquartered in Geneva, Switzerland, the agency inherited the mandate and resources of its predecessor, the Health Organization, which had been an agency of the League of Nations.

Mission

The WHO's constitution states that its objective "is the attainment by all peoples of the highest possible level of health". Its major task is to combat disease, especially key infectious diseases, and to promote the general health of the people of the world.

Establishment

The World Health Organization is one of the original agencies of the United Nations, as its constitution formally came into force on the first World Health Day on April 7th, 1948, when it was ratified by the 26th member state. Prior to this event its operations, as well as the remaining activities of the League of Nations Health Organization, were under the control of an Interim Commission following an International Health Conference in the summer of 1946. The transfer was authorized by a Resolution of the General Assembly. The the French Office International d'Hygiène Publique was incorporated into the Interim Commission of the World Health Organization on 1 January 1947.

Summary of activities

As well as coordinating international efforts to monitor outbreaks of infectious diseases such as SARS, malaria, and AIDS, the WHO also sponsors programs to prevent and treat such diseases. The WHO supports the development and distribution of safe and effective vaccines, pharmaceutical diagnostics, and drugs. After over

2 decades of fighting smallpox, the WHO declared in 1980 that the disease had been eradicated — the first disease in history to be eliminated by human effort.
The WHO aims to eradicate polio within the next few years. The organization has already endorsed the world's first official HIV/AIDS Toolkit for Zimbabwe(as of October 3, 2006), making it an international standard.
In addition to its work in eradicating disease, the WHO also carries out various health-related campaigns — for example, boosting the consumption of fruits and vegetables worldwide and discouraging tobacco use.
Experts met at the WHO headquarters in Geneva in February, 2007, and reported that their work on pandemic influenza vaccine development had achieved encouraging progress. More than 40 clinical trials for this vaccine have been completed or are ongoing. Most have focused on healthy adults. Some companies, after completing safety analyses in adults, have initiated clinical trials in the elderly and in children. All vaccines so far appear to be safe and well-tolerated in all age groups tested.
The WHO also conducts research on other topics of world health concern — for instance, whether the electromagnetic field surrounding cell phones has a negative influence on health. Some of this work can be controversial, as illustrated by the April 2003, joint WHO/FAO report, which recommended that sugar should form no more than 10% of a healthy diet. This report led to lobbying by the sugar industry against the recommendation, to which the WHO/FAO responded by including in the report the statement "The Consultation recognized that a population goal for free sugars of less than 10% of total energy is controversial". The WHO still stood by its original recommendation based upon its own analysis of scientific studies in this response.

Additional Responsibilities

In addition to the WHO's stated mission, international treaties assign the Organization a variety of responsibilities. For instance, the Single

Convention on Narcotic Drugs and the Convention on Psychotropic Substances call on the WHO to issue binding scientific and medical assessments of psychoactive drugs and recommendations concerning regulation. These assignments help act as a check on national bodies which influence drug regulation policy in various countries.
The WHO also compiles the widely-followed International Classification of Diseases(ICD). The tenth revision of the ICD, also known as ICD-10, was released in 1992, and a searchable version is available online on the WHO website. More recent revisions are indexed and available in hard-copy versions. The WHO also maintains a model list of essential medicines that all countries' healthcare systems should make available and affordable to the general population.

Structure

WHO Headquarters in Geneva
WHO Member States appoint delegations to the World Health Assembly, WHO's supreme decision-making body. All UN member states are eligible for WHO membership, and, according to the WHO web site, "other countries may be admitted as members when their application has been approved by a simple majority vote of the World Health Assembly". The WHO has 193 member states.
The Republic of China(Taiwan) was one of the founding members of the WHO, but was compelled to leave after the People's Republic of China was admitted to the UN in 1972 and Taiwan left the UN. Taiwan has applied for participation in the WHO as a 'health entity' each year since 1997 but is denied each year because of pressure from China. China claims sovereignty over Taiwan, and its position is that Taiwan is represented in the WHO system by China. In practice, Taiwanese doctors and hospitals are denied access to WHO information, and Taiwanese journalists are denied accreditation for participation in WHO activities.
The WHO Assembly generally meets in May each year. In addition to appointing the Director—General every five years, the Assembly considers the financial policies of the Organization and reviews and

approves the proposed program budget. The Assembly elects 34 members, technically qualified in the field of health, to the Executive Board for three-year terms. The main functions of the Board are to carry out the decisions and policies of the Assembly, to advise it, and to facilitate its work in general.

Membership

The WHO has 193 Member States, including all UN Member States (except Liechtenstein) and 2 non-UN members: Niue and the Cook Islands. Territories that are not UN Member States may join as Associate Members(with full information but limited participation and voting rights) if approved by an Assembly vote; Puerto Rico and Tokelau are Associate Members. Entities may also be granted observer status; examples include the Palestine Liberation Organization and the Holy See (Vatican City).

Funding

The WHO is financed by contributions from member states and from donors. In recent years, the WHO's work has involved more collaboration; there are currently around 80 such partnerships with NGOs and the pharmaceutical industry, as well as with foundations such as the Bill and Melinda Gates Foundation and the Rockefeller Foundation. Voluntary contributions to the WHO from national and local governments, foundations and NGOs, other UN organizations, and the private sector, now exceed that of assessed contributions(dues) from the 193 member nations.

Regional Offices

Uncharacteristically for a UN Agency, the six Regional Offices of the WHO enjoy remarkable autonomy. Each Regional Office is headed by a Regional Director(RD), who is elected by the Regional Committee for a once-renewable five-year term. The name of the

RD — elect is transmitted to the WHO Executive Board in Geneva, which proceeds to confirm the appointment. It is rare that an elected Regional Director is not confirmed.
Each Regional Committee of the WHO consists of all the Health Department heads in all the governments of the countries that constitute the Region. Aside from electing the Regional Director, the Regional Committee is also in charge of setting the guidelines for the implementation, within the region, of the Health and other policies adopted by the World Health Assembly. The Regional Committee also serves as a progress review board for the actions of the WHO within the Region.
The Regional Director is effectively the head of the WHO for his or her Region. The RD manages and/or supervises a staff of health and other experts at the regional headquarters and in specialized centers. The RD is also the direct supervising authority — concomitantly with the WHO Director General — of all the heads of WHO country offices, known as WHO Representatives, within the Region.

The Regional Offices are:

Regional Office for Africa(AFRO), with headquarters in Brazzaville, Republic of Congo. AFRO includes most of Africa, with the exception of Egypt, Sudan, Tunisia, the Libyan Arab Jamahiriya, and Morocco, which belong to EMRO. Somalia is also not counted as it does not have an official government, though it is in the process of developing one.
Regional Office for Europe(EURO), with headquarters in Copenhagen, Denmark.
Regional Office for South East Asia(SEARO), with headquarters in New Delhi, India. North Korea is also served by SEARO.
Regional Office for the Eastern Mediterranean(EMRO), with headquarters in Cairo, Egypt. EMRO includes the countries of Africa, and particularly in the Maghreb, that are not included in AFRO, as well as the countries of the Middle East.
Regional Office for Western Pacific(WPRO), with headquarters in Manila, Philippines. WPRO covers all the Asian countries not

served by SEARO and EMRO, and all the countries in Oceania. South Korea is served by WPRO.

Regional Office for the Americas(AMRO), with headquarters in Washington, D.C., USA. It is better known as the Pan American Health Organization(PAHO). Since it predates the establishment of WHO, PAHO is by far the most autonomous of the 6 regional offices.

Country Offices

The World Health Organization operates 147 country and liaison offices in all its regions. The presence of a country office is generally motivated by a need, stated by the member country. There will generally be one WHO office in the capital of the state, occasionally accompanied by satellite offices in the provinces or sub-regions of the country in question.

The country office is headed by a WHO Representative(WR), who is a trained physician, who is not a national of that country, who holds diplomatic rank and is granted privileges and immunities similar to those of a Head of Diplomatic Mission or a diplomatic Ambassador. In most countries, the WR(like Representatives of other UN agencies) is de facto and/or de jure treated like an Ambassador — the distinction here being that instead of being an Ambassador of one sovereign country to another, the WR is a senior UN civil servant who serves as the 'Ambassador' of the WHO to the country to which he or she is accredited.

The country office consists of the WR and other experts, both foreign and local, as well as the necessary support staff. The main functions of WHO country offices include being the primary adviser of that country's government in matters of health and pharmaceutical policies.

International liaison offices serve largely the same purpose as country offices, but generally on a smaller scale. These are often found in countries that want WHO presence and cooperation, but do not have the major health system flaws that require the presence of a full-blown country office. Liaison offices are headed by a liaison

officer, who is a national from that particular country, without diplomatic immunity.
WHO has many partnerships in the private sector with organizations which promote disease prevention, treatment, and awareness. Some of these partner organizations include:

Tobacco Policy

The World Health Organization(WHO) successfully rallied 168 countries to sign the Framework Convention on Tobacco Control in

〈표 3-5〉 세계보건기구의 중요활동과 각각의 홈페이지

Aeras	Aeras Global TB Vaccine Foundation eras Global TB Vaccine Foundation	http://www.aeras.org
DNDI	Drugs for Neglected Diseases Initiative	http://www.dndi.org
FIND	Foundation for Innovative New Diagnostics	http://www.finddiagnostics.org
IAVI	International AIDS Vaccine Initiative	http://www.iavi.org
IOWH	Institute for One World Health	http://www.oneworldhealth.org
IPM	International Partnership for Microbicides	http://www.ipm-microbicides.org
MMV	Medicines for Malaria Venture	http://www.mmv.org
MVI	Malaria Vaccine Initiative	http://www.iavi.org
PATH	Program for Appropriate Technology in Health	http://www.path.org
PDVI	Pediatric Dengue Vaccine Initiative	http://www.pdvi.org
TB Alliance	Global Alliance for TB Drug Development	http://www.tballiance.org

〈표 3-6〉 역대 사무총장 그리고 출신국가

Name	Country/Region	Term of Office
Brock Chisholm	Canada	1948～1953
Marcolino Gomes Candau	Brazil	1953～1973
Halfdan T. Mahler	Denmark	1973～1988
Hiroshi Nakajima	Japan	1988～1998
Gro Harlem Brundtland	Norway	1998～2003
Lee Jong-wook	South Korea	2003～2006 (died on May 22)
Anders Nordström	Sweden	2006
Margaret Chan	Hong Kong	January 4, 2007～

2003. The Convention is designed to push for effective legislation and its enforcement in all countries to reduce the harmful effects of tobacco. On August 28th, 2005, the National People's Congress of China signed the Convention. WHO has recently also banned the recruitment of cigarette smokers for the organization to promote the principle of a tobacco-free work environment.

World Health Report

The annual World Health Report, first published in 1995, is the WHO's leading publication. Each year the report combines an expert assessment of global health, including statistics relating to all countries, with a focus on a specific subject. The World Health Report 2007, "A safer future: global public health security in the 21st century", was published on August 23, 2006.

Statistics

"The WHO website: A guide to statistical information at WHO" has an online version of the most recent WHO health statistics.

According to The WHO Programme on Health Statistics, "the production and dissemination of health statistics for health action at country, regional and global levels is a core WHO activity mandated to WHO by its Member States in its Constitution. WHO — produced figures carry great weight in national and international resource allocation, policy making and programming, based on its reputation as unbiased, global (i.e. without national affiliation), and technically competent (due to consultation of leading research and policy institutions and individuals)".

8. 유엔 난민고등판무관실

1) 역사

유엔 난민고등판무관실(UNHCR: United Nations High Commissioner for Refugees)은 일반적으로 유엔 난민기구라고 부른다. UNHCR은 1950년에 제 2차 세계대전으로 인해 유럽지역에 발생한 대규모 실향사태 등 여러 가지 문제들을 해결하고자 설립되었다.

1951년 난민협약이 채택되었는데 그 내용은 끔찍한 전쟁으로 인간의 존엄성이 파괴되는 비극이 두 번 다시 반복되어서는 안 된다는 국제사회의 강한 의지를 담았다.

이후 실향문제가 전 세계적으로 만연해짐에 따라 1960년에는 난민지위에 관한 의정서에서 기존 1951년 협약에서의 지리적 제한을 없앴다. 1951년 난민협약 35조에는 "체약국은 국제연합 난민고등판무관사무소 또는 이를 승계하는 국제연합의 다른 기관의 임무수행에서 이들 기관과 협력할 것을 약속하고, 특히 이들 기관이 이 협약의 규정 적용을 감독하는 임무를 원활히 수행할 수 있도록 편의를 제공한다"라고 명시한다.

2) 기 원

(1) 국제연맹 난민고등판무관실

난민의 이주는 발칸 반도 전쟁으로 인하여 수많은 사람들이 그들의 조국을 등지기 시작한 20세기 초기에 시작되었다. 난민을 보호하고 그들의 당면문제를 해결하도록 도와야 한다는 국제사회의 의무를 인식하게 된 것은 국제연맹 시절에서 비롯된다. 이러한 국제적 연대책임의식은 주로 러시아혁명과 오토만제국 붕괴에 따른 대량 유민사태를 다루기 위하여 제1차 세계대전 이후에 나타났다.

북극 탐험가로 잘 알려진 노르웨이의 프리요프 난센(Dr. Fridtjof Nansen)은 러시아난민을 위한 초대 고등판무관으로서 1921년 국제연맹에 의하여 지명되었다. 그의 임무는 난민의 법적 지위를 정의하고, 난민의 본국 귀환 또는 그들을 수용할 수 있는 국가배치를 조정하고, 또한 자선기관의 지원으로 구호활동을 하는 것이었다. 그의 권한은 이후 1924년 아르메니아 인, 1928년 아시리아 인과 터키 인 난민에게까지 확대되었다.

당시 난민과 실향민들의 가장 근본적 문제 중 하나는 국제적으로 인정되는 신분증명서가 없다는 것이었다.

난민고등판무관은 '난센 여권'(Nansen Passport)이라고 알려진 증명서를 발급하였고, 이는 현재 난민협약에 의해 난민들에게 발급되는 여행증명서의 전신이 된다.

난센 여권으로 인하여 수천만 명의 난민들이 조국으로 돌아가거나 다른 나라에 정착할 수 있었고, 이것은 난민을 보호하기 위해 마련된 최초의 법적 조치였다. 시간이 지남에 따라 보다 포괄적으로 난민의 개인적 지위보장, 고용의 기회부여, 강제추방금지와 같은 일상생활에 관계된 주요사항까지 확대되는 국제법상 조치가 지금도 진행된다.

(2) 국제난민기구

제 2차 세계대전의 악몽과 같은 시기에 수백만 명이 강제로 이주되고, 추방되거나 다른 곳에서 재정착하였다.

1945년 유엔이 설립되면서 난민에 대한 보호는 국제적 관심사로 부각되었고, 국제사회는 유엔 헌장에 따라 박해로부터 피신한 난민에 대해 공동의 책임이 있다는 인식을 하기 시작하였다.

1946년 제 1차 유엔총회에서 난민문제를 주요 의제로 다루면서, 다음과 같은 원칙에 기초한 유엔 결의문을 채택하였다. 즉 난민문제는 국제적 범위와 성격을 띠는 것이며, 어떠한 난민 또는 실향민도 출신국으로의 귀환을 반대하는 명백한 의사를 가지는 한 강제 송환시킬 수 없고, 그 주요 임무는 어떠한 방법으로도 가능한 한 조국으로의 초기 귀환을 장려하고 지원하는 것을 내용으로 하였다.

1946년 유엔은 제 2차 세계대전 이후 난민문제를 다루는 전문기관으로서 국제난민기구(IRO: International Refugee Organization)를 창설하였다. 이 기구의 임무는 국제연맹에서 난민으로 인정된 사람을 보호하는 것과 제 2차 세계대전 이후 유럽 전역을 떠돌고 있는 2,100여만 명의 난민을 보호하는 것이었다. 이 기구는 난민지위의 인정, 본국귀환, 재정착, 법적 정치적 보호와 같은 난민문제의 모든 양상을 종합적으로 다루는 첫 국제기구였다. 이 기구는 1951년까지 활동을 계속하였다.

초기 IRO는 본국귀환을 주목표로 삼았지만, 전후 유럽 내 냉전으로 인한 정치적 분위기로 인하여 난민을 제 3국으로 재정착시키는 방향으로 나아갔고, 대규모의 이주를 다루는 중요한 기준을 발전시켰다.

대량의 난민을 재정착시키는 문제는 비용이 많이 드는 작업으로서, 당시 유엔 회원국 54개국 중 18개국만의 기금에 의하여 운영될 수 있었다. 전후 난민문제해결에는 국제적 행동이 계속 요구되었다.

3) 조직

UNHCR는 현재 110여개국의 지역사무소에 6,300명의 직원이 있으며, 제네바에 본부를 둔다.

UNHCR의 조직은 총회, 고등판무관, 집행위원회가 주축이다.

유엔 총회는 고등판무관을 유엔 사무총장의 지명으로 일반적으로 5년의 임기로 선출한다. 고등판무관은 경제사회이사회(ECOSOC)를 통하여 유엔 총회에 UNHCR 활동에 대해 정기적 보고를 한다.

UNHCR 집행위원회(ExCom)는 유엔 총회의 요청으로 1958년 ECOSOC에 의하여 설립되었으며, 회원국들로 구성되어 있다. 위원회의 주요 임무는 고등판무관의 지원프로그램을 승인하고, 고등판무관의 규정상의 임무, 특히 국제적 보호 이행을 자문하고, 기구의 모든 재정적 운영을 심사한다.

4) 임무

인도적, 비정치적 기구인 UNHCR은 유엔으로부터 난민보호 및 해결책 마련 등 난민을 돕는 일련의 활동에 대한 권한을 부여받았다. 국제적 노력의 일환으로 UNHCR은 국제난민조약을 알리고, 각국 정부들의 국제법 준수 여부를 감독한다. 유엔 난민기구는 난민보호와 관계된 모든 사람들, 예를 들면 공무원, 비정부기구, 변호사, 판사 및 고위 정부공무원들에게 난민관련 법률을 홍보한다.

이에 더하여 실제 현장에서 수많은 UNHCR의 직원들이 다양한 활동을 한다. 긴급 상황에 대응하며, 안전을 위해 난민캠프를 국경지역에서부터 떨어지도록 재배치하는 일, 그 외에도 특히 식량배급과 기타 구급물자 제공시 노약자와 여성난민들이 차별이나 피해를 보지 않도록 도와준다. 뿐만 아니라 뿔뿔이 흩어진 가족들이 재결합할 수 있도록 노력하고, 난민들이 본국귀환 결정을 내리기 쉽게 하도록 본국의 상황을 그들에게 알리는 역할도 맡는다.

유엔 난민기구는 개별 국가, 유엔 산하기구 및 여타 기구들과 협력 관계를 맺고 일을 한다. 그 외에도 500개가 넘는 NGO와 협력 파트너로서 함께 일한다. 난민보호와 관련된 활동을 벌이고 있는 NGO들은 난민캠프 및 정착지의 설립과 유지에 필요한 지원을 하고, 난민수용소나 정착지에서 발생할 수 있는 폭력사태를 감시하는 역할을 한다.

1951년 난민지위에 관한 협약과 1967년 난민지위에 관한 의정서는 난민에 관한 국가행동을 규율하는 주요한 국제법문서로서, 체약국에 대하여 난민보호를 위한 기본적 법적·행정적 규정을 채택할 것을 요구한다. 협약은 난민보호의 초석이 되고 있는 강제송환금지(*non-refoulement*) 원칙을 구체화하는데, 이는 “어느 누구도 자신의 생명 또는 자유가 위협받을 수 있고 또는 박해를 받을 우려가 있는 영역으로 그의 의지에 반하여 강제로 송환할 수 없다”는 국제법 원칙이다

UNHCR은 이른바 이 원칙의 적용을 감독하고, 체약국으로 하여금 협약과 의정서를 채택하도록 촉구하며, 이러한 국제조약 하에서 체약국의 의무를 수행할 수 있도록 지원하고 조정한다.

5) 이 슈

UNHCR이 세계 난민의 날을 앞두고 발표한 〈2007년 세계 추이〉(*2007 Global Trends*)에 따르면 67억 세계 인구 가운데 100명 중 1명꼴인 6천 7백만 명이 난민 신세로 전락했다. 이 문제를 어떻게 회원국과 조정하여 해결해야 하는가가 문제이다.

UNHCR과 팔레스타인 난민기구가 난민으로 규정한 사람만 1천 6백만

명을 헤아리며, 분쟁이나 자연재해로 인해 같은 나라 안에서 떠도는, 이른바 국내 난민은 5천 1백만 명에 달한다. 국내 난민 문제도 마찬가지로 이들의 지위, 그리고 인간으로서의 대접이 큰 문제로 대두된다.

지역별로는 아시아·태평양 지역이 382만 5천 명으로 가장 많고 다음으로 동북아프리카(2,721,600명), 북아프리카 이외의 아프리카 전역(2,271,200명), 유럽(1,585,300명) 순으로 나타났다.

우리나라에서는 지난 1992년 난민협약에 가입한 후 1994년부터 난민신청을 받기 시작했고, 현재 난민신청자가 1,951명에 달한다. 국가별로는 네팔이 374명으로 가장 많고 중국 302명, 미얀마 192명, 나이지리아 151명, 우간다 132명 등의 순으로 나타났는데, 아시아와 아프리카 출신이 각 1,133명, 752명으로 전체의 96.6%를 차지했다.

UNHCR은 난민이 자국으로 돌아갈 수 있는 조건이 마련되어 귀환하는 경우, 비호국에서 정착하는 경우, 혹은 제 2비호국에서의 재정착을 원하는 경우 이를 지원함으로써 난민문제에 대한 영구적 방안을 위해 노력한다.

UNHCR의 의제는 자국의 국경 내에서 고향을 잃은 채 살아가고 있는 실향민(IDP: *Internal Displaced Persons*)이나 어느 국가에 의해서도 합법적 국민으로 간주되지 않는 무국적자까지 영역을 넓혀 간다. 현재 유엔 난민기구는 레바논, 남수단, 차드, 다르푸르, 이라크, 아프가니스탄, 케냐와 같은 나라의 실향민과 난민들을 돌보는 주요 임무를 맡는다. 현재 UNHCR에서 활동하는 유명배우로 안젤리나 졸리가 있다.

아래의 영문 자료는 국제난민기구에서 일하고 싶어하는 독자들을 위해서 준비한 것이다. 그러기에 이 기구에서 직원으로 일하고 싶은 독자들은 이 자료를 완전히 소화하여 영어로 어느 경우든지 소개할 수 있도록 했으면 좋겠다.

United Nations High Commissioner for Refugees

Headquartered in Geneva, Switzerland, the Office of the UN High Commissioner for Refugees (UNHCR) (established December 14, 1950) is a United Nations agency mandated to protect and support refugees at the request of a government or the UN itself and assists in their voluntary repatriation, local integration or resettlement to a third country.
UNHCR was established on December 14, 1950 and succeeded the earlier United Nations Relief and Rehabilitation Administration. The agency is mandated to lead and coordinate international action to protect refugees and resolve refugee problems worldwide. Its primary purpose is to safeguard the rights and well-being of refugees. It strives to ensure that everyone can exercise the right to seek asylum and find safe refuge in another State, with the option to return home voluntarily, integrate locally or to resettle in a third country.
UNHCR's mandate has gradually been expanded to include protecting and providing humanitarian assistance to what it describes as other persons 'of concern', including internally displaced persons (IDPs) who would fit the legal definition of a refugee under the 1951 United Nations Convention Relating to the Status of Refugees and 1967 Protocol, the1969 Organization for African Unity Convention, or other treaties. UNHCR presently has major missions in Lebanon, South Sudan, Chad/Darfur, Iraq, Afghanistan, as well as Kenya to assist and provide services to IDPs and refugees.

History of UNHCR

The agency was created by the UN General Assembly in 1950, but actually began work on 1 January 1951. States still recovering from the devastation of World War II wanted to make sure that they had a strong and effective organization to look after the interests of — or 'protect' — refugees in the countries where they had sought asylum. UNHCR was also charged with helping governments find 'permanent solutions' for refugees. UNHCR's original mandate was limited to a three-year program to help the remaining World War II refugees. However, the problem of displacement not only failed to disappear, it turned into a persistent world-wide phenomenon.

In December2003, the UN General Assembly finally abolished the requirement for the agency to keep renewing its mandate every few years. UNHCR's statute was drafted virtually simultaneously with the 1951 Refugee Convention, and as a result the key inter-national legal instrument, and the organization designed to monitor it, are particularly well-synchronized. Article 35 of the1951 Convention makes the relationship explicit, and requests states to co-operate with UNHCR in matters relating to the implementation of the Convention itself and to any laws, regulations or decrees that states might draw up that could affect refugees.

Definitions:

Refugee

The 1951 Refugee Convention describes refugees as people who are outside their country of nationality or habitual residence, and have a well-founded fear of persecution because of their race, religion, nationality, membership of a particular social group or political opinion(for full definition see p. 4). People fleeing conflicts or generalized violence are also generally considered as refugees, although sometimes under legal mechanisms other than the 1951 Convention.

Asylum Seeker

Someone who has made a claim that he or she is a refugee, and is waiting for that claim to be accepted or rejected. The term contains no presumption either way — it simply describes the fact that someone has lodged the claim. Some asylum seekers will be judged to be refugees and others will not.

Migrant

A wide-ranging term that covers most people who moveto a foreign country for a variety of reasons and for a certain length of time (usually a minimum of a year, so as not to include very temporary visitors such as tourists, people on business visits etc). Different from 'immigrant'which means someone who takes up permanent residence in a country other than his or her original homeland.

Economic Migrant

Someone who leaves their country of origin for financial reasons, rather than for refugee ones.

Internationally Displaced Person(IDP)

Someone who has been forced to move from his or her home — because of conflict, persecution(i.e. refugee — like reasons); or because of a natural disaster or some other unusual circumstance of this type. Unlike refugees, however, IDPs remain inside their own country.

Stateless Person

Someone who is not considered as a national by ANY state(de jure stateless); or possibly someone who does not enjoy fundamental rights enjoyed by other nationals in their home state(de facto stateless). Statelessness can be a personal disaster: some stateless people live in a Kafkaesque netherworld where they do not officially exist and therefore have virtually no rights at all. Unlike the other groups outlined here, they may have never moved away from the place where they were born. But some stateless people are also refugees.

The 1951 Refugee Convention

The 1951 Refugee Convention and its 1967 Protocol are the cornerstones of modern refugee protection, and the legal principles they enshrine have permeated into countless other international, regional and national laws and practices governing the way refugees are treated. One of the most crucial principles laid down in the 1951 Convention is that refugees should not be expelled or returned "to the frontiers of territories where [their] life or freedom would be threatened". The Convention also outlines the basic rights which states should afford to refugees, and it defines who is a refugee — and who is not(for example it clearly excludes fighters, terrorists or people guilty of serious crimes).

According to the UNHCR, "the 1951 Convention was not intended to sort out all migration issues. Its sole aim was to protect refugees. The challenge is to find other efficient mechanisms to manage economic migration and maintain border security — legitimate state concerns that need to be carefully balanced with their responsibility to protect refugees".

By September 2007, a total of 147 countries had signed the 1951 UN Refugee Convention and/or its 1967 Protocol

Palestine refugee mandate

The Palestinian refugee situation is of particular interest to the worldwide community because of the nature of politics in the Middle East. Most Palestinian refugees — those in the West Bank, Gaza Strip, Lebanon, Syria, and Jordan — do not come within the responsibility of the UNHCR, but instead come under an older body, the United Nations Relief and Works Agency for Palestine Refugees in the Near East(UNRWA). But Palestinian refugees outside of UNRWA's area of operations do fall under UNHCR's mandate.

Public awareness

Several new programs have recently been introduced to support and bring awareness to the issues faced by refugees around the world. These two new programs are a product of the benchmarks set out by the United Nations Millennium Development Goals.

Awards

UNHCR was awarded the Nobel Peace Prize in 1954 and 1981.

Persons of concern to UNHCR

As of 1 January 2007, UNHCR reported a total of 21,018,589 individuals falling under its mandate.

7,979,251 in Asia, including:
- 2,580,638 in the Middle East;
- 2,974,315 in Southeast Asia;
- 218,584 in Central Asia;
- 1,304,189 in South Asia;
- 901,525 in East Asia and the Pacific

4,740,392 in Europe, including:
- 1,617,214 in Eastern Europe;
- 708,132 in South-East Europe;
- 616,132 in Central Europe and in the Baltic states;
- 1,798,914 in Western Europe

5,069,123 in Africa, including:
- 1,359,175 in Central Africa and the Great Lakes region;
- 2,105,314 in Eastern Africa;
- 1,031,030 in Western Africa;
- 434,427 in the Southern African region;
- 139,177 in North Africa

3,229,822 in the Americas, including:
- 717,545 in North America and in the Caribbean
- 2,512,277 in South America

Staffing

The UNHCR employs a staff of approximately 6,300 people in more than 110 countries.

High Commissioners

The post of High Commissioner has been held by:

〈표 3-7〉 역대 고등판무관 그리고 출신국가

António Guterres	2005~present (term to expire in 2010)	Portugal
Ruud Lubbers	2001~2005	the Netherlands
Sadako Ogata	1990~2000	Japan
Thorvald Stoltenberg	January~November 1990	Norway
Jean-Pierre Hocké	1986~1989	Switzerland
Poul Hartling	1978~1985	Denmark
Prince Sadruddin Aga Khan	1965~1977	Iran
Félix Schnyder	1960~1965	Switzerland
Auguste R. Lindt	1956~1960	Switzerland
Gerrit Jan van Heuven Goedhart	1951~1956	the Netherlands

Prior to the establishment of UNHCR, Fridtjof Nansen was the League of Nations High Commissioner for Refugees from 1922.

Goodwill ambassadors

UNHCR is also represented by a number of UNHCR Goodwill Ambassadors, a group presently composed of: Barbara Hendricks, Adel Imam, Angelina Jolie, Giorgio Armani, Julien Clerc, George Dalaras, Osvaldo Laport, Khaled Hosseini and Muazzez Ersoy. Previous ambassadors include Richard Burton, James Mason and Sophia Loren.

9. 세계교회협의회

1) 조직

세계교회협의회(WCC: World Council of Churches)는 개신교와 정교의 총본부라 일컬어진다. 가톨릭교회의 본부가 로마에 위치해 있다면 WCC는 제네바에 위치해 있다. 교회의 초교파 운동은 19세기에서 시작되어 20세기 초까지 계속되었다.

1937년 각 교회 지도자들은 세계교회협의회로 교회를 일치시키기로 합의하기에 이르는데, 1909년 에든버러의 선교대회가 그 모태가 되어 1937년에는 신앙과 직제운동(*Faith and Order*)과 생명과 사회참여운동을 하는 여러 교회와 단체들이 초교파운동에 합의하면서 본격적으로 추진되었다.

그러나 제 1차 세계대전은 WCC의 탄생을 지연시켰으며 결국 세계대전이 종식된 후 1948년 8월 23일 서방 교회 중심으로 147개 교회의 지도자들이 암스테르담에 모여 1937년의 결의를 실행에 옮겼다. 1961년에는 세계선교사협의회와 18세기부터 전통을 자랑한 세계주일학교연합회가 WCC에 가입하게 되었다. 그 후 1971년에는 동방정교회, 그리스정교회, 러시아정교회가 다른 정교회들과 함께 가입했으며 같은 해 영국성공회를 비롯한 많은 개신교가 가입해 오늘에 이른다.

가톨릭교회는 정식회원 교회는 아니나 WCC의 큰 행사나 회의에는 대표를 파견하여 상호협력하고 있으며 이러한 협력은 근 40년을 넘어간다. 특히 가톨릭교회의 일치위원회는 WCC 내의 신앙과 직제위원회에 16명의 대표자를 정회원으로 파견하여 상호 협력을 도모한다.

이러한 세계교회협의회는 앞서의 정교회, 성공회 외에 감리교, 장로교, 루터 교, 회원교회, 성결교, 구 가톨릭교회, 오순절교회 등을 회원교회로 맞아 세계 6억의 인구를 대표하는 초교파운동의 본부로서 명실 공히 가톨릭교회를 제외한 세계 모든 교회의 대표라 할 수 있다. WCC는 세계 평화와 정의 그리고 창조질서의 보존이라는 신앙고백을 내걸고 일한다. 현재까지 세계 130여개 국가의 교회를 대표하는 360여개 교단이 참여한다.

매년 7년마다 개최되는 총회에는 3천여 명의 대표와 참관인, 초대손님, 젊은 자원봉사자 등 총 6천 명이 모이는 큰 회의가 소집된다. 총회에서는 선교과제를 검토한 후 7년간의 향후 중점 프로그램을 수립하고 약 160여명의 중앙위원을 선출하여 총회 휴회 중 최고 의결기구 역할을 하도록 한다. 또 총회는 약 25명의 실행위원을 선출하여 예산결산, 사무총장의 연임 등 여타의 주요 의제를 의결한다.

한 가지 중요한 점은 이상의 중앙위원, 실행위원 선출에는 엄격한 규칙이 적용된다는 사실이다. 성직자와 평신도 비율, 남녀의 비율, 성인과 청년의 비율, 속칭 정상인과 장애자의 비율, 개신교와 정교회의 비율, 대륙의 비율 등이다. 이를 고르게 분포 배당함으로써 명실 공히 대표권이 한 그룹에 편중되는 오류가 일어나지 않게 함이다. 본부의 200여명의 직원 중 책임자급의 비율도 이상을 참조하고 있음도 알아야 할 것이다.

제9차 총회는 2006년 2월에 20일간 브라질의 포르토 알레그레(Porto Alegre)에서 소집되었다. 2013년의 총회를 한국교회가 유치하려고 노력하는데 경쟁이 치열하여 결과를 보아야 할 것이다. 아시아에서는 1961년 인도의 뉴델리에서 개최된 바 있다. 지금까지 개최된 총회는 아래와 같다.

제1차 총회 네덜란드 암스테르담 1948년 8월 23일~9월 4일.

제2차 총회 미국 에반스톤, 일리노이 1954년 8월 15일~8월 31일.

제3차 총회 인도 뉴델리 1961년 11월 19일~12월 5일.
제4차 총회 스웨덴 웁살라 1968년 7월 4일~7월 20일.
제5차 총회 케냐 나이로비 1975년 11월 23일~12월 10일.
제6차 총회 캐나다 밴쿠버 1983년 7월 24일~8월 10일.
제7차 총회 오스트레일리아 캔버라 1992년 2월 7일~2월 21일.
제8차 총회 아프리카 짐바브웨 하라레 1998년 12월 3일~12월 14일.
제9차 총회 브라질 포르토 알레그레 2006년 2월.

세계교회가 WCC에 부여한 임무수행을 위하여 스위스 제네바에 위치한 본부에는 대략 다음의 11개의 위원회가 상호협력하면서 프로그램을 실천한다.

- 개발과 봉사위원회
- 교육과 평신도 운동위원회
- 국제위원회
- 정의 · 평화 · 창조질서 보존위원회
- 선교와 전도위원회
- 신앙과 직제위원회
- 오순절교회와의 협력위원회
- 로마 가톨릭교회와의 협력위원회
- 세계폭력 극복을 위한 위원회
- 타종교와의 협력위원회
- 정교회 참여를 위한 위원회

WCC 본부는 세계 각 대륙의 교회들의 특성을 살리면서 지역교회의 선교를 상호 돕는 것을 목적으로 하고 있으며 본부와 대륙 간에는 그 독립성과 고유성을 상호 인정하면서 긴밀하게 협력한다. 아프리카, 아시아, 중동, 남미 등의 지역사무소는 아직도 본부에 예산의 대부분을 의존하고 있으나 그 프로그램의 방향은 완전 독립되어 있다고 할 수 있겠다. 참고로 아래에 WCC와 협력하는 지역사무소와 그의 명칭과 위치를 밝혀 둔다.

- Christian Conference of Asia; Chian Mai Thailand, 20 Staff.
- Latin America Council of Churches; Havana Cuba.
- All African Council of Churches; Nairobi Kenya.
- Middle East Council of Churches; Beirut Lebanon.
- Caribbean Council of Churches; Kingston Jamaica.
- North America; National Council of Churches USA, New York.
- North America; Canadian Council of Churches, Toronto.
- WCC Office to United Nations, New York.

그 이외에 각국에 기독교교회협의회(NCC: National Council of Churches)가 120여개에 달하고 각국 WCC 회원 교회들의 선교 관심과 사회정의·평화·환경보존의 프로그램을 나라의 특성에 맞추어 협력 수행한다.

아래의 글은 어느 에큐메니칼 지도자 모임에서 발표한 저자의 원고이다. 참고하기 바란다. 이 글을 통해 현재 WCC의 선교분야와 나 자신이 이곳을 떠나온 후의 느낌을 적어보았기에 독자들에게 도움이 되었으면 하는 마음이다. 9년 전에 쓴 이 원고는 그 사이 상황이 많이 달라졌지만, 국제기구는 늘 자기성찰과 반성을 해야 존재가치가 있다는 점에서 WCC에 관심 있는 독자들을 위해서 싣는다는 점을 이해해 주기 바란다.

2) WCC의 변화와 희망

18년을 봉사했던 WCC를 뒤로 하고 회한의 귀국을 한 지도 어언 9년에 접어든다. 그 9년 동안 어떤 때는 인권대사로서, 또는 국가인권위원회 상임위원으로서 유엔이나 ILO 등 정부간 국제기구에 출장간 공무가 끝나면 꼭 내가 몸담았던 WCC에 여러 번 들렀다. 9년 동안 스위스 제네바를 14번 방문했으니 어쩌면 늘 WCC와 함께 있었던 셈이다. 겉치레로 본 WCC이지만 갈 때마다 라이저(Konrad Reiser)와 그 후임 코비아(Samuel Kobia) 총무, 그리고 함께 일했던 동료들을 만나면서 다음과 같은 인상을 받았다.

첫째가 에큐메니칼 어젠다의 부재이다. 나름대로 설득력 있는 이유들이 있지만 세상은 '이제 WCC는 끝났다'라는 자조 섞인 탄식을 내뱉는다. 이슈가 없어졌다. 1960년대의 평신도운동, 70년대의 청년인권, 인종차별 철폐 프로그램, 도시-농촌선교(URM), 80년대의 교회일치를 위한 여러 프로그램 개발, 청년 프로그램 등의 어젠다는 이제 찾아볼 수 없고, 심하게 이야기하면 이러한 이슈들 대신에 정교회(*Othodox*)와의 협력이 자리잡았다고 느껴진다. 정교회와의 협력은 아주 중요하다. 그러나 이 협력으로 인하여 정의, 평화, 인권, 환경, 반전반핵 등의 신앙고백에 근거한 강한 집념이나 프로그램이 사라진다는 데 문제가 있다. 어찌 보면 정교회와의 공존이, 그리고 정교회가 모든 의사결정 과정에서 요구하고 이를 승인한 합의형성이 목적전도 현상(*Goal Displacement Tendency*)이라는 부메랑을 가져온 듯하다. 이제는 '어젠다 없이 기구의 계속적 존속이 목적으로 둔갑하지 않았나'하고 느껴지기도 한다. 심한 자조일까?

둘째 이유는 첫째 이유와 불가분의 관계에 있는데, 에큐메니칼 어젠다가 없는 기구에 모금이 있을 리 없다는 것이다. 지난 2005년 1월 13

일 월요일 제네바에서 있었던 유엔 아동권리위원회 참석차 출장을 가 오랜만에 WCC의 월요예배에 참석했다. 실로 당시 계산으로 3년 만의 감개무량한 8시 30분의 아침예배라 잔뜩 기대하고 들어갔다. 참석자는 20명이 채 안 되었고, 우선 냉방의 싸늘함이 필자를 놀라게 했다. 밖이 영상 2도라 채플에는 난방을 하지 않았다. 예산부족이 그 이유였다. 더 가관은 예배 인도자가 20분을 늦게 도착해서 정교회예배라 도착 후 예복으로 갈아입는 데 10분이 더 소요되어 결국 9시에 예배를 드렸다는 것이다. 물론 아직도 정교회는 개신교와 성만찬을 함께 하지 않는 것은 잘 알 것이다. 뜨거운 열정이 없는 싸늘한 예배공동체가 되지 말아야 한다는 상념에 사로잡혔다.

당시 WCC는 600만 스위스 프랑이 적자였다. 이제는 회복되었지만 한편에서는 4개의 건물 중 하나를 팔아야 된다는 의견이 있었다고 한다. 그날은 13명의 프로그램 직원이 강제퇴직 권고를 당하는 날이어서 실로 사무실의 분위기는 완전히 가라앉아 있었다. 필자가 WCC에 처음 갔을 때인 1982년 2월 26일에는 전 직원이 319명이었는데, 이제는 150명이라니 정말 격세지감이다. 돈 많은 서구교회들, 특히 독일교회와 기부단체들은 등을 돌렸다. 그리고 그들 스스로 양자관계(*Bilateral Approach*)를 확대한다. 새 총무에게 기대가 크다.

셋째는 이른바 9년 룰(*Nine Year Rule*)이 사라진 이후 WCC의 거의 모든 직원이 이곳을 은퇴처로 생각하고 있지 않나 하는 것이다. 오래 있을수록 월급이 올라가니 나이 많은 직원이 많을수록 경비는 배가되는 실정이다. 이런 경향은 행정직의 경우 6급 직원들은 거의 100%의 직원이 WCC에서 60세까지 근무해야 하므로 창의력과 급변하는 세상에 적응하기 위한 이슈에 대한 태클이 퍽 느린 감이 있다. 은퇴처로 둔갑한 WCC은 혈액순환이 되지 않는 조직으로 변하고 창의력 또한 사라진다고 하면 지나친 평가일까?

미국의 이라크에 대한 전쟁이 발발한 후 사무총장의 전쟁반대 성명서가 나온 것은 당연하지만 가까운 유엔 건물에서 전 직원들이 침묵시위 정도는 해야 하지 않나 느껴진다. 1987년 프랑스정부의 남태평양에서의 원자탄 실험에 대한 반대를 남태평양 교회들의 청원을 발판으로 전체 중앙위원들과 직원들이 유엔 앞까지 행진한 후, 그곳에서 총장이 세계교회를 향해 선언서를 읽었던 기억이 새롭다. 이 행진은 아시아 데스크와 퍼시픽 데스크가 발의해 중앙위원 중 대다수가 찬성하여 이루어졌는데, 이제는 이런 일들이 추억으로만 남을지 걱정이 된다.

네 번째 인상은 제 3세계 교회들의 고뇌와 그들의 이슈들이 사라졌다는 것이다. 모든 책임자는 미국, 유럽 그리고 정교회에서 독식을 했고, 결과적으로 아시아, 아프리카, 라틴아메리카의 빈곤, 인권유린, 전쟁피해, 독재정치, 환경파괴 등의 이슈들은 제 2선으로 물러간 듯하다. 이러한 현상은 WCC 내의 한국 스텝이 지난 7년간 한 사람도 없는 것과 맞물려 있다. 다행히 2008년부터 금주섭 박사가 일한다. 한반도 평화, 그리고 먼 훗날의 통일이라는 어젠다는 이제 사라진 듯하다. 이제 다시 금주섭 목사의 몫이 되었다. 이러한 현상은 앞으로 계속될 전망이다. 왜냐하면 한국에서도 유능한 젊은이들이 그곳에 가기를 꺼려하는데, WCC 쪽에서도 감원 바람이 우선이고 새 스텝의 영입은 재정적으로 불가능해 보이기 때문이다.

다섯째, 이제 그 임무를 4년 내로 마감하는 한국을 대표했던 WCC 중앙위원, 실행위원, 그리고 그 이외의 위원들의 활동이다. 그 활동들이 한국 전체교회들과 NCC 구조들과 별개의 것으로 지난 9년간 움직여졌기에 WCC의 권고안들은 한국교회에서 전혀 뿌리를 내리지 못하고 말았다. NCC 의사결정구조가 교회 목회자 중심으로 이루어지는 한 이런 현상을 해결할 실마리를 잡는 것은 어려워 보인다. 그러나 한편으로는 한국 에큐메니칼 운동이 그랬듯이 NCC 총무의 리더십에 모든 희망을 걸어보는 마음도 있다. 지금 우리나라의 교회들은 교회일치라는 기치 아래 한기총과 NCC의 통합을 얘기하지만, 왜 우리가 통합해야 하느냐가 확연히 떠오르지 않아서 이러한 통합은 불필요하다고 느껴진다. 통합을 위한 통합은 우리 모두가 반대한다. 에큐메니칼 운동은 소수의 반항아들이 모여서 진리와 정의를 갈파하는 데서 성공해 왔으며 그것을 결국 다수의 공교회가 참여함으로써 성공했으니 NCC의 리더십에 앞으로 한국의 에큐메니칼 운동의 승패가 달려있다고 할 수 있겠다.

마지막으로 희망을 이야기하겠다.

한국의 에큐메니칼 운동은 1960년대부터 세계 에큐메니칼의 한 축을 이루면서 아시아나 세계교회의 투쟁(*struggle*)의 가장자리에 늘 서 왔다. 우리의 선배님들, 김재준 목사님으로 시작되어 현재 이곳에 오신 선배님들까지 세계 어젠다를 이끌고 나간 분들이다. 그러기에 제네바가 지쳐 있을 때 우리 아시아, 한국의 에큐메니칼 그룹들이 늘 활력을 불어넣었듯이, 그 때처럼 지금 활력소를 넣어야 하겠다. 이 활력소란 어젠다와 이슈들의 개발과 공급은 물론 재정적 도움까지도 포함된다. 제네바 WCC에 우리가 옛날처럼 이렇게 공헌함으로써 우리 얼굴에 스스로 침 뱉는 우를 피해야 하겠다.

제네바 WCC의 일이, 홍콩 아시아교회협의회(CCA)의 어려움이, 우리의 것으로 동일시될 때 불법과 폭력, 그리고 힘의 논리가 세계를 지배하려는 오늘날 에큐메니칼 운동이 재건되어 쐐기를 박는 계기가 설정될 것이다. 그렇게 함으로써 세계는 힘의 논리 대신 하나님의 질서에 의해서 정돈되는 희망찬 우리 주위가 될 것이다.

결론적으로, 우리 각자는 또는 우리들은 한 목소리를 내면서 16세기 유럽에서의 계몽주의자처럼 오늘의 세계에 우리 목소리를 내야 하겠다. 한국교회를 깨워서 올바른 길로 가게 하는 예언자이자 부흥사들이 되어야겠다. 효과는 예상외로 크다. 필자는 지난 9년간 교회 목사님들 모임에 100번 넘게 강사로 초청되었다. 파급효과가 배이다. 그렇게 함으로써 한국교회 안에 내가 용해되고 내 안에 교회가 녹아나는 상징적 현상이 이루어질 것이다. 그것이 바로 하나님의 나라를 세상에 건설하는 계기가 될 것이다. 그리고 이 일이 하나님 나라를 이 땅에 건설하는 일일 것이다.

3) 선교과제와 쟁점들

1998년 12월 아프리카 남부 짐바브웨의 수도 하라레에서 개최된 세계교회협의회 제 8차 총회에서는 다음 총회가 개최될 7년 후까지 전 세계 교회는 "주님은 평화이십니다. 주님을 믿는 전 세계 기독교인들은 정의에 입각한 평화 창조의 신앙고백을 수행하기 위해 평화의 사도로 부르심을 받고 이를 실천키 위해 용기를 가지고…"하는 신앙고백을 하였다. WCC는 이후 2001년 1월 1일부터 10년간 즉, 2010년까지 폭력극복의 10년을 선포하여 다양한 프로그램을 회원교회들과의 연계 속에서 추진한다. 에베소서 2장 14절에서 16절까지를 다른 성경구절과 함께 신앙으로 고백하면서 이 일을 진행한다.

이런 WCC의 10년간의 줄기찬 사업은 교회가 일치를 지향하면서 인류역사상 그 유례를 찾을 수 없게 우리 주위를, 그리고 우리의 삶을 위협하는 폭력과 전쟁 유발, 핵 위협 문화를 직시하고, 이를 극복하는 데 교회가 앞장서서 여러 프로그램을 수행하도록 유도하여야 한다. 그렇게 함으로써 궁극적으로는 이 땅에 평화의 문화를 창조하려는 데 그 목적이 있다 할 수 있겠다. 이는 곧 이 땅에 하나님의 나라를 건설하는 것을 뜻한다. 그럼 에큐메니칼 어젠다 제시를 위해서 우리 주위에 있는 몇 가지 폭력의 현장을 평화를 위한 교회선교의 분야에 도움이 될 수 있다는 생각에서 아래에 싣는다.

(1) 평화와 화해 선교 대상국

① 스리랑카

아름다운 섬나라 실론(Ceylon) 스리랑카는 근 450년 이상을 포르투갈, 네덜란드 그리고 영국의 식민지 통치 때문에 고난을 당했다. 가장 근세에 식민 종주국인 영국이 19세기에 인도의 남부 타밀나두에서 실론 차의 재배를 위해 강제로 끌어온 타밀족들이 원주민 싱할라족들과 혼재하여 생활했었다. 실론 차가 세계적으로 유명하게 되면서 영국은 양쪽 종족에 대해서 분리통치(*devide and rule*)정책을 썼으며 제2차 세계대전이 끝나면서 이 두 종족의 알력을 못 본 체하고 떠나고 말았다.

스리랑카는 1948년 인도가 영국으로부터 독립하면서 동시에 영국의 식민지에서 독립국으로 탄생하였다. 문제는 독립 이전부터 잠재해 있던 두 종족간의 알력이 점점 가시화되기 시작했다는 것이며, 원주민 싱할라족은 타밀족들을 억압하는 정책을 쓰기 시작했다. 싱할라어와 영어를 국어로 선포한다든지, 타밀족들에게 고향 인도로 돌아가라고 압력을 행사하게 되면서 식민 종주국이 분리통치하던 시절에는 잠재해 있던 양 종족간의 긴장이 1983년 폭발하고 말았다. 원주민들은 타밀족들의 가족, 일터, 상점들을 약탈, 방화, 파괴하고 살상을 저지르는 최대 폭력을 휘둘렀으며 지금까지 20만 명 이상이 희생되고 수십만 명이 부상을 당했으며, 100만 명의 이재민들을 양산한다.

종족갈등 문제에 설상가상으로 종교간 갈등이 더욱 부채질된다. 원주민 2천만 명 중 70%이상이 불교 신봉자이며 힌두교, 이슬람교가 8%로 2위를 차지하고(주로 타밀족) 기독교는 가장 열세하여 양 종족 통틀어 7%의 구성비로 종교간의 대화가 절실한 상황이다.

1983년 폭동으로 벼랑 끝에 몰린 타밀족들은 타밀족 독립을 위해 뭉치게 되고 북부 자프나 항구도시를 중심으로 무력투쟁에 들어갔으며, 타밀 타이거라고 명명된 무장단체는 초창기에는 국제사회로부터 소수민족의 권리쟁취라는 측면에서 많은 동정과 도움을 얻었던 것이 사실이다. 그러나 이 단체가 극렬주의자들에 의해 유지되면서 국제적 연대를 잃어가게 되었다. 민간 여객기를 납치한다든지, 자살폭탄으로 1991년 5월 인도의 수상 후보인 라지브 간디를 살해한다든지, 자프나시를 1991년부터 1996년간 무력으로 장악하면서 정부군 싱할라 군대와 극렬한 무장충돌로 대치하면서 국제사회는 타밀 독립운동에서 등을 돌리게 되었다. 최근에는 정부군에 항복했다고 전한다. 그리고 온 세계는 스리랑카의 화해와 평화는 무력으로써는 도저히 성취될 수 없다는 결론에 도달하였으니, 이제는 종교 간의 협력과 대화를 통한 정치적 타결밖에는 아무런 방법이 없음을 터득하고 이를 세계에 천명하게 되었다.

이는 폭력의 한계성을 극명하게 보여주는 예이기에 WCC는 폭력 극복 평화의 10년 선포에서 스리랑카의 평화를 아시아에서 우선순위로 선포하고 많은 프로그램을 추진하고 있으니 한국교회의 해외선교에 좋은 분야를 제공한다고 할 수 있겠다.

② 캄보디아

킬링필드로 잘 알려진 캄보디아는 1963년 식민종주국 프랑스가 철수한 후 시아누크(Sihanouk) 왕이 중립정책을 펴나가면서 1960년의 베트남과 라오스 간의 전쟁을 잘 피해갈 수 있었다. 그러나 1970년 미국의 지원을 받는 론 놀(Lon Nol) 정권이 시아누크를 축출하면서 미소 냉전의 희생국가로 전락하게 되었다. 1975년 폴 포트(Pol Pot)가 이끄는 크메르 루주(Khmer Rouge)가 론 놀 정권을 타도하고 1978년 이들이 베트남 국경을 침공하자, 1979년 소련과 베트남의 후원을 받는 훈센(Hun Sen, 현재 수상)이 폴 포트를 타도하고 정권을 장악하였다. 그런 10년간의 정권 혼란기를 거치면서 1백만 명 이상의 무고한 생명이 기아, 질병, 처형으로 목숨을 잃게 되었다. 무력과 폭력으로써 정권을 쟁취한 자는 다시 무력으로 그 정권을 잃고 만다는 교훈을 우리에게 전달하는 사례이다.

1991년 10월 23일 파리에서 과거 무력사용의 주인공 네 정파가 평화협정에 서명을 하면서 폭력의 시대에 종지부를 찍었다. 1993년 5월 시아누크가 다시 왕에 취임하고 우여곡절은 있었지만, 1993년과 1998년 두 번에 걸친 유엔 감시 하에 자유선거 실시 후 평화를 향한 걸음마를 한 걸음 한 걸음 옮겨 놓고 있는 나라이다.

그러나 지난 30여 년간의 폭력의 자취는 비참하여 곳곳에서 우리에게 경종을 울린다. 가령 아직 제거되지 못한 대인지뢰나 폭탄들에서 방출되는 다이옥신과 같은 인체 유해물질들이 임산부를 자극해 기형아들이 배출된다든지, 대인지뢰를 잘못 밟아 팔다리를 잃고 목발에 몸을 의지하고 구걸하는 크메르인들을 수없이 목격하면서 평화는 대화와 양보, 화해로써만 성취됨을 배울 수 있는 나라이다. 평화와 화해의 사도로 부르심을 받은 우리 모두는 캄보디아를 해외선교의 대상지로 삼고 섬김을 실천해야 할 것이다.

③ 동티모르

2002년 5월 20일 450년 만에 독립을 쟁취한 동티모르의 이야기이다. 16세기부터 포르투갈의 식민통치를 받아온 이 민족은 1975년 식민세력이 철수하면서 그렇게도 그리던 독립을 쟁취했다고 환호할 사이도 없이 1976년 제2차 세계대전 후 네덜란드로부터 독립한 인도네시아에의 침략을 받고 식민지가 되어 독립의 꿈은 무산되고 말았다. 인도네시아 군대에 대항하여 지난 30년간 정글 속에서 독립투쟁을 하면서 희생당한 동티모르족은 70만 명을 헤아린다.

인도네시아는 동티모르에 가장 강력한 공수부대를 주둔시키면서 무력으로써 원주민을 통치하였으나, 원주민들의 지칠 줄 모르는 독립운동은 국내에서는 전 대통령 구스마오를 중심으로 정글 속에서 게릴라전으로, 외국에서는 국제사회에서의 인도네시아의 폭력을 고발하면서 끈질기게 평화운동을 전개하면서 세계의 이목을 집중시켰다. 이 평화운동의 정점에는 동티모르 수도 딜리에서 신자들을 인도하는 가톨릭 벨로 주교가 있었으며 외국에서는 현 대통령인 라모스 오르타가 있었다. 이 두 사람은 1996년 노벨 평화상을 공동수상하였다. 2002년 4월 유엔 감시 하에 평화 선거를 실시한 이 나라는 세계의 축복 속에서 2002년 5월 20일 신생독립국으로 출발하였다.

인도네시아는 폭력으로 25년간 동티모르의 야미족을 억압해 20만 명의 희생자를 냈으며 그들의 가슴에 한을 심었고, 무력으로써 평화가 온다고 착각하면서 각종 혜택을 주어 티모르족의 환심을 사려고 애썼다. 그 정점에 있던 수하르토 정권은 자국 내에서는 부정부패, 인권유린의 독재자로 32년간을 악명 높게 군림하더니 1998년 정권붕괴와 함께 동티모르에 독립을 안겨 주면서 종말을 고하는 역사의 교훈을 남겼다. 자바에서 온 사람들이 선교에서마저 야미어를 말살하고 인도네시아 언어로 예배를 보게 하면서 식민지의 고초를 톡톡히 치른 동티모르는 이제 국제무대로 나오기 위해 기지개를 편다.

근 500여년의 식민지 결과는 서로서로를 뭉치고 단합하게 하지만 한편으로는 인도네시아를 동경하는 사람들, 포르투갈을 동경하는 사람들, 국내파, 국외파, 또 국외파는 앙골라 파, 모잠비크 파, 포르투갈 파로 의견이 나누어질 때도 있어서 쉽지 않은 국민통합의 진통을 겪는다. 그러나 분명 평화와 화해를 생각하는 한국교회가 배울 점, 그리고 우리가 우리 경험을 나누어 줄 수 있다는 점에서 미래 선교의 대상국임에는 틀림없다. 현 라모스 대통령은 이화여자대학교 해외 석좌교수직을 수락하였고 2009년부터 매년 1주일씩을 향후 5년간 본인이 설립한 평화학 연구센터에 와 학생들에게 동티모르 민족의 한을 강의하기로 되어 기대가 크다.

④ 미얀마

1960년 이후 계속 네 윈(Ne Win, 2002년 12월 사망) 장군이 이끄는 군부독재에 의해 신음하는 미얀마의 민중을 위시한 여타의 다른 6개 종족, 4,700만 명은 군인들의 폭력정치에 의해 모진 고통의 생활을 한다. 2000년 2월부터 세계의 이목이 집중된 가운데 진행된 군부와 아웅 산 수치(Aung San Suu Kyi) 여사가 이끄는 민주민족동맹당과의 대화는 아무런 진전 없이 막을 내려 세계를 실망시키는 실정이다. 1988년 학생과 지식인들이 주동이 되어 군부통치 종식과 민주화의 요구로 1989년 5월에 최초의 평화선거가 진행돼 수치 여사가 이끄는 민주민족동맹이 근 90%의 지지를 획득하여 정권이양을 할 위치에 있었다. 그러나 더 극렬한 폭력을 수반한 군부독재와 맞서야 했다. 수만 명의 무고한 학생과 지식인들이 희생되었고 인도, 타일랜드, 방글라데시에 100만 명이 훨씬 넘는 국외망명객(한국에도 거주)을 양산하였으며 2천 명이 넘는 양심수들은 오늘도 어려운 여건의 수형생활에서 고통을 당하는 실정이다. 불교가 국교로 거의 모든 곳에 군림하는 상황에서 젊은 불교의 스님들은 목숨을 걸고 독재에 항거하였으나 대부분이 투옥되어 이제 은둔생활을 한다.

아직도 군부독재는 친족, 카렌족, 카친족을 강제 이주시키면서 방화, 강탈, 강간을 일삼고 있고, 타일랜드를 끼고 있는 국경지대에는 유엔 보호를 받지 못하고 강제로 고향을 떠날 수밖에 없는 수천 명의 미얀마의 소수민족들이 국제 NGO의 구호품에 의존하며 하루하루 연명한다. 서방세계, EU 그리고 미국, 캐나다 등은 이 군부독재를 종식시키기 위해 경제제재를 가하고 있지만 한국, 일본, 중국 그리고 아세안에서 온 기업들은 이 나라의 무궁무진한 자원에만 관심을 두고 군부와 협력을 해서 경제적 투자를 하고 있기에 군부통치는 가능한 실정이다.

인권과 민주주의를 위해 근 20년간 평화적 수단으로 민주화운동을 계속하는 1991년 노벨 평화상 수상자인 아웅산 수치 여사는 2003년 11월 11일 코엑스에서 한국이 주최한 세계민주주의공동체국제회의 개막식에 화상메시지를 보내면서 "우리 미얀마의 평화를 사랑하는 국민들은 가까운 장래에 화해와 평화의 민주주의가 정의의 큰 틀에서 이루어진다는 것을 확신합니다. 우리를 위해서 더욱 성원해 주십시오"라고 말했다. 그녀의 힘찬 메시지는 80개국 대표들의 박수를 받으면서 채택되었다. 한국 교회는 분명 미얀마의 교회들과 한국의 불교들과 힘을 모아 군부와 수치 여사와의 화해를 위한 대화를 만들어 정치적 타결을 만들어내어 군부가 우려하는 정치보복은 없다는 사실을 제시하여, 군부가 명예롭게 퇴진하여 4천여만 미얀마인들의 염원인 자유민주주의가 꽃피우도록 노력해야 할 것이다.

⑤ 한 국

우리나라의 폭력문화도 이제 신중하게 검토하여 과감하게 청산되어야 할 것이다. 최근에 경찰, 검찰의 가혹행위에 의해 피의자가 가끔 숨지는 사건은 아직도 우리 주위에서 폭력문화가 그대로 존재하고 있음을 뜻한다. 요즈음은 많이 나아졌지만 아직도 경찰 검찰이 과학적 증거에 의해 수사하지 않고 폭력을 휘둘러서 자백하게 만드는 경우가 있다면 하루속히 근절되어야 한다. 그 외에도 우리 주위에는 곳곳에 인신매매, 조직폭력배, 어린이 납치 등 실로 헤아릴 수 없는 폭력이 존재한다.

여러 가지 이유가 있겠지만 이의 원인은 우리에게 전래된, 그리고 한 번도 청산되지 못한 폭력문화에서 연유한다고 볼 수 있다. 그리고 이를 당연한 것으로 여기고 있는 우리의 의식도 문제이다. 즉, 이런 국가기관들의 가혹행위를 암묵적으로 시인하는 우리 국민의 인권의식의 결여에서 또 하나의 원인을 찾아야 할 것이다. 예를 들면 매일 보는 방송의 역사드라마에서 “주리를 틀어라, 매우 쳐라, 자백할 때까지 곤장을 쳐라”하는 봉건왕조의 문화가 아무리 연속극이라도 여과 없이 방영되며 이 폭력문화는 일제 식민지 시대를 거쳐 해방 후 청산을 못한 채, 군사독재시절을 거쳐 오늘에 이르렀다고 할 수 있다.

흉악범은 가혹행위를 해도 무방하다는 우리 국민들의 인권의식 결여가 이런 문제를 방치했다고 보이고, 아직도 한반도는 분단국가로서 무력으로 서로 대치되고 있으니 역설적으로 이런 상황에서 우리 교회는 평화문화를 우리 땅에 뿌리내리는 운동을 전개해야겠다. 이를 위해서는 교회가 지금까지 그랬듯이 이 땅의 평화문화 창조에 계속 앞장을 서야 하겠다. 한반도의 평화는 무력으로써는 결코 이루어질 수 없기 때문이다.

⑥ WCC 회원교회들의 평화 프로그램

2003년 9월 23일부터 3일간 세계교회협의회(WCC)와 아시아기독교협의회(CCA)는 필리핀 NCC와 미국 NCC와 협력하여 마닐라에서 ‘교회의 역할과 테러전쟁’이라는 제목의 국제협의회를 개최하였다. 이 협의회는 필리핀 민다나오에서 5년간 선교사로 봉사하다가 정부군과 민다나오 무슬림 극렬분리주의자들의 총격전에 의해 피살당한 미국인 번함 목사와 필리핀 간호사 에디보디압의 죽음이 계기가 되었다. 이 협의회의 참석자 모두는 평화는 폭력으로써 쟁취되지 않고 오로지 평화적 방법과 정의에 입각한 대화를 통해서만 이루어진다고 선포하였다.

2001년 9월 11일 미국 쌍둥이 빌딩의 비극에서, 그리고 이 자살폭탄 테러의 쇼크에서 깨어나기 시작한 세계교회들과 미국의 교회들은 이제 한 목소리로 테러종식을 위한 전쟁의 한계점을 선포한다. 즉, 노르웨이 오슬로에서 개최된 세계 감리교 실행위원회는 2003년 9월 16일과 22일까지의 실행위원회를 마치면서 "교회는 무력을 거부하고 평화, 정의, 화해를 위해서 일할 도덕적 책임감이 있다"고 선포하였다. 또 10월 1일 미국 클리블랜드에서 모인 미국 성공회 주교회의는 회원교회에 보낸 서한에서 '평화, 정의, 화해'는 우리들이 실천할 신앙고백임을 강조하였다.

2003년 10월 3일 인도 수도 뉴델리에서는 기독교, 힌두교, 시크(Sikh)교, 그리고 이슬람교 지도자들이 손에 손을 잡고 인도에서 최근에 재발하는 종교 간의 폭력문화를 극복하고 평화스러운 종교들의 상호협력과 타 종교의 존경을 위해서 평화행진을 진행하였다. 또 미국에서는 부시의 이라크 전쟁 선포직전 미국 NCC 실행위원회가 10월 10일 부시 대통령에게 보낸 서한에서 "귀하의 신앙에 의존한다는 바로 그 신앙 때문에 우리 모두는 전쟁보다 더 나은 다른 수단을 동원하기를 바랍니다", "미국의 이라크에 대한 선제공격은 우리 신앙의 중심을 뒤흔드는 처사입니다", "이러한 경우에 기독교인인 우리가 침묵한다는 것은 주님을 따르지 않겠다는 뜻입니다"라고 이라크에 대한 미국정부의 무력사용을 반대하는 교회의 입장을 전달했다.

전쟁 발발 2년 후 10월 26일 미국 워싱턴에서 열린 평화를 사랑하는 사람들의 행진에는 경찰 추산인원 10만 명, 주최 측 추산 20만 명이 모인 미국의 이라크에 대한 무력사용을 반대하는 대규모 집회가 있었고 이는 세계인의 관심을 끌었다. 백악관을 향해서 늘어선 인간장벽이 3㎞이상 달했고, 외부에서는 30대의 버스로 참가할 것이라는 주최 측의 계산이 무색하게 650대의 버스로 이동한 사람들이 미국의 전역에서 참가하는 열의를 보였다. 이 모임을 조직한 브레인 베커(Brain Becker)는 "목적이 큰 규모의 반전데모를 조직하는 데 있지 않고 평화운동이 국민들 사이에 뿌리를 내리는 데 있다"고 갈파했다. 이 반전시위는 전국의 네트워크를 형성하는 조직위원회에 의해서 진행되었으며 당시 2004년 1월 18~19일에 다시 워싱턴에서 개최될 예정인 대규모 평화행진의 준비행사에 지나지 않았다. 이 날은 순직한 마틴 루터 킹 2세(Martin Luther King, Jr.) 목사의 생일이며 결프전 12주년 기념일이라고 천명하고 있었다. 그 후 10월의 워싱턴에 있었던 반전 평화를 위한 집회는 샌프란시스코, 탬파, 찰스턴 등에서 연쇄 데모를 유도하여 샌프란시스코의 경우 9월 6일 2,500명, 2주 후 6천 명, 10월 6일의 행진에는 1만 명이 각각 참가했다.

이렇게 미국 내의 국민들도 평화적 해결을 요구하는 수가 날로 증가하고 있다. "폭력은 또 다른 폭력을 부른다. 전쟁은 다른 전쟁을 불러왔던 것이 인류역사였다. 21세기는 이런 과거의 역사를 되풀이해서는 안 된다. 평화는 정의를 동반한 용서, 화해의 복음으로 성취됨을 우리는 알아야겠다. 폭력이 당연시되고 우리 주위에서 폭력의 당위성이 해괴한 이론으로 무장해서 우리를 설득하려 할 때 우리는 이를 단호히 거부해야 한다"라는 교훈을 세계교회는 경험했다. 이러한 정의, 평화운동의 앞줄에 교회가 있다는 것을 세상에 알려야 한다. 아모스 5장 24절 "정의가 강물처럼 흐르게 하라…"가 우리의 신앙고백이 되어야겠으며 이렇게 함으로써 우리는 평화의 사도 직분을 다하고 WCC의 폭력 극복 10년 행사에 참여하게 되는 것이다.

이상은 WCC를 중심으로 한 나의 생각들이기에 이곳에 적었고, 신학을 연구하는 젊은이나 WCC에 관심 있는 독자들에게 도움이 되었으면 한다.

아래의 영문 자료는 WCC에서 일하고 싶어하는 젊은 사람들을 위해서 마련한 것이다. 이곳에서 일하고 싶은 젊은 사람들은 이 자료를 완전히 소화하여 준비에 만전을 기하기를 바라는 마음이다.

The World Council of Churches(WCC) is an international Christian ecumenical organization based in Geneva, Switzerland. It is a fellowship of about 340 churches of which 157 are full members. The fellowship includes denominations involving in total about 550 million Christians throughout more than 120 countries.

History

After the initial successes of the Ecumenical Movement in the late 19th and early 20th centuries, in 1937 church leaders agreed to establish a World Council of Churches, based on a merger of the Faith and Order Movement and Life and Work Movement organizations. Its official establishment was deferred with the outbreak of World War II until August 23, 1948. Delegates of 147 churches assembled in Amsterdam to merge the Faith and Order Movement and Life and Work Movement. Subsequent mergers were with the International Missionary Council in 1961 and the World Council of Christian Education, with its roots in the 18th century Sunday School movement, in 1971.

WCC member churches include most of the Orthodox Churches; numerous Protestant churches (including the Anglican Communion), some Baptists, many Lutheran, Methodist, and Reformed churches, a broad sampling of united and independent churches, several Pentecostal churches, and several Old Catholic churches.

The largest Christian body, the Roman Catholic Church, is not a member of the WCC but has worked closely with the Council for more than three decades and sends observers to all major WCC conferences as well as to its Central Committee meetings and the Assemblies. The Vatican's Pontifical Council for Promoting Christian Unity also nominates 12 members to the WCC's Faith and

Order Commission as full members.
Delegates sent from the member churches meet every seven or eight years in an Assembly, which elects a Central Committee that governs between Assemblies. A variety of other committees and commissions answer to the Central Committee and its staff. These Assemblies have been held since 1948, and last met in Porto Alegre, Brazil in February 2006, under the theme "God, in your grace, transform the world".

Previous Assemblies

Amsterdam, The Netherlands, 22 August~4 September 1948
Evanston, Illinois, U.S., 15 August~31 August 1954
New Delhi, India, 19 November~5 December 1961
Uppsala, Sweden, 4 July~20 July 1968
Nairobi, Kenya, 23 November~10 December 1975
Vancouver, British Columbia, Canada 24 July~10 August 1983
Canberra, Australia, 7 February~21 February 1992
Harare, Zimbabwe, 3 December~14 December 1998
Porto Alegre, Rio Grande do Sul, Brazil, 14 February~23 February 2006
Archbishop Anastasios of Tirana and All Albania was unanimously elected World Council of Churches President in the 9th general assembly meeting held at the University of Porto Alegre in Brazil in February 2006.

Commissions and Teams

There are two complementary approaches to ecumenism: dialogue and action. The Faith and Order Movement and Life and Work Movement represent these approaches. These approaches are reflected in the work of the WCC in its Commissions. A full list of the WCC's Commissions is provided below, however only a few of them are described in detail.

〈표 3-8〉 역대 사무총장의 소속교단, 출신국가

Years	Name	Church	Nationality
1948~1966	W. A. Visser 't Hooft Reformed Churches in the Netherlands	Federation of Swiss Protestant Churches	Geneva Netherlands
1966~1972	Eugene Carson Blake	United Presbyterian Church(USA)	U.S.
1972~1984	Philip A. Potter	Methodist Church	Dominica
1985~1992	Emilio Castro	Evangelical Methodist Church of Uruguay	Uruguay
1993~2003	Konrad Raiser	Evangelical Church in Germany(EKD)	Germany
2004~2008	Samuel Kobia	Methodist Church in Kenya	Kenya

Commission of the Churches on Diakonia and Development
Commission on Education and Ecumenical Formation
Commission of the Churches on International Affairs
Commission on Justice, Peace and Creation
Commission on World Mission and Evangelism
Faith and Order Plenary Commission and the Faith and Order Standing Commission
Joint Consultative Group with Pentecostals
Joint Working Group WCC-Roman Catholic Church(Vatican)
Reference Group on the Decade to Overcome Violence
Reference Group on Inter-Religious Relations
Special Commission on Orthodox Participation in the WCC

Diakonia and Development & International Relations Commissions

The WCC acts through both its member churches and other religious and social organizations to coordinate ecumenical, evangelical, and social action. Current WCC programs in this area include a Decade to Overcome Violence, an international campaign to combat AIDS/HIV in Africa and the Justice, Peace and Creation initiative.

Faith and Order Commission

WCC's Faith and Order Commission has been successful in working toward consensus on such topics as Baptism, Eucharist, and Ministry, on a consistent date for Easter, on the nature and purpose of the Church(ecclesiology), and on ecumenical hermeneutics. The 1952 meeting of the Faith and Order Commission, held in Lund, Sweden, produced the Lund Principle for ecumenical co-operation.
The Commission has 120 members, including representation of churches who are not members of the World Council of Churches, among them the Roman Catholic Church. Members are men and women from around the world - pastors, laypersons, academics, and church leaders nominated by their churches.
The Faith and Order Commission is collaborating with the Justice, Peace and Creation Commission to research answers to these key questions:
"How can the search for unity be a source of renewal for both the Church and the world?"
"What does our increasing cooperation on issues of justice, peace and the creation teach us about the nature of the Church?"
"What is the relationship between ethnicity, nationalism, and church unity?"
Material for the Week of Prayer for Christian Unity is prepared annually in cooperation with the Roman Catholic Church. Other work of the Faith and Order Commission includes facilitating the coordination of results from international bilateral dialogues(the Bilateral Forum) and developing movements towards unifying local churches.

Justice, Peace and Creation Commission

The Justice, Peace and Creation Commission addresses many topics related to the promotion of ecumenical ideals with a specific focus on environmental issues. Its mandate is:

To analyze and reflect on justice, peace and creation in their interrelatedness, to promote values and practices that make for a culture of peace, and to work towards a culture of solidarity with young people, women, indigenous peoples and racially and ethnically oppressed peoples.
Focal issues have been globalization and the emergence of new social movements(in terms of people bonding together in the struggle for justice, peace and the protection of creation).
The Justice, Peace and Creation Commission has given attention to many of today's outstanding worldwide concerns:

the economy
the environment
the situation of indigenous peoples
the quest for peace
treatment of the disabled
racism
treatment of women
treatment of youth

Special Commission on Orthodox Participation in the WCC

A Special Commission was set up by the eighth Harare Assembly in December 1998 to address Orthodox concerns about WCC membership and the Council's decision-making style, public statements, worship practices and other issues.
The Special Commission on Orthodox Participation in the WCC represents the potential for fresh and creative high-level discussion about the structure and life of the Council, a discussion which is explicitly seen as continuing the foundations laid by the process and the policy document "Towards a Common Understanding and Vision of the WCC".

Successes

Some of the notable successes of the World Council of Churches have been in the area of increased understanding and acceptance between Christian groups and denominations. Mutual understanding has developed through the Faith and Order related activities; the movement to coordinate the Churches of Baptism, Eucharist and Ministry has had positive results.
The WCC has not sought the organic union of different Christian denominations - it has, however, facilitated dialogue and supported local, national, and regional dialogue and cooperation.

Regional/national councils

It should be noted that membership in a regional or national council does not mean that the particular group is also a member of the WCC.
Africa - All Africa Conference of Churches
Asia(including Australia and New Zealand) - Christian Conference of Asia, Hong Kong
National Council of Churches in Australia
Caribbean - Caribbean Conference of Churches
Europe - Conference of European Churches, Geneva, Switzerland
Latin America - Latin American Council of Churches
Middle East - Middle East Council of Churches
North America
Canadian Council of Churches
National Council of the Churches of Christ in the USA
Pacific - Pacific Conference of Churches, Suva, Fiji

Members

The UCC counts over 320 churches worldwide on all six habitable continents as members. These members include regional churches, national churches(of many different denominations), and churches for expatriots in countries not of the parishioners' origins(for example, the Korean Christian Church in Japan).

■ 관련 기구 웹사이트

아래의 홈페이지 주소는 더 많은 정보를 원하는 독자들을 위해 게재하였다. 유용한 참고가 되었으면 하는 바람이다.

- 대한적십자사: http://www.redcross.or.kr/
- 국제적십자위원회: http://www.icrc.org/
- 국제노동기구: http://www.ilo.org/
- 세계보건기구: http://www.who.int/
- 유엔 난민고등판무관실: http://www.unhcr.or.kr/
- 세계교회협의회: http://www.wcc-coe.org/

제4장

인권의 역사와 한국의 인권

1. 들어가는 말

'인권은 무엇인가'라는 질문에 확실한 대답을 하기는 어려울 것이다. 왜냐하면 인권이 함축하는 깊은 뜻을 몇 가지의 단어나 문장으로 표현한다는 것은 인권의 무궁무진한 뜻을 스스로 절감시키기 때문이다. 그래서 유엔에서조차 인권에 대한 정의를 내리지 않고 있는 것이다. 왜냐하면 인권은 인간의 삶의 질과 폭에 의해서 그 정의는 다양하게 내려지고, 또 시대의 변천에 따라서 인권의 새로운 국면이 나타나기 때문에 그 가능성을 열어두기 위해서 유엔은 인권의 정의를 내리지 않는다. 이런 뜻에서 우리는 유엔이 인권에 관한 정의를 내리지 않는 이유를 잘 이해해야 할 것이다.

그러나 유엔은 인권의 특성을 세 가지로 얘기한다. 첫째는, 인권은 천부적(*inherent*)이다. 즉 인간은 이 세상에 나면서부터 존엄성을 가지고 태어났기 때문에 인권은 이미 인간의 존재와 함께 탄생했다는 뜻이다. 둘째는, 인권은 불가양적(*inalienable*)이다. 즉 인권은 물건처럼 남에게 양보하거나 남의 인권을 자기 것으로 가져갈 수 없다는 뜻으로서 자기의 인권은 자기만이 소유할 수 있다는 의미이다. 물론 여기에는 개인이나 집단의 꾸준한 노력에 의해서 성취된 인권은 그 사람만이, 그리고 그 집단만이 누릴 수 있는 특권을 가진다는 깊은 뜻을 우리는 헤아려야 할 것이다. 마지막으로 인권은 만인공유(*universal*)라고 그 특성을 말한다. 만인공유라 함은 인간 모두가 그가 처해 있는 신분이나 상황의 변동 없이 누구나 인권을 가진다는 뜻이다. 인권 향유에는 차별이 있을 수 없다는 뜻이다. 신분, 성별, 국적, 피부색, 장애인, 노약자, 또는 부자건 가난한 소외 계층이건, 외국인 노동자이건 누구든 인권을 똑같이 소유한다는 뜻이다.

이러한 특성을 가진 인권은 그 유래를 서구의 역사 속에서 찾을 수 있으며 특히 서구의 1688년부터 1789년의 100년 동안, 즉 우리가 얘기하는 계몽주의 시대에 인권이 크게 발전하였음을 알 수 있다. 특히 영국에서 인권의 시작이 유래되었음은 재미있는 사실이다.

영국은 5세기까지 대륙에서 켈트(Kelt)족이 이주하여 유럽에서 제일 큰 섬나라에 정착하게 되었다. 켈트족과 함께 6세기부터 앵글로색슨(*Anglo-Saxon*)족이, 즉 게르만(*German*)민족의 일부가 대륙으로부터 이 섬나라에 이주하면서 상호 화합과 견제를 유지하면서 개혁사상이 싹트게 되었다고 말할 수 있다. 따라서 인권의식과 의회민주주의에 관한 모색이 영국이라는 섬나라에서 먼저 발전되었다. 이들 대륙으로부터 이주한 민족들은 그들의 개혁성이 대륙에서는 꽃피울 수 없기에 새로운 개혁의지를 이루기 위해서 이주했다고 볼 수 있고, 그래서 영국에서 개혁사상은 제일 먼저 싹이 텄다고 할 수 있겠다.

2. 영국 대헌장에서 명예혁명까지

영국의 스튜어드 왕조의 제임스 1세(James I, 1603년~1625년)부터 1688년 명예혁명까지 영국은 절대왕조를 견지하고 있었으며, 프랑스는 부르봉 왕조의 루이 14세(Louis XIV, 1643년~1715년)부터 1789년 프랑스혁명까지 절대왕조가 자리를 잡았으며, 러시아의 로마노프 왕조의 피터 대제(Peter, 1689년~1725년)부터 1917년 러시아 혁명까지 절대왕조가 유지되었고, 프로이센의 호엔촐레른 왕조의 프리드리히 대왕(Friedrich, 1740년~1786년)부터 1871년 독일 통일까지 절대왕조나 공후들이 지배하였으며, 오스트리아도 합스부르크 왕조의 마리아 테레지아(Maria Theresia, 1740년~1780년)부터 1806년의 제국해체까지 절대왕조가 유럽을 지배하였다.

그러나 코페르니쿠스(1473년~1543년)가 지동설(地動說)을 주장하고, 베이컨(1561년~1626년)이 신기원을 주장하였으며, 갈릴레오(1564년~1642년)는 〈별들의 사자〉라는 글을 썼으며, 케플러(1571년~1630년)는 케플러의 법칙을 발견했다. 토마스 홉스(1588년~1679년)의 해수, 즉 인간은 욕심이 있고 사악하기 때문에 절대군주가 필요하다는 생각들, 그리고 데카르트(1596년~1560년)의 "나는 생각한다. 그러므로 존재한다"라는 유명한 명언과 그리고 그가 발전시킨 연역법, 뉴턴(1642~1727)의 자연철학의 수학적 원리들처럼, 이상의 사상가들의 사고를 가능케 한 계몽주의 사상에서 인권의 싹이 서서히 트기 시작하였다. 그 후 존 로크, 몽테스키외, 볼테르, 루소, 디드로, 아담 스미스, 임마누엘 칸트 등의 지성인들에 의해서 계몽주의 사상은 더욱 발전하게 되었다.

이렇게 17세기 천재들이 득세하여 '과학혁명'을 이루었다고 말한다. 18세기는 서구에서 이성의 세기를 통한 '지적 혁명'의 시대라고 규정할 수 있다. 수많은 과학자들이 나타나서 절대신(絶對神)에 대한 이성적 분석과 절대군주에 대한 합리적 주장을 펼침으로써 과학은 수학적 계산으로 더욱 발전하였고, 그렇게 됨으로써 우주의 합리적 법칙을 설명하면서 인간의 이성과 존엄성이 주장되었으며, 이러한 인간의 존엄성 속에서 인권의 생각들이 태동되었다고 할 수 있다.

예를 들면, 프랜시스 베이컨은 경험주의의 창시자로서 실험과 관찰이 유일한 과학적 방법이라고 주장하였고, 존 로크는 경험주의 철학을 주장하면서 인간은 태어날 때 아무런 관념도 가지고 나오지 않는다고 주장하였다. 그러기에 인간의 이러한 백지상태는 외부로부터의 지식을 받아서 그 지식을 경험을 통해서 스스로 획득한다고 주장하였다.

또한 르네 데카르트는 대륙에서 태어난 합리주의자로서 모든 과학을 수학적 추상으로 귀착시켜 연역법을 제시하였고, 신의 존재를 인정하는 동시에 물질의 존재를 증명해야 한다고 주장하였다. 그래서 두 개의 존재를 인정함으로써 이원론이라는 이론을 개발하였다. 독일의 임마누엘 칸트는 인간은 태어나면서부터 이성적 존재로서 이성에 입각한 비판의 용기를(*Mut zur Kritik*) 가지고 있으며, 이를 행사해야 한다고 주장하여 서유럽 근세철학을 집대성하였다.

18세기 계몽주의는 17세기에 아직도 남아 있던 권위주의에 대한 반발이 이론적 틀을 갖추어 크게 발전하였으며, 유럽의 지성혁명에 많은 지식인(예를 들면 문인, 언론인)들이 대중을 향해서 글을 쓰고 사회악을 비판하며 절대신과 절대군주에 대한 합리적 분석을 시도하게 되었다.

프랑스의 볼테르는 신은 윤리적 이유에서 필요하며 교회와 성직자를 심지어 증오하면서 성직자를 국가 아래에 두어야 한다고 주장하였다. 몽테스키외는 정치이론가로서 자유와 헌법과의 관계를 11권의 책을 집필해 설파하였고, 3개의 정부형태가 있다는 것을 알렸다. 그는 공화정, 군주정, 전제정이 있으나 자기는 입헌 군주제도를 주장하기에 이르렀다. 특히 입법, 사법, 행정의 3권 분립을 주장하고 입헌 대의제를 가장 적절한 정치제체라고 찬양하였기에 근대적 의미의 인권정립이 이러한 이론 속에서 정착하기에 이르렀다.

장 자크 루소는 사회계약론을 1762년에 집필하여 주권재민설에 입각한 민주주의를 주장하였다. 이러한 합리적 사고들은 이신론(理神論)

으로 정착되어 갔는데, 이는 종교와 이성을 일치시키려는 사고로서 많은 비합리적 교회교리와 신조에서 기독교를 해방시키려고 노력하였다. 이신론에서는 조물주로서 신의 존재를 인정하되 신을 숭배할 필요가 없으며, 죄를 위한 인간의 속죄와 영원불멸을 주장하면서 종교의 윤리적 덕성도 인정하였다.

반면에 루소는 모든 종교의 형식주의와 불관용을 신랄하게 비판하면서 중단할 것을 주장하였고, 종교의 경건성은 개인적 신앙으로 용해될 수 있다고 하였다. 이러한 이신론에 입각하여 독일의 경건주의, 영국의 퀘이커 교, 영국의 감리교, 가톨릭의 얀센주의 등이 발전하게 되었다. 신·구교는 공히 유효하며 평준화되어 있어야 한다고 주장하였다. 나폴레옹은 그래서 종교는 지고(至高)의 경찰이라고 규정하기에 이르렀다.

이렇게 서양의 계몽주의는 인간을 모든 것의 중심에 놓는 인본주의의 탄생과 정착을 의미하며 인간으로 태어난 모든 인간들이 가지고 있는 천부적(天賦的) 권리는 자연권(自然權)으로 이해하였다. 이러한 자연권 사상은 인간의 존엄과 자유를 천부적으로 가지고 태어났다는 사상으로 발전하였으며 남성에 비해 열악한 위치에 있는 여성교육이라든지 노예제도의 폐지를 주장하기에 이르렀다.

이탈리아 출신의 베카리아는 1764년 《죄와 벌에 관하여》라는 책을 써서 범죄의 처벌보다 예방이 우선되어야 한다는 과학적 근거를 제시하기에 이르렀고, 사형제도와 고문을 비난했으며 당시에 유행했던 몰수(沒收)를 극렬히 비난하면서 인권선언 정신에 크게 이바지하였다.

물론 이러한 계몽주의 시대에는 절대왕권을 주장하는 사람들과 인간의 이성을 주장하는 사람들이 공존하였으나, 분명한 것은 종교의 힘과 왕조의 힘이 인간들에 의해서 제약을 받기 시작하였고, 이러한 시작이 1789년에 프랑스 혁명으로 꽃피우게 되었다는 사실이다.

이러한 계몽주의 시대보다 먼저 영국에서는 1215년에 마그나카르타

대헌장이 발효되어 인권관의 효시(嚆矢)가 되었다. 대헌장은 왕이 신민 공동체의 동의에 의존해야 한다는 생각이 분명해지므로 왕은 납세자나 납세자의 대표의 동의에 의해서만 과세(課稅)할 수 있다는 원칙에 입각하게 되었다. 이렇게 절대왕권이 왕과의 관계에서 의회를 과세를 비준하는 기관으로 인정하였다. 즉 의회가 여론을 집합하고 대표하는 기관이라는 것이 확실해진 것을 대헌장이라고 말한다. 이 대헌장은 4개의 종이문서로 남아 있으며 2개가 영국 박물관에 보관중이다. 이러한 의회의 존재에 대한 왕의 인정은 인권발전에 커다란 기여를 하였다.

그 후로는 중요한 인권 발전역사의 전기를 1628년의 권리청원(*Petition of Rights*)에서 찾을 수 있다. 의회 구성원이 옛날처럼 상공인들과 하위귀족으로 구성되지 않고 스튜어드 왕조에서는 자의식이 강하고 탁월한 언어구사력을 갖춘 중산층(*gentry*)과 지방귀족 출신의 학자로 구성되도록 한 것이다. 특히 의회가 개원되자 의회의 지도자인 존 핌(John Pym)은 국왕과 귀족들이 시민의 자유와 재산권을 침해한 사례를 조목조목 나열하며 왕의 절대주의적 통치를 공격하여 국가를 왕 개인의 소유로 착각하여 마음대로 할 수 있다고 생각하는 것은 잘못된 것이라 비판하였다. 그는 또 왕은 시민들 때문에 존재한다고 역설하면서 모든 의원들의 갈채를 받으며 왕의 과세에 동의해 주는 대신 왕도 의회의 권한을 인정해 줄 것을 요구하는 권리청원을 주장, 관철시켜 인권 역사상 획기적 발전을 하게 되었다.

1688년에 명예혁명은 절대왕조의 복귀를 좌절시키고 피를 흘리지 않고 의회의 권한을 정착시키는 혁명으로서 이듬해 1689년 4월 21일 의회가 내놓은 권리장전(*Declaration of Rights*)을 인권의 발전에서는 주목해야 하는 큰 사건으로 기술한다. 이 중요한 문서는 다음의 내용을 담는다.

- 영국왕은 영국에 속한다.
- 왕은 법집행을 정지시키지 못한다. 그리고 의회는 정기적으로 소집되어야 한다.
- 의회의 임무는 과세동의와 평화시(平和時)에 국왕이 상비군을 유지할 수 있게 한다.
- 의회 내에서 언론의 자유가 보장된다.
- 특별재판소의 존재를 금지한다.

이와 같은 획기적 문서에 왕이 합의함으로써 서구 역사에서 인권은 장족의 발전을 하게 된다. 이와 같은 영국 의회제도의 정착과 앞서 기술한 계몽주의 시대의 지성인들의 주장이 꽃피워지는 것이 1789년의 프랑스 혁명이고 여기에서 근대적 의미의 인권 17개 조항이 선포되는데 그것은 아래와 같다.

3. 프랑스 혁명의 17개의 인권선언

제1조, 인간은 권리에 있어서 자유롭고 평등하게 태어나 생존한다. 사회적 차별은 공동이익을 근거로 해서만 있을 수 있다.

제2조, 모든 정치적 결사(結社)는 인간의 자연적이고 소멸될 수 없는 권리를 보전함에 있다. 그 권리란 자유, 재산, 안전, 그리고 압제에의 저항 등이다.

제3조, 모든 주권의 원리는 본질적으로 국민에게 있다. 어떠한 단체나 어떠한 개인도 국민으로부터 명시적(明示的)으로 유래하지 않는 권리를 행사할 수 없다.

제4조, 자유는 타인에게 해롭지 않은 모든 것을 행할 수 있는 것이다. 그러므로 각자의 자연권의 행사는 사회의 다른 구성원에게 같은

권리의 향유를 보장하는 이외의 제약을 갖지 아니한다. 그 제약은 법에 의해서만 규정될 수 있다.

제5조, 법은 사회에 유해한 행위가 아니면 금지할 권리를 갖지 아니한다. 법에 의해 금지되지 않은 것은 어떤 것이라도 방해될 수 없으며, 또 누구도 법이 명하지 않는 것을 행하도록 강제될 수 없다.

제6조, 법은 일반의사의 표명이다. 모든 시민은 스스로 또는 대표자를 통하여 그 작성에 협력할 수 있는 권리를 가진다. 법은 보호를 부여하는 경우에도 처벌을 가하는 경우에도 모든 사람에게 동일한 것이어야 한다. 모든 시민은 법 앞에 평등하므로 그 능력에 따라서, 그리고 덕성과 재능에 의한 차별 이외에는 평등하게 공적 위계, 지위, 직무 등에 취임할 수 있다.

제7조, 누구도 법에 의해 규정된 경우, 그리고 법이 정하는 형식에 의하지 아니하고는 소추(訴追), 체포(逮捕) 또는 구금(拘禁)될 수 없다. 자의적 명령을 간청하거나 발령하거나 집행하거나 또는 집행시키는 자는 처벌된다. 그러나 법에 의해 소환되거나 체포된 시민은 모두 즉각 순응해야 한다. 이에 저항하는 자는 범죄자가 된다.

제8조, 법은 엄격히, 그리고 명백히 필요한 형벌만을 설정해야 하고 누구도 범죄 이전에 제정·공포되고, 또 합법적으로 적용된 법률에 의하지 아니하고는 처벌될 수 없다.

제9조, 모든 사람은 범죄자로 선고되기까지는 무죄로 추정되는 것이므로, 체포할 수밖에 없다고 판정되더라도 신병(身柄)을 확보하는데 불가결하지 않은 모든 강제조치를 법에 의해 준엄하게 제압된다.

제10조, 누구도 그 의사에서 종교상의 것일지라도 그 표명이 법에 의해 설정된 공공질서를 교란(攪亂)하지 않는 한 방해될 수 없다.

제11조, 사상과 의사의 자유로운 통교는 인간의 가장 귀중한 권리의 하나이다. 따라서 모든 시민은 자유로이 발언하고 기술하고 인쇄할

수 있다. 다만, 법에 의해 규정된 경우에서의 그 자유의 남용에 대해서는 책임져야 한다.

제 12조, 인간과 시민의 제 권리의 보장은 공공무력을 필요로 한다. 따라서 이는 모든 사람의 이익을 위해 설치되는 것으로서, 그것이 위탁(委託)되는 사람들의 특수이익을 위해 설치되지 아니한다.

제 13조, 공공무력의 유지를 위해, 그리고 행정의 제 비용을 위해 일반적 조세(租稅)는 불가결(不可缺)하다. 이는 모든 시민에게 그들의 능력에 따라 평등하게 배분되어야 한다.

제 14조, 모든 시민은 스스로 또는 그들의 대표자를 통하여 공공조세의 필요성을 검토하며, 그것에 자유로이 동의하며, 그 용도를 추급하며, 또한 그 액수, 기준, 징수, 그리고 존속기간을 설정할 권리를 가진다.

제 15조, 사회는 모든 공직자로부터 그 행정에 관한 보고를 요구할 수 있는 권리를 가진다.

제 16조, 권리의 보장이 확보되어 있지 않고 권력의 분립이 확정되어 있지 아니한 사회는 헌법을 갖고 있지 아니한다.

제 17조, 하나의 불가침(不可侵)적이고 신성한 권리인 소유권은 합법적으로 확인된 공공 필요성이 명백히 요구하고, 또 정당하고, 사전보상의 조건하에서가 아니면 침탈(侵奪)될 수 없다.

4. 세계인권선언

제 1차, 제 2차 세계대전을 치른 인류는 전쟁의 참상(慘狀)을 스스로 경험하고 진정한 평화는 비폭력적, 평화적 수단에 의해서만 달성된다고 자각하기에 이르렀다. 그래서 2차 세계대전 이후에 전 세계는 전쟁 없는 평화의 지구를 그리면서 1948년 12월 10일 제 2차 유엔총회에서 우리에게 잘 알려진 세계인권선언을 결의하고 공포하기에 이른다. 지금도 이 세계인권선언은 우리가 인권을 이야기할 때에 그 기준을 설정하는 문서로서 전문과 30개 조로 이루어졌다.

2조부터 21조까지는 속칭 자유권(自由權)으로 알려진 정치적 · 시민적 권리를 얘기하고 있으며 22조부터 29조까지는 사회권(社會權)으로 줄여 불리는 경제적 · 사회적 · 문화적 권리를 명시한다. 유엔에서는 전자를 B규약이라고 칭하며, 후자를 A규약이라고 칭한다.

이러한 자유권과 사회권은 이후 유엔 인권위원회에서 각각 국제자유권규약(ICCPR: International Covenant on Civil and Political Rights)과 국제사회권규약(IESCR: International Covenant on Economic, Social and Cultural Rights)으로 채택되었지만 그 해석과 적용에서 일치를 보지 못하였다. 즉 서구의 선진국과 북미 국가들은 자유권을 인권의 가장 중요한 권리라고 주장하는 반면, 사회주의 국가와 제 3세계는 사회권을 중요한 인권으로 주장하는 것이 다반사였다.

이러한 상반된 주장과 국가 간의 대치는 인권신장이라는 대명제에 방해물이 되므로, 유엔은 1993년 6월 오스트리아 비엔나에서 세계인권특별총회를 개최하기에 이른다. 이 회의에서는 자유권과 사회권은 똑같이 중요하므로 서로 연관되고, 상호 분리되어서는 발전할 수 없는 불가분(不可分)의 관계에 있기 때문에 포괄적으로 접근해야 한다는 권고안을 회원국가에게 전하게 된다. 이러한 유엔의 권고안은 상당한 효력을 발휘하였으나, 아직도 유엔에서는 위와 같은 상반된 의견이 존재하는 점은 유감이라 할 수 있다. 특히 미국은 인권이라고 얘기할 때 자유권만 인정하는 실정이다.

5. 새로운 인권분야

위에서 말한 자유권과 사회권 이외에 오늘날에는 새로운 인권으로서 환경권(環境權), 발전권(發展權), 평화권(平和權) 등이 새로운 인권분야로서 주장, 연구된다. 환경권이라 함은 20세기의 발전모델을 경제성장 일변도로 규정하였기에 경제성장을 위해서 환경을 파괴하고, 국가안보를 주장하며 인권을 중요시하지 않는 경향이 있었다. 이러한 경제성장 일변도의 개발모델은 특히 아시아에서 그 한계를 보였으며, 그것이 곧 1997년 12월에 금융위기(金融危機)로 나타나게 되었다.

이러한 20세기식 발전모델은 많은 국가들로 하여금 지속가능한 발전으로의 사고전환을 유도하였으며, 지속가능한 발전을 위해서는 환경을 무차별로 파손하거나 국가안보를 내세우면서 인권을 유린하는 것을 배격하게 되었다.

그래서 새로운 인권분야로서 평화권(平和權), 환경권(環境權), 지속가능한 발전권(發展權) 이 3가지가 상호 견제되고 유지되면서 매끄럽게 조화(*coordination*)되는 것이 바람직하다고 유엔은 주장한다.

그 이외에 발전권(*Rights of Development*)은 아랍권과 제 3세계의 가난한 나라들이 주장하는 권리로서 서구 선진국들의 부와 기술의 노하우를 제 3세계에 무상으로 전수하라는 주장이나, 이러한 주장에 대해서 미국은 선정(*Good Governance*)을 주장하면서 후진국의 빈곤은 민주주의의 발전과 긴밀한 관계에 있기 때문에 가난의 극복은 민주주의의 정착과 이를 수행하는 지도자에게 달려 있다고 제 3세계의 주장을 일축하는 실정이다.

유엔이 창설 40주년을 기념하여 1984년 11월 12일 평화권을 권고하여 모든 회원국들이 이를 계속 발전시키기로 하였다. 이 평화권 선언(*Declaration on Right of People to Peace*)은 유엔이 전쟁 없는 지구를 생각하면서 모든 인간이 핵의 위협에서 자유스러워야 한다고 주장하였다. 평화권은 아직 인권으로서 정착하지 못하였지만 평화정착이라는 대명제로서 각 나라가 처한 상황에 따라서 중요시된다. 특히 한반도처럼 긴장이 감돌고 있는 곳에서는 평화권에 대한 연구가 앞으로 크게 발전되어서 한반도의 평화정착이 이루어질 수 있어야 하겠다.

환경권의 중요성은 우리가 추구해 온 20세기 발전모델이 경제성장을 위한 자연 파괴를 묵인함으로 인해 오늘날 대두되었다. 자연의 융화를 인간 스스로, 조물주의 창조질서를 인간의 무지가 파괴한 결과로 환경은 인간들에게 안식을 주는 대신 재앙을 주게 되었다. 몇 년 전의 쓰나미 재앙, 북한의 홍수, 알래스카 빙하의 잠적, 중국의 홍수, 일본의 태풍, 한국의 국지성 소나기와 찜통더위, 이 모든 것들이 인간의 환경파괴에서 나타난 것이며, 새로운 인권분야로 환경권 즉, 물의 권리, 숲의 권리, 바위의 권리 등이 새롭게 나타난다.

6. 한국 인권의 현주소

한국의 인권은 1970~80년대의 암울한 인권 사각지대를 지나면서, 그리고 많은 인권지킴이들의 노력에 의하여 분명 장족(長足)의 발전을 이루었다. 미국 뉴욕에 본부를 둔 프리덤하우스(Freedom House)는 매년 전 세계의 약 100여 국가를 대상으로 자유권을 중심으로 그 나라 인권의 발전도를 분석하여 세계에 공표(公表)한다. 즉 정치적 자유를 1점~7점, 시민적 권리를 1점~7점으로 분류하여 각 나라의 점수를 매기는데, 우리나라는 약 11년 전부터 각 2점씩 평균 2점을 획득하며 인권자유국가로 분류되는 영광을 안았다.

프리덤하우스는 세계국가를 자유국가(*free state*), 부분 자유국가

(*partly free state*), 그리고 자유 없는 국가(*not free state*)로 구분하는데 북한의 인권은 각 7점씩을 획득하여 자유 없는 국가로 분류되었다. 우리나라는 분명 인권 선진국임에 틀림없지만 이 발표에 의하면 평균 1점을 받았거나, 또는 1.5점을 받은 국가는 전 세계에서 56개국에 달한다. 즉 우리나라는 세계에서 57번째의 인권 선진국이라는 말이 된다.

아직도 사형제도 문제, 외국인 노동자의 문제, 대체복무의 문제, 국가보안법의 문제 등 산적(山積)한 인권분야가 우리의 해결을 기다린다. 약 20년 전부터 유엔은 우리나라에 대하여 위에서 말한 모든 문제에 대해 권고안을 제시하고 있지만 우리 국내법은 아직도 이상의 산적한 문제들을 해결하지 못하는 실정이다. 이는 잘 아는 대로 국민의 인권 감수성이 낮기 때문이며, 분단이나 흉악범의 잔인성 또한 그 원인으로 꼽힌다.

그 외에 국가기관에 의한 인권침해의 사례들, 그리고 여러 가지 이유(인종, 국가, 성별, 나이, 외모 등)로 인한 차별 등 인권침해는 우리 모두가 같이 의논하면서 풀어야 하는 과제들이다. 이러한 산적한 인권 문제들이 해결되고, 그것들이 국내법으로 제정되어 실행이 되었을 때에 한국은 명실 공히 인권선진국으로 세계에서 칭찬받게 될 것이다.

동시에 세계에는 우리보다 못한 인권 후진국들이 많이 존재한다. 이러한 국가들에 대해서는 우리의 경험을 전수(傳授)할 필요가 크다. 즉 우리는 우리가 겪었던 실패와 성공의 이야기들을 인권후진국에게 들려줌으로써 우리와 공동의 길을 가도록 할 의무가 있는 것이다. 인권을 당사자나 당사국을 몰아붙이거나, 비난하기 위한 수단으로서 사용해서는 안 된다. 인권은 분명히 우리 모두가 서로 협력(協力)하면서 공동으로 개선해야할 우리 모두의 책임을 동반한 분야이다. 그래서 인권은 정치적 도구로 전락해서는 안 되는 것이다.

인권에 대해 제3자나 제3국의 역할은 당사국을 진정한 파트너로 생각하여 당사국이 즐겁게 인권의 중요성을 인식하고 인권증진에 몰두할 수 있도록 분위기를 조성하는 것이다. 그래서 인권은 공격적이어서는 안 되고, 평화적이고 대화를 통해 친근한 분위기를 조성하는 것이 중요하다. 북한의 인권증진을 위해서도 이러한 우리들의 태도는 평화적이고, 건설적이며 대화를 통해 북한과 같이 문제를 풀어 나가도록 하는데 기여해야 할 것이다. 세계의 어느 나라도 인권에 관한 한 100% 완전하다고 자랑할 수는 없을 것이다.[1)]

---

1) 북한의 인권문제를 어떻게 다룰 것인가 하는 문제는 마지막 12장에서 한반도의 평화정착의 문제와 함께 다루고 있으니 참고하기 바란다.

제5장

독립적 국가인권기구와 한국의 인권

1. 들어가는 말

21세기를 살아가는 우리가 20세기에 했던 일들을 돌아보는 일은 미래의 보다 나은 삶을 설계하는 데 매우 중요하다고 생각된다. 20세기의 발전모델은 경제성장 위주의 발전을 하나의 모범답안으로 생각했다. 즉 경제성장 수치가 상승하기만 하면 인권유린이나 환경파괴는 정당화되었다는 이야기이다. 특히 후진국들은 경제성장을 위해 사회안정을 꾀하게 되며(사회안정은 외자유치의 조건이 되므로) 국가안보의 논리에서 당연히 인권과 환경 등은 뒷전으로 밀려나게 되었다. 이 경제수치 위주의 발전모델은 제1세계와 그들의 투자를 유치해야 하는 제3세계가 공히 공감하는 모델이었다. 이러한 관점에서 한국의 모델은 국제사회, 특히 국제기구들이 부러워하는 나라였고, 한국은 1990년대 후기까지 제3세계 국가들의 부러움을 사던 것도 사실이다.

그러나 한국에서는 경제성장과 국가안보라는 논리 속에서 그만큼 성장의 그늘에 묻혀 인간의 존엄성이나 인권은 가려지고 말았다. 지나간 세월, 즉 우리나라 해방과 독립 이후 우리는 인권을 국가경제발전과 국가안보와 동떨어진 별개의 개념으로 가르치고 배워왔으며, 심지어는 경제발전, 국가안보를 방해하는 요소로 인식하여 왔다. 20세기 인권후진국의 개발논리에서는 '인권은 발전을 저해한다. 그러기에 소수의 인권 제창자들은 억압을 통해서라도 국가발전 대열에서 사라져야 한다고 주장했다. 왜냐하면 그들의 소요는 허구의 국가질서를 교란하고 종국에는 국가안정을 저해하고 외국자본의 흐름을 또는 국내투자를 막기 때문이다'라고 인식하여 왔다. 그로 인해 수많은 인권운동가들이 고초를 겪었다.

이러한 인권부재의 개발논리는 결국 20세기 말에 그 한계를 나타냈고 1997년 12월, 인도네시아, 필리핀, 타일랜드, 그리고 한국 등 아시아 국가들의 심각한 금융위기로 나타났다. 20세기 식 발전모델의 붕괴 경험들을 통해 우리가 깨달은 바는 국가발전의 가장자리에 있던 인권과 환경을 21세기에는 그 중심으로 옮겨 자리잡게 해야 한다는 것이다. 그렇기 때문에 오늘날 국제기구들이 내어놓은 21세기 발전모델은 인권을 중시하고 자연을 보호하는 모델을 설정하기에 이르렀다. 경제수치 성장 일변도 대신 인권과 환경을 전제로 하게 되었다.

앞에서 기술했듯이 국제인권기구인 프리덤하우스(Freedom House)는 매년 세계 100여개 국가들에 B규약을 적용하여 인권발전 점수를 매겨 이를 발표한다. 점수기준은 시민적 자유와 정치적 권리의 성취정도이며 1점이 가장 좋고 7점이 최하위이다. 세계의 국가들은 자유국가, 부분 자유국가, 자유 없는 국가로 등급이 매겨진다. 우리나라는 2001년에 시민적 자유에서 2점, 정치적 권리에서도 2점을 얻어 자유국가(*free*)로 인정받았고, 2002년에도 같은 점수로 오늘까지 자유국가로 인정되었다. 이렇게 해서 1970, 80년대의 암울했던 인권유린국가의 오명을 탈피하였다.

그러나 우리나라는 자유국가 중 58위에 머물고 있기에 완전한 인권선진국으로 도약하기에는 아직도 갈 길이 멀다고 할 수 있다. 이의 두드러진 이유는 유엔, 국제기구들의 인권 권고사항에 국내법이 도저히 따르지 못하고 있기 때문이다. 또한 사형제도 폐지, 외국인 노동자 인권 향상, 난민 신청자 인정, 국가보안법 개폐 등 실로 많은 분야가 우리가 풀어야 할 숙제로 남아있기 때문이다. 한국은 유엔 인권이사회 이사국으로 이상의 모든 국제협약에 가입했으며, 국가인권위원회를 설립하는 등 해외에서는 인권선진국으로 비춰져 우리보다 열악한 이웃나라들의 인권문제도 인도주의 개입의 원칙에 의해서 우리들이 도와주어야 하는 시점까지 와 있다고 할 수 있다. 이러한 책임까지 떠맡은 우리나라의 인권 현주소는 다음의 국가인권위원회에서 구체적으로 기술하겠다.

2. 인권개념의 확대

다시 강조하지만 국제사회에서는 인권의 특성을 천부적(*inherent*), 불가양의(*inalienable*) 그리고 만인공유의(*universal*)것으로 인식한다. 이러한 3가지 특성의 인권에 대한 개념은 날로 발전하고 있기 때문에 유엔에서는 인권에 대하여 의식적으로 정의를 내리는 것을 피한다.

초기 인권분야는 시민적 자유나 정치적 권리를 근간으로 한 인권(B규약), 즉 개인이 고문당하지 않고 표현, 주거, 사상의 자유 등을 향유하면서 참정권을 누리며 선거에 참여하고 피선거권을 갖는 것에 관심이 높았다. 그리고 문화적, 경제적, 사회적 권리(A규약 인권)로 발전하였고, 이는 교육을 받을 권리, 여가를 선용할 권리, 노동의 권리, 단체행동의 권리, 사회보장제도 등으로 발전하고 있으며 최근에는 인권의 개념이 평화권, 발전권, 환경권으로 확대되어 집단구성원들의 권리로까지 확대된다. 적용범위도 아동, 여성, 전쟁포로, 난민, 노동자, 외국인 노동자, 노예, 인종, 인신매매, 강제노동에서의 희생자의 권리까지 인권문제의 핵심을 이루면서 이것들의 인권유린사태를 예방하기 위해 국제협약이 제정되고 가입되는 추세이다. 더구나 자국의 인권유린 사례는 제 3국이 개입할 수가 없다는 것이 20세기 말까지의 통설이었다. 하지만 이제는 '인도주의를 내세운 개입'(*Humanitarian Intervention*)이 허용되는 마당이므로 A국가의 인권탄압이 B국가로 하여금 인도주의에 입각해서 그 개입이 가능할 정도로 발전되었다. 유엔 경제사회위원회(제 3위원회)와 국제 인권 NGO를 중심으로 전개되고 있는 인권관련 쟁점들을 살펴보면 다음과 같다.

첫째, 유엔협약에 의한 국제적 권고사항과 국내법과의 관계이다. 법이론적 해석의 다양성에도 불구하고 오늘날의 국제동향은 국제적 권고사항이 국내법보다 우위에 있다고 해석한다. 국내의 특수성은 한시적 효력을 제외하면 장기적으로는 국제규약이 국내법보다 우선한다는 추세이다. 예를 하나 들어 보자.

한국은 지난 5년간(2002년까지) 105명의 난민신청 건 중 단 한 건을 승인한 바 있어서 국제적으로 거의 망신을 당하였다. 유엔 난민고등판무관실은 한국의 난민인정 규약이 너무 복잡하고 난민인정 수는 국가의 인권신장 위상에 맞지 않는다고 이야기한다. 장길수 군 가족 7명이 중국에 머무르는 동안 한국국민이 보인 열의, 즉 가족 7명을 중국정부는 유엔 난민판무관 중국사무실 주장대로 난민으로 인정해 한국에 오도록 하라는 성화에 전 국민이 한 목소리였다. 그런데 정작 우리는 우리 것은 그렇게 주장하면서도 남에게는 너무 인색한 것이다. 이 105명의 신청자 중에 22명(그 사이 7명 인정됨)이 미얀마에서 아웅산 수치 여사와 민주화 투쟁 중 망명한 사람들이다. 그들은 지금 한국에서 노동자로 일하면서 난민지위를 대기중이다. 우리도 이제 국제적 시각으로 이 문제를 취급해야 한다.

둘째 동향은 1993년 오스트리아 비엔나에서 개최된 인권에 관한 유엔 세계회의에서 두드러진 현상이다. 인권의 불가분성, 보편성, 상호의존성이 이 회의의 화두였다. 일반적으로 사회주의 국가에서는 앞서 말한 시민적·정치적 권리(B규약)보다 사회적·문화적·경제적 권리를 더 우선하고 이 A규약이 개선되고 있는 한 B규약은 논의의 대상에서 제외시키는 경향이다. 여기에 아시아 국가들은 아시아적 가치관까지 동원하여 서구가 주장하는 B규약들을 무시하려 든다. 비엔나 회의에서 중국, 말레이시아 수상 마하티르의 연설이나 지난 제57차 유엔 인권위원회의 회의장에서 미국의 인권대사가 B규약을 거론하며 중국과 쿠바, 북한을 신랄하게 비판할 때 이 세 나라들은 생존권을 비롯해 경제권을 내세우면서 미국과 첨예한 대립을 했다. 그렇기에 지금 세계적 추세는 A규약과 B규약의 불가분성과 상호의존성을 강조하기에 이르렀다. 아직도 이 문제는 첨예하게 대립한다. 세계적 추세는 A규약과 B규약이 불가분성과 상호의존성을 가진다는 비엔나의 권고안을 따르고 있음을 우리는 알아야 한다.

셋째는 발전권이 인권논의에서 핵으로 대두된다는 사실이다. 세계화의 찬란한 꿈은 국가 간에, 그리고 나라 안에서 생겨나는 부익부 빈익빈의 추세로 인해 이제 더 이상 인류의 복지향상에 기여할 수 없다는 사실이 국제적 시각이다. 이러한 논의 속에 나온 것이 발전권이며 앞으로 선진국과 후진국의 첨예한 대립을 노정하게 될 것이다.

남아프리카 더반에서 개최된 유엔 인권위원회의 '세계인종차별철폐회의'에서도 이 발전권은 팽팽한 논쟁을 불러일으킨다. 1986년 12월 유엔 총회 결의로 '발전권에 관한 선언'이 채택된 이후 발전권의 내용, 보장의 주체, 보장의 방법을 둘러싸고 선진국과 후진국이 팽팽히 맞선다. 후진국들은 발전권은 빼앗을 수 없는 권리로서 개별국가 및 국제금융기구와 국제사회가 발전권을 보장할 의무가 있다고 주장하는 반면, 선진국들은 발전권을 권리로 인정하면서도 발전권 보장의 1차적 주체는 개별국가라고 보고 국제사회는 가능한 지원만 한다는 입장이다. 그러면서 민주주의 확립과 선정(善政, *Good Governance*)을 강조하는 실정이다. 미국은 발전권을 권리로서 인정하지 않고 후진국들이 자국의 열악한 인권사항을 국제사회에 떠넘기려는 의도라고 비판해 어느 정도 국제사회에서 고립된 실정이다.

넷째는 인권의 포괄적 접근이다. 인권신장과 인권창달을 위해서는 각 분야의 상호협력을 전제로 한 포괄적 접근이 가장 효과적이라는 추세이다. 여기에서는 상호의존성이 중요하게 인식된다.

인간의 존엄성이나 인권은 법 하나만으로, 신학 하나만으로, 도덕성이나 철학적 접근 하나만으로는 신장에 한계가 있다는 접근이다. 인권침해자의 치유문제나 인권교육의 문제는 법률이나 사회과학적 접근만으로는 한계가 있다는 이야기이다. 천부적이고 빼앗을 수 없다는 인권은 선언적 의미일 뿐이지 인권신장의 역사는 개개인이나 집단이 투쟁한 만큼 인권의 폭과 질이 향상되었던 것이 인류의 역사였다. 그래서 인권은 상향식 접근, 즉 억눌리고 목소리 없는 가난한 사람들이 스스로 자기 권리를 쟁취해 나가는 과정으로 이해된다. 하향식으로 인권이 주어지는 것이 아니고 상향식으로 쟁취된다는 것이 정설이다. 다만 이 투쟁이나 쟁취과정이 평화적이고 비폭력적이어야 하는 것은 두말할 필요도 없다. 남아프리카의 진실과 화해위원회가 세계에서 환영을 받고 우뚝 서는 이유도 여기에 있다.

3. 국가인권위원회의 조직과 기능

1) 설립배경

국가인권위원회는 국내 최초의 인권전담기구로서 2001년 11월 25일에 출범하였다. 국가인권위원회 출범은 국민들의 민주화와 인권개선을 위한 오랜 열망, 수년간에 걸친 인권단체의 노력, 그리고 정부의 의지 및 국제사회의 국가인권기구 설립에 대한 관심이 함께 어우러져 이루어낸 결과이다. 국가인권위원회는 우리나라의 민주주의 역사에 '인권보호·신장을 위한 제도적 틀'을 마련하는 데 큰 이정표를 세웠다. 국가인권위원회 설립으로 정부의 기본적 인권보장 제도를 보완하고 간이·신속한 방법으로 인권침해를 구제할 수 있게 되었다.[1)]

국가인권위원회는 우리나라의 내부적 필요성에 의해서만 설립된 것이 아니라 국제사회의 인권보호시스템 구축 및 국제인권법 발전의 결과물이라 할 수 있다. 국가인권위원회는 형식상 국내법상 기구이지만 그 모체는 국제인권법이며, 활동의 기본방향과 내용을 국제인권규범에서 찾을 수 있는 이중적 특성을 갖는 기구라고 할 수 있다. 유엔의 창립과 함께 유엔은 국가인권기구에 관한 논의를 공론화하였고, 국제인권기준과 제도의 발전과 함께 유엔 내에서 국가인권기구의 역할에 대한 관심이 증대하였다. 1991년 파리회의에서 〈국가인권기구의 지위에 관한 원칙〉(이하 파리원칙)이 채택되면서 국가인권기구 설립의 보편적 준거틀이 마련되었고, 1993년 열린 비엔나 세계인권대회를 계기로 전세계적으로 급속히 확산되었다. 지금까지 약 120개국 이상의 국가에서

1) 법 제1조(목적): 이 법은 국가인권위원회를 설립하여 모든 개인이 가지는 불가침의 기본적 인권을 보호하고 그 수준을 향상시킴으로서 인간으로서의 존엄과 가치를 구현하고 민주적 기본질서의 확립에 이바지함을 목적으로 함.

다양한 형태의 국가인권기구가 설립되었으며 제네바의 유엔 인권고등판무관실에 국가인권기구를 지원하는 담당 부서가 있다.

우리나라에서 국가인권기구 설치에 관한 논의는 1993년 6월 비엔나 세계인권대회에 참가한 민간단체 공동대책위원회에 의해 제기되기 시작하였다. 민간단체들은 유엔 인권위원회 결의(1992/54)에 의해 승인된 '파리원칙'[2]이 정한 바에 따라 인권보호와 향상에 관하여 연구·조사 및 교육·홍보 등의 기능을 담당하는 독립적 국가인권기구를 설치하기 위한 법률제정을 요구하였다. 이후에도 민간단체는 각종 인권관련 국제회의에서 국가인권기구 설치의 필요성을 꾸준히 제기하였다.

그러던 중 1997년 12월 대통령 선거를 앞두고 당시 김대중 대통령 후보가 국가인권기구 설립을 공약하였고, 당선 후 '인권법 제정 및 국민인권위원회 설립' 부분이 '국민의 정부' 100대 국정과제에 포함됨에 따라 국가인권기구에 대한 논의는 사회에 커다란 반향을 일으켜 제도권 내에서도 급속히 진전되기에 이르렀다. '국민의 정부'가 출범하면서 법무부는 1998년 4월 〈국민인권위원회 설립준비단〉을 발족시켰고, 같은 해 10월 인권법 제정관련 공청회를 여는 등 정부차원에서 국가인권기구 설립에 대한 노력이 가속화되었다.

하지만 국가인권기구의 지위 및 독립성[3] 등을 둘러싸고 시민사회와

---

2) '파리원칙'은 국가인권기구의 권한과 책임, 구성의 독립성과 다원성의 보장, 운영방식, 준사법적 권한을 가진 국가인권기구의 지위에 관한 추가원칙의 네 부분으로 구성되어 있다. 파리원칙은 국가인권기구가 다음과 같은 책무를 맡아야 한다고 규정한다. ① 정부, 의회 및 기타 모든 관계기관에 인권문제와 관계있는 모든 사안에 관한 권고안(*recommendation*)·제안(*proposal*)·보고서(*report*)를 제출하고, ② 국내법과 관행들을 국제인권기준에 더욱 일치하도록 할 것, ③ 국제기준의 비준과 이행을 위하여 노력할 것, ④ 국제인권제도의 보고절차에 기여할 것, ⑤ 인권교육 및 연구 프로그램들의 마련과 시행을 지원하고, 정보제공 및 교육을 통해 대중의 인권의식을 제고할 것, ⑥ UN, 대륙별 인권기구 및 다른 나라의 국가인권기구들과 협력할 것 등이다.

정부 간에 3년 동안 논쟁이 계속되었다. 정부 국가인권기구 설립방안에 맞선 인권시민단체는 1998년 9월 29개 단체로 구성된 〈인권법제정 및 국가인권기구설치 민간단체공동추진위원회〉(약칭 '공추위'), 1999년 4월 71개 단체로 구성된 〈올바른 국가인권기구실현을 위한 민간단체 공동대책위원회〉(약칭 '공대위') 등을 결성하며 정부와 투쟁을 전개하였다. 이런 인권시민단체의 피나는 투쟁의 결과, 2001년 4월에 이르러서야 법무부의 산하기관화 시도를 극복하고 입법·사법·행정부 어디에도 속하지 않는 '독립된' 국가기구를 규정한 〈국가인권위원회법〉이 가까스로 국회(제 221회 임시국회)를 통과하여(재적의원 273명, 찬성 137명, 반대 133명, 기권 3명) 〈국가인권위원회법〉을 공포하고(2001년 5월 24일) 시행에 들어갔다(2001년 11월 25일).

2) 의의와 특성

국가인권위원회의 탄생은 국제인권기구의 국내적 실행, 즉 인권관련 '준국제기구'[4]의 국내적 출범을 의미하며, 기존 권력기관을 견제·감시할 수 있도록 입법·사법·행정부 어디에도 속하지 않는 독립적

---

3) 국가인권기구의 권한과 책임, 구성의 독립성과 다원성의 보장, 운영방식, 준사법적 권한을 가진 위원회의 지위에 관한 추가 원칙 등 네 부분에 걸쳐 국가인권기구의 기본적 요건들을 제시하는 〈국가인권기구의 지위에 관한 원칙〉(*Principle Relating to the Status of National Institutions*) (일명 '파리원칙')에 의거 국가인권위원회를 구성하려고 하였다. 파리원칙은 먼저, 국가인권기구는 인권을 보호하고 향상시키는 데 필요한 권한을 가져야 한다고 전제하고, 다른 국가권력으로부터 독립적 지위를 보장받기 위하여 그 구성과 권한의 범위를 헌법 또는 적어도 법률에 의하여 구체적으로 부여받아야 한다고 규정한다.

4) 위원회법 제 2조에서 인권을 '헌법 및 법률에서 보장하거나 대한민국이 가입비준한 국제인권조약 및 국제관습법에서 인정하는 인간으로서의 존엄과 가치 및 자유와 권리'라고 정의함으로써 인권의 국제적 흐름을 반영한다.

국가기관이 탄생하였다는 데 중요한 의의가 있다고 하겠다. 국가인권위원회는 '인권 사각지대'를 조명하고 인권침해를 예방하는 인권감시자와 사회적 약자들에게 신속·간편하고 비용부담이 적은 해결책을 제시하는 인권옹호자(*Human Rights Advocate*)로서의 기능을 수행한다. 국가인권위원회는 이전에 인권 관련문제를 다루어왔던 국가의 각종 제도 및 절차와 질적으로 다르다. 국가인권기구는 국제적으로는 보편화된 제도이지만 한국사회에서는 역사가 아주 짧아 아직 많은 국민들이 모르거나 생소하게 느낀다. 그리고 국가기관들 내에서도 국가인권위원회의 위상과 역할에 대한 이해가 부족하거나 종종 오해가 발생하기도 한다. 한국 국가인권위원회의 설립 의의와 특성은 일반적으로 다음의 4가지로 나누어서 설명할 수 있다.

첫째, 국가인권위원회는 '인권종합전담 국가기구'이다. 현재 국가인권위원회가 수행하는 역할은 매우 포괄적이고 종합적이다. 국가인권위원회는 이전에 특정 분야나 성격의 인권문제를 다루는 제한적 또는 한시적 기구와 달리 한국사회의 인권전반 즉, 공권력에 의한 인권침해뿐만 아니라, 사인(私人)간에 발생하는 차별행위까지 관할하는 통합형이다. 이외에도 인권관련 법령, 제도, 정책, 관행의 개선이라는 정책적 기능과 개개인의 인권침해·차별행위를 조사·구제하는 기능, 인권의식 향상을 위한 인권교육기능 등 인권의 보호와 증진에 관한 모든 기능을 통합적으로 담당하는 조직이다. 이른바 '인권 주류화'의 중심기구로서 법과 제도의 개선과 더불어 인권교육의 확산을 통한 인권 감수성 증대와 인권문화 발전에 주도적 역할을 한다. 이러한 의미에서 국가인권위원회는 인권침해·차별행위 등 인권의 보호와 증진을 위한 제도적 틀, 즉 '인권종합전담 국가기구'라고 할 수 있다.

둘째, 국가인권위원회는 국제 인권규범의 국내적 실행을 담당하는 '준국제기구'이다. 국가인권위원회는 형식적으로는 〈국가인권위원회법〉에 따른 국가기구이지만 내용적으로는 국제사회, 특히 유엔을 중심으로 발전한 국제인권법과 규범을 다룬다. 이에 따라 국가인권위원회법은 인권을 헌법 및 법률에서 보장하거나 대한민국이 가입 비준한 국제인권조약 및 국제관습법에서 인정하는 인간으로서의 존엄과 가치 및 자유와 권리(제 2조)라고 국제기준에 맞게 폭넓게 정의한다. 국가인권위원회는 국가의 인권정책을 시행하는 단순한 행정기구가 아니다. 국가인권위원회는 유엔의 국제인권규범에 입각하여 국내의 인권관련 법령, 제도, 정책, 관행을 평가하고 개선하는 역할을 한다. 즉 국가인권위원회는 국제 인권기준의 국내적 실현과 국내의 경험을 토대로 한 국제 인권기준의 발전이라는 쌍방향의 과정에서 매개자 역할을 한다.

셋째, 국가인권위원회는 '독립적 국가기관'이다. 국가인권위원회는 입법·사법·행정부 어느 곳에도 소속되지 않는 독립적 국가기관으로 만들어졌다. 즉 형식으로는 국가기관이면서 다른 국가기관의 권력행사를 인권의 관점에서 감시하고 견제하는 역할을 수행한다. 국가인권기구는 삼권분립제도에 입각한 민주주의 정치제도의 구조적 한계와 단점을 보완하고자 하는 의도에서 비롯되었다. 즉 국가인권위원회는 입법, 사법, 행정의 세 권력이 절충과 타협에 의한 남용이 아닌 인권의 가치와 원칙에 따라 행사될 수 있도록 감시하는 역할을 한다.

1993년 유엔 총회가 채택한 '국가인권기구 지위에 관한 원칙'(파리원칙)은 국가인권기구의 독립성을 강조한다. 독립성은 정부뿐만 아니라 대법원 등 다른 주요 헌법기관으로부터 지휘·감독을 받지 않고 주어진 권한을 독립적으로 수행해야 한다는 것을 의미한다. 이러한 독립성은 정부의 각 부처에 흩어져 있던 인권관련 기능을 종합적으로 조정하여 인권정책의 실효성을 높이고, 사회적 약자와 피해자의 입장에서 인권을 보장하고 국가공권력에 의한 인권침해를 예방하는 역할을 효과적으로 수행하는 데 필요한 필수적 전제조건이기도 하다.

넷째, 국가인권위원회는 '준사법기구'로서 인권옹호자의 역할을 한다. 국가인권위원회는 국가의 공권력에 의한 인권침해뿐만 아니라 국가기관, 공사, 기업 또는 사인(私人)간에 발생하는 온갖 종류의 평등권 침해의 차별행위에 대한 조사 및 구제 역할을 한다. 기존의 실정법에 근거한 국내 사법제도와 달리 '준사법기구'로서의 국가인권기구는 보편적 국제인권규범에 입각해 인권침해 문제를 다룬다. 특히 사회적 약자에 대한 상대적으로 간편한 인권침해 구제 절차를 제공함으로써 실효성 있는 인권보장제도의 역할을 한다.

3) 위원회의 구성과 지위

〈국가인권위원회법〉은 6장 63개 조문의 본문과 3개의 부칙조항으로 구성되어 있다. 제1장은 〈총칙〉 규정으로 목적, 정의, 국가인권위원회 설립과 독립성, 적용범위에 대한 4개 조문으로 구성되어 있다. 제2장은 국가인권위원회 구성과 운영에 관한 규정으로 위원장 및 위원 임명, 신분보장, 결격사유, 자문기구, 사무처 조직에 대한 조문이다. 제3장은 구금 보호시설의 방문 및 조사, 정책과 관행의 개선 또는 시정권고, 인권교육과 홍보 등 위원회의 업무와 권한에 대하여 규정한다. 제4장은 국가인권위원회의 인권침해행위에 대한 조사와 구제, 제5장은 국가인권위원회에 대한 지원조항, 제6장은 국가인권위원회 조사의 실효성을 보장하기 위한 벌칙조항을 규정한다.

2001년 11월 25일 출범한 위원회는 위원장 1인과 3인의 상임위원을 포함한 11인의 인권위원으로 구성되었다. 위원은 국회가 선출하는 4인(상임위원 2인 포함), 대통령이 지명하는 4인 그리고 대법원장이 지명하는 3인을 대통령이 임명한다. 위원장은 위원 중에서 대통령이 임명하며 위원 중 4인 이상은 여성으로 구성하도록 한다. 위원장은 장관급으로서 위원회를 대표하며 국회에 출석하여 의견을 진술할 수 있고, 국무회의에 출석하여 발언할 수 있으며 소관 사무에 관하여 국무총리에게 의안(대통령안 포함)의 제출을 건의할 수 있다. 상임위원은 차관급으로서 4개 소위원회 위원장을 담당한다. 이와 같이 국가인권위원회의 조직은 기관구성에 대통령, 국회, 대법원장이 참여하는 복합기관 또는 합의제 기관의 성격을 가진다.

위원회의 효율적 운영을 위해 전원위원회, 상임위원회 및 4개의 소위원회(침해구제 제1, 2소위원회, 차별시정위원회, 장애차별시정위원회)를 설치한다. 또한 진정사건의 조정을 위한 4개 조정위원회와 특정사항에 대해 한시적 업무를 처리하기 위한 특별위원회, 학교인권교육전문위원회 등 13개 전문위원회를 별도로 둔다.

사무처 조직은 5본부(인권정책본부, 행정기획본부, 침해구제본부, 차별시정본부, 인권교육본부) 22개 팀, 4소속기관(지역사무소 3), 총 220여 명으로 구성되어 있다. 특히 위원회는 지역민의 권리 구제의 접근성 향상을 통한 인권의식 증진과 진정사건의 신속한 처리를 위해 지역사무소를 설치하였다. 2005년 10월 11일 부산지역사무소, 10월 12일 광주지역사무소를 개소하였다. 2년 후 대구·경북지역민의 인권에 대한 수요욕구에 대응하기 위해 2007년 7월 2일 대구지역사무소를 설치하였다. 지역사무소는 ① 인권상담 및 진정접수, ② 구금·보호시설 등의 면전 진정 업무, ③ 구금·보호시설 진정함 설치·관리, ④ 긴급한 인권침해·차별행위에 대한 현장기초조사 및 구제에 관한 사항, ⑤ 위원회 권고사항에 대한 이행실태의 점검, ⑥ 인권교육·홍보 및 유관기관·단체와의 교류협력 등의 업무를 수행한다.

국가인권위원회의 가장 큰 특징은 국가권력의 인권침해 및 차별행위에 대한 감시 및 시정 기능을 올바르게 수행할 수 있도록 하기 위한 '기관의 독립성'이라고 할 수 있다. 기관의 독립성을 보장하기 위해 조

〈표 5-1〉 국가인권위원회 독립성의 내용

구 분	내 용
조직적 독립	• 소속 없는 독립기관: 대통령, 국회, 법원 등 국가권력을 구성하는 기관 어디에도 속하지 않음 • 주요 헌법기관은 물론 다른 국가기관으로부터 지휘, 감독을 받지 않음 • 대통령과 국회에 전년도 인권상황과 개선대책에 관한 보고서 제출의무 부담
인적 독립	• 위원의 자격과 임명절차(국가권력을 대표하는 3부가 구성) - 위원은 인권문제에 관하여 전문적 지식과 경험이 있고 인권의 보장과 향상을 위한 업무를 공정하고 독립적으로 수행할 수 있다고 인정되는 자 중에서 국회가 선출하는 4인(상임위원 2인을 포함), 대통령령이 지명하는 4인, 대법원장이 지명하는 3인을 대통령이 임명(제 5조 제 2항) - 위원장은 위원 중에서 대통령이 임명(제 5조 제 3항), 위원 중 4인 이상은 여성으로 임명(제 5항) • 인권위원의 임기보장(제 7조) - 위원장 및 위원의 임기는 3년, 1차에 한하여 연임 가능 - 임기만료 또는 결원된 날부터 30일 이내에 대통령이 후임자 임명 • 인권위원의 신분보장(제 8조) - 금고 이상의 형의 선고가 아니면 그 의사에 반하여 면직되지 않음 • 인권위원의 독립성과 전문성 보장 - 제 10조(위원의 겸직금지), 제 11조(퇴직 인권위원의 공직취임 제한)
업무의 독립	• 의사결정의 독립 - 위원회의 회의는 위원장이 주재, 재적위원 과반수의 찬성으로 의결 - 소위원회의 회의는 구성위원 전원의 출석과 출석위원 전원의 찬성으로 의결 • 위원운영에 관해 위원회 규칙에 위임 - 위임한 사항: 위원의 겸직금지, 소위원회 업무 및 운영, 자문기구의 조직과 운영, 징계위원회 구성, 권한, 심의절차, 징계의 종류 및 효력, 위원회의 운영, 청문회의 절차와 방법, 인권자료실의 설치와 운영, 진정의 절차와 방법, 조정위원 위촉 및 임기, 운영, 절차 등, 법률구조 요청의 절차, 내용, 방법, 지원 또는 보상의 내용, 절차 등

재정적 독립	• 위원장은 예산관련 업무를 수행할 시 예산회계법 제 14조의 규정에 의한 중앙관서의 장(제 6조 제 5항)으로서 행정부의 일반 부처 수준으로 인정 - 헌법기관은 물론 국가정보원이나 방송위원회 수준의 재정독립성이 보장되지 않음

직적 독립, 인적 독립, 업무의 독립, 재정적 독립을 법에서 보장한다. 〈국가인권위원회법〉 제 3조 제 2항을 보면 '국가인권위원회는 그 권한에 속하는 업무를 독립하여 수행한다'고 규정되어 있다. 이러한 규정을 둔 취지는 국가인권위원회가 입법・행정・사법 어느 국가기관에도 예속됨이 없이 국가 공권력 행사에 의한 인권침해 행위의 감시자로서의 역할에 충실하여 국민의 인권보호 및 향상에 기여토록 함에 있다.

이외에도 〈국가인권위원회법〉은 인사・예산・업무수행 모든 면에서 정부의 간섭을 배제하여 국가인권위원회의 독립성을 최대한 보장한다. 위원의 신분을 법률로 보장하고, 사무총장을 비롯한 모든 직원의 인사권은 위원장이 실질적으로 행사하며, 국가인권위원회의 운영 등에 관한 사항을 국가인권위원회 규칙으로 정하도록 하였다. 또한 국가인권위원회에서 예산안과 소관사무에 관한 법률안을 스스로 작성하여 제출하도록 하였을 뿐만 아니라 인권위원장이 국무회의 및 국회에 출석하여 답변할 수 있도록 하였다. 업무수행과 관련하여서도 국가인권위원회의 활동상황을 국회와 대통령에게만 보고하게 하여 법무부에서 관여하지 않도록 하였다. 이와 같은 독립성은 호주, 뉴질랜드, 남아프리카공화국, 캐나다 등의 경우보다 강화되있다고 할 수 있다.

4) 위원회의 업무와 기능

원칙적으로 국가인권위원회는 위원장 1인과 3인의 상임위원을 포함한 11인의 인권위원으로 구성된 회의체 기관을 말한다(법 제5조 제1항). 위원회의 사무를 처리하기 위하여 사무처가 설치되어 있으므로, 넓은 의미에서의 위원회는 사무처를 포함하는 것이 될 수도 있다(법 제16조 제1항). 그러나 사무처는 위원회의 사무를 처리하는 보조적 기관에 불과하므로, 원칙적으로 위원회라 함은 좁은 의미의 위원회를 가리킨다고 보아야 한다.

제19조는 인권위원회가 담당하는 책무에 관한 조항이다. 파리원칙에 따르자면 국가인권기구의 책임에 관한 조항으로 이해해야 할 것이다. 이런 점에서 제16조의 위원회의 '사무'와 다르다. 제19조에 의해 인권위원회의 담당분야가 설정되고, 이 분야의 업무를 수행하기 위해서 구체적으로 필요한 개개의 일을 사무라고 지칭하는 것이다.

국가인권위원회 설립목적은 모든 개인이 가지는 불가침의 기본적 인권보호 및 그 수준을 향상시킴으로써 인간으로서의 존엄과 가치의 구현과 민주주의 기본질서 확립에 이바지하는 것에 있다. 이런 목적 실현을 위해 인권관련 법령·정책 등에 대한 개선을 권고하고, 각종 인권 침해와 차별행위로부터 국민을 보호하며, 교육과 홍보를 통해 인권의식과 인권문화를 확산시키는 기능을 수행한다. 위원회법에 명시된 위원회의 주요기능은 정책기능, 교육·홍보기능, 조사·구제 기능과 국내외 협력기능 등 크게 4가지로 구분된다.

첫째, 정책기능(제19조 1호)이다. 인권 보호·향상을 위해서는 개개인의 조사·구제조치뿐만 아니라, 제도개선이 필요하다. 위원회법 제19조에 규정된 인권에 관한 법령[5] (입법과정 중에 있는 법령안을 포함) ·제도[6] ·정책[7] ·관행[8] 의 조사와 연구 및 그 개선이 필요한 사항에 관한 권고 또는 의견의 표명(제 1호)이 그 정책적 기능이다. 제도·정책·관행은 국가기관과 지방자치제도뿐만 아니라, 차별과 관련된 경우에는 사인과 단체 등의 제도·정책·관행 등도 포함된다. 개선이 필요한 사항에 대해서는 정책과 관행의 개선 또는 시정권고(제 25조)를 할 수 있다. 필요하다면 새로운 입법제정·개정도 권고할 수 있다. 또한 법원 및 헌법재판소에 대한 의견을 제출할 수 있어(제 28조) 사법부를 통한 인권보호·향상을 할 수 있도록 한다.

이외에도 인권문제에 대해 그 실태를 파악하고, 각종 법령·정책 관련 권고를 하기 위한 구체적 근거를 마련하기 위해 인권상황에 대한 실태조사(제 4호)를 할 수 있으며, 인권침해의 유형·판단기준 및 그 예방조치 등에 관한 지침의 제시 및 권고(제 6호)를 할 수 있다. 또한 국가인권위원회는 국제인권조약의 가입 및 그 조약의 이행에 관한 연구와 권고 또는 의견의 표명(제 7호) 등을 할 수 있다. 유엔 주요 인권조약관련 각 위원회는 정기적 국가보고서의 제출과 이에 대한 국제적 심사를 예정한다. 국가인권위원회는 이 과정에서 국가보고서가 적절하게 작성되었는지를 검토하고, 인권조약에 비추어 본 국내 상황의 개선요구를 표명할 수 있다. 미가입 인권조약이나 기존 조약에 대한 한국의 유보내용에 대한 검토와 권고도 주요한 업무이다. 또한 위원회법은

5) 국회에서 제정한 형식상 법률뿐 아니라, 규칙·명령·조례 등이 모두 포함됨.

6) '제도'란 사회의 성원(成員) 사이에서 여러 가지 생활영역을 중심으로 한 규범(規範)이나 가치체계에 바탕을 두고 형성되는 복합적 사회규범의 체계를 말한나. 오늘날 대부문의 제도는 법령을 통해 규범화가 되어 있어 '법령'의 경우와 구별하기 쉽지 않다.

7) '정책'이란 아직 법령으로 구체화된 것은 아니지만, 특정한 문제에 대하여 정부가 앞으로 나아갈 노선이나 취해야 할 방침을 의미한다.

8) '관행'이란 명시적 법령으로 구체화된 것은 아니지만, 일정시간동안 동일한 사안에 대하여 동일한 행위가 반복하여 행해짐으로써, 이후 암묵적으로 동일한 행위가 반복되는 것을 말한다.

〈표 5-2〉 위원회의 주요 기능

주요 기능	세부 내용
정책기능	- 인권관련 법령 · 정책 등에 대한 조사연구 및 개선권고 - 인권침해의 유형 · 판단기준 등 지침제시, 인권상황 실태조사 - 국제인권조약 가입 및 조약 이행에 관한 연구 등
조사 · 구제기능	- 국가기관, 지자체의 인권침해행위에 대한 조사 · 구제 - 법인, 단체 등 평등권 침해 차별행위에 대한 조사 · 구제
인권교육 · 홍보기능	- 인권의식 고취 및 향상에 필요한 인권교육 및 홍보
국내외 교류 · 협력기능	- 국내외 인권기구 · 단체, 개인과의 교류 · 협력 등

국제인권교육의 규정에 따라 관계국가기관이 정부보고서를 작성할 때에는 위원회의 의견을 듣도록 한다(제 21조). 인권보호 · 향상관련 정책기능을 원만히 수행하기 위해 국가기관과의 협의(제 20조), 자료제출 및 사실조회(제 22조), 청문회 운영(제 23조), 시설의 방문조사(제 24조) 등의 권한을 부여한다.

둘째, 인권 교육 및 홍보기능(제 19조 제 5호)이다. 인권침해 및 차별행위에 대한 사후구제도 중요하지만 인권의식 및 인권감수성을 제고하여 인권침해 및 차별행위를 사전 예방하는 것은 무엇보다도 중요하다. 인권교육이란 '인권에 대한 이해와 지식을 습득하고 인권을 존중하는 가치와 태도, 품성을 키우며 인권침해 및 차별행위를 당할 경우 이를 극복할 수 있는 역량을 기르고, 타인의 인권보호와 증진을 위한 실천력을 길러냄으로써 인권이 존중되는 사회를 만드는 데 기여하는 일체의 교육적 활동'을 말한다.

〈국가인권위원회법〉 제 26조에 '위원회는 모든 사람의 인권의식을 깨우치고 향상시키기 위하여 필요한 인권교육과 홍보하여야 한다'라고 규정한다. 이는 위원회가 국가기관(입법·사법·행정 포함), 지방자치단체, 그 밖의 공·사단체 등 모든 사람에 대한 인권교육 종합전담기관임을 나타낸다. 인권교육과 관련해서 국가인권위원회는 〈초·중등교육법〉 제23조의 규정에 의한 학교 교육과정에 인권에 관한 내용을 포함시키기 위하여 교육인적자원부 장관과 협의할 수 있으며(위원회법 제26조 제2항), 위원회는 인권교육과 연구의 발전을 위하여 필요한 사항을 〈고등교육법〉 제2조의 규정에 의하여 설립된 학교의 장과 협의할 수 있다(위원회법 제26조 제3항). 그리고 위원회는 공무원의 채용시험, 승진시험, 연수 및 교육훈련과정에 인권에 관한 내용을 포함시키기 위하여 국가기관 및 지방자치단체의 장과 협의할 수 있다(위원회법 제26조 제4항). 그리고 위원회는 〈평생교육법〉에 의한 평생교육단체 또는 평생교육시설에 대하여 그 교육내용에 인권에 관하여 필요한 사항을 포함하도록 권고할 수 있다(위원회법 제26조 제6항). 이외에도 〈정부출연연구기관등의 설립·운영 및 육성에 관한 법률〉 및 〈과학기술분야 정부출연연구기관 등의 설립·운영 및 육성에 관한 법률〉에 따라 설립된 연구기관 또는 연구회의 장과 협의하여 인권에 관한 연구요청 또는 공동연구(제26조 제5항)를 할 수 있다.

셋째, 국내외 협력기능이다. 위원회법은 인권의 옹호와 신장을 위하여 활동하는 단체 및 개인과의 협력(제19조 제8호) 및 인권과 관련된 국제기구 및 외국의 인권기구와의 교류·협력사항(제19조 제9호)을 명시한다. 국가인권위원회는 국민들에게 정부시책을 단순히 집행하는 그런 기구가 아니다. 형식은 국가기구이지만 실질적 내용과 형식면에서 시민사회와 긴밀하게 소통해야 하는 특수한 기구이다. 그러므로 국가인권위는 시민사회의 가치인 인권을 국정 전반에서 실현할 의무, 그리고 시민사회는 국가인권위원회를 옹호하고 지원할 책임을 공유한다.

그런 측면에서 국내 인권단체 등과 긴밀한 협력관계를 유지해야 하지만 입법·사법·행정부로부터 독립과 같이 인권단체 등과도 일정한 독립성을 유지하면서 업무를 집행해야 한다.

그리고 위원회는 인권과 관련된 국제기구 및 외국의 인권기구와의 교류·협력을 해야 한다. 인권과 관련된 국제기구로는 대표적으로 유엔을 들 수 있겠다. 유엔에는 인권이사회를 포함하여 조약감시기구인 아동권리위원회, 인종차별철폐위원회 및 경제적·사회적 및 문화적 권리위원회 등이 있다. 또한 지역적 국제기구로서 아시아·태평양 국가인권기구포럼(APF: the Asia-Pacific Forum of National Human Rights Institutions)이 있다. 민간국제기구로는 홍콩에 소재한 아시아인권위원회(AHRC), 세계사회포럼(WSF) 등이 있다. 외국의 인권기구는 국가간 기구와 민간 기구를 모두 포함하는 개념이다. 따라서 외국의 국가인권기구와 여러 인권에 관련된 NGO들을 포함한다. 인권기구라 하여 일정한 조직체를 가진 경우를 전형적 경우로 상정하고 있으나, 국제인권보호를 위한 교류와 협력이라는 측면에서 아직 조직체를 이루지 않는다고 하여도 인권을 위해 활동하는 활동가라면, 여기에 포함된다고 볼 수 있다.

넷째, 인권침해·차별행위에 대한 조사·구제 기능(제19조 제2호 및 제3호)이다. 국가인권위원회의 조사대상은 국가권력 또는 공권력에 의한 인권침해뿐만 아니라 사인에 의한 인권침해 즉, 평등권 침해의 차별행위까지 포함한다. 차별행위만을 다룰 수 있는 캐나다, 뉴질랜드 등 인권선진국에 비하여 인권위원회 기능이 훨씬 강화된 것이다.

인권침해행위는 협의로는 법 제30조 제1호의 국가기관, 지방자치단체, 구금[9] 보호시설[10]의 업무수행과 관련된 헌법 제10조 내지 제22

---

9) 구금시설의 종류: ① 교도소, ② 소년교도소, ③ 구치소, ④ 보호감호소, ⑤ 치료감호소, ⑥ 소년원, ⑦ 소년분류심사원, ⑧ 유치장, ⑨ 군교도소(헌병

조에 보장된 인권[11]을 침해하는 행위를 말하고, 광의로는 법 제2조 제1호의 헌법 및 법률에서 보장하거나 대한민국이 가입·비준한 국제인권조약 및 국제관습법에서 인정하는 인간으로서의 존엄과 가치 및

대영창 포함), ⑩ 외국인보호소

10) 다수인보호시설의 종류는 다음과 같다.

구 분	시설의 종류
아동시설	아동양육시설, 아동일시보호시설, 아동보호치료시설, 아동직업훈련시설, 자립지원시설, 아동단기보호시설,
노인시설	노인주거복지시설: 양로시설, 실비양로시설 노인의료복지시설: 노인요양시설, 실비노인요양시설,
장애인시설	장애인생활시설
여성시설	모자보호시설, 모자자립시설, 미혼모시설, 일시보호시설, 여성복지관, 모자가정상담소
정신보건시설	정신의료기관, 정신질환자사회복귀시설, 정신요양시설
부랑인시설	부랑인보호시설(성인, 아동)
요보호자를 위한 복지시설	윤락행위방지법에 의한 일시보호소, 선도보호시설 및 자립자활시설
갱생보호시설	보호관찰등에관한법률에 의한 수용시설

11) 인간의 존엄과 가치 및 행복을 추구할 권리/ 법원의 영장에 의하지 않고는 체포·구속·압수·수색 또는 심문을 받지 아니할 권리/ 법률과 적법한 절차에 의하지 아니하고는 처벌·보안처분 또는 강제노역을 받지 않을 신체의 자유/ 행위시의 법률에 의하여 범죄를 구성하지 아니하는 행위로 소추되지 아니할 권리/ 동일한 범죄에 대하여 거듭 처벌받지 않을 권리/ 소급입법에 의하여 참정권의 제한을 받거나 재산권을 박탈당하지 않을 권리/ 친족의 행위로 인하여 불이익한 처우를 받지 않을 권리/ 거주·이전의 자유/ 직업선택의 자유/ 주거의 자유/ 사생활의 비밀과 자유를 침해받지 않을 권리/ 통신의 비밀을 침해받지 않을 권리/ 양심의 자유/ 종교의 자유/ 언론·출판의 자유/ 집회·결사의 자유/ 학문과 예술의 자유.

자유와 권리를 침해하는 행위를 말한다.

또한 국가인권위원회는 국가공권력에 의한 헌법상의 평등권 침해뿐만 아니라 사인간의 차별행위도 조사·구제할 수 있다(제30조 제1항).

평등권침해의 차별행위라 함은 합리적 이유 없이 ⓐ 성별, ⓑ 종교, ⓒ 장애, ⓓ 나이, ⓔ 사회적 신분, ⓕ 출신지역(출생지, 등록기준지, 성년이 되기 전의 주된 거주지역 등), ⓖ 출신국가, ⓗ 출신민족, ⓘ 용모 등 신체조건, ⓙ 혼인여부(기혼, 미혼, 별거, 이혼, 사별, 재혼, 사실혼 등), ⓚ 임신 또는 출산, ⓛ 가족형태 또는 가족상황, ⓜ 인종, ⓝ 피부색, ⓞ 사상 또는 정치적 의견, ⓟ 형의 효력이 실효된 전과, ⓠ 성적(性的) 지향, ⓡ 학력, ⓢ 병력(病歷)을 이유로 고용관계(모집, 채용, 교육, 배치, 승진, 임금 및 임금외의 금품 지급, 자금의 융자, 정년, 퇴직, 해고 등을 포함), 재화·용역·교통수단·상업시설·토지·주거시설의 공급이나 이용관계, 또는 교육시설이나 직업훈련기관의 이용관계에서 특정한 사람을 우대·배제·구별하거나 불리하게 대우하는 행위(제30조 제2항)를 말한다. 다만, 다른 법률에서 특정한 사람(특정한 사람들의 집단을 포함한다. 이하 같다)에 대한 우대를 차별행위의 범위에서 제외한 경우 그 우대는 차별행위로 보지 아니한다.[12)]

국가인권위원회는 성희롱 행위도 차별행위로 규정한다. 성희롱이라 함은 업무, 고용 그 밖의 관계에서 공공기관의 종사자, 사용자 또는 근로자가 그 직위를 이용하거나 업무 등과 관련하여 성적 언동 등으로 성적 굴욕감 또는 혐오감을 느끼게 하거나 성적 언동, 그 밖의 요구 등에 대한 불응을 이유로 고용상의 불이익을 주는 것을 말한다.

---

12) 남녀고용평등법: 여성들에 대한 모성보호, 잠정적 특정성에 대한 우대조치 / 근로기준법: 18세 미만의 소년근로자와 여성근로자 / 남녀차별금지 및 구제에 관한 법률: 잠정적 특정성에 대한 우대조치 / 장애인고용촉진법: 장애인 우대 / 고령자고용촉진법: 고령자 우대.

〈표 5-3〉 국가인권위원회의 조사대상

조사대상	인권침해관련 사항	조 건
- 국가기관 - 지방자치단체 - 구금 · 보호시설	헌법 제 10 내지 제 22조에 보장된 인권	- 업무수행 관련
- 법인, 단체, 사인	평등권침해의 차별행위 (19가지 유형)	- 고용관계 - 재화 · 용역 · 교통수단 · 상업시설 · 토지 · 주거시설 등의 공급 · 이용 관계 - 교육시설, 직업훈련기관 등 이용 관계

위원회는 진정이 없는 경우에도 인권침해가 있다고 믿을 만한 상당한 근거가 있고 그 내용이 중대하다고 인정할 때(단, 상임위원회는 '긴급한 경우' 직권조사 개시결정을 할 수 있음)에는 직권으로 조사를 할 수 있다. 또한 일정한 경우 긴급구제조치를 권고할 수 있으며, 소위원회는 진정에 대하여 인권침해가 있다고 인정하고 법 제 40조에 의한 합의가 이루어지지 않은 경우에 당사자의 신청 또는 직권에 의하여 진정을 조정위원회에 회부하여 조정절차를 시작할 수 있다. 위원회의 조사대상(제 30조), 시설수용자의 진정권 보장(제 31조), 조사의 방법(제 36조) 등이 자세히 규정되어 있다.

4. 조사절차와 구제방법

1) 진정 주체 및 방법

국가인권위원회는 위원회법 제30조에 인권침해에 관하여 조사할 수 있는 경우를 '진정'에 의한 것(*investigating complaints*)과 '직권'으로 조사하는 것(*investigations or public inquiries suo moto*)으로 나누어 규정한다. 즉, 국가인권위원회는 인권침해행위에 대해 진정이 있거나 직권으로 조사절차를 개시할 수 있다. 인권위법에서 진정은 인권침해를 조사하기 위한 가장 중요한 경로이고, 이렇게 '진정'의 접수로 조사대상이 된 경우를 '진정사건'이라고도 하며, 인권위법은 제30조 내지 제50조에 걸쳐 진정사건의 처리절차 등에 관하여 상세히 규정한다.

국가인권위원회가 조사를 개시할 수 있는 '진정사건'이 되기 위해서는 ⓐ 인권침해의 경우에는 피진정인이 국가기관·지방자치단체 또는 구금보호시설이 되어야 하고(차별행위 진정에서는 사인도 될 수 있음), ⓑ '피해자'의 존재가 있어야 하며, ⓒ 헌법 제10조 내지 제22조의 기본권 침해행위를 대상으로 해야 하며(이 세 가지를 '진정의 성립요건'이라 할 수 있다), ⓓ 법에 정한 진정의 절차와 방식에 의해서 실시되어야 한다.

진정의 주체(제30조 1항)는 인권을 침해당한 사람 또는 그 사실을 알고 있는 사람이나 단체가 해당된다. 대한민국 국적을 가진 한국인뿐만 아니라, 대한민국에서 거주하는 외국인도 할 수 있다.

그리고 진정인은 직접 인권침해를 당한 사람이 진정권이 있는 것은 물론이며, 이에 더하여 법은 '인권을 침해당한 사람 또는 그 사실을 알고 있는 사람이나 단체'도 진정인이 될 수 있다고 정한다. 결국 제3자(사람 및 단체) 진정을 넓게 규정하는 것이다. 인권침해에 가장 취약한 자들은, 진정절차와 같은 인권보호 제도에 호소할 수 없는 입장인 경우

(당사자가 아동인 경우, 신체적 또는 정신적 장애를 가진 사람, 실종된 경우, 외부와의 연락이 두절된 구금상태에 있는 경우, 사망한 경우)가 많기 때문에, 인권위법은 피해자가 아닌 '그 사실을 알고 있는 사람이나 단체'도 인권침해 및 차별행위를 진정할 수 있도록 한다. '그 사실을 안다'는 것에 다른 제한은 아무 것도 없기 때문에, 그 침해행위를 직접 보거나 경험한 것이 아니어도 무방하고, 피해자의 동의를 얻을 필요도 없다.

진정접수 방식에는 문서(우편, 모사전송기 및 컴퓨터 통신 포함), 구술, 전화 등이 있다. 인터넷 홈페이지에서도 직접 진정접수가 가능하다. 실제 위원회에서는 등록된 장애인의 경우 화상·인터넷 전화·문자상담(실시간 채팅)을 통한 진정도 접수한다. 그 방법은 〈표 5-4〉와 같다.

또한 국가인권위원회는 인권의 사각지대인 시설수용자의 진정권을 보장한다(제31조). 시설수용자가 위원회에 진정하고자 하는 경우 그 시설에 소속된 공무원 또는 직원은 그 사람에게 즉시 진정서를 작성하는데 필요한 시간과 장소 및 편의를 제공하여야 한다. 시설수용자의 진정서 접수방식은 진정서 제출, 면전진정접수 요구, 직권에 의한 방문 진정접수 등이 있다. 면전진정은 구술·전화에 의한 진정이 어려운 시설수용자들이 청구하는 경우 위원이나 위원회 소속 공무원이 구금·보호시설을 직접 방문하여 구술 또는 서면 진정을 접수하는 것을 말한다.

직권조사는 인권침해행위가 있다고 믿을 만한 상당한 근거가 있고, 내용이 중대하다고 인정할 때 가능하다(제30조 제3항). 아동, 여성, 빈곤층, 노숙자, 정신 및 신체적 장애인, 수용자, 종교적 소수집단, 소수민족, 소수 언어 집단 등은 모두 그들의 불평등한 지위로 인하여 인권침해에 특히 취약한 집단이다. 그러나 역설적이게도 이들은 인권과 그 인권을 보호하기 위해 존재하는 제도에 대해 가장 무지한 집단이고, 설사 이들 취약집단이 그러한 사실을 안다 하더라도 자신들의 이익을 대변해 줄 수 있는 대변자를 구하지 못하는 경우가 많으며, 인권침해 피해가 발생하더라도, 진정을 하기 위해 직접 공공기관을 찾는 것을 매우 꺼리게 된다. 그렇기 때문에 진정절차를 통한 파악이나 조사는 현재의 인권상황을 정확하고 완전하게 반영할 수 없다. 따라서 인권위원회가 취약집단들이 사회적 발언권을 갖게 하고, 모든 지역에서 발생하는 인권침해 사실을 최대한 사회화한다는 면에서 큰 의미가 있다.

〈표 5-4〉 위원회 진정방식

방법	내용
전화	전국 1331
우편・방문	(우 100-842) 서울 중구 을지로 1가 16번지 금세기 빌딩 7층 국가인권위원회 인권상담센터
팩스	02) 2125-9811, 9812
홈페이지 진정	www.humanrights.go.kr
이메일	hoso@humanrights.go.kr
면전	구금・보호시설 수용자가 시설관계자에 구두 신청(시설수용자)
화상	국가인권위원회 홈페이지에서 신청(장애인 등록자)
인터넷 전화	국가인권위원회 홈페이지에서 신청(장애인 등록자)
문자상담(채팅)	국가인권위원회 홈페이지에서 신청(장애인 등록자)

2) 조사방법 및 구제절차

위원회는 진정사건이 조사대상이 되면 조사하게 된다. 조사방법으로 진정인, 피진정인 또는 관계인에 대한 출석요구 및 진술서 제출요구, 당사·참고인 또는 관계기관 등에 대하여 자료 등의 제출요구 및 사실·정보에 대한 조회, 장소·시설·자료 등에 대한 실지조사 및 감정, 검찰총장·관할 수사기관의 장에게 수사개시와 필요한 조치 의뢰 등을 할 수 있다(제 35조 제 4항). 조사의 공정성 보장(법 제 38조, 시행령 제 12조 내지 제 16조)을 위하여 인권위원이 자기가 담당하는 구체적 사건과 인적, 물적으로 특수한 관계가 있는 경우에 배제되는 제도인 제척(除斥: 법률적으로 당연히 배제), 기피(忌避: 당사자의 신청에 의해 배제), 회피(回避: 스스로 자발적으로 직무집행을 피함) 제도를 법관 수준으로 둔다.

위원회가 활용할 수 있는 조사의 종류는[13] 다음과 같다.

① 진정조사: 진정을 접수하여 행하는 통상적 조사.
② 직권조사(법 제 30조 제 3항, 조사구제규칙 제 38조): 진정이 없는 경우에도 인권침해에 대한 상당한 근거가 있고 내용이 중대하다고 인정하여 해당 소위의 의결로 행하는 조사(다만, 피해자의 의사에 반하여 할 수 없음), 의결 후 14일 이내에 혐의자에게 '직권조사통보서' 송부, 소위는 주심위원을 선정하고 조사국에 배정하여 조사하게 할 수 있음.

---

13) 조사 종류는 〈일반적 조사권〉과 〈개별사건 조사권〉으로 구분할 수 있다. ① 일반적 조사권: 정책기능의 일부, 법과 제도, 정책과 관행의 개선 또는 인권교육을 목적으로 하는 문자 그대로 '일반적'인 성격의 것(제도 및 정책개선형 조사), ② 개별사건 조사권: 피해자가 특정된 구체적 사건을 조사하여 인권침해가 있었는지를 밝히고 인권침해가 인정될 경우 피해자를 구제하는 것(개별 권리구제형 조사).

③ 방문조사(법 제24조): 구금 보호시설에 대하여 필요하다고 인정할 경우 행하는 조사(시설의 형태 및 운영실태 등이 인권침해의 소지가 있는지의 여부 등), 조사의 주체는 위원이나 소속 직원 및 전문가에게 구체적 사항을 특정하여 조사를 위임할 수 있음(제2항).

④ 실태조사(법 제19조 제4호): 진정과 관계없이 인권상황에 대한 실태를 조사하여 인권에 관한 법령·제도·정책·관행의 개선권고 및 의견표명의 자료로 활용.

⑤ 기타 법규에 규정된 조사

실지조사(법 제36조) 진정사건에 대한 조사방법의 하나로서 진정사항 관련 장소나 시설을 직접 방문하여 조사하거나(예: 발산역 현장조사) 서류 또는 물건 등을 제출받아 조사.

예비조사(조사규제규칙 제19조) 사건기록을 송부 받은 조사국장이 각하 사유 또는 이송사유가 있는지의 여부를 조사하는 것, 각하 사유 있으면 조사 없이 소위상정(법 제32조 제1항 제4호 단서 및 제5호 단서의 경우 제외).

추가조사(위 규칙 제25조) 소위가 조사담당자가 작성한 조사결과보고서를 기초로 심의한 결과 필요하다고 인정하여 행하는 조사, 주심 위원 또는 조사담당자가 행하고 '추가조사보고서'를 작성 소위에 보고.

위원회는 진정된 사건이 조사대상에 해당하지 않거나 형식적 진정요건이 갖추어져 있지 않을 때 더 이상 조사를 진행하지 않는다는 각하결정을 할 수 있는 근거 규정을 둔다(제32조). 이와 같이 각하 제도를 두는 것은, 위원회법이 요구하는 요건을 갖추지 못하여 조사대상이 될 수 없는 진정에 대하여는, 조사를 시작하기 전에 사건 심리 자체를 거절함으로써 사건을 보다 신속하고 효율적으로 종료하기 위한 것이다. 따라서 위원회는 인권침해가 실질적으로 존재하는지를 판단하기에 앞서, 이러한 각하사유에 해당하지 않는지를 먼저 조사하게 된다.

위원회법이 정하는 각하사유는 모두 10가지인데, 그 중에서 제1, 5, 7, 10호는 위원회의 업무범위와 관련된 것이다. 진정이 제기될 당시 진정의 원인이 된 사실에 관하여 법원 또는 헌법재판소의 재판, 수사기관의 수사 또는 그 밖의 법률에 따른 권리구제절차가[14] 진행 중이거나 종결된 경우에는 해당하지 않는다. 그리고 나머지 중 제2, 3, 6, 8, 9호는 진정을 취하한다든지 권리구제 이익에 관한 것이며, 제4호는 진정원인이 되는 사실의 발생으로부터 1년의 기간이 경과된 경우를 정한다.

진정은 각하할 수 있다. 진정 각하사유는 다음과 같다(법 제32조).

① 진정의 내용이 위원회의 조사대상에 해당하지 아니하는 경우.
② 진정의 내용이 명백히 거짓이거나 이유 없다고 인정되는 경우.
③ 피해자가 아닌 자가 한 진정으로 피해자가 조사를 원치 않는 것이 명백한 경우.
④ 진정원인이 된 사실이 발생한 날부터 1년 이상 경과하여 진정한 경우. 다만, 진정원인이 된 사실에 관하여 공소시효 또는 민사상 시효가 완성되지 않은 사건으로 위원회가 조사하기로 결정한 경우는 예외[15].

---

14) 〔헌법재판소법 제68조 제1항의 '다른 법률'(에 정한) 구제절차라 함은〕 '공권력의 행사 또는 불행사 그 자체를 직접 대상으로 하여 그 효력을 다툴 수 있는 권리구제절차로서 다른 법률에 규정된 것'에 한한다는 헌법재판소 결정(헌법재판소 1989. 4. 17. 선고 88 헌마 3 결정 등)을 고려하면 인권위법 제32조 제1항 제5호에 정한 '그 밖의 법률에 따른 권리구제절차'란 '인권침해 또는 차별행위 그 자체를 직접 대상으로 하여 그 효력을 다툴 수 있는 권리구제절차로서 다른 법률에 규정된 것'에 한정할 수 있음.

15) '헌법재판소가 발족하기 전에 있었던 공권력에 의한 기본권 침해에 대한 헌법소원 심판청구기간은 헌법재판소가 구성된 1988. 9. 19부터 기산하여야 한다' (헌법재판소 1990. 10. 8. 선고 89 헌마 89 결정 등).

⑤ 진정이 제기될 당시 진정의 원인이 된 사실에 관하여 법원 또는 헌법재판소의 재판, 수사기관의 수사 또는 그 밖의 법률에 따른 권리구제절차가[16] 진행중이거나 종결된 경우. 다만, 수사기관이 인지하여 수사중인 형법 제123조 내지 제125조의 죄에 해당하는 사건과 동일한 사안에 대하여 위원회에 진정이 접수된 경우에는 그러하지 아니하다.

⑥ 진정이 익명 또는 가명으로 제출된 경우.

⑦ 진정이 위원회가 조사하는 것이 적절하지 아니하다고 인정되는 경우.[17]

⑧ 진정인이 진정을 취하한 경우.[18]

---

16) 〔헌법재판소법 제68조 제1항의 '다른 법률'(에 정한) 구제절차라 함은〕 '공권력의 행사 또는 불행사 그 자체를 직접 대상으로 하여 그 효력을 다툴 수 있는 권리구제절차로서 다른 법률에 규정된 것'에 한한다는 헌법재판소 결정(헌법재판소 1989. 4. 17. 선고 88 헌마 3 결정 등)을 고려하면 인권위법 제32조 제1항 제5호에 정한 '그 밖의 법률에 따른 권리구제절차'란 '인권침해 또는 차별행위 그 자체를 직접 대상으로 하여 그 효력을 다툴 수 있는 권리구제절차로서 다른 법률에 규정된 것'에 한정할 수 있음.

17) 이 규정의 취지는 법률상 인권위가 조사를 할 수 있는 사건이지만, '다른 권리구제절차' 또는 권리구제절차에 해당하지 않더라도 권리를 구제하는 데 도움이 되는 다른 절차가 있고, 그 절차를 이용하는 것이 당사자의 권리구제에 더 유리할 것으로 판단되는 합리적 이유가 있을 경우 인권위가 진정을 다른 구제기관으로 이송하여 처리하게 할 수 있다는 뜻에서 제정된 것. 다른 나라의 경우에도 이와 유사한 조항을 같은 목적으로 두어 운영하는 사례가 많이 있다. 다시 말하면 이 조항은 인권위의 절차가 다른 구제절차와 중복되어 절차와 비용의 낭비를 초래한다는 비난을 해소하기 위한 것이며, 인권위가 자의적(恣意的)으로 판단하여 조사하기 싫은 사건을 마음대로 각하할 수 있다는 뜻으로 해석해서는 안 된다.

18) 진정인이 진정을 취하하고자 하는 경우에는 그 뜻을 서면으로 작성하여 취하서를 제출하여야 한다. 다만, 진정인이 인권위원 또는 조사담당자에게 구두로 진정의 취하의사를 표시하는 경우에는 진정취하조서를 작성한 후 진정인의 서명 또는 날인을 받아 취하서에 갈음할 수 있다. 피해자가 아닌 제3자가 진정한 경우 진정인이 진정을 취하한 때에는 그 사실을 피해자에게 통보

⑨ 위원회가 기각한 진정과 동일한 사실에 관하여 다시 진정한 경우.
⑩ 진정의 취지가 당해 진정의 원인이 된 사실에 관한 법원의 확정 판결이나 헌법재판소의 결정에 반하는 경우 등이 해당한다.

각하된 진정이라도 필요하다고 인정할 때 그 진정을 관계기관에 이송할 수 있으며 이 경우 진정을 이송받은 기관은 위원회의 요청이 있는 때에는 지체 없이 그 처리결과를 위원회에 통보하여야 한다. 진정조사를 시작한 후에도 그 진정이 각하사유에 해당하게 되면 그 진정을 각하할 수 있다. 진정을 각하 또는 이송한 경우 지체없이 그 사유를 명시하여 진정인에게 통보하여야 한다. 이때 필요하다고 인정하는 경우 피해자 또는 진정인에게 권리를 구제받는 데 필요한 절차와 조치에 관하여 조언할 수 있다.

또는 위원회는 진정을 조사한 결과 진정의 내용이 사실이 아닌 경우, 조사대상 인권침해행위에 해당하지 않는 경우, 이미 피해회복이 이루어지는 등으로 별도의 구제조치가 필요하지 아니하다고 인정되는 경우에는 진정을 기각할 수 있다(제 39조 제 1항). 그러나 진정의 내용이 사실이면 합의권고, 조정, 구제, 긴급구제 등의 조치를 할 수 있다. 진정에 대한 구제의 종류는 〈표 5-5〉와 같다.

〈국가인권위원회법〉에서는 국가인권위원회 조사와 결정의 실효성을 확보하기 위한 각종 제도적 장치를 마련한다. 조사의 실효성을 확보하기 위하여 다음과 같은 장치가 있다. 국가인권위원회 위원이나 직원의 업무수행을 방해한 경우에는 5년 이하의 징역 또는 3천만 원 이하의 벌금(제 56조 제 1항)을 부과할 수 있다. 그리고 위원회에 대한 진정을 허가하지 않거나 방해한 경우에는 3년 이하의 징역 또는 1천만 원 이하의 벌금(제 57조)을 부과할 수 있고, 정당한 이유 없이 위원회에 대한 출

해 주는 것이 필요할 것이다.

〈표 5-5〉 국가인권위원회 구제조치의 종류

구 분	내 용
합의권고 (제 40조, 규칙 제 26조)	• 사건의 공정한 해결을 위하여 필요한 조치를 제시하여 합의 권고 가능 • 합의가 이루어진 경우 합의서를 작성하여 당사자로 하여금 그 내용을 확인한 후 서명 또는 날인하게 하고 주심위원 또는 조사담당자가 서명 또는 기명 · 날인 • 합의권고를 조사담당자도 할 수 있다는 뜻: 당사자의 처분권 존중
조정 (제 42조 제 2항)	• 위원회는 진정에 대하여 인권침해가 있다고 인정하고 제 40조에 의한 합의가 이루어지지 않은 경우에 당사자의 신청 또는 직권에 의하여 진정을 조정위원회(3인 구성)에 회부하여 조정절차 시작 • 인권침해조정위원회, 차별행위조정위원회 (운영규칙 제 26조 제 3항, 제 2호, 제 3호)
구제	• 위원회 조사결과 인권침해 인정시의 조치 • 구제조치의 내용 ① 소속기관 등에 대한 구제조치 권고(법 제 44조) - 조사결과 인권침해가 일어났다고 판단할 때에는 피진정인, 그 소속기관, 단체 또는 감독기관의 장에게 구제조치 권고 - 권고내용을 이행하지 않을 경우 그 이유를 위원회에 문서로 설명 - 권고를 받은 기관의 장이 설명한 내용을 공표 ② 고발 및 징계권고(법 제 45조) - 진정내용이 범죄행위에 해당하고 형사처벌이 필요하다고 인정할 때에는 검찰총장, 군 참모총장 또는 국방부장관에게 고발 가능 - 진정을 조사한 결과 인권침해가 있다고 인정할 때에는 피진정인 또는 인권침해에 책임이 있는 자에 대한 징계를 소속기관 등의 장에게 권고 가능 ③ 피해자를 위한 법률구조 요청(인권위법 제 47조) - 진정에 관한 위원회의 조사, 증거의 확보 또는 피해자의 권리 구제를 위하여 필요하다고 인정하는 경우(대한법률구조공단 등) ④ 법원 및 헌법재판소에 대한 의견제출(제 28조 2항) - 진정사건 또는 직권조사사건에 관하여 재판이 계속 중인 경우

긴급 구제조치	• 진정 접수 후 조사대상 인권침해행위가 계속된다는 상당한 개연성, 방치할 경우 회복하기 어려운 피해발생 등이 인정될 때 진정에 대한 결정 이전에 진정인 · 피해자 신청이나 직권으로 피진정인, 그 소속기관 등의 장에게 권고 ① 의료, 급식, 피복 등의 제공 ② 장소, 시설, 자료 등에 대한 실지조사 및 감정 또는 다른 기관이 하는 검증 및 감정에 대한 참여 ③ 시설수용자의 구금 또는 수용장소의 변경 ④ 인권침해 행위의 중지 ⑤ 인권침해를 일으킨다고 판단되는 공무원 등의 그 직무로부터의 배제 ⑥ 그 밖에 피해자의 생명, 신체의 안전을 위하여 필요한 사항

석 및 자료제출을 거부하거나 위원회에 허위자료를 제출한 경우에는 1천만 원 이하의 과태료(제 63조 제 1항)에 처하도록 되어 있다.

또한 국가인권위원회 결정의 실효성을 확보하기 위하여 국가기관 등이 위원회로부터 필요한 조치의뢰, 고발, 구제조치 권고 등을 받은 경우 조치결과를 위원회에 통보하여야 하고(제 34조 제 2항, 제 45조 제 3항, 제 4항), 위원회의 권고를 수용하지 않을 경우에는 정당한 이유를 문서로 설명하여야 하며(제 25조 제 3항, 제 44조 제 2항), 위원회는 국가기관 등의 처리내용을 언론에 공표하여 국민여론에 호소할 수도 있고(제 25조 제 4항, 제 44조 제 2항), 대통령과 국회에 인권상황에 대한 보고를 통하여 결정의 실효성을 뒷받침할 수 있다. 진정사건 결정 흐름도를 보면 〈그림 5-1〉과 같다.

3) 진정사건 현황

2001년 11월 국가인권위원회 설립 이후 지난해까지 접수된 진정사건은 총 35,163건인데, 이중 79.6%인 27,993건이 인권침해 사건이고

〈그림 5-1〉 국가인권위원회 진정조사 절차도

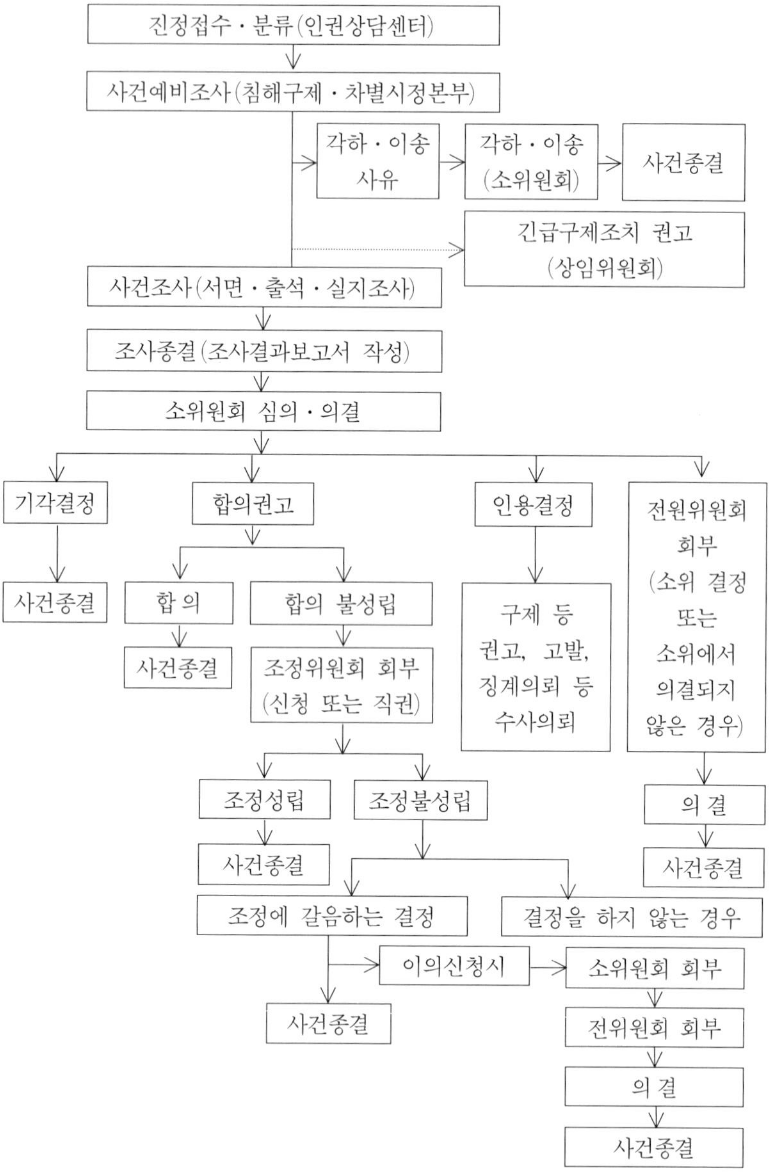

15.3%인 5,380건이 차별행위 사건이고, 기타는 1,790건(5.1%)이다. 2008년에 접수한 진정 6,309건 중 인권침해 사건은 4,892건(77.5%), 차별행위 사건은 1,380건(21.9%), 기타는 37건(0.6%)으로서, 전년대비 인권침해 진정은 175건이 줄어든 반면, 차별행위 진정은 221건이 증가하였다. 차별행위 진정의 증가는 장애인차별금지법 시행에 따른 영향으로 분석된다.

인권침해 진정의 침해기관별 현황을 보면, 위원회 설립 이후 지난해까지 접수된 27,992건 중 구금시설이 11,893건(42.3%)으로 가장 많은 가운데 경찰 6,141건(21.9%), 기타국가기관 3,539건(12.6%), 다수인보호시설 1,961건(7.0%), 지방자치단체 1,402건(5.0%), 검찰 1,378건(4.9%) 순이다. 2008년 통계를 보면 전체적 흐름과 달리 다수인보호시설과 지방자치단체 관련 진정이 폭증한다. 즉, 구금시설 관련 진정이 1,909건(39.0%)으로 가장 많고, 경찰 1,049건(21.5%)이 그 다음을 차지하고 있지만 다수인보호시설이 672건(13.7%), 지방자치단체가 329건(6.5%)으로 각각 기타국가기관 303건(6.2%)보다 많은 것으로 드러났다. 검찰은 163건(3.3%)이다.

다수인보호시설과 지방자치단체의 진정 건수 증가는 2007년부터 두드러진 현상이다. 다수인보호시설의 경우 2005년 234건, 2006년 254건이던 것이 2007년 521건으로 2배 이상 증가했고, 2008년에는 전년보다 88건(15.1%)이 늘어났다. 지방자치단체는 2006년 177건에서 2007년 447건으로 1.5배 증가한 가운데 2008년에는 320건으로 감소했으나 2006년 이전보다 증가하였다. 다수인보호시설 관련 진정의 증가는 위원회가 그동안 펼친 시설 업무관련자에 대한 지속적 교육, 진정함 설치 현황조사, 방문조사, 정신보건국가보고서 작성 등의 사업으로 인해 시설 수용자들이 인권문제에 관심을 갖게 된 것이 크게 작용한 것으로 분석된다. 지방자치단체 관련 진정은 각 급 학교와 교육청 관

〈표 5-6〉 기관별 인권침해 진정사건 증감 추이: 2008. 12. 31.

구 분	2001	2002	2003	2004	2005	2006	2007	2008	합 계
검 찰	105	195(8.8)	173(5.7)	164(3.5)	214(5.1)	137(4.1)	227(4.5)	163(3.3)	1,379(4.9)
경 찰	134	704(31.8)	702(23.1)	688(14.9)	937(22.3)	796(23.9)	1,131(22.0)	1,049(21.5)	6,141(21.9)
구금시설	88	1,026(46.3)	1,686(55.4)	1,835(39.7)	1,918(57.5)	1,427(42.8)	2,004(39.5)	1,909(39.0)	11,893(42.3)
국가정보원	18	15	5	11	11	12	36	24	132
군·검찰	3	1	1	4	4	7	3	6	29
군 구금시설		3	6	11	2	6	2	3	33
군 헌병	35	6	4	7	2	1	5	5	65
기무사	3	3	3	3	3		2	2	19
기타 국가기관	112	124(5.6)	201(6.6)	1,553(33.6)	525(15.8)	394(11.8)	328(6.4)	303(6.2)	3,539(12.6)
기타 군사	17	39	59	35	53	51	68	67	389
기타 기관						10	146	147	303
다수인 보호시설	9	25(1.1)	57(1.9)	126(2.7)	234(7.0)	254(7.6)	584(10.3)	672(13.7)	1,961(7.0)
미분류								134	134
보호시설							1		1
사법기관	54	16	35	41	63	56	62	68	395
기 타								1	1

〈표 5-6〉 계속

입법기관	1		2	8	2	2	8	2	25
지방자치단체	40	26(1.2)	81(2.7)	115(2.5)	194(4.6)	177(5.3)	449(8.8)	320(6.5)	1,402(5.0)
특별사법경찰		31	26	26	37	4	12	16	152
합 계	619	2,214(100)	3,041(100)	4,627(100)	4,199(100)	3,334(100)	5,067(100)	4,891(100)	27,993(100)

* 자료: 국가인권위원회, 2008.

* 2008년 침해기관별 진정내용을 보면 다음과 같다.

- 구금시설: 진료권 제한 267건(14%), 인격권 침해 218건(11.4%), 수용환경문제 208건(710.9%), 기타 139건(7.3%), 외부진료 제한 112건(5.9%)
- 경찰: 폭행 202건(19.2%), 인격권 침해 195건(187.5%), 가혹행위 65건(6.2%), 과도한 장구사용 44건(4.2%), 불법/부당감금 37건(3.5%)
- 다수인보호시설: 불법/강제수용 325건(48.3%), 퇴원요청 45건(9.2%), 폭행 45건(6.6%), 가혹행위 40건(5.9%), 외부교통권 제한 37건(5.4%)
- 지방자치단체: 위법/부당한 처분 118건(36.8%), 인격권 침해 70건(21.8%), 폭행/가혹행위 42건(13.1%), 소극적 처분 32건(10%), 사생활비밀 침해 25건(7.8%)
- 기타국가기관: 위법/부당한 처분 170건(56.1%), 소극처분 28건(9.2%), 기타 28건(9.2%), 사생활비밀 침해 24건(7.9%), 인격권 침해 20건(6.6%)

련 진정이 포함된 가운데 지난해 민선지방자치 10년을 넘기면서 지방자치단체의 권한이 강화되고, 학교현장의 인권의식이 향상된 점이 주된 원인으로 분석된다.

차별행위 진정의 경우 사유별 현황을 보면, 위원회 설립 이후 지난해까지 접수된 5,380건 중 장애가 1,190건(22.1%)으로 가장 많고, 기타 1,049건(19.5%), 사회적 신분 904건(16.8%), 성희롱 480건(8.9%), 나이 413건(7.7%), 성별 304건(5.6%) 순이다. 2008년 통계를 보면 전체 1,380건 중 장애가 603건(43.7%)으로 가장 많고, 기타 208건(15.1%), 성희롱 148건(10.7%), 사회적 신분 95건(6.9%), 나이 62건(4.5%), 성별 60건(4.4%) 순으로 전년과 비교하면 장애차별 진정이 대폭 증가한 것이 특징이다. 이는 2006년 115건, 2007년 246건이었으나 2008년 603건으로 각각 4배, 3배가 증가한 것으로 이 같은 현상은 지난해 4월 11일에 시행된 장애인차별금지법의 영향으로 분석된다.

성희롱에 대한 진정 또한 매년 증가추세이다. 여성부로부터 업무가 이관된 2005년에는 62건이었으나 2006년 104건, 2007년 163건으로 증가하였고, 2008년에는 148건으로 감소하였으나 2005년이나 2006년에 비해서는 크게 증가한 것이다. 2008년도 차별사건의 진정내용을 영역별로 보면 고용관련이 455건(33%), 재화·용역의 공급이용 관련이 526건(38.1%), 기타가 254건(18.4%), 교육시설 등의 이용관련이 94건(6.8%), 미분류 사건이 51건을 차지한다.

5. 한국의 주요 인권현안

1) 국가인권위원회가 정부에 권고한 10대 인권현안

지난 20여 년 동안 우리나라는 민주화의 진전과 세계 10위권으로 도약한 경제성장을 기반으로 자유권과 사회권 분야의 인권이 증진되고 사회적 차별이 시정되었고, 인간의 존엄과 가치를 존중하는 인식과 문화가 지속적으로 확산되어 왔다. 그 결과 우리사회의 자유권 분야의 인권수준은 국제사회에서도 인정할 정도로 개선되었으나, 아직도 국제인권 기준에 비추어 볼 때 개선해야 할 분야가 적지 않으며, 특히 사회권 분야의 인권은 우리의 경제규모에 비추어 국제인권기준과 상당한 격차가 있는 것으로 평가할 수 있다. 국가인권위원회는 노무현 정부와 이명박 정부가 출범하게 되자 새로운 정부가 추진해야 할 한국사회의 주요한 10대 인권현안을 제시하는데 그 내용은 〈표 5-8〉과 같다.

그 동안 영장실질심사제 도입 등 형사사법절차가 개선되었고, 사회보호법이 폐지되어 이중처벌의 문제가 개선되었으며, 신념을 이유로 한 병역거부자에 대한 대체복무제를 도입하기로 하는 등 국민의 신체의 자유와 양심의 자유보장이 강화되었다. 또한 차별금지법이 제 17대 국회에서 폐기되었으나, 장애인차별금지법의 제정, 연령차별금지법과 차별금지법의 입법 추진 등 차별금지의 법제화 노력으로 우리 사회의 차별적 제도와 문화를 개선할 제도적 장치를 갖추어 가는 과정에 있다. 그리고 최저생계비의 점진적 인상, 결혼이민자에 대한 기초생활보장, 실업급여 확대 등 사회적 약자·소수자의 인권이 개선되어 왔다.

그러나 자유권 분야의 경우 유엔 자유권규약위원회에서 우리 정부에 권고한 국가보안법의 정비, 평화적 집회시위 보장, 준법서약제 폐지, 사형규정 범죄 축소, 양심적 병역거부 인정, 자유권규약 유보조항 철

〈표 5-7〉 차별사유별 진정사건 증감 추이

구분	2001	2002	2003	2004	2005	2006	2007	2008	합계
가족상황	1		2	4	15	8	13	10	53
기 타		25(18.4)	98(27.3)	117(30.1)	228(21.1)	117(14.2)	256(22.1)	208(15.1)	1,049(19.5)
나 이	1	6(4.4)	24(6.7)	57(14.6)	87(8.0)	69(8.4)	107(9.2)	62(4.5)	413(7.7)
병 력	2	8	16	7	21	30	31	15	130
사상·정치적 의견	1	3	7		5	2	2	3	23
사회적 신분	17	31(22.8)	75(20.9)	64(16.5)	297(27.5)	208(25.2)	117(10.1)	95(6.9)	904(16.8)
성 별	2	9(6.6)	34(8.4)	25(6.4)	55(5.1)	44(5.3)	75(6.6)	60(4.4)	304(5.7)
성적지향	1	3	2	1	5	4	3	3	22
성희롱		2	1		62(5.7)	104(12.6)	163(14.1)	148(10.7)	480(8.9)
용모·신체조건		2	4	6	45	10	20	15	102
미분류								53	53
인 종		1			1	1	4	5	12
임신·출산			15	4	5	9	16	13	62
장 애	13	20(14.7)	18(5.0)	54(13.9)	121(11.2)	115(13.9)	246(21.0)	603(43.7)	1,190(22.1)
전 과	1	6	3	7	23	12	17	16	85
종 교	2	4	5	8	11	8	12	11	61
출신국가	8	12	19	10	19	28	37	26	159
출신민족			1				1	2	4
출신지역	3	2	2	6	23	9	8	4	57
피부색	1				1		1		3
학벌/학력			28	12	48	24	27	23	162
혼인여부		2	4	7	9	22	3	5	52
합 계	53	136(100)	358(100)	389(100)	1,081(100)	824(100)	1,159(100)	1,380(100)	5,380(100)

회 등의 내용에서 알 수 있듯이 여전히 국제인권기준에 미치지 못하는 부분이 있다. 뿐만 아니라 사회권규약위원회를 비롯한 유엔의 주요 인권조약기구가 우리 정부에 대하여 지속적으로 권고했듯이 사회적 양극화, 비정규직 등 노동취약계층의 고용불안정, 장애인·아동·노인·이주외국인의 차별 등 우리사회의 사회권 보장수준은 여전히 낮은 상황이다. 따라서 국제사회에서의 우리나라 위상과 경제규모에 맞추어 모든 사회 구성원에게 인간다운 생활을 할 권리를 보장한다는 차원에서 정부는 사회안전망 구축, 열악한 주거환경 개선, 의료지원 확대 등

〈표 5-8〉 한국사회의 주요한 10대 인권현안

노무현 정부	이명박 정부
① 국가보안법 개폐	① 빈곤층 생활보장 및 빈곤탈피 기회확대
② 차별금지법 제정	② 비정규직 등 노동취약계층의 고용안정과 차별시정 강화
③ 반인권범죄에 대한 공소시효 배제	③ 아동·청소년, 노인 및 여성의 인권보호 강화
④ 사형제도폐지	④ 이주외국인의 인권보호 및 차별시정 강화
⑤ 보호감호제도 개선	⑤ 장애인 등 사회적 소수자의 인권보호 및 차별시정 강화
⑥ 인권관련 미가입 주요 국제협약 가입 및 UN인권협약 유보조항 철회	⑥ 사회복지시설 생활인의 인권보호 강화
⑦ 도·감청 등 사생활 침해 방지	⑦ 북한주민, 탈북자, 재외국민·재외동포의 인권보호 강화
⑧ 구금시설 내 의료권보장	⑧ 국제인권기준에 부합하지 않는 자유권 분야 인권개선
⑨ 외국인노동자 인권보호	⑨ 개인정보 보호와 취약계층의 정보격차 해소
⑩ 비정규직 차별문제 해소	⑩ 인권상황의 실효적 개선을 위한 토대 구축

사회보장제도 확장을 통한 사회권 분야 인권개선 노력을 가속화할 필요가 있다. 국가인권위원회가 노무현 정부와 이명박 정부에 권고한 10대 인권현안과 그동안 우리사회의 인권노력 등을 감안할 때 한국사회가 우선적으로 해결해야 할 인권현안을 보면 〈표 5-8〉과 같다.

2) 국가보안법 · 사형제도 개폐 등 자유권 분야 인권개선

가장 우선적으로 해결해야 할 인권현안이 국제인권기준에 부합하지 않는 국가보안법 등 자유권 분야의 인권개선이다. 지난 20여 년간 평화적 정권교체, 의회에 의한 행정부 통제 강화, 양심과 표현의 자유 확대 등 정치적 · 절차적 민주주의에서는 상당한 진전을 이루어 왔지만 국가보안법, 보안관찰법 등 양심의 자유를 제한하는 법령과 집회 및 시위 등에 대한 불합리한 규제 등이 존재하여 자유권규약위원회로부터 그 개선을 권고받는다. 따라서 절차적 민주주의를 넘어서 실질적 민주주의를 실현하기 위해서 국제기준에 부합하지 않는 법률과 제도를 정비해야 한다.

(1) 국가보안법 개폐

국가보안법은 그 운용과정에서의 반민주성 및 인권침해 가능성으로 인하여 국내 시민사회뿐만 아니라 국제인권기구 및 국제 인권 NGO 등으로부터 수차례의 개폐 권고를 받은 사안이다. 제17대 국회 시기에 국가보안법 폐지안(2000. 11. 27)과 개정안(2001. 4. 27)이 각각 계류되었지만 찬반양론이 비등하여 결국 폐기처분되었다. 국가보안법 유지론 입장에서는 '국가안보'상 북한은 여전히 '주적'이며 현실적으로 가장 위협적 존재이므로 국가보안법을 유지해야 하며 상대방인 북한의 신형법, 노동당규약과의 형평성문제도 같이 제기한다.

한편, 전면개정론 및 폐지론의 입장을 보면, 국가보안법은 '국가안보'를 구실로 법을 광범위하고 자의적으로 적용해 헌법상의 기본권과 국제 인권기준을 과도하게 제한한다고 본다. 특히, 이적단체 구성 관련 조항(제 3조)과 표현의 자유 관련 조항(제 7조) 등이 주요 문제점(구속자의 92%가 7조 위반)으로 논의되고 있으며, 명실상부하게 유엔 회원국인 북한을 '반국가단체,' '주적' 등으로 규정하는 것은 현 남북관계 상황에서 시대의 흐름에 맞지 않으며 '반통일적' 접근이라는 것이다. 특히, 법이 아닌 행정기관(통일부)의 북한접촉허가 여부가 합법 여부를 결정하는 것은 모순이며, 〈남북교류협력에 관한 법률〉과 배치된다고 비판한다. 국가보안법이 개개인의 양심 · 표현의 자유를 제약해서는 안 된다고 생각한다. 개개인의 양심 · 표현의 자유를 제약하는 국가보안법은 개폐되어야 할 것이다.

(2) 사형제도 폐지

자유권규약위원회 가입국으로서의 책무를 다하고, 자유권 영역의 인권을 국제적 수준으로 향상시키기 위해서 해결할 사안이 '사형제도 폐지'이다. 사형제도는[19] 형벌목적을 제대로 충족시켜 주지 못하는 형벌이며 비인도적이고 생명권을 침해하는 제도로서 관계법령 정비의 필요성이 오랫동안 제기되어 왔다. 1999년 11월에 유엔 인권이사회는 우리나라에 사형규정 범죄의 범위를 축소할 것을 권고한 바 있다. 우리나라는 1997년 12월 30일 23명의 사형을 집행한 이후 10년간 사형을 집행하지 않았기 때문에 2007년 12월 30일 국제사면위원회가 인정하는 사실상의 사형제 폐지 국가가 되었다. 그러나 우리나라에는 국가보

19) 2002년 말 사형제도 폐지국은 111개국에 이르고 있는데, 모든 범죄에 대하여 74개국, 일반범죄에 대하여 15개국이 사형제도를 폐지하였다. 법률상 존치하나 실제로 폐지한 나라는 22개국이 된다.

안법 등 특별법과 형법에 100개의 사형규정을 두고 있고, 1998년 이후 사형집행은 없었으나 50여명의 사형수가 집행대기 중이다.

2005년 4월 "사형제도는 생명권의 본질적 내용을 침해하는 것이므로 폐지돼야 한다"는 의견을 국회에 표명한 바 있는 국가인권위원회는, 이제 여기서 한걸음 더 나아가 법제도에서도 사형제가 완전히 폐지되도록 국회가 노력해줄 것을 기대한다. 비록 국제사면위원회가 우리나라를 사실상 사형제 폐지국가로 분류했으나, 아직까지 형법 등에 사형을 규정한 조항이 그대로 살아 있기 때문이다.

그동안 사형제도를 폐지하기 위한 특별법은 15대 국회에서 처음 발의되었다. 15대 국회에서는 1999년 12월 90여명이, 16대 국회에서는 2001년 10월 155명이, 17대에서는 2004년 12월 175명이 국회에 법안을 제출했다. 16대·17대 국회의 경우 과반수 의원이 사형폐지 법안에 서명했음에도 불구하고 찬·반의견이 팽팽히 맞서 폐기처분된 상황이다. 사회적으로는 전면폐지론 및 단계적 폐지론, 그리고 존치론 등이 팽팽히 맞선다.

사형제도 전면폐지론을 주장하는 사람들은 사형제도는 생명권 침해, 기본권의 본질적 침해, 비인도적 제도, 야만적 형벌, 오판가능성, 범죄억지력에 대한 회의, 형벌의 목적과 상치한다는 등의 이유로 폐지를 주장한다. 단계적(부분적) 폐지론자들의 입장은 종신형 같은 대체입법을 제정하거나, 또는 강간, 살인, 간첩죄 등 중대범죄에만 국한하여 사형 제도를 인정하여야 한다고 주장한다. 반면에 사형제도 존치론자들의 입장은, 범죄억지력이 통계로 밝혀지지 않는다고 해서 부정될 성질의 것은 아니며, 형벌의 본질이 응보에 있는 이상 극악한 범죄에는 사형이 선고되어야 하며, 국민의 법의식도 흉악범죄자에 대해서는 사형을 지지하는 견해가 크므로 사형폐지는 시기상조라고 주장한다.[20]

20) 우리나라에서는 1996년 11월, 사형제도는 '합헌'이라는 헌법재판소의 판결(95

사형은 '한 사람의 시민에 대한 국가의 전쟁'이라고 계몽시대 인도주의적 법학자 벡카리아가 단언한 이래 인류사회가 도달한 결론은 인간의 생명을 법의 이름으로 빼앗는 것은 반인권적이며 반문명적 제도라는 것이다. 인권에 대한 국제사회의 보편적 인식과 합의문이라 할 수 있는 세계인권선언도 제3조에서 생명권의 신성함을 밝힌다. 사형제도는 생명권의 본질적 내용을 침해하는 것이며 범죄억지력에 대한 논란, 오판가능성, 형을 집행하는 사람의 양심의 자유까지도 침해한다는 점 등 인권적으로나 현실적 이유에서나 폐지돼야 마땅할 제도이다.

(3) 개인정보 보호

그동안 CCTV에 의한 감시, 도청, 감청, 인터넷의 확산과 더불어 전자주민카드, 전자여권, NEIS 등 전자정부화로 모든 분야에서 정보화가 급속히 진행되어 왔는데, 그 과정에서 개인정보 데이터베이스 증가와 생체인식기술의 발전으로 프라이버시권이 침해될 가능성이 높아졌다. 특히 최근 들어 수사·정보기관에 의한 불법도청 및 감청 의혹이 증폭되고 이에 대한 적절한 대응장치의 필요성이 증가하고 있으며, 신용·금융정보 등을 담당하는 사기업에 의한 대량 정보유출가능성으로 인한 사생활영역 침해가능성에 대한 우려도 높아간다.

〈통신비밀보호법〉에 열거된 감청대상 범죄의 적절성 및 수사기관 등의 불법감청에 대한 통제장치의 실효성이 문제시된다. 이외에도 사생활의 보호영역인 통신비밀보호법상 '통신사실'의 확인자료 요청의 용이성(법원의 통제 밖에 위치)으로 남용가능성이 있으며, 긴급감청시 법원에 대한 사후통보만으로 소기의 효과를 달성하는 문제점 등이 있기 때문에 이에 대한 국가차원의 대책이 절실히 요구된다.

또한 개인정보 취급 사업자의 개인정보 오·남용과 개인정보 불법유

헌마 1)이 나기도 했다.

통을 방지하기 위해 개인정보 유출에 대한 엄중한 책임 부과가 필요하다. 그리고 공공기관 및 민간기업에 과도한 생체인식정보·신상정보·금융정보 등 개인정보의 수집을 제한하고 관리·강화해야 한다. 이를 위해서 '개인정보보호 기본법' 등의 제정을 통해 개인정보의 과도한 수집과 유출로 인한 프라이버시권 침해를 예방하여야 한다.

(4) 시설생활인의 인권보호

국가인권위원회 진정사례에서 보듯이 사회복지시설[21] 관련 진정사건이 증가한다. 폐쇄적, 비합법적 운영, 인권침해의 사각지대로 등장한다. 사회복지시설 생활인은 심신상실과 심신미약의 상태로 대부분 스스로를 보호할 능력이 약하므로 국가의 특별한 보호가 필요한데, 사회복지생활시설의 대규모, 수용 위주의 운영, 운영상의 불투명성, 법령 및 감독과 지원 미비 등으로 인해 시설생활인에 대한 인권침해가 지속적으로 발생한다. 사회복지시설 생활인의 기본적 인권보호를 강화하기 위한 체계를 구축해야 한다. 이를 위해서 스웨덴, 영국, 독일 등 인권선진국의 사례에서 보듯이 대형시설의 분리수용에서 지역사회 중심의 시설의 소규모화 및 탈시설화 정책을 장기적으로 검토해볼 필요가 있다.

이외에도 양심적 병역거부에 대한 대체복무를 인정하는 제도가 조속히 도입되어야 하며, 집회 및 시위의 장소와 시간, 방법의 규제조항을 정비하고, 과도한 집회신고 범위 등 집회·시위에 대한 과도한 행정절차를 완화하여 집회·시위의 자유를 실질적으로 보장할 필요가 있다. 현행 집시법을 두고 서로 다른 해석이 존재한다. 공권력 집행기관은 불법시위 근절을 위해 대폭제한을, 시민사회는 표현의 자유침해를 이

21) 2007. 12. 사회복지시설 수 1,851개소(노인 1,181개, 장애인 288개, 아동 282개), 사회복지시설 생활인 103,225명.

유로 전면개정을 주장한다. 과도한 집회제한으로 표현의 자유가 제약되는 것을 방지함과 동시에, 우리 사회에 평화적 집회문화를 정착시키기 위한 노력이 동시에 요청된다. 평화적 언론·출판·집회·결사의 자유는 민주주의 사회의 요체라 할 수 있는 표현의 자유의 핵심적 내용으로서, 국민의 자유권 보장 수준을 가늠할 수 있는 척도이다.

3) 양극화 사회에서 사회권 보호

사회권규약위원회를 비롯한 유엔의 주요 인권조약기구가 우리 정부에 대하여 지속적으로 권고했듯이 사회적 양극화, 비정규직 등 노동취약계층의 고용불안정, 장애인·아동·노인·이주외국인의 차별 등 우리사회의 사회권 보장 수준은 여전히 낮은 상황이다. 따라서 국제사회에서의 우리나라 위상과 경제규모에 맞추어 모든 사회 구성원에게 인간다운 생활을 할 권리를 보장한다는 차원에서 정부는 사회안전망 구축, 열악한 주거환경 개선, 의료지원 확대 등 사회보장제도 확장을 통한 사회권 분야 인권개선 노력을 가속화할 필요가 있다.

(1) 빈곤층의 인간다운 생활보장

우리 사회의 빈곤문제는 양극화 심화에 따라 날로 심각해진다. 빈곤문제는 직접적으로는 빈곤층이 인간다운 삶을 영위할 권리를 박탈당하는 절박한 생존권 문제로 나타나지만, 궁극적으로는 급격한 사회공동체의 해체와 불안정화로 치닫게 된다. 이는 당사자인 빈곤층뿐만 아니라 사회구성원 모두가 영향을 받고 피해를 입을 수 있다는 점에서 그 심각성이 더욱 크다.

그동안 우리나라 사회보장정책은 빈곤층이 최소한의 삶의 수준을 유지하도록 지원하는 것을 중심으로 시행되어 왔으나 최저생계비의 낮은 수준과 의료급여수급범위·보장범위의 제한으로 많은 빈곤층이 기초생활보장과 의료급여 수급권자에서 제외되고 있으며, 근로빈곤층의 빈곤탈피 지원 사업이 실질적 성과를[22] 거두지 못한다. 여전히 우리사회에는 최저생계수준에도 못 미치는 절대빈곤계층이 적지 않게 존재한다. 나아가 이들의 빈곤문제가 세습화, 영구화되는 악순환 구조가 고착되고 있는 저간의 실정은 우리 사회의 인권상황을 근본적으로 위협하는 요인이기도 하다. 따라서 빈곤계층 보호를 위한 우리 사회의 각별한 노력이 필요하다. 생존의 기본조건인 의식주는 물론, 인간다운 삶을 유지하는 데 필요한 필수적 수준의 의료혜택이나, 취업 등 노동할 수 있는 권리를 갖도록 해야 한다.

국가인권위원회가 제시하듯이 빈곤계층 인권보호를 위해서는 우선적으로 국가보장 빈곤기준 설정을 통한 실질적 빈곤인구를 파악하고, 최저생계비 결정방식을 개선하여 최저생계비 수준을 현실화해야 한다. 그리고 빈곤계층의 의료급여 수급권자 및 보장범위를 확대하여 최소한 건강한 생활을 유지할 수 있도록 지원체계를 갖추어야 한다. 쪽방·비닐하우스촌 거주자의 최저기준 및 안전기준을 마련하여 보장해야 하며, 도시재개발 과정에서 이들에 대한 실질적 주거대책 마련이 필요하다. 근로빈곤층에게 적절한 일자리와 직업교육 등을 제공하여 빈곤탈피 기회를 확대해야 할 것이다. 요컨대 빈곤층에 대한 사회보장제도 강화, 무상교육의 확대, 건강보험 수혜 확대 등의 정책개선이 요구된다.

---

22) 도시근로자 평균소득 대비 최저생계비 수준, 38.2%(1999년), 32%(2008년)이고, 전체 인구의 10% 빈곤층, 빈곤층 의료급여수급권 3.8%, 고령자 가구의 50%가 최저주거기준에 미달하는 주거환경에서 생활함.

(2) 비정규직 등 노동취약계층 보호

그동안의 경제위기 극복 과정에서 고용의 양적 지표인 취업률은 높아진 반면에 고용의 질과 분배구조는 오히려 악화되었다. 비정규직 관련 법안이 제정되어 시행되고 있지만, '2년 고용후 정규직 전환' 규정이 노동현장에서 악용되는 사례가 급증하고, 노동부의 '4년 연장' 방안이 제시된 이후 최초의 입법취지가 무색해지는 상황이다. 비정규직에 대한 임금 및 근로조건 차별은 심각하고 편법적 파견근로가 확산되면서 노사갈등은 심화되고 있으며, 노노갈등 역시 확산된다. 이런 가운데 비정규직은 고용불안과 저임금으로 인하여 인간다운 생활을 위협받는다. 비정규직 비율 및 정규직과의 임금격차는[23] OECD 국가 중 최하위에 해당한다. 이런 비정규직 노동자들의 고용불안 확대, 임금 및 근로조건 차별은 사회적 갈등을 심화시킨다. 노동 약자인 비정규직에 대한 지원과 보호를 통해 인권향상이 필요하다.

4) 사회적 약자의 인권 보호

우리나라는 그동안의 민주주의 발전과 경제성장으로 국제인권기구에서 권고한 자유권 및 사회권 분야의 인권보호·증진과 사회적 차별시정을 위한 충분한 잠재력이 생겼다. 선진국형 경제도약을 이루기 위해서는 우리사회의 양극화 해소와 차별관행의 시정을 바탕으로 해야한다. 국제적으로도 2008년 유엔 사회권규약위원회와 아동권리협약위원회가 우리의 인권상황에 대한 심의를 예정하고 있어서 국제사회에

23) 노동부통계(2006. 8)에 따르면 근로자의 35.5%(545만 명)가 비정규직이고 정규직과 비교하여 임금격차 37%이다. 한국노동사회연구소통계(2007. 8)는 좀 더 심각하다. 근로자의 54.2%(861만 명)가 비정규직이고, 비정규직의 임금도 정규직 임금의 50.1%밖에 안 된다.

우리나라의 인권보호·증진 노력을 알릴 수 있는 좋은 기회가 된다는 점에서 정부는 국제인권 기준에 부합하도록 우리나라의 인권상황을 개선하고, 사회적 차별을 시정하는 데 적극적 역할을 해야 할 것이다.

(1) 이주민의 인권보호

우리 사회는 국제화와 세계화 추세에 따라 100만 이주민이 거주하는 등 급속히 다문화 사회로 변화했다. 그에 조응하여 이주민의 인권보호는 위원회가 다루어야 할 중요한 업무로 대두되었다. 그동안 정부는 산업연수생제의 폐지와 고용허가제 시행, 영주권 제도도입, 초중등교육법시행령 개정 등 관련법령과 제도개선을 통하여 이주민 인권보호 노력을 꾸준히 펼쳤다. 그럼에도 불구하고 아직 이주민 인권침해와 사회적 편견, 차별적 대우가 광범위하게 벌어진다. 이주노동자, 특히 미등록이주노동자 본인과 그 가족의 기본적 인권이 제한받고 있고, 그들에 대한 사회적 편견과 차별이 존재한다. 이주민에 대한 외모에 기초한 불심검문, 임의동행, 강제주거단속 등이 지속적으로 발생하고 있고, 재판에 의하지 아니한 장기수용, 이주노동자·결혼 이주민 자녀의 학교에서의 차별과 부적응 등이 그것이다. 결혼 이주민 여성에 대한 가정폭력, 사회적 편견과 차별 역시 비일비재하게 발생한다.

따라서 다문화 사회로 변화하는 과정에서 직면할 수밖에 없는 사회갈등과 이주민 인권상황의 악화를 막기 위해 국제인권규범이 제시하는 기준이 국내에서 실현될 수 있도록 노력하는 것이 필요하다. 고용허가제에 따른 사업장 이동 제한을 완화한다든지, 이주노동자에 대한 언어지원과 상담지원체제를 구축하여 이주노동자의 인권을 보호해야 한다. 다문화가족의 교육권과 건강권을 확보해야 하고, 국제기준에 부합하는 난민정책을 수립해야 한다.

(2) 아동·청소년, 노인 인권보호

그동안 아동·청소년, 노인 및 여성에 대한 차별시정과 인권보호관련 법령과 정책이 일정정도 성과를 거두어 왔으나 여전히 가정과 사회에서 폭력과 학대를 받는 아동과 청소년, 노인, 여성이 있으며, 기본적 생활수준이 보장받지 못하는 빈곤계층 아동과 노인이 있다. 신고된 가출 청소년은 매년 1만 5천여 명에 달하고, 청소년 쉼터는 전국 시도에 18개에 불과하다. 부양의무자 기준의 엄격한 적용과 높은 소득 환산율로 많은 무소득·저소득 노인이 기초생활보장 수급권자에서 제외된다.

따라서 유·무형의 폭력과 학대에 노출된 학교 안팎의 아동을 보호하고, 빈곤계층의 아동에 대해 건강한 성장이 가능하도록 기본적 생활을 보장하여야 한다. 또한 고령화 사회에 조응하여 노인으로서 품위를 유지할 수 있는 생활수준이 가능하도록 하는 노인인권보호방안 등을 강구해야 한다.

(3) 장애인 등 사회적 소수자 인권보호

그동안 유엔 장애인권리협약 채택과 장애인차별금지법, 한센인특별법 등의 제정으로 장애인과 사회적 소수자의 인권보호 및 차별시정에서 일정한 성과를 거두어 왔지만 국제인권기준에 비추어 볼 때 장애인과 사회적 소수자의 인권침해와 차별에 관한 종합적 가이드라인의 구축은 여전히 미흡한 상황이다.

정신장애인의 정신보건시설에서의 부당입소, 폭행, 가혹행위, 치료빙자 강제노동이 발생한다. 새터민 중 40%가 실업상태, 단순·노무직 취업, 일반학생의 10배에 달하는 높은 학업중도 탈락률을 보인다. HIV/AIDS, 성적소수자 등에 대한 사회적 편견과 낙인, 보호보다는 관리위주의 정책이 펼쳐진다.

청각장애인 1종 면허 취득제한, 정신장애인 보험가입제한, 장애인 최저임금법 적용제외, 장애를 사유로 하는 낙태허용 등 우리사회에는 장애인에게 불합리한 법령 등이 많이 있다. 장애인권리협약과 장애인 차별금지법에 합치되도록 관련 법령·제도를 정비해야 한다. 그리고 정신장애인의 경우 강제입원 제도, 격리·강박, 작업치료, 정신보건 심판위원회 운영 등과 관련한 정신보건법령을 개정하고 정신장애인의 지역사회 내에서 생활할 권리보장 방안을 마련해야 한다.

또한 사회적 소수자(HIV/AIDS 감염인, B형 간염바이러스 보균자, 한센인, 성적 소수자, 새터민 등)에 대한 사회적 편견해소와 차별시정을 강화해야 하며, 국내에 정착한 새터민에 대한 체계적 인권보호 대책을 마련해야 한다. 새터민 관련 업무를 담당하는 공무원의 인권교육을 실시하여 업무수행 과정에서의 인권침해와 차별을 해소하고, 새터민의 직업훈련 및 취업알선 강화, 새터민 고용업체에 대한 인센티브 제공 등을 통한 새터민의 고용을 활성화하여야 한다.

5) 인권상황의 실효적 개선을 위한 기반구축

인권정책 수립의 기초가 되는 인권 기초통계, 분야별 인권지표 부재로 인권가치를 적절하게 반영한 정책수립에 한계가 있었고, 인권교육이 아동기부터 성인기까지 그리고 사회 각 영역에서 체계적으로 이루어지지 않아 인권 친화적 문화를 조성하지 못한다. 따라서 인권 인프라 구축을 통하여 인권을 제도화하고 인권상황을 효과적으로 개선하기 위해서 인권교육을 강화하고, 인권지표를 개발하며, 국제인권규범의 국내이행을 강화해야 한다.

(1) 국가인권기구의 독립성 확립

국가인권위회는 기존의 국가기관들에게 낯설 뿐 아니라 눈엣가시 같을 수가 있다. 이는 기본적으로 인권위의 감시기능 때문이다. 국가인권위원회는 수사기관과 감옥, 그리고 복지시설과 정신병원을 사전통보 없이 방문, 조사할 권한을 갖고 있기 때문에 인권관련 업무를 수행하는 국가기관들은 인권위를 성가시게 여기는 경향이 있다. 국가인권위원회는 준국제기구이고, 인권의 보편적 기준에 입각하여 판단을 해야하기 때문에 분단상황, 전통문화, 국민정서, 경제사정 등 국민국가의 특수성을 이유로 인권이 침해될 때에도 국가인권위원회는 국제사회의 보편적 양식을 대변해야 하기 때문에 국내현실보다 너무 앞선다는 비판을 당할 수 있다.

이런 시각은 국가인권위원회의 존재 의의와 중요성 등에 대해서는 인식을 하지만, 국가인권위원회의 역할 및 이의 효과적 수행을 위한 독립성 원칙에 대한 인식이 부재하여 위원회의 본질적 요소를 침해하는 방향의 조직개편 제안이[24] 제시되기도 한다. 각종 조약 및 조약기구 등 국제인권 메커니즘도 각종 모니터링기구 및 감시기구를 설치, 지정함에서 가장 결정적 요소로 독립성을 강조한다. 이는 국가권력을 감시하는 가장 효과적 수단이 국가권력으로부터의 독립이며, 독립적 국가인권기구만이 주어진 역할과 기능을 공정하게 수행할 수 있기 때문이다. 앞서 보았듯이 국가인권위원회는 1993년 유엔 총회에서 채택·승인된 〈국가인권기구의 지위에 관한 원칙〉에 기반을 두어 대한민국에 설립된 국가인권기구이다. 파리원칙은 국가인권기구의 효과적

---

24) 서울대 행정학과 김동욱 교수는 '차기정부 조직개편과 기능 재조정 과제 토론회'(2007. 12. 4)에서 우리나라 인권분야가 상당부분 선진화되었으며, 인권위는 꼭 필요한 조직이라고 보지만 현재와 같은 독립기관으로 두는 것보다는 청렴위와 함께 법무부에 편재하는 것이 타당하다고 주장한 바 있다.

책무수행을 위해 국가인권기구의 독립성의 원칙과 효과성의 의무를 강조한다. 독립성의 원칙은 명확한 관할 범위와 적절한 권한을 갖고 다른 국가기관으로부터 독립적으로 기능해야 한다는 것이다. 따라서 국가인권위원회가 우리사회에서 국가권력을 견제·비판·감시 역할을 제대로 수행할 수 있도록 하기 위해서는 최대한 독립성을 보장해 주는 것이 필요하다.

(2) 인권교육의 제도화

유엔은 각종 국제인권조약에서 인권교육실시 규정을 두면서, 관련기구(고문방지위원회, 자유권규약위원회, 사회권규약위원회, 아동권리위원회, 여성차별철폐위원회, 인종차별철폐위원회 등)에서 우리나라의 인권증진을 위한 방안으로서 공무원 등 인권보호·향상에 영향을 미치는 다양한 대상에 대한 인권교육의 실시를 권고한다. 유엔의 6대 협약과 함께 '파리원칙'과 '비엔나 인권선언 및 행동계획' 등에서도 국가인권기구의 기능으로서 인권교육을 강조한다. 유엔은 이러한 인권교육의 중요성을 인식하여 1994년 12월 23일 각 국가가 '인권교육 10개년계획'을 수립하여 인권교육을 전면적으로 실시할 것을 권고하였고, 그 후 유엔은 총회에서 '인권교육 10개년계획' 후속 조치로서 '세계 인권 교육프로그램'을 채택(2004년)하면서 초·중등 정규교육과정에 인권교육 실시, 인권교육에 관한 법률 제정 등을 권고하기도 하였다.

앞서 보았듯이 우리 사회가 민주화 이후 커다란 발전을 이룩해왔지만 공권력에 의한 인권침해가 여전하고 성별, 학벌, 장애인, 외국인, 비정규직 등 5대 차별뿐만 아니라, 아동 등 사회적 약자·소수자에 대한 인권침해와 차별행위가 지속적으로 발생한다. 이러한 인권침해 및 차별행위를 예방하기 위해서 모든 사람이 요람에서 무덤까지 전 생애에 걸쳐 인권교육을 받을 수 있도록 인권교육을 의무화하는 것이 필요하다. 유엔은 '인권에 대해 배우는 그 자체가 권리이고, 인권에 대해 무지를 강요하는 것이나 내버려두는 그 자체가 인권침해'이기 때문에 인권교육이 필요하다고 한다. 인권은 기초적이고 보편적 권리이긴 하지만 저절로 주어지는 것은 아니라, 사람들이 자신의 권리를 알고 이를 행사할 수 있을 때 비로소 권리가 된다. 인권을 누리지 못하는 사회적 소수자·약자들이 자신들에게 가해 오는 억압과 통제의 부당함과, 자신들이 무엇을 요구할 수 있는지를 알도록 돕기 위해서 인권교육이 필요하다.

국가인권위원회는 2006년부터 인권교육법 제정을 추진하여 2007년 국무회의 의결을 거쳐 정부입법으로 인권교육법을 국회에 상정하였으나 안타깝게 의원들의 이해부족으로 의결되지 못하고 17대 국회 임기 종료와 함께 폐기처분되었다. 우리나라가 세계적으로 인권교육을 선도할 수 있는 절호의 기회를 놓쳤다. 그렇지만 정부는 2008년 5월에 유엔에서 진행된 UPR 정부보고에서 인권교육법 제정을 추진한다고 계속 밝혔다. 모든 사람이 전 생애에 걸쳐 인권교육을 받을 수 있도록 인권교육 관련 법 제정 및 제도적 장치를 마련하여 범국가적, 전사회적 인권의식을 제고하는 것이 필요하다.

(3) 변화하는 국제인권 메커니즘에의 대응

유엔 인권관련협약 중 우리나라가 가입하고 있지 않은 주요 협약에 가입하고, 가입된 주요 인권협약에 대한 유보조항을 철회하여 국내 인권상황을 국제적 기준으로 획기적 개선함이 필요하다. 우리가 가입하지 않은 주요 인권협약은 자유권규약 제2선택의정서(사형제 폐지관련), 고문방지협약선택 의정서, ILO 결사의 자유 및 단결권보호에 관한 협약(제87호), 단결권 및 단체교섭 원칙에 관한 협약(제98호), 장애인 권리협약, 강제실종협약, 이주민권리협약 등이다. 또한 서명만

하고 비준하지 않은 협약으로 아동의 무력분쟁관여에 관한 선택의 정서, 아동매매·아동매춘 및 아동 포르노그래피에 관한 선택 의정서 등이 있다.

또한 유엔 인권이사회 출범, 새로운 국제인권조약 및 조약기구의 신설 등 국제인권환경의 변화에 대한 적극적 대응방안을 마련해야 한다. 유엔 인권이사회 설립에 따른 보편적 정기검토제도(UPR) 도입과 국가인권기구의 역할 강화, 인권이사국으로 지원하기 위한 회원국의 자발적 공약 제시, 특별자문관회의 추천 및 특별절차 등 새로운 국제인권환경에 대비하고, 유엔에서의 인권업무를 총괄하는 인권고등판무관실(OHCHR)과의 협력을 강화하기 위해 인력을 배치하고 업무영역을 적극 개발해야 한다.

6. 나오는 말

유엔 인권이사회(HRC) 출범 및 국가인권기구 국제조정위원회(ICC) 등 국제인권기구의 활동과 역할 강화로 최근 국제사회에서 인권의 비중이 급속하게 증대했다. 장애인권리협약, 이주노동자권리협약 채택 등 사회적 약자·소수자 보호를 위한 국제협력과 노력도 계속 지속·확대된다. 우리나라도 국가인권위원회가 출범하여 우리의 법령, 제도, 정책, 관행 등에 남겨진 인권문제에 대한 개선 권고를 하여 우리 사회에서 인권이 주요한 가치기준이 되도록 하는 데 커다란 기여를 하였다고 볼 수 있다. 인권의 사각지대라고 하는 교도소·군 영창 등 구금시설과 정신병원·양로원 등 다수인 보호시설의 인권개선을 하는 데 크게 이바지하기도 하였다. 차별행위 진정사건 조사 및 홍보를 통하여 평등권에 대한 인식을 높이고 사회적 약자의 인권보호에 대한 사회적 공론화를 선도하기도 하였다. 국민들의 인권감수성을 증진하기 위해 다양한 인권교육자료 개발·보급과 인권교육을 실시하여 인권 친화적 문화를 조성하는 데 크게 기여하기도 하였다.

이러한 국가인권위원회의 출범과 성과는 무엇보다도 인권을 위해서 많은 희생을 치른 우리 주위의 실천가들이 있었기 때문이다. 서구 유럽 국가들을 중심으로 이야기되고 있는 인권선진국들은 몇몇 지도자들의 각성과 지도력에 의한 경우도 있지만 대부분의 경우 순진하고 정직한 시민들의 지칠 줄 모르는 노력과 실천에 의해서 얻어진 결과이다. 예를 들면, 17세기 유럽의 계몽주의 시대의 지식인들, 1789년 파리 시민혁명에서의 시민들, 그리고 1970~80년대 한국의 독재정권에 항거하여 민주화를 외쳤던 교수, 학생, 성직자, 노동자, 농민, 그리고 일반시민들의 숭고한 노력이 오늘의 우리나라를 만들었다. 이렇듯 인권은 하늘에서 저절로 내려지는 선물이 아니라 인간들이 장기적으로 투쟁한 결과이다. 그래서 인권은 하향식으로 주어지는 게 아니고 상향식으로 열매 맺는 것이다. 투쟁한 만큼 인권의 질과 양이 결정된다는 얘기다. 당사자들에 의한 꾸준한 노력이 인권향상을 가져오는 것이다. 북녘의 인권도 열악하다. 그러나 우리가 북의 인권 향상을 위해 직접 노력할 수는 없다. 그 대신 북으로 하여금 인권의 중요성을 인식하고 스스로 개선할 수 있도록 도와주어야 한다.

나의 인권도 중요하지만 남의 인권도 존중할 줄 알아야 한다. 인권은 책임을 동반하는 것이지 방종으로 착각되어서는 안 된다. 우리 모두가 책임 있는 인권운동가들이 되어야겠다. 내 쓰레기를 남의 집 앞에 버리는 일이라든지, 불법으로 거리를 점령하고 포장마차를 운영하면서 다른 사람의 보행의 자유를 침범하는 일이라든지, 불법주차를 하고 남의 통행권을 방해하는 일이라든지, 얌체운전으로 끼어들기를 하면서 즐거워하는 운전족들을 우리 주위에서 많이 목격하게 된다. 이들을 우리는 책임 있는 인권 옹호자라고 할 수 없다. 우리 모두 법을 지키면서 우리보다 못한 사람들, 억눌리고, 가난하며, 사회 변두리에서 고통받는 약자들 편에 서서 인권향상을 위해 적은 일부터 수행해 나갈 때 우리나라는 인권선진국으로 도약할 수 있을 것이다. 그러면서 존경받는 나라, 외국인들이 스스로 방문해서 살고 싶은 나라가 될 것이며 우리나라로의 더 많은 투자 또한 이루어질 것이다. 그렇게 되면서 경제발전과 인권은 불가분의 관계가 될 것이다. 그리고 인권은 발전의 핵심으로 자리잡을 것이다. 그러면서 우리는 인권선진국으로 인정받게 될 것이다. 그 날을 위해 우리는 노력해야겠다.

제6장

한국에서의 차별 실태와 구제조치

이상에서 우리는 인권의 역사 그리고 프랑스혁명에서의 근대적 의미의 인권 17개 조항, 그리고 세계인권선언의 내용을 살펴보았다. 그리고 국가인권위원회의 설립 의의, 기능, 조직 등을 연구하였다.

이번에는 가장 미묘하고 21세기에 가장 많이 침해당한다고 얘기하는 차별을 당하지 않을 권리에 대해서 살펴보겠다. 독자들은 세상을 사는 동안 주위의 환경에서 이 차별에 관한 얘기들을 많이 들을 것이며, 또한 이를 직접 경험할 수도 있기 때문에 차별에 관한 모든 것을 국가인권위원회의 도움을 받아 이곳에 소개한다. 그리고 판결문 하나를 실음으로써 국가인권위의 구체적 사례를 차별에 관한 한 어떻게 결정하는가를 알아보고 인권 이해의 폭을 넓혀 갈 수 있을 것을 기대해 본다.[1]

1) 이하의 내용은 국가인권위원회가 제공한 자료에 근거한 것이다.

1. 차별행위 진정사건 접수현황

1) 영역별 접수현황

국가인권위원회 출범 이후부터 2007년 말까지 차별행위 진정사건의 영역별 접수현황을 살펴보면 전체 4천 건 중 고용과 관련한 진정이 1,845건으로 전체의 46.1%를 차지했고, 재화 등의 공급이나 이용 등과 관련한 진정이 848건(21.2%), 교육시설 등 이용 등과 관련한 진정이 299건(7.5%)이었다. 이러한 차별사건 접수현황은 2007년에도 예외는 아니어서 총 1,159건의 접수된 진정 중 고용과 관련한 진정이 498건으로 43.0%를 차지했고, 재화 등 공급이나 이용분야의 진정이 288건(24.8%), 교육시설 등 이용분야 진정이 103건(8.9%)이었다. 이를 놓고 볼 때 고용차별을 해소하는 것이 우리 사회에서 여전히 매우 중요하고도 시급한 사안임을 알 수 있다.

고용영역의 경우, 총 498건 중 모집관련 진정이 124건(24.9%), 채용 98건(19.7%), 해고 58건(11.6%), 임금 51건(10.2%), 배치가 27건(5.4%) 접수되었고, 재화·용역 등의 공급이나 이용영역에서는 총 287건 중 용역의 공급이나 이용관련이 124건(42.9%), 재화관련이 110건 (38.3%), 상업시설 관련이 22건(7.7%) 접수됐다. 교육시설 이용영역의 경우, 총 103건이 접수됐는데 교육시설 관련 진정이 96건(93.2%)으로 그 대부분을 차지했다. 한편 위 3개 영역에 해당되지 않으면서 차별사건으로 분류된 기타 사건은 270건으로 총 진정사건의 23.3%를 차지한다.

〈표 6-1〉 차별행위 진정사건 영역별 접수현황

단위: 건(%)

구분		고용에서의 차별 1,845건												재화 등 공급이나 이용에서의 차별 848건						교육시설 등 이용 차별 299건		기타
		채용	해고	모집	임금	기타	배치	승진	임금 외 금품	자금 융자	퇴직	정년	교육	재화	용역	교통 수단	상업 시설	토지	주거 시설	교육 시설	직업 훈련 기관	
02년	189	18	10	6	17	5	1	9	6	-	1	0	1	30	3	2	2	0	1	7	3	67
03년	358	54	61	21	26	9	14	11	4	-	6	3	0	29	2	0	1	1	0	14	3	99
04년	389	22	17	51	12	34	18	9	4	-	5	3	0	40	10	2	1	0	1	24	2	134
05년	1,081	148	45	90	50	86	17	36	12	-	10	3	6	151	87	9	13	5	5	51	5	252
06년	824	97	26	101	52	34	21	14	8	-	18	13	2	91	50	15	3	0	6	83	4	186
07년	1,159	98	58	124	51	71	27	20	13	1	12	17	6	110	124	17	22	-	15	96	7	270
계	4,000	437	217	393	208	239	98	99	47	1	52	39	15	451	276	45	42	6	28	275	24	1,008
구성비(%)	100	10.9	5.4	9.8	5.2	5.9	2.4	2.5	1.2	0	1.3	1	0.4	11.3	6.9	1.1	1.1	0.2	0.7	6.9	0.6	25.2
종결	3,755	415	207	369	194	219	93	91	45	1	50	36	14	423	243	40	40	6	25	261	22	961
미결	245	22	10	24	14	20	5	8	2	0	2	3	1	28	33	5	2	0	3	14	2	47

* 2002년 통계는 2001년 11월 26일~2002년 12월 31일 접수된 사건을 포함한 수치임.

〈표 6-2〉 차별행위 진정사건 사유별 접수현황

단위: 건(%)

구분		성별	성희롱	종교	장애	나이	사회적 신분	출신 지역	출신 국가	출신 민족	용모	혼인 여부	임신 출산	가족 상황	인종	피부색	사상	전과	성적 지향	병력	학력	기타
02년	189	11	2	6	33	7	48	5	20	-	2	2	-	1	1	1	4	7	4	10		25
03년	358	34	1	5	18	24	75	2	19	1	4	4	15	2	-	-	7	3	2	16	28	98
04년	389	25	-	8	54	57	64	6	10	-	6	7	4	4	-	-	-	7	1	7	12	117
05년	1,081	55	62	11	121	87	297	23	19	-	45	9	5	15	1	1	5	23	5	21	48	228
06년	824	44	104	8	115	69	208	9	28	0	10	22	9	8	1	0	2	12	4	30	24	117
07년	1,159	76	163	12	245	107	117	8	37	1	20	3	16	13	4	1	2	17	3	31	27	256
계	4,000	245	332	50	586	351	809	53	133	2	87	47	49	43	7	3	20	69	19	115	139	841
구성비(%)	100	6.1	8.3	1.3	14.6	8.8	20.2	1.3	3.3	0.0	2.2	1.2	1.2	1.1	0.2	0.1	0.5	1.7	0.5	2.9	3.5	21.0
종결	3,755	229	296	47	529	337	793	52	119	2	80	46	44	42	6	3	19	65	16	110	135	785
미결	245	16	36	3	57	14	16	1	14	0	7	1	5	1	1	0	1	4	3	5	4	56

* 2002년 통계는 2001년 11월 26일~2002년 12월 31일 접수된 사건을 포함한 수치임.

2) 사유별 접수현황

2007년 접수된 차별행위 진정사건을 사유별로 살펴보면, 대부분의 사유에서 진정사건의 접수건수가 증가했고 일부 사유에서만 접수건수가 감소했다. 이 중 전년 대비 접수율이 눈에 띄게 늘어난 것은 장애차별 사건, 성희롱 사건과 나이차별 사건으로, 각각 약 2.2배(115건→245건), 1.6배(104건→163건), 1.6배(69건→107건)씩 증가했다. 그 밖에도 기타 사유에 의한 차별사건이 2.2배(117건→256건), 성 차별 사건이 1.7배(44건→76건), 용모 등 신체조건에 의한 차별사건이 2배(10건→20건) 증가했다.

장애차별 사건이 증가한 것은 2007년 〈장애인 차별금지 및 권리구제 등에 관한 법률〉의 제정과 함께 장애인들의 권리의식이 높아진 때문인 것으로 추측된다. 그와 유사하게 나이차별 사건이 증가한 것은 2007년 〈고령자 고용촉진법〉을 〈고용상 연령차별금지 및 고령자고용촉진에 관한 법률〉로 개정하려는 정부의 움직임과 나이차별에 대한 우리 사회의 인식제고에 따른 것으로 보인다. 한편 성희롱 사건의 접수는 성희롱 시정업무가 여성가족부에서 위원회로 이관된 이래 계속 증가하는 추세다.

전년에 비하여 눈에 띄게 접수율이 떨어진 것은 사회적 신분에 의한 차별과 혼인여부에 의한 차별사건으로서 각각 2.2배(208건 → 117건), 7.7배(22건 → 3건)씩 감소했다. 그 중 사회적 신분에 의한 차별사건의 감소는 2007년 위원회가 사회적 신분과 기타 차별사유의 개념을 실무적 차원에서 재정립한 데 주로 기인한 것으로, 그 때문에 위에서 언급했듯이 기타 차별사유에 의한 사건은 증가했다.

2. 차별행위 진정사건 처리현황

1) 차별행위 진정사건 유형별 처리현황

2007년 차별행위 관련 진정사건은 총 1,159건으로 전년의 824건에 비해 약 1.4배 증가한 것으로 나타났다. 차별행위 진정사건은 2007년 12월 말 총 접수 4,000건 중 3,755건이 종결 처리(93.9%)됐고, 245건이 조사 또는 검토 중에 있다.

종결 처리된 3,755건을 살펴보면 진정의 내용이 평등권 침해의 차별행위로 인정돼 제도개선 또는 인권교육 등을 권고한 것이 340건으로

〈표 6-3〉 차별행위 진정사건 유형별 처리현황

단위: 건(%)

구분	접수	종결	인용			기각 이하				조사 중
			권고	합의 종결	조정	기각	각하	이송	조사 중지	
2002년 이전	189	102	8	2	-	18	73	1	-	-
2003년	358	296	30	3	-	48	215	-	-	-
2004년	389	368	21	4	1	74	263	3	2	-
2005년	1,081	837	55	7	-	121	650	2	2	-
2006년	824	899	115	23	10	182	553	11	5	3
2007년	1,159	1,253	111	37	3	172	901	22	7	242
총계	4,000	3,755	340	76	14	615	2,655	39	16	245

* 권고: 재발방지 권고, 인권교육 권고, 제도·정책·관행 등의 시정 또는 개선 권고.
* 종결건수: 당해 연도 접수 중 종결사건+이월사건 중 종결건수.

총 종결사건 대비 9.1%이고, 진정사건의 조사과정에서 당사자 간의 원만한 합의가 이루어져 합의 종결된 사건이 76건으로 2.0%, 사실이 아니거나 조사대상이 아닌 경우 등의 이유로 기각된 사건이 615건으로 16.4%를 차지했다. 그리고 조사대상이 아니거나 진정 후 취하한 경우 등 각하에 해당하는 사건이 2,655건으로 총 종결건수의 70.7%를 차지했다. 한편 조사과정에서 조사관이 당사자들을 설득, 구제조치가 이루어져 해결된 사건은 2002년 7건, 2003년 16건, 2004년 46건, 2005년 116건, 2006년 152건, 2007년 264건으로 해마다 증가한다.

2007년 접수된 주요 차별행위 진정사건 처리현황을 살펴보면 제도개선 및 인권교육 등을 통해 시정을 권고한 사건이 111건, 조사과정에서 진정인 또는 피해자와 피진정인 사이에 원만히 합의 종결된 사건이 37건, 진정사건을 조사하는 과정에서 조사관의 적극적 노력으로 해결된 사건이 264건으로 나타났다. 2007년 접수되고 종결된 사건 수는 전년에 비해 증가했다.

제도 및 관행개선, 인권교육, 손해배상, 편의시설개선 등을 권고한 사건 수를 사유별로 분석해보면 나이가 29건으로 가장 많았고, 장애 23건, 사회적 신분 17건, 성희롱 15건 등으로 나타났다. 그중 장애 차별 시정 권고 건수(9건 → 23건)는 2006년에 비해 두드러지게 증가했다.

〈표 6-4〉 차별행위 진정사건 사유별 처리현황

조치유형 / 차별유형	제도개선 및 인권교육 등 시정권고(111건)	합의종결 (37건)
합 계	111건	37건
성 별	여성 근로자들이 남성 근로자들과 동일한 노동을 수행했음에도 남성 근로자들에 비해 낮은 기본급을 지급한 것은 차별이므로, 여성 근로자들에게 손해 배상하도록 권고(4건).	-
성희롱	해외 NGO봉사센터 소장이 여직원에게 음담패설 등 저속한 성적 표현 등을 하여 해당 여직원에게 성적 혐오감과 모멸감을 준 것은 성희롱이므로, 직원 및 해외파견 봉사단 교육과정에 성희롱 예방교육을 포함시키는 등의 조치를 취할 것을 권고(15건).	27건
임신·출산	보건소 계약직 의사로 근무해온 여성이 계약 만료를 앞두고 해당 직위에 대한 공개채용에 재차 응시하였으나 면접과정에서 탈락한 것은, 면접 때 보건소장이 "출산을 앞둔 사람이 왜 지원했는지 모르겠다"는 등의 차별적 발언을 한 것 등을 고려할 때 차별이므로, 시정할 것을 권고(2건).	-
가족상황	○○시가 셋째 자녀를 출산한 가족에게 출산장려금을 지급하면서, 생애 통산 셋째 자녀를 출산하였으되 재혼 등의 사정으로 현재 자신이 출산한 자녀 셋을 모두 양육하지 못하는 자에게는 출산장려금을 지급하지 않는 것은 차별이므로, 해당 지원금 제도를 개선할 것을 권고(1건).	-
장 애	노동대학원 최고지도자 과정에 합격한 청각장애인에게 수업에 필요한 수화통역사의 비용을 분담하기를 거부한 것은 정당한 편의제공의무를 거부한 차별행위이므로, 수화통역사 비용 분담을 권고함(23건).	5건

〈표 6-4〉 계속

병 력	회사가 직원을 채용시 활동성B형간염 보균자를 배제하는 것은 차별이므로 그들에 대한 차별이 재발하지 않도록 조치할 것을 권고(4건).	1건
나 이	공단이 신입 간호사 공개모집에서 직무수행과 무관하게 특정 연도 이후 출생자에게만 응시자격을 준 것은 차별이므로, 해당 나이 제한 규정을 개선할 것을 권고(29건).	4건
출신국가	레스토랑이 특정 국적의 특정 인종의 사람들이 과거 레스토랑에서 문제를 일으켰다는 이유로 해당 국적의 해당 인종에 속하는 다른 사람들에게도 레스토랑 출입을 거부한 것은 차별이므로, 동일한 차별행위가 재발하지 않도록 조치할 것을 권고(1건).	-
사회적 신분	직원 대상의 온라인 교육에서 비정규직인 상담원들을 교육 대상에서 배제하는 것은 차별이므로, 온라인 교육에서 비정규직 상담원들이 배제되지 않도록 제도 개선을 권고(17건).	-
학 력	항공사가 국내선 승무원의 응시자격을 2년제 대학 이상의 학력 소지자로 제한하면서 국제선 승무원의 경우 4년제 대학 이상의 학력 소지자로 제한한 것은 차별이므로, 해당 기준을 개선할 것을 권고(5건).	-
종 교	교수 채용시 지원자의 자격을 실질적으로 특정 종교인으로 제한하고 특정 종교인인지 여부에 따라 채용 여부를 결정하는 것은 차별에 해당하므로, 해당 교수 채용 관행을 시정할 것을 권고(3건).	-
기 타	주택재개발정비사업조합 정관에서 당해 구역에 상가 건축물을 소유하고 있으나 그 구역에 거주하지 않는 임대사업자에게 그 구역의 실정을 잘 알지 못한다는 이유로 조합임원 출마자격을 주지 않는 것은 차별이므로, 관련 규정을 개정할 것을 권고(7건).	-

* 상기 시정권고 및 합의종결건 숫자는 진정사건에 대한 것임. 직권조사 사건을 포함할 경우 권고 건수는 112건, 합의종결 건수는 37건으로 증가함.

3. 차별행위 진정사건 주요 조치현황

국가인권위원회가 조사 분석한 차별행위에 대한 사유별 중요 진정사건의 처리내용은 다음과 같다(2007년).

1) 성별에 의한 차별
2) 성희롱
3) 임신・출산에 의한 차별
4) 가족형태 또는 가족상황에 의한 차별
5) 장애 및 병력에 의한 차별
6) 나이에 의한 차별
7) 출신국가 및 인종에 의한 차별
8) 학력에 의한 차별
9) 사회적 신분에 의한 차별
10) 종교에 의한 차별
11) 기타 사유에 의한 차별

〈표 6-5〉 성별에 의한 차별

조치유형	사건명	조치내용	의결일자	이행현황
권 고	소방공무원 채용시 성차별	소방공무원 채용시 성별에 따라 채용분야 및 채용인원을 달리 정하여 구분 모집하는 것은 합리적 이유 없는 성차별 행위이므로, 소방방재청장에게 소방공무원 채용시 성별에 따른 분리 모집을 중지하고 평등한 채용시험제도를 운영할 것을 권고.	8. 27	검토 중
	○○전자 임금지급에 따른 성차별	여성 근로자들이 생산라인에서 남성 근로자들과 노력, 기술, 책임, 작업조건 등의 차원에서 동일한 노동을 수행했음에도 남성 근로자들에 비해 여성 근로자들에게 낮은 임금을 지급한 것은 차별이므로, 여성 근로자들에게 적절히 손해 배상을 하도록 ○○전자에 권고.	10. 8	불수용
	무형문화재 전승자 선정시 성차별	○○시가 여성을 무형문화재인 ○○○춤 보유자후보, 예능보유자, 또는 전수조교로 지정하지 아니하기로 결정한 것은, 기능 또는 예능이 해당 지정에서 핵심적 기준이라는 점을 무시하고 단지 특정 성을 이유로 행한 불합리한 차별행위이므로, ○○시장에게 규정에 명시된 바대로 기능 또는 예능을 그 지정 기준으로 삼을 것을 권고.	10. 30	수 용

〈표 6-6〉 성희롱

조치유형	사건명	조치내용	의결일자	이행현황
권 고	청소용역 직원들에 대한 성희롱	직장 상사인 ○○협회 ○○지부장과 본부장이 회식 자리 등에서 청소용역 담당자인 여성 진정인들의 가슴에 수차례 손등을 가져다대고, 진정인들의 허벅지를 만지고 뺨에 입을 맞추고, "사귀자"는 등의 말을 하며, 춤 출 것을 강요하면서 몸을 밀착시키는 행위를 한 것은 성희롱에 해당하므로, 그들 가해자들에게 국가인권위가 주최하는 인권교육을 받을 것을 권고.	7. 13	검토 중
	해외 NGO 봉사센터 간부의 성희롱	○○봉사단 '캄보디아 문화 복지센터'소장이 센터 파견 직원인 진정인에게 음담패설과 저속한 성적 표현을 하고 진정인이 들을 정도로 포르노 영상물의 볼륨을 높이는 등 성적 언동을 한 것은 진정인에게 심한 성적 혐오감과 모멸감, 정신적 스트레스를 준 성희롱에 해당하므로, 피진정인에게 손해배상금을 지급할 것과, ○○봉사단 사무총장에게 직원 및 해외파견 봉사단 교육과정에 성희롱 예방교육을 포함시키고 성희롱 발생 시 처리지침 등을 마련할 것을 권고.	8. 30	일부 수용
	논술학원장의 강사에 대한 성희롱	논술학원장이 원장실 및 차 안에서 첨삭 강사인 진정인의 허벅지를 만지고 학원 로비에서 진정인을 강제로 껴안는 등의 행위를 한 것은 직장 내 성희롱에 해당하므로 피진정인에게 국가인권위가 주최하는 인권교육을 받을 것을 권고.	9. 20	검토 중

〈표 6-7〉 임신·출산에 의한 차별

조치 유형	사건명	조치내용	의결 일자	이행 현황
권 고	보건소 의사 채용시 임신·출산에 의한 차별	○○구 보건소에서 계약직 의사로 근무해온 여성 진정인이 계약 만료를 앞두고 해당 직위에 대한 공개채용에 재차 응시하였으나 면접과정에서 탈락한 것은, 면접 때 피진정인인 보건소장의 “출산을 앞둔 사람이 왜 지원했는지 모르겠다, 출산으로 쉬어야 하는 사람을 인사위원회에 추천하기는 어렵다”는 등의 차별적 발언과 그 밖의 다른 증거들을 종합해 볼 때 임신 및 출산을 이유로 한 차별에 해당하므로, 피진정인 소속기관의 장인 ○○구청장에게 피진정인에 대해 경고조치하고 양성평등정책을 수립·시행할 것을 권고.	3. 9	수 용

〈표 6-8〉 가족형태 또는 가족상황에 의한 차별

조치 유형	사건명	조치내용	의결 일자	이행 현황
권 고	출산 지원금 지급시 가족상황에 따른 차별	○○시가 셋째 자녀를 출산한 가족에게 출산장려금을 지급하면서, 진정인처럼 생애 통산 셋째 자녀를 출산하였으되 재혼 등의 사정으로 현재 출산한 자녀 셋을 모두 양육하지 못하는 자에게는 장려금을 지급하지 않는 것은, 해당 장려금의 출산 장려적 성격과 다출산자들의 사회적 기여 등을 고려해 볼 때 본래의 취지에 맞지 않을 뿐더러 가족상황을 이유로 한 차별행위에 해당하므로, ○○시장에게 출산지원금 지급시 셋째 자녀를 출산하였으되 세 자녀 모두를 양육하지 않는 자가 배제되지 않도록 동 지원금 제도를 개선할 것을 권고.	11. 13	수 용

〈표 6-9〉 장애로 인한 차별

조치유형	사건명	조치내용	의결일자	이행현황
권고	○○○역 장애인 이동권 차별	피진정인인 인천시와 인천지하철공사가 지하철 ○○역의 휠체어리프트에 추락방지용 안전장치를 설치하지 않는 등 장애인에게 편의제공을 하지 않아 장애인이 전동휠체어를 탄 채 휠체어리프트에서 추락하여 중상을 입게 한 것은 이동권에서 장애인을 차별한 것이므로, 피진정인에게 지하철 역사에 설치된 오래된 리프트를 전동휠체어에 적합한 리프트로 교체하고 추락 사고를 방지할 안전장치를 설치하여 장애인 편의시설을 확대할 것을 권고.	1. 31	수 용
	장애를 이유로 한 통합교육 실시 차별	장애학생 학부모들이 거주지에서 가까운 실업계 고등학교에 장애학생들을 진학시키고자 학교 측에 특수학급의 설치를 요청하였으나 학교 측이 학교건물의 노후에 따른 장애 편의시설 설치의 어려움, 장애학생을 위한 제반 여건의 불비, 장애학생의 실습용 기계 사용상의 문제점 등을 이유로 그 요청을 거부한 것은 합리적 이유가 없는 장애 차별이므로 해당 학교 측에 특수학급 설치를 권고하고 해당 교육청에는 통합교육과 특수학교 설치의 필요성에 대한 지도감독을 철저히 할 것을 권고.	3. 28	검토 중
	장애를 이유로 한 채용시험 차별	2급 지체장애인이면서 뇌병변장애를 가진 진정인이 한국○○(주)의 채용시험에 응시하면서 장애로 인한 필기의 어려움 때문에 시험 실시 전에 미리 회사 측에 시험시간의 연장, OMR 답안지의 대리표기, 노트북 컴퓨터의 사용 등의 시험편의 조치를 요청하였음에도 회사 측이 이를 거절한 것은 〈장애인복지법〉 등 관련 법률상의 장애인에 대한 편의제공의무를 위반한 차별행위이므로, 회사 측에 필기능력에 장애가 있는 응시자에게 적절한 시험편의를 제공할 것을 권고.	5. 29	수 용

〈표 6-9〉 계속

	국가자격시험 시각장애인 차별	피진정인인 대한○○가 컴퓨터 활용능력 2급 실기시험을 실시할 때 1년에 단 2회만 실시하는 수시검정에서만 시각장애인에게 17인치 모니터를 제공한다는 이유로 매일 실시되는 상시검정에서는 비장애인과 같이 시각장애인도 14인치 모니터만을 사용하게 하여 그들에게 적절한 편의제공을 하지 않고, 그리하여 그들에게 불이익을 주는 것은 시각장애인을 차별하는 행위이므로, 피진정인에게 상시검정에서도 시각장애인에게 17인치 모니터를 제공하는 등 적절한 편의제공을 하도록 권고.	6.22	수 용
	장애를 이유로 한 교육시설 이용 차별	청각장애인인 진정인은 ○○대학교 노동대학원 최고지도자 과정에 합격한 후 수업에 필요한 수화통역사의 비용을 본인과 학교가 분담하는 방식으로 학교 측에 수화통역사 지원을 요청하였으나 학교 측이 과도한 재정적 부담 및 다른 대안적 편의제공 등을 이유로 거부한 것은 비합리적이고 정당하지 못하여 장애 차별에 해당하므로, 학교 측에 대해 수화통역사 비용을 분담하는 방식 등으로 수화통역사를 지원하여 청각장애인에 대한 차별이 재발되지 않도록 조치할 것을 권고.	7.13	검토 중
	채용필기시험 가산점 부여에서의 장애인 차별	부산○○공사가 신입사원 공개경쟁채용시험에서 장애인 우대를 위한 필기시험 가산점의 부여 대상자를 경증에 해당하는 장애등급 5급과 6급으로 제한함으로써 진정인과 같이 장애등급이 4급 이상인 자들에게 불이익을 주는 것은, 장애등급을 그 목적과 다른 고용 관련 기준으로 사용함은 부적절하다는 점, 특정 장애등급에만 가산점을 부여하는 것은 다른 장애등급을 가진 장애인들의 취업 기회를 원천적으로 제한하게 되어 장애인 가산점 제도 도입의 취지에 어긋난다는 점 등을 고려할 때 합리적 이유가 없는 차별이므로, 피진정기관에 대해 해당 가산점 제도를 개선할 것을 권고.	11.13	검토 중
	장애를 이유로 한 보험가입 차별	손해보험회사가 5급 지체장애인인 진정인의 운전자보험 청약을 승낙한 후 다음날 이를 취소한 것은, 보험심사과정에서 별도의 건강검진 절차를 거쳐 최종 결정할 수 있음에도 이를 거치지 않고 단지 진정인이 장애인이라는 점과 그의 과거 진단력을 이유로 한 것으로 보이는바, 이는 장애와 병력을 이유로 한 차별이므로, 보험회사에 대해 해당 보험청약건을 재심사하고 향후 재발 방지를 위해 보험가입 절차 및 보험심사 기준을 개선할 것을 권고.	12.14	검토 중

〈표 6-10〉 나이에 의한 차별

조치유형	사건명	조치내용	의결일자	이행현황
권고	신입 간호사 공채시 나이 제한	한국○○공단이 신입 간호사 공개모집에서 1981년 이후 출생자에게만 응시기회를 주고 그 이전 출생자들을 배제하는 것은, 간호사가 수행할 본질적 업무와 해당 나이 사이에 합리적 상관관계를 발견할 수 없다는 점에서 나이를 이유로 한 차별에 해당하므로, 공단 측에 신입 간호사 공채시 응시가능연령을 제한하지 말 것을 권고.	6.11	수용
	설계·감리 용역 경쟁 입찰시 감리원의 나이를 이유로 한 차별	한국○○공단이 감리용역에 대한 경쟁입찰을 할 때 감리자의 수행능력을 평가함에서 만 65세 이상의 감리원을 보유한 감리자에 대해 감점을 하는 규정은, 개인차를 무시하고 단지 나이라는 형식적 수치만을 기준으로 삼아 일률적으로 감점하는 것이어서 불합리한 차별행위로 판단되므로, 피진정인인 건설교통부장관 및 공단 측에 대해 해당 규정을 삭제할 것을 권고.	8.30	일부 수용
	나이를 이유로 한 교육 이용 차별	○○대학교가 항공운항학과 신입생 모집시 응시 자격으로서 나이를 특정하게 제한하는 것은 응시자의 학업수행능력 이외의 기준을 자격요건으로 삼는 것으로 헌법상의 균등한 교육을 받을 권리의 측면에서 비례의 원칙을 벗어났고 학생 선발권의 행사에서 재량의 범위를 일탈한 것으로 불합리한 차별행위에 해당하므로, 학교 측에 나이로써 응시 자격을 제한하지 말 것을 권고.	10.9	수용
	프로 입문 골프대회 참가자 나이 제한으로 인한 차별	한국○○협회가 프로 입문 골프대회 참가자격을 만 50세 미만으로 제한하는 것은, 나이와 체력 또는 나이와 경기력 간의 상관관계가 모호해지고 있음을 고려할 때 합리적이라고 보기 어렵고 선수의 경기력을 개별적으로 측정할 수 있는 공인 최저타수 등과 방식이 있음을 고려할 때 합리적이지 않다고 판단되므로 협회 측에 50세 이상인 자도 입문 골프대회에 참가할 수 있도록 관련 규정을 개정할 것을 권고.	11.13	검토 중

〈표 6-11〉 출신국가 및 인종에 의한 차별

조치유형	사건명	조치내용	의결일자	이행현황
권고	인종 등을 이유로 한 레스토랑 출입 거부	레스토랑이 특정 국적의 특정 인종의 사람들이 과거 레스토랑에서 문제를 일으켰다는 이유로 해당 국적의 해당 인종에 속하는 다른 사람들에게도 레스토랑 출입을 거부한 것은 국적 및 인종에 의한 차별이므로, 피진정 레스토랑에 대해 그와 같은 차별행위가 재발하지 않도록 조치할 것을 권고.	9. 11	검토중

〈표 6-12〉 학력에 의한 차별

조치유형	사건명	조치내용	의결일자	이행현황
권고	공무원 특별채용시 학력 차별	○○청이 공무원 특별채용시험에서 식품직 7급의 경우 응시원서에 출신 학교명을 쓰게 하고 응시자격을 석사학위 이상의 소지자로 제한한 것은, 채용에서 특정 학교에 대한 편견이 작용하게 할 소지가 크고, 학력만이 해당 직무수행에 불가결한 자격기준이라고 보기 어려운 점 등을 고려할 때 학력에 의한 차별행위에 해당하므로, ○○청장에게 공무원 특별채용시 학교명이 기재되지 않도록 응시원서를 개선하고 학력만을 특별채용의 응시자격으로 한정하지 않도록 특별채용 기준을 개선할 것을 권고하고, 중앙인사위원회위원장에게 공무원 특별채용 임용요건 중 학력만으로도 특별채용이 가능하도록 규정한 공무원임용령 관련조항을 개정할 것을 권고.	2. 20	수용

	외사요원 채용시 학력 차별	○○청이 외사요원 채용시 영어, 프랑스어 등에 대해서는 4년제 대학 이상의 해당 학과를 졸업한 자나 해당 어학능력 자격증 소지자 등이 지원할 수 있도록 관련법을 개정하였으나 공인 어학능력 자격증 제도가 없는 러시아어, 베트남어 등에 대해서는 그러한 제도를 마련함이 없이 4년제 대학 이상의 졸업자 등에 한해서만 응시자격을 부여한 것은, 학사학위를 취득하지 못한 학력자들에게도 별도의 능력평가 방법을 도입할 수 있음 등을 고려할 때 학력차별에 해당하므로, 피진정인에게 공인 자격증 제도가 없는 언어에 대해서도 별도의 능력평가제도를 도입하는 등 절차를 보완하여 외사요원의 응시자격을 4년제 대학 졸업자로 국한하지 말 것을 권고.	4.30	수용
	항공사 국제선 승무원 모집시 학력 차별	○○항공이 국내선 승무원의 응시자격을 2년제 대학 이상의 학력 소지자로 제한하면서 국제선 승무원의 경우 4년제 대학 이상의 학력 소지자로 제한한 것은, 국내선과 국제선 승무업무가 본질적으로 유사하고 그 둘 사이에 일부 차이가 있더라도 그 차이가 응시 학력 요건에서 차이를 두어야 할 합리적 이유가 되지 못하는 점 등을 고려할 때 합리적 이유가 없는 차별이므로, 해당 항공사에 대해 문제의 응시자격 기준을 개선할 것을 권고.	10.9	검토 중

〈표 6-13〉 사회적 신분에 의한 차별

조치 유형	사건명	조치내용	의결 일자	이행 현황
권 고	사내 교육에서 비정규직 직원의 배제	한국○○○원이 직원 대상의 온라인 교육에서 비정규직인 상담원들을 교육 대상에서 배제하는 것은, 해당 교육 내용이 정규직/비정규직 구분 없이 모든 직장인에게 도움이 되는 교양적 성격을 지닌다는 점과 상담원들에게 수강을 허용할 경우 그 비용 부담이 과도하지 않다는 점 등을 고려할 때 비합리적 차별이므로, ○○○원 측에 대해 온라인 교육에서 비정규직 상담원들이 배제되지 않도록 제도 개선을 권고.	10.30	검토 중
	단체협약 및 근로조건에서 비정규직 차별	○○데이콤이 조합원 범위 규정, 조합원 교육시간 규정 등의 노동조합 활동 관련 규정을 계약직 노조원에게 적용하지 않거나 정규직 노조원과는 달리 적용하고, 가족수당을 포함하여 각종 수당과 복리후생을 계약직 노조원에게는 지급·적용하지 않거나 정규직 노조원에 비해 적게 또는 달리 지급·적용하는 것은 비정규직을 이유로 한 불합리한 차별행위에 해당하므로, 회사 측에 대해 해당 차별행위를 시정할 것을 권고.	11.12	검토 중

〈표 6-14〉 종교에 의한 차별

조치 유형	사건명	조치내용	의결 일자	이행 현황
권고	교수 채용시 종교를 이유로 한 차별	○○대학교가 교수 채용시 지원자의 자격을 실질적으로 특정 종교인으로 제한하고 특정 종교인인지 여부에 따라 채용 여부를 결정하는 것은, 고등교육기관으로서의 공공성 및 교과과정의 내용을 고려하지 않은 채 모든 교수직 채용에서 일률적으로 특정 종교인인지 여부를 실질적 채용요건으로 정한 점 등을 놓고 볼 때, 종교에 의한 차별에 해당하므로, 대학교 측에 대해 해당 교수 채용 관행을 시정할 것을 권고.	10.22	검토 중

〈표 6-15〉 기타 사유에 의한 차별

조치 유형	사건명	조치내용	의결 일자	이행 현황
권고	재개발지역 거주 여부에 의한 조합임원 출마자격 차별	주택재개발정비사업조합 정관에서 당해 구역에 상가 건축물을 소유하고 있으나 그 구역에 거주하지 않는 임대사업자에게 그 구역의 실정을 잘 알지 못한다는 이유로 조합임원 출마자격을 주지 않는 것은, 그러한 임대사업자들도 당해 구역에 항상 관심을 기울이고 관련정보도 많이 갖고 있음을 고려할 때 합리적이지 못한 차별이므로, 해당 조합장에게 정관의 관련규정을 개정할 것을 권고하고, 건설교통부 장관에게 그 정관의 모범이 되고 있는 표준정관의 해당규정을 고칠 것을 권고.	10.9	검토 중

4. 성별을 이유로 한 차별행위 조사·구제

성별을 이유로 한 차별행위는 고용을 포함한 여러 사회생활의 영역에서 합리적 이유 없이 남성 또는 여성이라는 이유로 특정한 사람 또는 특정한 사람들의 집단을 우대·배제·구별하거나 불리하게 대우하는 행위를 의미한다. 법으로 금지하는 성별을 이유로 한 차별행위에는 합리적 이유 없이 특정한 성별에 대해 의도적으로 행해지는 불평등한 대우, 즉 직접차별이 포함된다. 이때 차별의 의도는 명시적일 수도 있고 은밀한 것일 수도 있다. 또한 남녀에게 모두 중립적 기준을 적용했으나 그 기준이 특정 성 집단에 현저하게 불리한 결과를 야기하고 해당 기준이 정당한 것으로 입증되지 못하는 경우, 그러한 결과적 차별인 간접차별도 성별을 이유로 한 차별행위에 속한다.

1) ○○전자 임금에서의 성차별

○○전자에서 생산 업무를 담당하였던 김모씨 등 여성 근로자 9명은 '생산라인에서 남성 근로자들과 동일한 노동을 수행했음에도 여성 근로자들이 남성 근로자들에 비해 낮은 임금을 받은 것은 성차별'이라며 위원회에 진정을 제기했다.

위원회 조사결과, ○○전자의 생산부서는 조립, 검사, 포장 등의 공정을 담당하였고 각 공정의 단계마다 한 사람의 근로자가 배치되어 부품 테스트나 납땜 등 특정 작업을 하여 다음 단계로 넘겨주는 연속작업 방식으로 업무를 진행하였는데, 생산단계에서 어떤 업무는 특정 성만이 해야 한다는 점은 발견되지 않았고, 근로자 개인별로 고유한 업무가 지정된 것이 아니라 제품의 생산 및 반품 정도, 결원 등의 상황에 따라 성별 및 고용형태의 구분 없이 탄력적으로 업무가 주어져온 것으로 확인됐다.

○○전자는 남성 근로자들이 힘을 필요로 하는 상차업무를 담당하여 그들에게 약간 높은 임금을 지급했다고 주장하였으나, 위원회 조사결과 상차업무는 일주일에 1~5회로 불규칙하게 이루어졌을 뿐 아니라 상차업무가 수행될 때에는 호출에 의하여 생산라인에 근무하던 남녀 근로자들이 함께 상차장소를 오가며 물품을 적재한 것으로 조사되어, ○○전자의 주장을 사실로 인정하기 어려웠다.

따라서 위원회는 ○○전자 생산직에 종사한 근로자들이 남녀 모두 계약직 근로자로서 책임의 측면에서 성별로 별다른 차이가 없고, 남녀 근로자가 하나의 연속된 작업공정에 배치되어 협동체로 근무했으므로 작업조건이 본질적으로 다르다고도 할 수 없으며, 설사 ○○전자의 주장대로 남성 근로자들이 상차업무를 전담했다 하더라도 단순한 근력을 필요로 하는 상차업무가 섬세함과 집중력, 습득된 경험을 요하는 조립업무에 비해 더 높은 임금을 받아야 할 만큼의 많은 노력과 높은 기술을 요한다고도 볼 수 없다고 판단하여, ○○전자에 진정인들에 대하여 적절한 손해 배상을 하도록 권고했다.

2) 소방공무원 채용시 성차별

시민단체인 한국○○는 현행 〈소방공무원 임용령〉에서 성별이 관련 직무의 필수적 자격요건이 아님에도 불구하고 성별을 구분하여 소방공무원의 채용시험을 실시할 수 있도록 한 것과, 이에 근거하여 전국 시・도 소방본부가 소방공무원 채용시험의 응시자격을 남성에 국한하거나 여성 소방공무원 선발인원을 남성에 비해 현저히 적게 책정할 수 있도록 한 '소방공무원 임용시험 시행계획'등을 수립하여 시행하는 것은 성차별적이라는 요지의 진정을 제기했다.

이에 대해 소방방재청은 문제된 성별 분리모집 제도가 양성평등을 위한 일종의 여성 배려 정책이라고 주장했다. 즉 소방업무는 주로 신체적 · 정신적으로 위험도가 높은 현장업무로서 절대 체력을 요하는데, 정책적 배려 없이 소방업무 수행을 위한 체력기준을 남녀 동일하게 적용할 경우 여성들은 체력시험에 합격하지 못하거나 극히 일부만이 합격할 것으로 예상되므로, 남녀 간 신체적 차이를 인정하고 현재와 같이 행정 · 구급 등 특정 분야에서 여성에 대해 특정 채용비율을 할당하여 구분모집하는 것이 타당하다는 주장이다.

조사결과, 위원회는 화재진압, 수관관리, 인명구조, 응급환자 이송 등의 소방업무가 강인한 신체적 · 체력적 조건을 요한다는 점을 부인할 수는 없으나, 이로부터 남녀를 구분하여 채용하는 논거가 곧바로 도출될 수는 없다고 판단했다. 즉 위원회는 소방업무에 필요한 강인한 신체적 · 체력적 조건은 남녀 지원자 모두에게 동등하게 적용되는 요건으로 합리적으로 설정되고 개인별로 객관적으로 측정되어야 하는 것이지, 단순히 일반적으로 여성들보다는 체력적으로 우위에 있는 남성들이 많고 그래서 강인한 체력을 요하는 소방업무에서 남성이 유리하다는 이유로 남녀를 구분 모집할 수 없다고 판단했다.

따라서 위원회는 소방공무원 채용시험에서 성별에 따라 채용분야 및 채용인원을 달리 정하여 구분 모집하는 것은 합리적 이유 없이 남성과 여성을 차별하는 행위로 판단되므로, 피진정인에게 소방공무원 채용시험에서 성별에 따른 분리모집을 중지하고 양성에게 평등한 채용시험제도를 운영할 것을 권고했다.

3) 무형문화재 전승자 선정시 성차별

○○시 무형문화재 ○○○춤의 전수조교인 진정인 김모(여) 씨는 보유자후보 등을 선정하는 ○○시가 ○○○춤 보유자후보 심의에서 진정인이 여성이기 때문에 보유자후보로 선정할 수 없고 앞으로도 여성을 예능보유자, 보유자후보, 전수조교 등으로 선정하지 않겠다고 결정한 것이 부당한 차별이라고 진정을 제기했다.

이에 대해 ○○시는 여성을 ○○○춤의 예능보유자, 보유자후보, 전수조교로 선정하지 않기로 결정한 것은 원형보존이라는 문화재 보존의 원칙 때문이고 ○○○춤의 구음은 원래 여성이 담당했던 분야이고 춤은 원래 남성이 담당했던 분야이기 때문이라고 주장했다.

위원회는 ○○○춤이라는 무형문화재의 원형보존에서 특정 성이 필수적인지 여부를 검토했다. 조사 결과, 위원회는 원형보존과 관련하여 ○○○춤의 복색이 남성의 것일 뿐, 애초에 춤을 추었던 사람이 여성인지 남성인지를 확인하는 것은 불가능하고 지금까지 남성들만이 보유자로 지정되었으나 ○○○춤이 문화재로 지정되기 이전에는 남녀가 함께 전승해왔던 점에 주목했다. 위원회는 무형문화재는 유형문화재처럼 고정된 하나의 실체가 아니라 시대를 거쳐 여러 사람에 의해 그 원형이 보존되는 특징이 있으므로 '원형대로 보존'은 춤의 체득 정도와 같은 기능 또는 예능의 보유 정도에 따라 좌우된다고 판단했다. 또한 위원회는 관련 시행규칙에서도 보유자후보 등을 지정할 때 해당분야의 위원 및 전문위원과 관계 전문가를 위촉하여 추천된 자의 기능 또는 예능을 심사해야 한다고 명시하는바, 이는 기능·예능이 보유자 등의 지정에서 다른 무엇보다도 우선하는 기준임을 표현한 것이라고 판단했다. 이러한 맥락에서 위원회는 ○○시가 보유자후보 등을 지정할 때 추천된 자가 단지 여성이라는 이유만으로 그러한 기준과 절차를 적용하지 않은 것은 합리적이라고 보기 어렵다고 판단했다.

이에 따라 위원회는 ○○시에 대해 ○○○춤 보유자, 보유자후보, 전수조교를 지정할 때 여성을 배제하지 말고 규정에 명시된 바대로 기능 또는 예능을 선정 기준으로 적용할 것을 권고했다.

5. 성희롱 행위에 대한 조사·구제

성희롱은 업무, 고용 그 밖의 관계에서 공공기관의 종사자, 사용자 또는 근로자가 그 직위를 이용하거나 업무 등과 관련해 성적 언동 등으로 성적 굴욕감 또는 혐오감을 느끼게 하거나 성적 언동, 그 밖의 요구 등에 대한 불응을 이유로 불이익을 주는 것을 말한다. 성희롱은 고용관계에서뿐만 아니라 학교에서의 사제관계, 군대의 명령체계에서의 관계를 포함하여 다양한 사회적 관계에서 발생할 수 있는데, 이는 모두 〈국가인권위원회법〉 상의 성희롱에 해당한다.

1) 해외 NGO봉사센터 소장에 의한 성희롱

진정인 이모 씨(여)는 사단법인 ○○봉사단이 운영하는 '캄보디아 문화복지센터'에 파견되어 근무하던 중, 동 복지센터 소장인 피진정인이 자신의 딸과 유사 성행위를 했다는 등의 사회통념상 수용하기 어려운 음담패설과 '여인의 향기가 느껴진다', '진정인이 목욕하는 소리에 여인네의 나신이 상상됐다'는 등 진정인을 성적 욕망의 대상으로 삼는 저급한 표현을 지속하였고, 진정인에게 들릴 정도로 포르노 영상물을 크게 틀어놓거나 공용물인 노트북 컴퓨터에 자신의 포르노 영상물을 저장시켜 진정인이 본인의 의사와 상관없이 이를 볼 수 있게 하는 성적 언동 등을 하여 심한 성적 혐오감과 모멸감, 정신적 스트레스를 느꼈다는 진정을 제기했다.

이에 대해 피진정인은 진정인의 주장을 모두 부인하면서 캄보디아에서 근무할 때 진정인이 본인의 지시사항을 이행하지 않아 이를 문제 삼은 적이 있는데 이에 대한 앙심으로 진정을 제기한 것이라고 주장했다.

위원회는 국내 및 캄보디아에 있는 참고인 조사를 통해 피진정인이 이전부터 성적 언동과 관련해 문제가 있었던 사실과 진정인 외에도 두 명의 전 '캄보디아 문화복지센터' 여성직원이 피진정인으로부터 유사한 언어적·신체적 성희롱을 당했다는 사실을 확인하였고, 진정인이 귀국 이전부터 동료직원 및 ○○봉사단 등에 일관되게 피해를 호소했던 사실을 확인했다.

따라서 위원회는 피진정인의 행위를 업무와 관련된 성희롱에 해당하는 것으로 판단하고, 피진정인에게 진정인에 대하여 손해배상금 3천만원을 지급할 것과, 사단법인 ○○봉사단 사무총장에게 향후 유사한 피해의 재발방지를 위하여 직원 및 해외파견 봉사단 교육과정에 성희롱 예방교육을 포함시키고 성희롱 발생시 처리지침 등을 마련할 것을 권고했다.

2) 청소용역직원들에 대한 성희롱

○○교통공사청소 근로자노동조합 위원장인 진정인 조모 씨(여)는 ○○○협회 ○○지부 소속 청소용역 담당자들인 피해자들이 관리자인 동 협회의 지부장과 본부장으로부터 회식자리 등에서 언어적·신체적 성희롱을 당했다고 진정했다.

이에 대해 피진정인들은 회식 때 노래방에 간 사실은 인정하였으나 피해자들이 주장하는 성희롱 행위에 대해서는 모두 부인했다.

조사결과, 위원회는 양 당사자의 주장이 다르나 사건 당시 피진정인들의 행위를 직접 목격하거나 진정인으로부터 피진정인의 행위를 들었다고 참고인들이 진술한 점 등을 인정했다. 그리고 직장상사인 남성이 부하직원인 여성의 가슴을 손등으로 수차례 접촉하고 허벅지를 만지며 빰에 뽀뽀를 하는 행위, 직장상사이며 유부남인 남성이 부하직원인 여성에게 "사귀자", "애인하자"라고 수차례 말한 행위, 블루스를 추자고 강요하며 몸을 밀착시킨 행위 등은 보통의 여성들도 충분히 성적 굴욕감 또는 혐오감을 느낄 수 있는 행동으로 성희롱에 해당한다고 판단했다. 이에 따라 위원회는 피진정인들에게 위원회가 주최하는 특별 인권교육을 받을 것을 권고했다.

3) 논술학원장의 강사에 대한 성희롱

○○논술학원에 강사로 근무하는 진정인 손모 씨(여)는 학원 근무 중에 학원장인 피진정인이 차 안 및 원장실에서 진정인의 허벅지를 만지고, 학원 로비에서 진정인을 강제로 껴안았다는 내용의 진정을 제기했다. 이에 대해 피진정인은 진정인의 허벅지를 만진 적이 없고, 2006년 6월에는 진정인이 다른 학원에서 근무했기 때문에 진정인을 만날 수도 없었다고 주장했다.

조사결과, 진정인은 피진정인이 운영하던 학원에서 2006년 6월 급여를 받은 사실이 있었고, 동료강사 A는 "2006년 중반 경 피진정인이 진정인 등 일부 여자강사들에게 성희롱으로 오해할 만한 행위를 했다는 이야기를 진정인에게서 들었다"고 진술했고, 다른 동료강사 B는 "피진정인이 진정인을 끌어안았고 신체의 일부를 만졌다는 말을 진정인에게서 들었다"고 진술하였으며, 직장동료 C는 "2006년 10월 17일경 진정인에게서 피진정인이 진정인을 포함한 여러 여자강사 및 직원들과 말하는 도중 그들의 어깨와 허벅지를 만지는 등 상대방을 불쾌하게 만드는 여러 가지 행동을 했다는 말을 들었다"고 진술했다.

이에 위원회는 진정인의 주장에 신빙성과 일관성이 있고 피진정인의 행동이 성희롱에 해당한다고 판단하여 피진정인에게 위원회가 주최하는 인권교육을 받을 것을 권고했다.

6. 임신 또는 출산을 이유로 한 차별행위 조사·구제

임신 또는 출산을 이유로 한 차별행위는 고용을 포함한 여러 사회생활의 영역에서 합리적 이유 없이 임신·출산했다는, 또는 할 가능성이 있다는 이유로 특정한 사람 또는 특정한 사람들의 집단을 우대·배제·구별하거나 불리하게 대우하는 행위를 의미한다. 〈국가인권위원회법〉은 차별사유로서 '임신 또는 출산'을 '성별'과는 별개로 규정한다. 이는 임신·출산을 한 여성과 임신·출산을 하지 못하는 남성과의 불합리한 차별뿐만 아니라 임신·출산을 한 여성과 그렇지 않은 여성 사이의 불합리한 차별도 금지된다는 것을 의미한다.

1) 보건소 지방계약직 의사 채용시 임신·출산을 이유로 한 차별

진정인 김모(여) 씨는 ○○구 보건소에서 12년간 지방계약직공무원으로 근무한 의사로서 계약 만료일을 앞두고 동 보건소의 지방계약직 공무원 채용에 재차 응시하였으나 면접에서 탈락했다. 당시 임신하여 출산을 앞두고 있던 진정인은 채용과정에서 ○○구 보건소장에게서 "출산을 앞둔 사람이 왜 지원했는지 모르겠다, 출산으로 쉬어야 하는 사람을 인사위원회에 추천하기는 어렵다"는 요지의 말을 들었으며 임신 및 출산을 이유로 면접에서 부당하게 탈락했다고 진정을 제기했다.

이에 대해 피진정인인 보건소장은 진정인이 면접에서 탈락한 것은 출산을 앞두고 있었기 때문이 아니라 보건소의 전문의 채용계획, 진정인에 대한 근무평가 등을 종합할 때 진정인이 채용기준에 부합하지 않았기 때문이라고 주장했다.

조사결과, 위원회는 피진정인이 채용과정에서 상당한 권한을 가진 지위에 있었고, 피진정인의 해당 발언이 임신 중인 응시자에 대한 편견이 깔려 있는 발언으로 면접에서 금지되어야 하는 차별적 발언에 해당하며, 피진정인이 주장하는 진정인의 탈락사유가 채용과정에서 임신을 이유로 한 부당한 차별이 없었음을 확인시키는 증거가 되기에는 부족하다는 점을 종합해 볼 때, 진정인이 면접에서 불합격처리된 것은 진정인의 예정된 출산이 채용여부를 결정하는 과정에서 불리하게 작용하였기 때문이라고 판단했다. 위원회는 피진정인의 행위는 평등권 침해의 차별행위에 해당하므로, 피진정인 소속기관의 장인 ○○구청장에게 피진정인에 대하여 경고조치하고 유사한 차별행위의 재발을 방지하기 위하여 양성평등정책을 수립하여 시행할 것을 권고했다.

7. 가족형태 또는 가족상황을 이유로 한 차별행위 조사·구제

'가족형태'또는 '가족상황'이란 일반적으로 '가족 구성의 형태, 가족의 구성원의 가족 내 위치, 가족에 대한 책임과 관련한 상황'등을 말한다. 즉 그것은 한부모 가족, 재혼 가족 등의 가족형태와 가족 구성원의 가족 내의 특정한 역할이나 책임 등에서 비롯되는 상황을 의미한다. 가족형태 또는 가족상황을 이유로 한 차별행위는 고용을 포함한 여러 사회생활의 영역에서 합리적 이유 없이 가족형태나 가족의 구성원, 그리고 가족에 대한 책임 등을 이유로 특정한 사람 또는 특정한 사람들의 집단을 우대·배제·구별하거나 불리하게 대우하는 행위를 의미한다.

1) 출산지원금 지급시 가족상황에 따른 차별

생애 통산 세 번째 아이를 출산한 진정인 나모 씨(여)는 ○○시가 셋째 자녀를 출산한 가족에게 출산장려금 명목으로 지급하는 20만원을 신청하였으나 재혼 등의 사정으로 현재 자신이 출산한 자녀 셋을 모두 양육하고 있지 않다는 이유로 지급을 거부당하자 이는 부당한 차별이라고 진정을 제기했다.

이에 대해 피진정인인 ○○시는, 출산지원금의 목적은 셋째 아이를 양육하게 된 가정의 출산비용 등 경제적 부담을 덜어주기 위한 것이고, 만약 동일한 배우자와의 혼인관계의 유지와 상관없이 생애 통산 셋째 아이를 낳았을 때 출산지원금을 지급한다면 남녀가 이혼 후 재혼하여 각각 새 가정을 꾸렸을 경우 재혼 이전 출생한 아이가 양쪽 가정에서 중복 산정되는 문제점이 있을 수 있고, 극단적인 경우 양육을 방치한 부모에게도 출산장려금을 지급해야 하며, 일정기간만 양육하였을 경우 그 기간을 일일이 산정해 지급해야 하는 등의 문제점이 있을 수 있다고 주장했다.

조사결과, 위원회는 저출산 문제를 해결하기 위해 지자체들이 시행하는 다양한 시책 중 하나인 출산지원금은 1회에 한하여 지급되고 금액도 20만원으로 소액이어서 양육지원금이라기보다는 오히려 세 번째 자녀를 낳은 것에 대한 축하금의 의미가 크고 출산지원금을 통해 출산을 장려하고자 한다면 출산지원금 지급 대상 선정시 출산 횟수를 우선시해야 한다고 판단했다. 또한 위원회는 저출산 시대에 자녀를 세 명이나 낳아 국가 또는 지자체 차원에서 장려하는 출산에 기여를 했음에도 불구하고 여러 가지 가족상황 때문에 세 자녀를 모두 양육하지 못하는 자들에게 그러한 상황을 이유로 출산지원금을 지급하지 않는 것은 출산지원금 제도의 취지에 맞지 않을 뿐만 아니라 합리적 이유 없는 차별행위라고 판단했다.

이에 따라 위원회는 ○○시장에게 출산지원금 지급시 셋째 자녀를 출산하였으되 세 자녀를 모두 양육하지 않는 자가 배제되지 않도록 동 지원금 제도를 개선할 것을 권고했다.

8. 장애 및 병력을 이유로 한 차별행위 조사·구제

〈국가인권위원회법〉상의 '장애'라 함은 신체적·정신적·사회적 요인에 의해 장기간에 걸쳐 일상생활 또는 사회생활에 상당한 제약을 받는 상태를 말한다. 장애를 이유로 한 차별행위는 장애를 가졌다는, 가진 적이 있다는, 또는 가질 것이라는 이유로 고용을 포함한 여러 사회생활의 영역에서 합리적 이유 없이 특정한 사람 또는 특정한 사람들의 집단을 우대·배제·구별하거나 불리하게 대우하는 행위를 의미한다. 이때 '장애'라 함은 신체적·정신적·사회적 요인에 의해 장기간에 걸쳐 일상생활 또는 사회생활에 상당한 제약을 받는 상태를 말한다. 장애를 이유로 학교, 시설, 직장, 지역사회 등에서 장애인 또는 장애인 관련자에게 집단따돌림을 가하거나, 모욕감을 주거나 비하하는 언어적 표현이나 행동도 장애를 이유로 한 차별행위로 간주된다.

병력을 이유로 한 차별행위는 질병의 이력을 이유로 고용을 포함한 여러 사회생활의 영역에서 합리적 이유 없이 특정한 사람 또는 특정한 사람들의 집단을 우대·배제·구별하거나 불리하게 대우하는 행위를 의미한다.

1) ○○○역 장애인 이동권 차별

한국○○○장애인인권협회 인천지부는 "장애인 김모 씨(여)가 2006년 9월 4일 인천지하철 ○○○역의 휠체어리프트에서 전동휠체어를 탄 채 추락하여 중상을 입은 것은, 1999년 설치된 리프트에 추락방지용 안전장치를 설치하지 않고 지하철역에 장애인용 엘리베이터를 설치하지 않은 결과에서 비롯되었고, 이는 장애인에 대한 차별"이라며 진정을 제기했다.

위원회 조사결과, ○○○역의 휠체어리프트는 구조적으로 전동휠체어에 부적합하고 안전하지 못하여 피해자 김모 씨가 전동휠체어를 탄 채 리프트에서 떨어져 머리를 다치는 중상을 입는 사고가 발생하였고, 지금도 많은 장애인이 불안감과 생명의 위협을 느끼면서도 엘리베이터가 없는 지하철역에서 다른 대체이동수단이 없어 위험을 무릅쓰고 휠체어리프트를 계속 사용할 수밖에 없는 실정이었다. 이러한 실정은, 국민건강보험법 시행규칙의 개정으로 2005년 4월부터 전동스쿠터, 전동휠체어 등 고가 보장구 구입비용의 상당부분이 국민건강보험으로 지원되면서 장애인들의 전동휠체어 사용이 보편화되고 있음을 감안할 때 우려스러운 것이었다.

위원회의 조사가 진행되던 중 인천지하철공사는 사고 재발방지를 위해 2007년 상반기 중에 오래된 리프트를 전동휠체어용 신형 리프트로 교체하고 ○○○역을 포함한 2~3개 역에 우선적으로 장애인용 엘리베이터를 설치하는 등 2011년까지 인천지하철 모든 역사에 장애인용 엘리베이터를 설치할 예정이라고 밝혔다. 위원회는 인천시와 인천지하철공사의 편의시설 증진계획을 환영하면서 인천시와 인천지하철공사에 지하철 역사에 설치된 오래된 리프트를 전동휠체어에 적합한 리프트로 교체하고 추락 사고를 방지할 안전장치를 설치하여 장애인 편의시설을 확대할 것을 권고했다.

2) 장애를 이유로 한 통합교육 실시 차별

장애인○○○연대는 "서울시 ○○구와 ○○○구에 거주하는 장애학생들의 학부모들이 자녀들을 거주지에서 가까운 실업계 고등학교에 진학시키기 위해 이들 고등학교와 서울특별시교육청에 특수학급을 설치해줄 것을 요청하였으나 거부당했다"며 진정을 제기했다.

이에 대하여 피진정학교로 지명된 한 고등학교 측은 학교건물이 40년된 노후 건물이어서 장애학생들을 위한 편의시설 설치가 불가능하고 교실 등 제반여건이 미비하여 특수학급설치가 어려울 뿐만 아니라, 실습에 사용하는 기계가 중장비기계, 고속으로 작동하는 컴퓨터기기, 무거운 측량기계, 복잡한 컴퓨터 회로 프로그램을 갖춘 기계들이어서 다루기 힘들고 위험하기 때문에 장애학생들이 이런 기계로 실습하기가 어렵다고 주장했다. 또한 다른 피진정학교 측은 학교건물이 33년된 노후건물이고 뉴타운 개발과 관련하여 다른 부지에 학교를 신축하거나 이전할 수도 있는 상황이며, 장애학생을 위한 시설, 교구(敎具), 교실 등의 제반여건과 예산이 갖추어지지 않아 특수학급 설치는 어렵다고 주장했다.

조사결과, 위원회는 학교 1층에 이동통로의 턱 제거, 미끄럼방지 등의 편의시설은 설치가 가능하고, 재개발과 관련하여 학교 신축 또는 이전은 단기적으로 결정될 사항이 아니고 또한 언제 결정될지 알 수 없는 상황으로 교육청에 특수학급설치 신청을 연기할 사유에 해당되지 않는다고 판단하여 두 학교 모두 특수학급설치를 거부한 것은 합리적 이유가 될 수 없다고 판단했다.

또한 실습용 기계들이 다루기 힘들고 위험한데다 고가여서 장애학생들이 사용하기가 어렵다는 주장에 대해서, 위원회는 피진정학교 측이 장애학생들에 대한 개별적 상담과 지도, 적절한 편의제공 등을 통해 장애학생들이 실습교육을 받을 수 있는 교육환경을 만들려는 노력은 도외시한 채 비장애학생과 같은 기준에서 장애학생들의 실습이 어렵다고 본 것으로, 이는 장애인에 대한 편견에서 비롯된 것이라고 판단했다. 나아가 관리감독기관인 서울시교육청에 따르면, 각급학교가 특수학급 설치를 요청하면 일반학급의 설치에 우선하여 특수교사 등 인력과 특별예산을 지원하고 있고, 재학중인 장애학생에게는 입학금, 수업료, 교과서 대금, 중식비 등 일체의 학교 교육비를 지원하고 있음이 확인됐다.

따라서 위원회는 해당 고등학교들에 특수학급설치를 권고하고, 관리감독기관인 서울시교육청에는 통합교육과 특수학급설치의 필요성에 대한 지도감독을 철저히 할 것을 권고했다.

3) 장애를 이유로 한 채용시험 차별

2급 지체장애인이면서 뇌병변 장애를 가진 진정인 김모 씨는 "손 떨림으로 필기에 어려움이 있어 채용시험 실시 전에 미리 시험시간 연장, OMR 답안지의 대리표기, 노트북 컴퓨터 사용 등의 조치를 해달라고 채용주관공사인 한국○○(주)에 요청하였으나 거절당했다"며 진정을 제기했다.

이에 대해 회사 측은 "그동안 장애인 응시자에게 시험편의를 제공한 전례가 없고, 시험에서 한 사람의 장애인에게만 편의를 제공하는 것은 다른 장애인과의 형평성 측면에서 문제가 되며, 중앙인사위원회도 확대답안지는 제공하지만 답안지 대리작성은 허용하지 않는 점을 참고하여 진정인의 요청을 받아들이지 않았다"고 답변했다. 그러나 위원회 조사결과, 이미 사법시험, 변리사시험, 교원자격시험, 대학수학능력시험 및 일부 기업체의 채용시험에서 뇌병변 장애인, 시각장애인 등에게 시험시간 연장, 점자문제지 및 확대문제지 제공, 답안지 대리표기, 노트북 사용 등의 시험편의조치가 이루어지고 있으며, 특히 진정인은 대학시절 학과시험을 볼 때 손 떨림으로 필기에 어려움이 있다는 점이 고려되어 시험시간 연장, 노트북을 이용한 답안지 작성 등의 편의를 학교당국으로부터 제공받아왔음이 확인됐다.

위원회는 채용시험시 장애인 응시자에 대한 편의제공은 〈장애인복지법〉 및 〈장애인 고용촉진 및 직업재활법〉에 의거, 장애인 응시자가 자기의 능력을 정당하게 평가받을 수 있도록 장애유형 및 정도, 특성을 반영하여 사업주가 제공해야 하는 의무사항이지, 시험편의를 제공한 전례나 다른 기관의 시험편의 제공 여부 등에 따라 제공되는 것이 아니라고 판단했다. 이에 위원회는 진정인에 대하여 시험편의를 제공하지 않은 것은 장애인 차별이므로 채용시험에서 필기능력에 장애가 있는 중증장애인 응시자에게 적절한 시험편의를 제공할 것을 피진정회사에 권고했다.

4) 국가자격시험 시각장애인 차별

시각장애 3급인 김모 씨는 "대한○○○○○가 시행하는 컴퓨터 활용능력 2급 실기시험에 응시하던 중 시험장의 14인치 모니터를 17인치로 교체해줄 것을 요구하였으나 거절당했다"며 진정을 제기했다.

조사결과, 위원회는 해당 실시시험의 상시검정은 매일 실시되는 반면 시각장애인을 대상으로 하는 수시검정은 1년에 단 2회만 실시되어 자격증의 취득이 시급한 시각장애인의 경우에는 상시검정에 응시할 수밖에 없으므로, 피진정인인 대한○○○○○가 수시검정에서 시각장애인에게 편의를 제공한다는 이유로 상시검정에서는 편의제공을 거부하는 것은 정당화될 수 없다고 보았다.

이에 위원회는 피진정인이 상시검정에 응시한 진정인에게 17인치 모니터 제공 등 장애인을 위한 적절한 편의제공을 하지 않고 비장애인과 동일하게 14인치 모니터로 시험을 보도록 한 것은 합리적 이유 없이 장애를 이유로 한 차별행위로 판단하고, 피진정인에게 상시검정에서도 시각장애인에게 17인치 모니터를 제공하는 등 적절한 편의제공을 하도록 권고했다.

5) 장애를 이유로 한 교육시설 이용 차별

진정인 변모 씨는 청각장애 2급으로 ○○대학교 노동대학원 최고지도자 과정에 합격했다. 진정인은 수화통역사 없이는 대화식 또는 참여식으로 이루어지는 최고지도자 과정의 수업에 참여할 수 없기 때문에 진정인이 40%, 학교 측이 60% 분담하는 방식으로 수화통역사 비용을 지원해줄 것을 학교 측에 요청하였으나 거부당했다. 진정인은 수화통역사를 지원받지 못해 학업을 포기하였고 이는 장애인 차별이라고 진정을 제기했다.

이에 대해 ○○대학교는 수화통역사를 지원하는 대신 강의안을 사전에 제공하거나 강사의 동의를 얻어 녹화자료를 제공하는 등 진정인과 상의하여 최대한 편의를 제공하겠다고 말했다. 또한 학교 측은 해당 과정은 수강생들이 납부한 등록금만으로 유지된다고 하면서 진정인이 제의한 분담방식으로 수화통역사를 지원할 경우 학교가 부담해야 하는 수화통역비가 진정인의 등록금(500만원)을 초과하기 때문에 진정인의 제의를 거부할 수밖에 없다고 주장했다.

조사결과, 위원회는 진정인의 장애 정도를 고려하였을 때 대화식·참여식으로 이루어지는 해당 과정의 수업에서 진정인에게 강의안을 사전에 제공하거나 강사의 동의를 얻어 녹화자료를 제공하는 것만으로는 적절한 편의조치가 이루어지지 않는다고 보았으며 수화통역사를 지원하는 것이 적절한 편의조치에 해당한다고 판단했다.

또한 위원회는 진정인이 요구한 수화통역비의 60%에 해당하는 분담액이 등록금 500만원을 초과한다는 학교 측의 계산은 적절치 않은 것으로 보았다. 학교 측은 그 금액에 수화통역사에게 지급할 교통비나 숙식비를 포함시키고 정규수업이 아닌 해외세미나 및 원우회 자치행사에서의 수화통역비까지 포함시켰으나, 그러한 비용은 피진정인이 반드시 부담해야 할 부분은 아니며 진정인 역시 해당비용을 요구한 사실이 없었다. 그러한 비용을 제외하고 산출한 예상 총 수화통역비는 580만원이었고 그 60%에 해당하는 대학 측 분담액은 348만원으로 나타났다. 위원회는 그 금액이 진정인의 등록금인 500만원을 초과하지 않으며 ○○대학교의 해당 최고지도자 과정의 운영에 현저한 곤란을 끼칠 정도의 과도한 부담이 되는 금액은 아니라고 보았다.

이에 따라 위원회는 ○○대학교가 노동대학원 최고지도자 과정에서 수화통역사가 필요한 청각장애인인 진정인에 대해 수화통역사 비용분담을 거절하고 수화통역사를 지원하지 않은 것을 장애인 차별로 판단하고, ○○대학교 총장에게 해당 최고지도자 과정에서 청각장애인에 대하여 수화통역사 비용을 분담하는 방식 등으로 수화통역사를 지원하여 청각장애인에 대한 차별이 재발되지 않도록 조치할 것을 권고했다.

6) 채용필기시험 가산점 부여에 따른 장애인 차별

장애등급이 4급인 지체장애인 위모 씨는 부산○○공사가 2007년 신입사원 공개경쟁 채용시험을 공고하면서 장애인 우대를 위한 필기시험 가산점의 부여대상자를 장애등급 5급과 6급으로 제한하는 것은 상대적으로 경증의 장애등급에 해당하는 장애인에게만 가산점을 부여하려는 것으로 이는 부당한 차별이라며 진정을 제기했다.

위원회의 조사결과, 진정된 사례는 다른 국가기관 또는 공공기관에서는 찾아볼 수 없는 예외적인 것이었다. 위원회는 첫째, 장애인복지법에서 장애종류와 장애등급을 구분하는 목적은 장애인의 생활안정, 자립생활 보호 및 각종 수당의 지급에 필요한 장애인 복지대책 수립과 시행을 위한 근거기준으로 마련된 것이며, 이러한 기준을 채용이나 모집시 직업수행능력을 판별하는 기준으로 사용하거나 개인의 특성에 맞는 재화 및 용역 등을 제공하면서 획일적으로 서비스 수혜대상자를 제한하는 기준으로 사용하는 것은 적절하지 않고, 둘째, 특정 장애등급에만 가산점을 부여하는 것은 다른 장애등급을 가진 장애인들의 취업기회를 원천적으로 제한하게 되어 원래의 장애인 가산점제도 도입의 취지에 어긋나며, 셋째, 개별 장애인의 건강상태나 신체조건이 매우 다양함에도 불구하고 장애등급이라는 기준을 획일적으로 적용하는 것은 장애인에 대한 편견과 선입관을 더욱 확산시키는 폐단이 있다고 판단했다. 이에 위원회는 피진정기관의 행위가 장애를 이유로 한 차별에 해당하며 행정편의를 위하여 단지 장애등급에 의하여 가산점을 부여하는 것은 합리적 이유가 없는 차별이라고 판단하여 부산○○공사에 해당 제도의 개선을 권고했다.

7) 장애를 이유로 한 보험가입 차별

5급 지체장애인 진정인 이모 씨는 ○○○손해보험사의 전화상담원과 운전자 보험청약을 마친 후 제1차 보험료를 자동 납부했다. 그러나 다음날 동 보험회사 전화상담원에게서 '척추와 관련된 장애'가 있다는 이유로 보험가입을 취소하겠다는 연락을 받았다. 이에 이모 씨는 "보험사의 행위는 장애를 이유로 한 불합리한 차별"이라고 진정을 제기했다.

이에 대해 보험회사 측은 진정인이 직접 '척추염 하지마비' 진단사실을 고지했고, '척추염 하지마비'를 보험사에 고지했을 경우, 장애인과 비장애인 모두 보험사의 인수지침에 따라 보험 승낙이 거절되므로 장애인 차별이 아니라고 주장했다.

조사결과, 위원회는 첫째, ○○○손해보험회사는 4~5급 장애등급에 대해 장애원인 및 진단명에 따라 사안별로 선별 심사한다는 점, 둘째, 진정인은 보험가입 청약시 중학교 3학년 때 받았던 '척추염 하지마비' 진단이 현재의 장애와 무관하다고 수차례 고지하였고 당시 전화상담원도 이를 확인한 바 있었음에도 다음날 상담원은 보험계약 취소를 안내하면서 "이모 씨가 청약 당시 척추진단과 장애가 연관성이 있다는 얘기를 했다"고 말했던 점, 넷째, 진정인이 가입하고자 한 보험상품은 간편한 보험가입을 위해 동 건강진단을 별도로 받지 않아도 되지만, 보험심사과정에서는 피진정인 보험사에서 추가로 건강진단을 받도록 하고 있었다는 점 등을 확인했다.

위원회는 위와 같은 사실을 바탕으로 동 보험회사가 진정인이 장애인이라는 사실을 알고 있는 상태에서 과거의 병력을 현재의 장애와 연관시킨 점이 사실로 인정되고, 보험심사과정에서 별도의 건강검진절차를 거칠 수 있음에도 이를 거치지 않고 단지 장애인이라는 사실과 과거의 진단력으로 보험계약을 취소한 점을 들어 보험회사의 보험가입

취소결정은 장애와 병력을 이유로 한 불합리한 차별로 인정된다고 판단했다. 이에 따라 위원회는 “장애와 병력을 이유로 보험계약을 취소한 것은 불합리한 차별행위이므로, 해당 보험청약건을 재심사하고 향후 재발방지를 위해 보험가입절차 및 보험심사기준을 개선하라”고 ○○○손해보험사에 권고했다.

9. 나이를 이유로 한 차별행위 조사·구제

나이를 이유로 한 차별행위는 고용을 포함한 여러 사회생활의 영역에서 합리적 이유 없이 나이를 이유로 특정한 사람 또는 특정한 사람들의 집단을 우대·배제·구별하거나 불리하게 대우하는 행위를 의미한다. 이때 ‘나이’는 ‘32세 미만’ ‘24~35세’ ‘20대’와 같은 특정 수준의 나이뿐만 아니라, ‘연소자’나 ‘연장자’등과 같이 상대적 나이를 가리키는 것과 ‘올해 대학 졸업예정자’등과 같이 나이와 연관된 것들도 포함한다.

1) 신입 간호사 공채시 나이제한

진정인 박모 씨는 한국○○공단이 ○○병원 신입 간호사 공개모집에서 1981년 이후 출생자에게만 응시기회를 부여함으로써 1977년생인 자신에게 응시기회를 주지 않은 것은 나이를 이유로 한 차별이라고 진정을 제기했다.

이에 대해 공단 측은 선후배 간호사들이 같은 조에 편성되어 3교대로 근무하고 있어 근무자들간에 유기적 관계유지가 필요하며, 그러한 필요 때문에 타 공공병원 및 종합병원들도 신규 간호사 채용시 나이제한을 두고 있는 것으로 안다고 주장했다.

그동안 위원회는 여러 국가기관 및 기업체에서 각종 공무원, 대학교원, 항공사 여승무원 등을 모집함에서 응시연령을 제한해오던 관행을 조사하여 그들이 수행할 본질적 업무와 나이 사이에 합리적 상관관계가 존재하지 아니하는 경우 평등권침해의 차별행위로 판단하고 시정을 권고했다. 본 사건에서도 위원회는 간호사가 수행할 본질적 업무와 나이 사이에 합리적 상관관계가 존재하지 않는다면 피진정인의 연령 상한 제한 관행의 합리성은 인정될 수 없다고 보았다.

조사결과, 위원회는 사람의 생명을 다룬다는 점에서 간호사의 업무가 다른 직업에 비해 상대적으로 높은 수준의 위계질서 또는 유기적 협조관계가 필요하다는 것은 인정되나, 그러한 위계질서나 협조관계가 간호사의 본질적 업무라 할 수 없을 뿐만 아니라 선후배 간 지휘·명령체계가 필요하다 하더라도 그러한 체계의 확립에 반드시 나이에 따른 서열관계가 필요하다고는 보기 어려우며, 오히려 선배 간호사의 풍부한 경험과 앞선 실력 또는 통솔능력이 더 요구된다고 보면서, 간호사의 본질적 업무수행과 나이는 합리적 상관관계가 있다고 볼 수 없다고 판단했다.

이에 위원회는 피진정인이 신입 간호사를 채용하면서 응시자격을 일정 나이 이하로 제한한 것은 차별행위로 판단하여, 피진정인에게 신입 간호사 공개채용시 응시가능 연령을 제한하지 말 것을 권고했다.

2) 설계·감리용역 경쟁 입찰시 감리원의 나이를 이유로 한 차별

진정인 이모 씨는 한국○○공단이 감리용역을 경쟁입찰할 때 감리자의 수행능력을 평가하면서 만 65세 이상의 감리원을 보유한 감리자에 대해 감점하는 것은 나이를 이유로 한 차별이라는 진정을 제기했다.

이에 대해 공단 측은 문제가 된 감점기준은 공단의 〈감리용역사업수행 능력평가기준〉에 있는 것으로 그 평가기준은 건설교통부 고시 〈감리전문회사 사업수행능력 세부평가기준〉을 준용하였고, 참여감리원의 경우 현장에서의 기술능력과 활동능력이 필요하므로 부실공사를 방지하기 위하여 연령 감점기준을 도입한 것일 뿐 기회를 완전히 박탈한 것이 아니며, 우리 사회의 일반적 정년을 기준으로 감점하는 것이라고 주장했다.

그동안 위원회는 일반 건설공사, 주택건설공사 및 항만건설공사 등의 감리자 선정에 소속 감리원이 고령이라는 이유로 불이익을 주는 제도 및 관행에 대하여, 나이와 감리원 업무 수행능력 간에는 본질적 상관관계가 존재하지 않는다고 판단하여 일관되게 시정을 권고했다.

조사결과, 위원회는 나이에 따른 정신적·육체적 능력의 약화는 개인마다 정도의 차이가 크고 실제 나이와 신체 나이가 일치하지 않는다는 점이 의학적으로 입증되고 있고, 평균수명이 지속적으로 상승하면서 고령임에도 현업에 종사하기에 충분한 육체적 능력을 보유한 이들이 증가하고 있음에도 그러한 개인차를 무시하고 단지 나이라는 형식적 수치만을 기준으로 삼아 일률적으로 감점하는 규정은 그 합리성을 인정하기 어려워 불합리한 차별행위로 판단했다.

따라서 위원회는 피진정인인 건설교통부장관에게 〈감리전문회사 사업수행능력 세부평가기준〉(2007. 5. 22. 건설교통부 고시 제2007-172호)의 〔별표〕 중 감리원 연령에 따른 감점항목을 삭제할 것을 권고하고 또 다른 피진정인인 한국○○공단 이사장에게 건설교통부의 관련 고시가 개정되면 〈감리용역 사업수행능력 평가기준〉의 감리원 연령에 따른 감점항목을 삭제할 것을 권고했다.

3) 나이를 이유로 한 교육 이용 차별

진정인 박모 씨는 ○○대학교가 2007학년도 항공운항학과 신입생 선발에서 병역미필자는 1987년 1월 1일(만 20세) 이후 출생자, 병역필자 및 병역면제자는 1983년 1월 1일(만 24세) 이후 출생자에 한하여 지원할 수 있게 한 것은 나이에 의한 차별이라고 진정했다.

이에 대해 대학 측은 해당 나이제한을 두는 이유는 비용과 시일이 많이 소요되는 조종사 양성과정의 특수성, 해당 학과 학생들이 졸업 후 진출하는 군 조종 장교의 임관 나이제한 및 민간항공사에서의 입사 후 기장 승격까지의 긴 복무기간, 중도 탈락하는 학생들의 나이가 고령일 경우 예상되는 진로선택의 어려움 등 때문이라고 주장했다.

조사결과, 위원회는 학생들이 해당 학과 입학 후 타과로 전과하기도 하고 해당 학과의 졸업생들이 군 조종사 및 민간항공사로만 진출하는 것은 아니고, 민간항공사조차 조종사를 채용할 때 해당 학과의 나이제한 기준과 연동하여 나이제한을 하지 않으며, 해당 학과에 입학하려고 하는 수험생을 능력 이외의 요건으로 제한하는 것은 헌법상의 균등한 교육을 받을 권리의 측면에서 비례의 원칙을 벗어났고 피진정인이 학생선발권을 행사함에서 재량의 범위를 일탈했다고 판단했다.

이에 위원회는 이 사건의 진정 내용이 평등권 침해의 차별행위에 해당한다고 판단하고, 대학 측에 항공운항학과 신입생 모집 응시자격을 나이에 의해 제한하지 않도록 개선할 것을 권고했다.

4) 프로 입문 골프대회 참가자 나이제한으로 인한 차별

진정인 유모 씨는 “한국○○협회가 프로 입문에 필요한 대회인 퀄러파잉스쿨과 프론티어 투어 참가자격을 만 50세 미만으로 제한하여 프로 진입이 불가능하게 하는 것은 나이를 이유로 한 차별이므로 시정을 원한다"고 진정을 제기했다.

이에 대해 협회 측은 대회 참가가능 나이를 50세 미만으로 제한한 것은 첫째, 과거 테스트 기록에서 50세 이상의 선수가 응시·통과한 사례가 극히 드물다는 점, 둘째, 대회 참가비용이 커서 프로무대에서 상위권의 성적을 거두지 못하면 생계에도 지장을 줄 수 있어 회원 선발에 신중해야 한다는 점, 셋째, 프로경기는 일정 수준 이상의 기술과 더불어 상당한 체력과 지구력이 요구되는데 만 50세 이상의 선수에게는 무리가 따르고 골프경기의 특성상 다른 선수들의 플레이에 피해를 줄 수 있다는 점 때문이라고 주장했다.

조사결과, 위원회는 평균수명의 급격한 상승 및 의료·보건 인프라의 선진화로 인해 나이와 체력 혹은 나이와 경기력 간의 상관관계가 모호해지고 있음을 고려할 때 현재의 나이제한이 합리적이라고 보기 어렵고, 생계 위협의 위험은 당사자인 참가자 본인이 부담하여야 할 개인적 문제일 뿐 자격제한의 이유가 될 수 없다고 보았다. 또한 위원회는 경기력이 낮은 선수들의 경우 경기 진행속도를 저하시킴으로써 타 선수들이 제 실력을 발휘하지 못하게 하는 부정적 영향을 줄 수 있다는 점은 인정할 수 있지만, 그러한 부정적 영향이 우려된다면 공인 최저타수 등을 제출하게 하는 등 경기력을 직접적으로 측정할 수 있는 다른 방식을 도입하여 대회 참가자들의 경기력 평준화를 시도해야지 나이를 기준으로 판단하는 것은 합리적이지 않다고 보았다.

이에 위원회는 한국○○협회에 대해 50세 이상인 자가 퀄러파잉스쿨 및 프론티어 투어에 참가할 수 있도록 관련 규정을 개정할 것을 권고했다.

10. 출신국가를 이유로 한 차별행위 조사·구제

출신국가를 이유로 한 차별행위는 고용을 포함한 여러 사회생활의 영역에서 합리적 이유 없이 출신국가를 이유로 특정한 사람 또는 특정한 사람들의 집단을 우대·배제·구별하거나 불리하게 대우하는 행위를 의미한다. 이때 '출신국가'는 과거의 국적, 즉 우리나라 국민이 되기 이전의 국적뿐만 아니라 경우에 따라서는 현재의 국적도 포함된다. 예를 들면 혼인이나 귀화를 통해 우리나라 국민이 된 자를 과거의 특정 국적을 이유로 합리적 이유 없이 불리하게 대우하는 것도 출신국가를 이유로 한 차별이고, 특정한 기본권의 영역에서 외국 국적을 가진 자를 내국인에 비해서 또는 다른 외국 국적을 가진 자에 비해서 합리적 이유 없이 불리하게 대우하는 것도 출신국가를 이유로 한 차별이 될 수 있다.

1) 인종을 이유로 한 레스토랑 출입 거부

○○○○인인 피해자들은, 이태원동 소재 ○○레스토랑에 들어가 음식을 주문하자 레스토랑 직원이 피해자들의 신분증을 요구하고 이를 확인한 후 특정대륙인은 받지 않는다고 말하였으며 이에 피해자들이 흑인이라고 그러는 것이냐고 묻자 그렇다고 답하였는데 이처럼 흑인이라는 이유로 레스토랑 이용을 거부한 것은 인종차별이라는 진정을 제기했다.

이에 대해 레스토랑 측은 최근 레스토랑에서 ○○○○인들과 직원과의 마찰이 있어 모든 외국인에 대하여 신분증 검사를 실시하고 있고, 영업상 손해를 준 일부의 사람들과 관련된 사람들에 대하여 출입을 제한하고 있을 뿐 국적 혹은 인종을 이유로 출입제한을 하는 것은 아니며, 피해자들이 들어왔을 때에도 이러한 식당의 입장을 설명하고 신분증을 제시할 것을 요구했으나, 진정인들이 이러한 요구를 거부하고 먼저 화를 내기 시작하면서 다툼이 시작됐다고 주장했다.

한편 다수의 참고인은 피해자들이 레스토랑 출입거부를 당했다고 주장하는 시기와 유사한 시기에 흑인이라는 이유로 혹은 ○○○○인이라는 이유로 레스토랑의 출입을 거부당했다고 진술했다.

조사결과, 위원회는 과거에 ○○○○인이 레스토랑에서 불미스러운 사고를 냈다는 이유만으로 다른 ○○○○인들의 출입을 제한하는 것은 ○○○○인 모두를 잠재적으로 사고를 일으킬 수 있는 자들로 보는 편견에 의한 것으로서 차별행위라고 판단했다. 따라서 위원회는 피진정인에게 향후 인종 또는 국적을 이유로 레스토랑 이용을 거부하는 행위가 재발하지 않도록 할 것을 권고했다.

11. 학력을 이유로 한 차별행위 조사·구제

학력을 이유로 한 차별행위는 고용을 포함한 여러 사회생활의 영역에서 합리적 이유 없이 학력을 이유로 특정한 사람 또는 특정한 사람들의 집단을 우대·배제·구별하거나 불리하게 대우하는 행위를 의미한다. 이때 '학력'(學歷)은 '졸업장이나 학위 등에 의해 표상되는 제도교육에서 일정한 교육과정을 이수한 이력'을 의미하는 것으로서, 이는 학습이나 경험을 통해 획득된 지적 능력이나 실력을 의미하는 학력(學力)과는 구분된다.

1) 공무원 특별채용시 학력차별

진정인 박모 씨는 ○○청이 제한경쟁 특별채용시험에서 식품직 7급의 경우 응시원서에 출신학교명을 기재하게 하고 응시자격을 석사학위 이상의 소지자로 제한한 것은 학력에 의한 차별이라는 진정을 제기했다.

이에 대해 ○○청은 "공무원 채용방식은 공개경쟁 채용방식과 자격증 또는 학력 등에 의한 제한경쟁 특별채용방식으로 나누어지는데 식품위생직, 약무직, 의료기술직, 연구직 등 전문 인력의 충원은 청 업무의 특수성 및 전문성을 확보하기 위하여 제한경쟁 특별채용 시험방식 중 학력제한경쟁 특별채용 시험방법을 채택한 것이다"라고 주장했다. 한편 중앙인사위원회는 "공무원 채용시험에서 학력차별을 금지하는 것이 일반 원칙이나, 〈공무원 임용령〉 제 16조 제 1항 제 10호에 의한 학력제한은 가능하다"고 주장했다.

그러나 위원회는 학력란에 학교명을 기재하도록 한다면 우리 사회의 채용관행상 특정학교에 대한 편견이 작용하게 될 우려가 크고, 학력란이 기대하는 목적을 넘어 대학교, 고등학교 등의 학교 이름을 기재하게 하는 것은 합리적 이유가 있다고 보기 어려우며, 해당 학력만이 식품직 직무수행에 불가결한 자격기준이라고 보기 어렵다고 보았다. 또한 위원회는, 국민고충처리위원회 등 6개의 국가기관의 경우 전문가를 특별채용하기 위하여 자격증 소지자, 연구·근무 경력자, 학위 소지자 등 복수의 응시자격을 두고 응시자가 선택할 수 있도록 하는데 이는 학력차별의 소지 없이 우수한 전문가를 공직에 입문시키려는 특별채용의 본래 목적을 충분히 달성한다고 보았다.

이에 위원회는 공무원 특별채용시 응시원서에 학교명을 기재토록 하거나 특별채용의 응시자격을 학력만으로 한정하는 것은 평등권 침해의 차별행위에 해당한다고 판단하여, ○○청장에게 공무원 특별채용시 학교명이 기재되지 않도록 응시원서를 개선하고, 학력만을 특별채용의 응시자격으로 한정하지 않도록 특별채용 기준을 개선할 것을 권고했고, 중앙인사위원회위원장에게 공무원 특별채용 임용요건 중 학력만으로도 특별채용이 가능하도록 규정한 공무원 임용령 관련조항을 개정할 것을 권고했다.

2) 외사요원 채용시 학력에 의한 응시자격 차별

전문대학에서 러시아어를 전공한 진정인 이모 씨는 ○○청이 외사요원 채용시 영어, 일본어, 프랑스어 등에 대해서는 4년제 대학 이상의 해당 학과를 졸업한 사람이나 해당 어학능력 자격증 소지자 등이 지원할 수 있도록 관련 법조항을 개정 조치하였으나 공인된 어학능력 자격증 제도가 없는 러시아어, 베트남어 등에 대해서는 4년제 대학 이상의 졸업자에 한해서만 응시자격을 부여하고 별도의 어학능력 자격증 제도를 마련하지 않음으로써 학력차별을 방치했다고 진정했다.

이에 대해 ○○청은 러시아어, 베트남어 등에 대한 자격시험 제도가 없고 또 해당 자격증의 대외 활용도도 낮을 것으로 판단하여 그 소지를 응시자격 요건에 포함시키지 않았고 대신 해당어권 거주 경력 또는 학력 등의 응시자격을 요구했다고 주장했다.

조사결과, 위원회는 관련법령은 외사요원 응시자격을 '외국어에 능통한 자'로 정하는데 외국어 능력은 학력에 따라 연동하여 그 능력이 향상된다고 볼 근거가 없고 외사요원의 직무수행에 필요한 어학능력을 습득할 시 반드시 4년제 대학과정을 이수하여야만 하는 것은 아니라고 판단했다. 또한 위원회는 공인된 자격증 제도가 없는 경우에도 필기시험 등을 통해 평가절차를 거칠 수 있음에도 해당 제도가 없다는 이유로 4년제 대학 졸업이라는 기준만을 자격요건으로 하는 것은 설득력이 떨어진다고 판단했고 피진정인도 이러한 부분을 인정하고 있음을 확인했다.

이에 위원회는 학사학위를 취득하지 못한 학력자들에게도 별도의 능력평가 방법을 도입하여 기회를 제공할 수 있음에도 그러한 기회조차 제공하지 않는 것은 불합리한 차별이라고 판단하고, ○○청장에게 경찰청 외사요원 채용시 어학능력에 관한 자격요건을 정함에서 러시아어, 베트남어 등 국내 공인된 자격증이 없는 분야에 대하여도 별도의 능력평가 절차를 도입하는 등 절차를 보완하여 4년제 대학 졸업자로 응시자격을 제한하지 않도록 시정할 것을 권고했다.

3) 항공사 국제선 승무원 모집시 학력차별

전문대학 졸업 학력자인 진정인 박모 씨 등은 "○○항공이 국내선 승무원의 응시자격을 2년제 대학 이상의 학력 소지자로 제한하면서 국제선 승무원의 경우 4년제 대학 이상의 학력 소지자로 제한한 것은 차별"이라며 진정을 제기했다.

이에 대해 ○○항공은 이러한 학력제한이 인건비 등 인력운영의 효율성 측면에서 기업에 불리할 수 있음에도 불구하고 타 항공사와의 차별화를 위해 회사가 채택한 인사전략이라고 주장하면서, 국내선 승무원과 국제선 승무원은 수행업무가 다르고 이에 필요한 외국어 능력, 대인관계 능력 등도 다르다고 주장했다. 한편 위원회 조사개시 후 ○○항공은 국내선 승무원으로 일정 기간 근무한 경력자를 국제선 승무원으로 전환하는 제도를 새로 도입했다고 밝혔다.

조사결과, 위원회는 ○○항공 승무원의 업무 매뉴얼인 '객실 승무원 업무교범'에서 승무원의 업무가 국내선과 국제선 노선으로 구분되지 않는다는 점을 발견했고, ○○항공의 승무원 채용공고에서도 국제선과 국내선 승무원 모두 기내안전 및 대고객 서비스 업무를 담당하는 것으로 기술되었는데, 다만 서비스 절차, 취항지 별 출입국 절차, 기내방송 등과 관련한 업무에서 두 승무원 그룹 간에 차이가 있는 것으로 볼 수는 있으나 그러한 차이가 학력요건에서 차이를 두어야 할 합리적 이유가 될 수 없다고 판단했다. 또한 위원회는, 현행 국제선 승무원 선발절차를 통해서도 외국어 능력, 체력, 수영 능력 등 업무수행에 필요한 기본적 능력과 개인의 적격여부를 판단하고 있으며, 선발 이후에는 인턴 승무원으로서 직무능력과 업무경험의 축적을 거쳐 정규 국제선 승무원으로 근무하게 하고 있어 4년제 대학 이상의 학력이 국제선 승무원 지원에 필수적 자격요건이라고 할 만한 합리적 이유가 없다고 판단했다. 나아가 위원회는, 국제선 승무원의 응시자격을 4년제 대학 이상 학력 소지자로 제한함으로써 피진정인에게 경영상 어떠한 이득이 있었는지에 대한 구체적 설명이 없고, 오히려 피진정인 스스로 이러한 학력제한이 인건비 등 인력운영의 효율성 측면에서 기업에 불리할 수 있다는 점을 인정하는 등 피진정인이 주장하는 경영상 전략의 실체가 모호하고 근거가 부족한 것으로 판단했다.

한편 위원회는 피진정인이 최근 도입한 전환제도는 직무전환에 필요한 국내선 승무원 근무경력 기간과 세부절차 등이 확정되지 않은 상황이며, 그러한 전환제도가 정착된다 하더라도 처음부터 국제선 승무원으로 입직할 기회에서 차별이 해소된 것은 아니라고 보았다.

이에 위원회는 ○○항공이 국제선 승무원 모집에서 4년제 대학 이상의 학력 소지자로 응시자격을 제한한 것은 합리적 이유 없이 해당 학력을 소지하지 못한 응시 희망자를 차별하는 행위라고 판단하여 ○○항공에 채용제도를 개선할 것을 권고했다.

12. 사회적 신분을 이유로 한 차별행위 조사·구제

사회적 신분을 이유로 한 차별행위는 고용을 포함한 여러 사회생활의 영역에서 합리적 이유 없이 사회적 신분을 이유로 특정한 사람 또는 특정한 사람들의 집단을 우대·배제·구별하거나 불리하게 대우하는 행위를 의미한다. 이때 '사회적 신분'은 한 개인이 '사회에서 장기간 점하는 지위로서 일정한 '등급적' 사회적 평가를 수반'하는 지위를 의미하는바, 이는 선천적 신분은 물론 후천적으로 취득된 신분도 사회적 신분에 포함됨을 의미한다. 여기서 '장기간 점'한다는 것은 해당 지위가 하나의 표식처럼 그 점유자를 오랫동안 따라다닌다는 의미 이외에 낮은 등급의 사회적 평가를 받는 지위를 점한 자가 그 지위로부터 벗어나기가 일정 정도 어렵다는 의미도 포함한다.

1) 사내 교육에서 비정규직 직원의 배제

한국○○○원의 비정규직 상담원인 박모 씨는 "직원들을 대상으로 한 2007년 전반기 온라인 교육을 수강하려고 하였으나 ○○○원이 정규직이 아니라는 이유로 수강하지 못하게 했는데 이는 비정규직에 대한 차별이다"라는 내용의 진정을 제기했다.

이에 대해 ○○○원은 "상담원은 직제상 정원에 포함되지 않은 인력으로 소비자 상담업무를 위해 고용된 계약기간 1년의 기간제 근로자로서 상담원의 업무는 해당분야에 대한 상담제공에 국한되고 다른 업무를 담당할 가능성이 전혀 없으므로 상담업무의 능력향상과 관계가 없는 정규직 대상 온라인 교육에서 배제됐다고 하여 이를 차별이라고 볼 수는 없다"고 주장했다.

위원회 조사결과, 상담원의 상담내용은 일반 소비생활 분야는 물론 전문 서비스 분야에 이르기까지 광범위한 분야를 망라하였고, 상담원의 신분이 직제상 정원에 포함되지 않은 1년 계약직이라고는 하나 계약기간을 계속 연장하여 4년 이상 근무해 온 상담원이 66.7%였고 10년 이상을 근무한 상담원도 있음이 확인됐다. 또한 직원 대상 온라인 교육과정은 경영일반, 직무능력, 정보기술 등 직장인에게 필요한 다양한 내용의 교양적 성격을 띠고 있어서 정규직만 수강해야 할 특별한 이유를 찾아보기 어려웠고, ○○○원의 〈교육훈련 규정〉에서도 훈련교육 대상의 범위를 정규직과 비정규직으로 구분하고 있지 않음이 확인됐다. 따라서 위원회는 반드시 교육대상 직원의 범위가 정규직에만 한정된 것이라고도 볼 수 없었다. 나아가 위원회는 ○○○원의 상담원 21명이 최대 두 과목의 온라인 교육을 수강할 경우 그 비용이 연간 300만원 내외로 ○○○원이 수인할 수 없는 과도한 비용부담으로 보기도 어렵다고 판단했다.

이에 위원회는 비정규직 상담원들에게 온라인 교육과정을 수강하지 못하도록 한 것은 비정규직을 이유로 한 불합리한 차별행위라고 판단하여 한국○○○원장에 대해 온라인 교육에서 비정규직 상담원들이 배제되지 않도록 할 것을 권고했다.

2) 단체협약 및 근로조건에서 비정규직 차별

박모 씨 외 312명은 ○○데이콤에 근무하는 비정규직 근로자이자 노동조합원으로서 회사 측이 계약직이라는 이유로 자신들에게 조합원의 범위 규정, 근무시간 중 조합 활동 규정, 조합전임자 규정 및 조합원 교육시간 규정 등 노동조합 활동과 관련한 일부 규정을 적용하지 않고 있고, 업무평가 결과에 근거한 임금인상률 및 해고여부 결정시 정규직에 비해 계약직에게는 낮은 임금인상률을 적용하고 업무평가에서 'D'

등급을 받은 직원들 중 계약직만 해고하고, 가족수당, 월동보조비, 귀향지원비, 병가, 재해보상, 종합건강진단, 휴직 및 휴직자에 대한 급여, 퇴직금 등 각종 수당 및 복리후생 제도를 지급 또는 적용할 때 정규직 조합원과 달리 계약직 조합원들을 배제하거나 달리 대우하며, 계약직의 직무를 6개 등급으로 나누고 등급별 최대 상한연봉을 정하여 계약직의 경우 아무리 평가를 잘 받고 장기근속하여도 최대연봉 이상으로 임금이 인상되지 않는다고 진정을 제기했다.

이에 대해 회사 측은 기존 단체협약은 정규직 조합원에게만 적용되어오던 것으로 나중에 노동조합에 가입한 계약직 조합원에 대해서는 추가로 특별단체교섭을 하여 단체협약을 체결하기로 했고, 추가 단체교섭을 진행하여 '2007년 계약직 단체협약 노사합의서'를 체결함에 따라 근무시간 중 조합활동 규정을 포함하여 진정 내용의 상당부분이 해소되었으며, 가족수당 등 수용되지 않은 나머지 부분과 관련해서는 해당수당 등은 계약직과 정규직 간의 고용형태와 근무내용 및 근속기간의 차이에 따라 다르게 지급되는 것으로서 그 합리적 이유가 있다고 주장했다.

위원회 조사결과, 회사 측은 진정내용 중 일부를 시정하기는 했지만 조합원의 범위 규정, 조합원 교육시간 규정 등의 노동조합 활동 관련 규정 등을 계약직 직원들에게는 적용하지 않거나 달리 적용했고, 가족수당을 포함하여 각종 수당도 정규직에 비해 계약직 직원들에게 미지급하거나 적게 지급하는 것이 확인됐다.

위원회는 정규직 조합원과 달리 계약직 조합원에게 단체협약의 조합전임자 규정을 적용하지 않고 조합원 교육시간을 합리적 이유 없이 적게 부여하는 것은 차별행위라고 판단하여 회사 측에 대해서 계약직 조합원에게도 단체협약의 노동조합 활동 규정을 보장할 것을 권고했다. 또한 위원회는 계약직 조합원에게도 가족수당, 병가, 종합건강진단,

본인 장례비를 지급하고, 장기근속휴가 기준을 충족시키는 계약직 조합원에게 해당 휴가를 실시해야 하며, 월동보조비 및 귀향지원비를 지급함에서 계약직 조합원을 달리 대우하지 말 것을 회사 측에 권고했다.

13. 종교를 이유로 한 차별행위 조사·구제

종교를 이유로 한 차별행위는 고용을 포함한 여러 사회생활의 영역에서 합리적 이유 없이 특정 종교를 믿거나 또는 믿지 않는 이유로 특정한 사람 또는 특정한 사람들의 집단을 우대·배제·구별하거나 불리하게 대우하는 행위를 의미한다. '종교'는 "기존의 확립된 종교만이 아니라 신흥종교, 무종교까지 포괄하는 광의의 개념으로 이해되어야 한다." 한편 특정 종교를 믿거나 믿지 않는다는 것은 종교적 또는 무종교적 신념이 일정 정도 진지해야 함을 전제로 한다.

1) ○○대학교 교수 채용시 종교를 이유로 한 차별

○○대학교 해직 교수인 조모 씨는 ○○대학교가 교수 채용시 응시자격을 특정 종교인으로 제한하여 실력 있는 다른 지원자들의 진출기회를 박탈하는 것은 종교를 이유로 한 차별이라고 진정을 제기했다.

이에 대해 피진정기관인 ○○대학교 측은 사립대학은 설립자의 특별한 설립이념을 구현하기 위하여 독자적 교육방침에 따라 교육을 실시할 수 있어야 하고, 이러한 설립이념에 부합하는 교원을 임용하는 것은 대학의 존재목적 달성을 위하여 필요한 것으로, ○○대학교 역시 정관의 설립목적에 부합하는 자를 교수로 채용할 수 있다고 주장했다.

조사결과, 위원회는 학교법인 ○○학원의 정관상의 설립목적이 '국가사회 발전에 공헌하는 ○○교 지도자를 양성'하는 것이고, 교수채용 공고문상의 응모자격은 '○○교 정신을 구현하고 지도할 수 있는 자'이며, 지원서는 세례 유무, 세례연도, 신앙 관련 추천인 3인의 연락처, 신앙관이 포함된 자기소개서 등을 요구하며, ○○대학교 전임 및 비전임 교원 178명 중 ○○교인이 177명임을 확인하였고, 이러한 점에 비추어볼 때 대학교 측이 실질적으로 지원자를 ○○교인으로 제한하였고 ○○교인인지 여부에 따라 채용여부를 결정했다고 판단했다.

위원회는, 특정 종교 전파의 목적을 가진 집단이나 개인이 설립한 대학의 교육현장에서 해당 종교의 정신을 가진 사람들을 육성하는 것은 종교의 자유를 실현하는 한 방법으로 허용되며 이를 위해 대학의 건학이념에 부응하는 자를 교원으로 임용하는 것도 인정되나, 종교의 자유 및 대학의 자율성은 타인의 기본권을 해하지 않는 범위 내에서 행사되어야 한다고 보았고, 지원자를 ○○교인으로 제한하고 ○○교인인지에 따라 채용여부를 결정한 것이 차별인지 판단하기 위해서는 고등교육기관으로서의 공공성 및 ○○대학교의 설립목적, 교과목 등의 종교성 정도에 입각하여 ○○교인이어야 함이 해당 교수직위를 위한 자격요건이 되는지를 검토해야 한다고 보았다.

위원회는 ○○대학교의 교과과정을 검토해볼 때 12개 학부의 교과과정 중 1개 학부를 제외한 11개 학부는 ○○교 교리와 쉽게 연관되지 않는 일반 교과과정을 교육하는바, 고등교육기관으로서의 공공성 및 교과과정의 내용을 고려하지 않은 채 모든 교수직 채용에서 일률적으로 특정 종교인인지를 실질적 채용요건으로 삼는 것은 타당하다고 보기 어려우며, 모든 학부 교수에 대해 특정 종교인 여부가 필수적 직업자격에 해당한다고 보기 어렵다고 판단했다.

이에 위원회는 ○○대학교에 대해 교수 채용시 응시자격을 실질적으로 특정 종교인으로 제한하는 관행을 시정할 것을 권고했다.

14. 기타 이유로 인한 차별행위 조사·구제

기타를 이유로 한 차별행위는 고용을 포함한 여러 사회생활의 영역에서 합리적 이유 없이 〈국가인권위원회법〉에 명기된 19개의 차별사유 이외의 다른 이유로 특정한 사람 또는 특정한 사람들의 집단을 우대·배제·구별하거나 불리하게 대우하는 행위를 의미한다. 이때 '기타'차별 사유는 〈국가인권위원회법〉에 명기된 19개의 차별사유와 공통된 특질을 가지는 것이어야 하는바, 그 특질은 그 사유로서 구분되는 비교집단이 특정될 수 있어야 하고, 비교집단 간의 구분이 단순히 개인의 선택에 의한 것이 아닌 사회적 힘에 의한 것이며, 해당 구분이 우리 사회에 부정적 영향을 끼칠 가능성이 있는 것이어야 한다.

1) 재개발지역 거주 여부에 의한 조합임원 출마자격 차별

본 사건 피해자인 백모 씨는 진정인의 아내로 ○○ 제 ○구역 주택재개발정비사업 시행구역 안에 상가 건축물을 소유하고 있으나 그 구역에 거주하지는 않았는데, 제 ○구역 주택재개발정비 사업조합 정관에서 조합인가일 현재 1년 이상 사업시행구역 안에 거주하지 않으면 조합장 등 조합임원 출마자격을 제한하는 것은 거주를 이유로 한 차별이라고 진정을 제기했다.

이에 대해 피진정인인 해당조합 측은 문제가 된 정관의 규정은 건설교통부가 발표한 표준정관을 참조하여 만들어진 것이라고 주장했고, 또 다른 피진정인인 건설교통부는 표준정관에서 재개발 지역의 조합임원의 자격을 당해지역 거주자로 제한한 것은 당해지역의 실정을 잘 아는 사람에게 임원자격을 주는 것이 옳다는 의견을 참고한 것이고 표준정관은 하나의 예시일 뿐 법적 구속력은 없다고 주장했다.

조사결과, 위원회는 당해 지역에 거주하지 않는 임대사업자라 하더라도 그 지역의 교통, 행정, 부동산 시세 등에 항상 관심을 기울이고 관련정보도 많이 갖고 있는 것이 일반적이라 할 수 있기 때문에 당해 지역에 거주하지 않은 자보다 거주한 자가 그 지역 실정을 더 잘 안다는 이유로 거주하지 않는 자에게 조합임원 자격을 주지 않는 것은 적절치 못하며, 비록 지역 거주민들의 이해관계를 대변하고 조정하는 역할을 수행하는 데 있어 오래 거주한 자가 적임자일 가능성이 크다 하더라도 그 적임자를 비거주자의 출마제한으로 미리 선별해내기보다는 일단 비거주자에게도 출마자격을 부여하면서 조합원들의 의사결정을 통하여 적임자를 선출하는 것이 타당하다고 판단했다.

이에 위원회는 당해지역에 거주하지 않는 임대사업자가 그 지역 실정을 잘 알지 못할 것이라고 예단하여 그들에게 조합임원 출마자격을 주지 않는 것은 합리적이지 못한 차별이라고 판단하여 제 ○구역 주택재개발정비 사업조합장에 대해 해당 정관규정의 개정을 권고했고, 건설교통부장관에 대해서는 비록 표준정관이 법적 구속력이 없어도 각 지역의 주택재개발사업조합들의 정관에 상당한 영향을 미치고 있으므로 표준정관의 해당 규정을 고칠 것을 권고했다.

■ 해외인권단체 웹사이트

국제인권단체

1. Amnesty International (AI)/London/http://www.amnesty.org
2. Association for the Prevention of Torture (APT) / Geneva /http://www.apt.ch
3. Coalition for the International Criminal Court (CICC) / New York

/http://www.iccnow.org
4. Conference of NGOs in Consultative Relationship with the UN (CONGO)/http://www.ngocongo.org
5. Geneva for Human Rights/Geneva/http://www.gdh-ghr.org
6. International Commission of Jurists (ICJ) / Geneva /http://www.icj.org
7. International Council for Human Rights Policy (ICHRP)/Geneva / http://www.ichrp.org
8. International Movement Against Discrimination and Racism (IMADR)/Tokyo, Geneva/http://www.imadr.org
9. International Service for Human Rights (ISHR)/Geneva / http://www.ishr.ch
10. Pax Romana/Geneva/http://www.paxromana.org

지역인권단체

1. Arab Organization for Human Rights (AOHR)/Cairo/http://aohr.org
2. Asia Pacific Human Rights Network (APHRN)/New Delhi /http://www.aphrn.org
3. Asia Pacific Women in Law and Development (APWLD) / Chiangmai/http://www.apwld.org
4. Asian Center for Human Rights (ACHR)/New Delhi /http://www.achrweb.org
5. Asian Forum for Human Rights and Development (Forum-Asia) /Bangkok/http://www.forumasia.org
6. Asian Human Rights Commission (AHRC)/Hong Kong /http://www.ahrchk.net
7. CARAM Asia/Kuala Lumpur/http://www.caramasia.org
8. Inter-African Committee on Traditional Practices (IAC) /Addis Ababa, Geneva/http://www.iac-ciaf.ch
9. Migrant Forum in Asia (MFA)/Manila/http://www.mfasia.org

아시아 소재 인권단체

1. Afghan NGOs Coordination Bureau (ANCB)/Afghanistan /http://www.ancb.org
2. Center for Conflict Resolution/South Africa /http://ccrweb.ccr.uct.ac.za
3. China Society for Human Rights Studies/China /http://www.humanrights-china.org
4. Citizen's Constitutional Forum (CCF)/Fiji/ http://www.ccf.org.fj
5. ERA Consumer/Malaysia/http://www.eraconsumer.org
6. Foundation for Human Rights Initiative/Uganda /http://www.fhri.or.ug
7. Human Rights Working Group/Indonesia /http://www.indonesia-house.org
8. HuRights Osaka/Japan/http://www.hurights.or.jp
9. India Migrants Forum/India
10. Informal Sector Service Center (INSEC)/Nepal /http://www.insec.org.np
11. Initiatives for International Dialogue (IID)/Philippines /http://www.iidnet.org
12. Japanese Bar Association/Japan/http://www.nichibenren.or.jp
13. Literary Academy for Dalit of Nepal (LAD-Nepal)/Nepal
14. Taiwan Association for Human Rights (TAHR)/Taiwan /http://www.tahr.org.tw
15. Tanzania Human Rights Foundation (TAHURA)/Tanzania
16. Task Force Detainees Philippines (TFDP)/Philippines /http://www.tfdp.org
17. UN Associations of Burundi/Burundi/http://www.wfuna.org
18. Vietnamese Research Center for Human Rights (VRCHR)/Vietnam
19. International Youth Coordination Council-Nepal/Nepal

제7장

유럽통합의 역사적 기원

1. 전쟁의 폐허와 전후 복구

1945년 9월 독일 나치스 군이 동서 양쪽으로부터 연합군의 공격에 무릎을 꿇었다. 미군과 소련군은 엘베 강을 기준으로 독일을 점령하는 데 합의하였다. 이로써 유럽에서 두 번째 전면전은 끝나고 세계사는 깊이 단절되었다. 유럽은 전쟁을 일으켰고 전쟁 기간 동안 극심한 고통을 받았다. 2차 대전은 1차 대전보다 훨씬 큰 피해와 손실을 발생시킨 전쟁이었다.

2차 대전에서 약 5천 5백만 명이라는 과거에 볼 수 없었던 많은 사람이 희생되었다. 소련에서는 사망한 2천만 명 중 거의 절반이 민간인으로 가장 많은 피해가 있었다. 폴란드에서는 전 인구의 약 20%인 약 5백만 명이 사망하였고 그 중 거의 절반은 유대인이었다. 1939년 전 세계에서 가장 많은 유대인이 살았던 곳이 바로 폴란드였다. 중국은 약 1천 2백만 명이 희생되었으며 독일은 정치가들의 살인적 광기로 8백만 명이 죽었다.

서유럽의 피해는 약간 적었으며 이는 1차 대전에서의 피해와 비슷한 수준이었다. 프랑스에서는 60만 명이 사망했고 그 중 35만 명이 민간인이었다. 전쟁은 민간인에게도 인정사정없었다. 폭격, 유형, 기아, 도망, 추방 등으로 많은 사람들이 고생했다. 전쟁 중 많은 인구가 폴란드, 소련, 그리고 독일군 점령지에서부터 이동했는데 전쟁이 끝났을 때 약 1천 2백만 명의 독일인들은 소련의 위협으로 살던 땅에서 추방당했고 250만 명이 도주했다.

융단폭격으로 인해 많은 도시들은 거의 잿더미로 변했다. 로테르담(Rotterdam), 바르샤바(Warsaw), 코번트리(Coventry), 런던(London), 랭스(Reims), 함부르크(Hamburg), 베를린(Berlin), 드레스덴(Dresden) 등이 완전히 폐허(*Null Stunde*)가 되어 모든 것이 정지된 상태였다.

독일은 폐허가 되었고 영토의 1/3을 상실했다. 전쟁이 끝난 후 생존이 문제가 되었는데 많은 남자들이 죽거나 포로로 있었기 때문에 여성들이 생존을 도맡았다. 주택의 18%가 소실되었고 29%가 파괴되었으며, 전기, 물 공급이 부족했고 교통체계가 무너졌다. 승전국들의 압수와 1,200만이 넘는 피난민과 추방인으로 주택 문제는 더욱 심각했으며 각 가정이 가족을 찾아야 했다. 식량, 의복, 연료 등이 배급되었으나 1946~47년에는 사태가 더욱 심각해졌다. 많은 사람들은 식량을 찾아 시골로 달려갔으며 물물교환이 이루어졌다. 이 가운데 음식물, 일용품 절도가 극성을 부렸다. 프랑스는 20채 중 한 채씩의 가옥이 파괴되었고 소련 지역은 마치 사막과 같았다.

전쟁은 유럽경제의 잠재력을 최소한 50% 감소시켰고 동시에 통화를 완전히 교란시켰다. 인플레의 위협이 존재했고 더 이상의 금보유도 없었다. 유럽의 전통적 통상체제가 완전히 무너졌다. 전쟁범죄, 인간성에 대한 범죄가 만연했는데 전쟁 중에 저질러진 악행은 인간의 야만성을 적나라하게 보여주었다. 1939년 동유럽의 카틴(Katyn) 숲에서 포로로 잡힌 1천 명의 폴란드 군인들은 소련의 처형팀에 의해 총살되었다. 독-소 전쟁에서도 민간인과 포로의 구별은 없었고 연민이나 자비심은 없었다.

체코슬로바키아의 리디시(Lidici)를 비롯해 프랑스의 오라두르쉬르

글란(Oradour-sur-Glane), 제암리 미군폭격 등 도처에서 점령군들에 의해 포로 학살이 닥치는 대로 자행되었고 민간인 역시 예외가 없었으며 어떤 곳에서는 마을 전체가 흔적도 없이 사라졌다. 나치스와 그 동조자들은 저항세력들을 무자비하게 참살했고 조직적 고문, 대중학살이 행해졌다.

인간성에 대한 이와 같은 범죄는 오늘날까지 유럽에 깊은 상처를 남겼다. 나치스의 이름으로 제3제국이 '하위인간'으로 간주한 슬라브족 포로, 집시, 유대인들 약 1천만 명이 죽음의 수용소에서 생을 마쳤다. 집시나 유대인들은 생체실험의 피실험자로 실험용 토끼같이 취급되기도 했다. 대량학살을 위한 기구가 있었으며 전 유럽의 600만 유대인들은 추방되고 조직적으로 말살되었다. 이와 같은 타격을 받고 유럽의 유대인 문화는 더 이상 회복되지 못했다.

이 같은 엄청난 비극은 역사에서 처음이었으며 책임을 져야 하는 일이었다. 미국, 소련, 영국, 프랑스 승전국들의 대표들은 국제 재판소를 뉘른베르크(Nuernberg)에서 열어 히틀러 충신 12명은 사형을 언도받았다. 그 외 수많은 사람들이 감옥에 들어갔으며 인간성에 대한 범죄는 시효가 없다고 선포되었다. 또한 붉은 군대의 위협으로부터 또는 신생국가의 이주정책으로 조직적으로 수백만 명이 추방당했다. 1천만 명의 독일인, 헝가리인, 타타르 인이나 체첸인 등 스탈린으로부터 나치스 독일에 동조했다고 고발된 소련 내의 소수 민족들은 응징을 받았다.

독일에 대한 증오는 증폭되었다. 많은 사상자와 피해를 입은 나라일수록 독일을 더욱 증오하였으며 독일인에 대한 부정적 인상이 형성되었다. 독일이 점령하는 동안 나치스에 동조했던 동족에 대한 나치스 저항세력들의 증오심이 커졌으며 냉전이 시작되면서 이러한 대립은 많이 줄어들었다. 전쟁의 충격은 엄청나서 유럽은 50년간 더 이상 전쟁이 없는 냉전을 시작하였다. 대신 정반대에 있는 한반도에서 한국전쟁이 열전의 형태로 터졌다.

1941년 루스벨트(Roosevelt)와 처칠(Churchill)은 대서양헌장(Atlantic Charter)으로 미래의 평화질서를 구상했다. 1945년 전 세계의 평화, 자유, 평등 유지를 위해 유엔이 설립되었다. 그러나 세계는 오랫동안 화해할 수 없는 두 진영으로 분리되었고 유엔 활동은 매번 봉쇄되었다. 안전보장이사회는 여전히 강대국이 지배했고 더 많은 국가들이 독립해서 회원국이 되면서 총회의 중요성이 커지게 되었다. 유엔군이 전쟁이나 내란에 투입되었다.

전쟁이 유럽을 폐허와 허탈로 몰아넣었지만 유럽은 다시 일어서야 했다. 1947년 이후 유럽은 두 진영으로 나뉘어졌다. 미국 영도 하의 서유럽과 소련 통제 하의 동유럽이 그것이었다. 양 진영에서는 정반대의 조건 하에서 재건을 진행했다. 이 시기의 전형은 냉전의 차가운 입김이 강하게 불었다는 점이다. 소련이 핵폭탄을 가지게 되면서 유럽에서 냉전은 무기 경쟁으로 전개되었지만, 기본적으로 체제 우월감을 과시하는 경제성장 경쟁이 본격화되었다. 그것은 전후 복구사업의 형태로 시작되었다.

1946년 미국 외무장관 마셜(George Marshall)은 유럽경제 재건을 위해 4년간의 광범위한 원조프로그램을 제안했다. 마셜은 공산주의와 경제적, 사회적 긴장에서 이득을 보고 서유럽에 공산주의가 확산되는 것을 막으려 했다. 또한 중앙유럽의 경제통합이 새로운 전쟁을 막고 미국경제는 자연스럽게 시장을 확보할 수 있다고 보았다. 서유럽 국가들이 원조금을 수용하는 것을 결정했을 때 그러한 결정은 시장경제주의 원칙 위에서의 재건을 의미했다. 마셜 플랜(Marshall plan)의 원조를 받는 서유럽 국가들에서는 공산주의 성향의 정부 인사들이 모두 제거되었다.

1947년 트루먼 독트린(Truman Doctrine)을 발표했다. 공산침략의 대상이 되는 국가를 군사적, 경제적으로 원조하겠다고 천명하였다. 1949년 소련의 지원 하에 동독이 성립되자 서부유럽 국가들은 미국의 군사적 보호를 요청하여 영국, 프랑스, 베네룩스 3국은 워싱턴에서 북대서양조약(NATO: North Atlantic Treaty Organization)을 체결했다. 그 후 포르투갈, 스페인, 아일랜드, 노르웨이, 덴마크, 캐나다가 미국의 영도 하에 이들과 군사동맹을 맺었고, 1952년 터키가 가입, 1955년 서독이 가입했다.

2. 유럽 식민제국의 종결

2차 세계대전은 유럽에 전쟁의 비극을 값비싸게 가르쳐준 동시에 유럽의 강대국들이 누려온 식민제국을 종식시키는 데 기여하였다. 2차 대전은 유럽 주요 국가들과 식민지 간의 관계를 크게 바꿨다. 미국과 소련은 유럽 식민제국에 대해 근본적 이유에서 유보적 입장이었다. 소련은 서유럽의 세력기반을 무너뜨리기 위해 민족 해방을 선전했다. 미국 자체도 영국 모국으로부터 떨어져 나온 국가였기에 탈식민지화를 지지했다. 이러한 감정적 이유에다 유럽을 희생양으로 세계에서 자신들의 이해관계를 확대하고자 했다.

라틴아메리카 나라들은 19세기에 정치적 독립을 위해 싸웠던 반면 아프리카, 아시아 나라들은 20세기 중반까지 유럽의 식민지로 착취당했다. 오늘날까지도 식민지 종속의 결과로 고생하고 가난한 저개발 국가들로 남은 국가들도 있다.

2차 대전 종결 때 영국과 프랑스 두 나라만이 아프리카의 3/4를 통치하고 있었다. 이집트, 에티오피아, 라이베리아, 남아프리카만이 이 시기 유일한 독립국이었다. 탈식민지화는 1945~1960년 초에 본격적으로 이루어졌다. 중동에서 남동아시아까지 해방의 물결이 일었다. 그 후 아프리카에서는 1980년 초까지 진행되었다. 영국은 식민지의 독립을 인정하고 영연방(Commonwealth)을 구성하여 긴밀한 관계를 추구했다. 프랑스는 유혈투쟁 후 1962년 알제리를 포기했다. 포르투갈 식민지, 앙골라(Angola), 모잠비크(Mozambique)는 오랜 투쟁 끝에 1975년 독립했다. 1990년 나미비아(Namibia)가 최후로 독립했다. 남아프리카공화국은 백인 소수정부가 인종분리정책(*Apartheid*)을 계속했기 때문에 1989년 인종분리정책을 완화하는 최초의 개혁조치를 취한 이후 폭력상황 속에서도 권력이양 협상을 벌여 1994년 마침내 4월 전 국민의 자유선거로 넬슨 만델라(Nelson Mandela)가 최초의 흑인대통령이 되었다.

대부분의 아프리카 국가들은 아무 준비 없이 독립국가가 되었기에 처음부터 어려움에 직면했다. 경제, 행정 전문가의 부족, 교육, 의료체계의 미비, 무능력한 정치가 등의 문제가 존재했고, 국경선은 식민세력들이 부족들이나 언어 같은 문제를 고려하지 않고 자의로 그어 놓아 분쟁이 계속되었다. 민중들의 새로운 체제에 대한 거부 또는 몰이해로 대부분 나라에서는 내전, 종족간의 싸움, 부패한 정권의 가족주의적 국가경영이 이루어졌다. 산업건설을 위한 자본이 부족했고 원자재와 농산품 위주의 수출은 세계시장에 종속되는 결과를 낳았으며, 많은 지역에는 자연재원이 고갈되고 파괴되었다. 인구의 급격한 증가, 식량 부족, 더운 기후, 내전 피난민의 비극이 계속되었다.

오스만 제국의 몰락 후 아랍 국가들은 영국, 프랑스의 세력 하에 있게 되었다. 식민세력이 떠난 후에도 정치적, 종교적 문제로 계속 분쟁지역이었으며 게다가 이 지역의 풍부한 석유매장으로 국제위기의 중심이었다.

2차 대전 중 많은 유대인이 영국의 통제지역인 팔레스타인으로 이주했다. 1947년 유엔은 팔레스타인 지역을 유대인과 아랍인이 살도록 결의했고 유대인 측만 수용했다. 1948년 이스라엘이 건국되었는데 단기간에 경제적으로 흥성하여 아랍의 공세를 성공적으로 방어했다. 1949년까지 이스라엘은 80만 명의 팔레스타인인들을 추방했다. 1973년 130만 명이 피난민이었다. 미국의 지원을 받는 이스라엘은 아랍국가에 포위된 상황이었고 예루살렘은 성지가 있는 동부를 이스라엘이 차지하여 조직적 이주정책이 실시되었다. 1973년 이집트와 전쟁이 발발했다. 1979년 미국의 중재로 이집트와 평화조약을 맺었다. 그 후로도 긴장관계가 계속되었는데 이스라엘의 이주정책, 과격한 팔레스타인 해방군들의 테러로 화해는 어려웠다. 1993년 양측은 상호 인정하였고 팔레스타인인들은 가자지구와 예리코(Jericho)에서 일부 자치를 얻었다. 팔레스타인 해방기구와 근본주의자들의 대결이 일어났다.

영국이 중동지역에서 물러난 후 미국과 소련이 이 지역에서 이해관계를 좌우했다. 미국 유대인들은 이스라엘을 원조했고 미국 경제는 걸프(Gulf) 지역에서 오일안전을 요구했다. 미국은 아랍지역의 보수정권을 지지했고 소련은 무기원조, 경제원조로 영향력을 행사했다. 이집트가 중재 역할로 동, 서로부터 이득을 취했다. 그리스도교, 이슬람교들이 사는 레바논(Lebanon)은 오랜 내전으로 폐허가 되었고, 시리아도 팔레스타인 편, 이스라엘 편으로 갈렸다. 1981년 제 1차 걸프전쟁은 이란의 근본주의 그룹이 시작했다. 동, 서 세력은 세력균형을 유지하고 이슬람 근본주의자들을 약화시키기 위해 이라크를 지원했다. 제 2차 걸프전쟁(1991년)에서 유엔군이 미국의 지휘 아래 쿠웨이트를 침공한 이라크를 몰아냈고 중동의 상황은 계속 불안했다. 쿠르드족, 팔레스타인 피난민들의 물결은 여러 나라에서 종교적, 정치적 소수 그룹에 대한 억압을 더욱 첨예화시키는 계기가 되었고 가난한 사람들은 과격한 이슬람 물결에 점점 쏠리게 되었다.

인도에서도 간디(Mahatma Gandhi)의 지도하의 인도 민중들이 비폭력 저항으로 독자적 국가의 주권을 추구하자 영국은 재빨리 물러났다. 1945년 클레멘트 애틀리(Clement Attlee) 노동당정부는 인도에서 영국 식민제국은 단지 기억 속에 있다는 것을 깨달았다. 1947년 8월 15일 영국이 통치했던 인도에서는 두 독립국가, 인도와 파키스탄이 탄생했다.

동아시아 지역에서 일본이 점령한 유럽 식민지들도 유럽의 지배에서 해방되었다. 1946년 인도차이나에서 프랑스는 패배했고 호치민 휘하에 폭동이 일어나 민족주의적, 친 공산주의적 정권이 들어섰다. 중국 공산당이 지원했고 1949년 5월 프랑스는 철수했다. 1954년 7월 제네바 회담에서 동아시아에서의 프랑스의 세력은 막을 내렸다. 당시 캄보디아와 라오스는 공산국가, 남 베트남과 필리핀은 자유국가였다. 1956년 미국이 프랑스를 대신해서 질서를 유지하는 세력이 되었고 1970년대 중반까지 이 지역에 공산주의 전진을 막으려 시도했다. 인도네시아는 18세기부터 네덜란드가 지배했다. 이후 일본의 식민통치를 거쳐 1949년 네덜란드로부터 독립했다. 말레이시아에서 영국인들은 공산주의 폭동을 진압했으나 1957년 신생국가로 독립했다.

한편, 알제리 전쟁 중에도 유럽인들은 아프리카 대륙을 지배하려는 마지막 시도를 했으나 수에즈 위기에서 처음으로 2차 대전 후 새로운 국제질서가 제시되었다. 1956년 7월 26일 이집트의 나세르(Nasser, 1918~1970) 대통령은 영국, 프랑스의 수에즈 운하주식회사를 국유화 선언했다. 프랑스는 이집트가 알제리 폭도들을 적극 돕는 데 불만을 품고 영국에 이스라엘이 나세르에 대항하는 군사적 응징을 하라고 충동하여 이스라엘, 영국, 프랑스가 공격했고 군사작전에 성공했으며 국제적 압력이 가해졌다. 소련은 나세르 편이었고, 미국은 3개국에 강력 항의하며 철수를 요구했다. 수에즈 위기를 계기로 나세르는 아랍민족주의를 고양시켰고 아랍 국가들은 소련으로부터 대량의 무기를 제공받았다. 중동에서도 영국과 프랑스의 세력이 약화되고 대신 미국과 소련은 이 위기를 계기로 중동 사회에 강력하게 등장했다.

3. 냉전체제의 확립

2차 세계대전의 종식은 유럽, 나아가 세계에 평화를 가져다주었지만 그것은 이념적 대결과 군사적 긴장으로 불안정한 것이었다. 2차 대전 종결부터 1980년대 중반(1945~1985)까지 유럽은 두 개의 대립되는 세력이 경쟁하고 있었다. 자유민주주의, 자본주의적 시장경제를 추구하는 미국과 공산주의 소련의 이념적 대립이 있었으며, 실제 전쟁은 일어나지 않은 채 대립이 계속된 상황, 즉 냉전이 지속되었다.

새로 등장한 초강대국 미국과 소련이 헤게모니 쟁탈전을 벌였으며 무기경쟁과 계속적 전쟁위협이 존재하였다. 1944년부터 1948년까지 소련은 동부, 남부 유럽에 세력을 확대하였고 미국은 1947년 트루먼 독트린(Truman Doctrine)으로 소련의 영향을 몰아내려 했다. 양국은 가능한 한 많은 국가를 동맹국 또는 위성국으로 만들려 했으며 과거 유럽에 큰 역할을 했던 세력균형은 무너졌다. 기존구조의 몰락과 전쟁으로 인한 참담한 경제상황은 유럽을 이제 경제적, 정치적으로 의존케 했다.

승전국들 간의 동맹은 오래가지 못했고 몇 년 후 무너졌다. 유럽은 2차 대전 후 즉각 분명치 않으나 두 대륙으로 분할되었다. 서유럽 국가들에서도 히틀러 정권에 대항하는 저항운동에서 사회변화의 목표를 둔 프로젝트가 나타났다. 벨기에, 프랑스, 이탈리아, 영국에서는 좌파 정부가 정권을 잡는 한 소련에 유리했다. 많은 사람들은 나치스 정권에 대항하는 공동투쟁에서 나온 통일이 계속되리라 믿었고 특히 동유럽에서는 민주적 생활양식이 가능해 보였다.

1946년 유럽의 두 진영으로의 분리는 확정되지는 않았지만 새로운 초강대국 미소 양국의 압력은 유럽을 즉각 양국 세력에 종속케 했다. 과거 유럽의 지도적 산업국가인 독일, 프랑스, 이탈리아, 영국 등은 전쟁 후 독자적으로 경제재건을 할 수 없었다. 유럽대륙은 외부로부터 도움을 받았고 정치력, 경제력이 지속적으로 약화되었다. 프랑스, 영국만이 과거의 세력기반을 지킬 희망이 있었다. 얄타(Yalta), 포츠담(Potsdam) 회의장에 앉은 영국인은 미국의 지원자 역할, 미국과 소련이 주도했다. 국토가 파괴되지 않고 강력한 전시산업이 일어났던 미국은 루스벨트(Roosevelt)의 의지에 따라 새로운 세계질서의 지도자 역할을 준비했다. 얄타 회담에서 스탈린(Stalin)도 베를린 분할 등 전후 새로운 유럽 질서 수립에 동의했지만 소련은 동유럽에서 군사주둔을 분명하게 주장했고 동부 유럽을 세력권에 편입하여 서방세력과 완전히 동등한 위치에 서게 됐다.

1946년 처칠(Churchill)은 발트 해에서 트리에스테(Trieste)까지의 '철의 장막'(*Iron Curtain*)을 예견했다〔1946년 3월 5일 미국 미주리주 웨스트민스터(Westminster) 대학에서의 연설에서 "발트 해 연안 슈체친에서 아드리아 해 연안 트리에스테에 이르기까지 유럽대륙에는 철의 장막이 드리워진다"라고 했다〕. 유럽은 즉각적으로 두 강대국의 영향력에 맞춘 '이데올로기 카드'로 그려졌고 이러한 실질적 제압은 곧 법적 통치가 되었다. 1949년부터 소련도 원자무기를 소유했다. 전쟁이 날 경우 가공할 위험('공포의 세력균형')이 존재했다.

1946년 미국의 압력 하에 벨기에, 프랑스, 이탈리아 내각에서 공산주의 성향의 정부 인사들은 거의 동시에 제거되었다. 이는 마셜 플랜의 원조를 받는 서유럽국가들에서 가능했고 소련과 소련의 위성국들은 제외되었다. 그리스에서는 공산주의자들이 민족해방에 아주 강력히 참여했으나 전쟁 후 공산주의자들은 마르코스(Markos) 장군 휘하에서 권력을 강탈하여 1946~1949년 내란이 일어났다. 국왕에 충성하는 파파고(Papago) 장군의 정부군은 영국인들이 지지했다. 1947년 영국이 재정을 더 이상 조달할 수 없음을 선언하자 미국은 위험을 무릅쓰고 공산주의에 대항했다. 1947년 3월 12일 미국 트루먼 대통령은 그리스와 위협을 받고 있는 터키에 대해 '자유세계'에서의 미국의 지도력에 대한 선언서를 작성했다. 미국의 원조로 그리스의 빨치산 그룹은 패배했다. 트루먼 대통령은 세계는 자유주의와 전체주의의 선택의 기로에서 있다고 말했는데, 그것은 냉전의 본격적 시작을 예고한 것이었다.

체코의 경우는 터키와 정반대로 진행되었다. 1946년 자유선거에서 공산당이 승리했고 그 후 마셜 플랜을 수용하는 문제에서 연립정부는 혼란을 겪었다. 1949년 2월 25일 공산주의자들이 단독으로 정권을 잡았으며 5일 간의 위기 후 자유주의적인 베네시(Benes) 대통령은 공산주의자 고트발트(Gottwald)의 지휘 하에 새로운 내각을 수용했다. 장관 전부가 공산주의자들로 구성되었다. 1949년 3월 10일 외무장관 마사리크(Jan Masaryk)가 자살했다. 체코의 서부국경선은 폐쇄됐고 '프라하의 쿠데타'는 성공했다.

그럼에도 유럽의 미래를 결정하는 결정적 냉전에서 독일이 문제였다. 독일에서는 우선 탈나치스화 문제, 불분명한 국경선, 배상 문제 등 3D(무장해제(*Disarmament*), 비군사화(*Demilitarization*), 나치스의 해체 및 민주화(*Democratization*))가 큰 문제가 되었다. 처음 미국, 프랑스, 영국, 소련은 만났고 한 때 동맹국이었던 이들은 의견이 불일치하여 회담은 막다른 골목에 다다랐다. 소련은 국제적으로 통제받는 중앙집권적 국가로, 프랑스는 반대로 12지역으로 갈라진 국가로, 영국과 미국은 외무, 재무, 경제는 통일정부가 다루는 연방국가로 존재하게 하자고 서로 다른 주장을 했다. 1947년 1월 1일 미국, 영국 지역은 2국 공동통치지구(*Bizone*)로 결합했다. 세 지역은 각기 패전국의 미래를 나누어 취급했고 미국, 영국, 프랑스는 런던에서 회합 후 1948년 세 지역으로 합쳤다. 세 지역에서는 새로운 통화인 D-Mark가 통용되었다. 반작용으로 소련은 소련 점령지역을 독자적 통화를 가진 독자적 경제구역으로 선포하고 베를린 전체를 이러한 경제영역의 일부로 간주했다.

1948년 6월 12일 소련의 베를린 봉쇄가 시작되었다. 베를린으로 가는 도로 전부를 폐쇄했고 6월 23일 도시의 전기 공급을 중단하였으며 영국, 프랑스, 특히 미국 서방연합국은 공중다리(*Luftbruecke*) 설치로 대응했다. 1948년 6월 28일부터 1949년 5월 12일까지 380대의 비행기가 150만 톤의 생필품, 95%의 생필품을 항공으로 공급했다. 1949년 5월 소련은 봉쇄정책을 끝냈다. 1949년이 전환점(*turning point*)이었다. 1949년 5월 워싱턴조약 후 연합국 통제하의 독일연방공화국, 서독이 민주국가 형태를 의무화하며 탄생했다. 거의 비슷하게 같은 해 10월 7일 소련은 독일 민주주의공화국(DDR)을 공산주의 지도하에 선포함을 허용했다. 유럽대륙의 이러한 분할은 서부 유럽 국가들이 미국의 군사적 보호를 요청하는 계기가 되었다.

1947년 영국, 프랑스는 됭케르크(Dunkerque)조약, 베네룩스 3국은 브뤼셀(Brussels)조약으로 합해서 1949년 4월 4일 워싱턴에서 북대서양조약(NATO)이 체결되었다. 그 후 포르투갈, 스페인, 아이슬란드, 노르웨이, 덴마크, 캐나다가 미국의 영도 하에 이들과 군사동맹을 맺었고, 1952년 터키가 가입, 1955년 서독이 가입했다.

그러나 서방 자유진영 국가들은 독일문제에서 공동해결책을 마련치 못했다. 1950년 한국전쟁에 유엔이 개입했다. 미국은 독일 재무장을 주장해 서유럽이 위급할 때 독자적으로 방어토록 했다. 프랑스 수상이었고 외무장관이었던 플레뱅(Rene Pleven)의 제안으로 프랑스, 이탈리아, 베네룩스 3국, 독일군으로 구성된 공동의 유럽군대가 창설되었다. 이런 식으로 유럽방위공동체(EDC: European Defense Community)군은 독일에 속하지 않은 독일군을 이용할 수 있게 되었다. 유럽군 창설로 독일이 별도 군대를 보유하지 않고서도 방위력을 강화할 수 있게 하자는 것이다. 1952년 5월 27일 조약에 서명했다. 프랑스와 이탈리아의 공개적 반발로 EDC 프로젝트는 1954년 결국 단념되었다(NATO 회원국들은 동의, 미국도 찬성, 영국은 유럽대륙과 항구적으로 관련을 갖는 것을 꺼려해서 반대, 프랑스 여론 역시 미국 압력에 반발하며 유럽의 독자성을 강조, 1954년 의회가 부결).

1954년 10월 23일 서유럽연맹(WEU: West European Union)이 빛을 발하여 서독과 이탈리아가 브뤼셀(Brussels) 조약의 5개 참여국에 받아들여졌다. 서독은 다시 주권을 갖게 되고 재무장이 허용되었고 서유럽연맹은 허깨비가 되었다.

1955년 서독은 북대서양조약(NATO)에 가입했다. 1952년 그리스와 터키가 이미 가입을 천명했기에 15개 회원국이 되었다. 서독의 재무장은 1955년 5월 14일 소련 영도 하에 바르샤바조약을 성립시켰다. 유고를 포함한 사회주의 유럽국가들 전체가 바르샤바조약의 회원국이다.

유럽에서는 미국과 소련이 서로 상대방의 무력 개입을 꺼리는 일종의 세력 균형이 이루어졌다. 양국은 경제적, 기술적으로 경쟁했고 우주선, 로켓 기술을 개발했다. 상호 경쟁적 군비증강은 통제될 수 없을 정도였다. 1962년 핵전쟁이 일어날 수 있었던 쿠바 위기 후 두 강대국은 접근을 시도했다. 세계평화를 지키기 위한 제한된 협력을 추구했고 1963년 모스크바와 워싱턴 간에는 '핫라인'(*Hotline*)이 설치되어 위기상황에서 신속한 타협을 할 수 있게 하였다. 1963년 원자탄 실험중지를 약속했으나 양국의 대립이 해결된 것은 아니었다.

제 3세계 지역, 특히 베트남과 중동에서 미국과 소련의 상호 불신과 대치는 뚜렷하게 나타났다. 1970년대 초까지 무기제한에 대한 성공적인 협상은 미약했다. 1972년 전략무기제한협정(SALT I) 협상으로 양국은 핵무기의 균형에 합의하였다. 1979년 SALT II 협상결과는 소련의 아프가니스탄 침공으로 미국에서 비준되지 못했지만 양국은 무기제한을 지켰다.

유럽에서의 핵무기 우위로 소련은 1970년대 더 많은 로켓탄을 설치했고 NATO 역시 군비확장 속에서 군축협상을 추진했다. 미국과 소련의 무기개발 경쟁과 세계적 차원의 군사적 대립은 1985년 이래 고르바초프(Mikhail Gorbachev) 등장을 계기로 한 소련의 개혁정책으로 완화되어 갔다. 미국과 소련은 1991, 1993년 전략핵무기의 축소를 추구했으며 상호통제로 조약 이행을 조사토록 했다. 급기야 1990년 바르샤바조약은 동구의 민주화로 해체되었다. 소련도 여러 공화국으로 해체됨으로써 약 50년간의 동서 대립이 종결되었다. 세계정치의 세력이 변화했고 동유럽 국가들은 NATO에 가입하려 했다. 국제적으로 더 이상 양 강대국의 대립은 없어졌고 원자무기 건설에 반대하여 유럽은 정치적 협력을 강화했다.

4. 공산진영의 등장과 균열

소련은 자유진영 국가들과 연합군을 형성하여 나치스에 대항해서 공동으로 투쟁하였다. 그러나 소련의 대외정책은 동유럽 전체에 세력을 뻗치는 것을 목표로 했다. 1941년 독일공격의 경험으로 서쪽 경계에 안전띠로 사회주의 국가를 세우려 했다. 모스크바는 자본주의 세계를 근본적으로 적대하였다.

스탈린주의는 1930년대부터 사회를 급격히 계속해서 변혁시켰다. 문화는 신인간 육성, 스탈린 찬양, 반 스탈린노선 추방 등 3가지 목표를 이루는 것이었다. 스탈린주의의 '인간교육'이란 '신인간'을 만드는 것이다. 러시아 언어와 문화습득이 최우선이었고 예술, 문학, 과학은 새로운 주제를 연구하고 새로운 규범을 설정하였다. 미술에서도 '사회주의 · 사실주의' 방향이 우세했다. 그러한 경향을 무시하는 예술가들은 전시가 금지되고 간혹 박해당하기도 했다. 스탈린 찬양과 스탈린 노선에서 이탈하는 것에 대한 비방은 그가 사망하기 전까지, 혹은 그 후유증을 고려하면 그 이후에도 소련과 동구국가들을 '성찰 없는 사회주의 체제'로 만들어버렸다. 그런 폐해는 특히 학문분야에서 이데올로기적 압력으로 나타났는데, 생물학자인 리센코(Lysenko) 테제로 절정을 이루었다. 리센코는 멘델의 유전법칙에 반대하여 인간은 자연을 절대적으로 지배한다고 선전했다. 멘델의 유전법칙은 소련에서는 부르주아 학문의 생산품으로 금지되었다.

동유럽 공산정권의 성립은 동유럽의 운명을 40년 동안 결정했다. 정당들은 탄압되거나 완전한 꼭두각시가 되었다. 1947년 11월 세계 공산주의운동 기구인 공산정보국(*Cominform*)이 프랑스, 이탈리아까지 포함하여 소비에트 블록의 공산당 대표들이 결속하여 서방, 특히 미국에 반대하는 선전을 집중적으로 했다. 1949년 1월에는 경제상호원조위원회(COMECON)가 설립되었다. 동유럽 국가들이 유럽 부흥안에 참여하는 것을 반대한 소련이 물자교환과 위성국의 경제협력을 위해 만들었다. 동유럽 국가는 경제적 자립을 잃고 결국 소련식 계획경제하에 놓이게 되었다. 소련은 동유럽을 군사적으로 점령하고 일련의 동맹조약을 맺다가 1955년 바르샤바조약으로 종결했다. 바르샤바 군사동맹은 소련이 동유럽 국가전체의 방어를 통제하는 군사, 정치적 조치였다.

공산진영에서의 균열은 유고슬라비아 문제로 발생하기 시작하였다. 1945년 유고 공산주의자들은 독일 점령군을 몰아내고 최초의 자유선거에서 압도적으로 승리했다. 티토(Tito) 장군은 해방전쟁에서 국민의 압도적 지지를 받았다. 티토는 소련에 종속하지 않고 유고를 재건하려 했다. 이러한 독립요구에 매우 불안해진 스탈린(Stalin)은 1948년 3월 유고에서 소련 고문관들을 철수시키고 티토를 조롱했다. 다른 공산주의 지도자들도 민족주의 색채를 가진 사회주의로 유혹할 수 있기 때문에 스탈린에게 그러한 이탈은 위험했다. 티토(Tito)주의에 대한 투쟁은 숙청물결로 이어졌다. 많은 공산주의 지도자들이 모스크바로부터 독립을 추구하려 한다는 의심을 받고 권력에서 제거됐다. 폴란드의 고무우카(Wladyslaw Gomulka)는 투옥, 헝가리의 라지크(László Rajk)는 처형, 체첸인 슬란스키(Rudolf Slánsky)는 친시온주의적 말을 했다고 비난받고 1952년 사형이 언도되었다. 이스라엘은 노동계급의 적으로 고발되었다. 소련은 분명하게 반유대적 모습을 보였다.

동구권 전체에서 교회는 사회주의적 무신론에 굴복해야 했다. 헝가리의 민첸티(Mindszenty) 추기경은 종신형을 받았다. 체코의 베랑(Beran) 추기경 역시 1949년 같은 운명에 처하게 된다. 가톨릭이 깊이 뿌리내린 폴란드에서는 비친스키(Wyszinski) 추기경이 '침묵 교회'를 이끌다가 재판 없이 3년형을 받고 감옥에 들어갔다. 1947~1957년의 유럽은 고도성장과 경제적 번영을 이루었다. 동유럽은 1950년대 역사상 가장 높은 경제성장을 이루었다. 1950년대 초 유럽사회는 정치적 안정을 현저히 회복했다. 그리고 미, 소 두 초강대국의 지원으로 부흥하였기에 미소 양극체제의 영향을 크게 받았다.

이 시기 두 사건이 소련이 구상한 질서를 변화시켰으니 1953년 스탈린의 사망과 1956년 공산당 20차 전당대회가 그것이다. 스탈린은 1953년 3월 5일 사망했다. 전 사회주의 국가에서 과장되고 야단스런 장례식이 치러졌는데 그 후 곧 스탈린에 대한 비판이 나왔다. 동베를린에서 1953년 6월 17일 처음으로 노동자들이 사회주의체제에 반발하여 총파업했다. 소련에는 니키타 흐루시초프(Nikita Khrushtschyov)가 등장하여 지식인들 간에 비판을 허용했다. 문화창작에 국가의 감시가 있었어도 이 시기는 '해빙기'였다.

1956년 2월 14일, 20차 공산당대회가 개최되었다. 흐루시초프는 당대회의 비공개 회의에서 스탈린의 범죄와 과도한 개인숭배를 청산하는 '스탈린 강등정책'을 내세웠고 비밀로 한 보고서는 서방언론에 알려졌다. 1956년 4월 17일 코민포름(공산정보국)이 공식 해산되자 개방의 시간이 형성된다고 믿었다. 1957년 보리스 파스테르나크(Boris Pasternak)는 〈닥터 지바고〉로 현대생활에서 개인이 무의미해지는 것을 고발한 작품을 썼지만 소련 안에서는 출판할 수 없었다. 1958년 노벨문학상 수상자로 지명되었으나 소련당국이 수상을 거부하도록 압력을 가하여 상을 받지 못했다.

폴란드에서 처음으로 새로운 노선을 요구했다. 1956년 6월 28일 노동자 파업, 시위행진, 폭동으로 50여명의 사상자와 200여명의 부상자가 발생했다. 이들은 당 관료주의에 대항해 항의했다. 가톨릭교회와 폴란드 지식인에 대한 탄압을 완화했다. 헝가리에서는 드라마틱하게 사건이 전개되었다. 폴란드의 사례에서 용기를 얻은 헝가리는 '폴란드 형제들과의 연대'로 10월에 사회주의와의 결별을 꿈꾸게 되었다. 1956년 10월 임레 나지(Imre Nagy)의 반 스탈린주의 신정부가 출현했다. 사유재산이 다시 허용되었고, 가톨릭교회도 다시 권리를 찾았다. 헝가리의 중립을 선포했고 바르샤바조약 탈퇴를 고시했다. 모스크바는 행동을 해야 한다고 생각했다. 1956년 11월 4일 소련군은 부다페스트로 진군하여 그러한 저항을 분쇄했다. 나지와 헝가리 공산당 동료들은 감금되고 사형언도를 받았다. 소련이 내세운 야노스 카다르(Janos Kadar)는 경제개혁 일부를 다시 철회했다.

알바니아만이 1961년 이래 소련의 영향권 밖에 있는 데 성공했다. 통치자인 엔바 호샤(Enver Hodscha)는 스탈린식, 모택동주의 경향의 정책을 추구했다. 1961년 동독지도부는 서베를린으로 도망하는 시민들을 묶어두기 위해 베를린 장벽을 건설했다. 1949~1961년 서독으로 탈출한 난민이 약 350만 명이었다. 1950년대 말 자유통행이 허락되었기에 피난물결이 최고조였다. 그러나 다시 봉쇄되었고 1960년 처칠이 예견한 유럽의 분리가 비극적 방식으로 완성되었다. 1959년 흐루시초프가 미국을 방문했다. 그것은 미국과 소련을 중심으로 한 냉전체제의 확립을 사후적으로 과시하는 이벤트였는지도 모른다.

이후 동서간 긴장완화(*Détente*)가 1960년대 말에 모색되고 1970년대 초중반 나타났다. 미국과 소련이 적대행위를 줄이고 군비경쟁을 중재한다는 데탕트 정책에 합의했다. 미국과 소련 지도자들이 상호 방문하고 건강 위생연구, 환경보호, 과학기술, 우주공간개발 등의 분야에서 협력하고 문화교류를 확대하는 협의를 했다. 핵무기의 확산을 저지하고 가능하면 핵 보유량을 제한하는 시도도 있었다. 그러나 유럽에서 냉전이 풀릴 때까지는 그로부터 10여년을 더 기다려야 했다.

냉전은 유럽에서 양극체제에 기반한 세력균형으로 소극적 평화(*Negative Peace*), 즉 전쟁재발을 방지하였다. 반면에 진영 간 체제경쟁이 격화되면서 두 체제 모두 정치적 자유와 경제적 풍요를 지속하는 데 커다란 한계를 보여주었다. 특히 공산진영은 산업화를 완료하지 못한 상태에서 계획경제를 추진하고 거기에 군비경쟁까지 하다 보니 1960년대 후반부터 경제력의 한계를 절감하게 된다. 이런 냉전의 두 얼굴이 서유럽에서는 경제통합 노력으로, 유럽 전체에서는 유럽안보협력회의(CSCE) 구상으로 나타났던 것이다.

제8장

유럽통합과 동북아 미래

1. 유럽통합의 시초

유럽을 통합하겠다는 사상은 유럽공동체 형성을 통해 유럽 내의 평화를 정착시키려는 의지에서 나온 것이다. 20세기 전반기 유럽 여러 나라들의 배타적 민족주의와 공격적 제국주의는 가공할 세계 전쟁을 가져왔다. 1차 대전 이후 이미 유럽은 적대적 민족국가로 분열되어 전쟁의 원인이 되는 것을 뛰어넘어 유럽인들의 공통의 문화와 역사 전통 위에서 유럽을 통합해 보려는 범유럽 운동이 일어난 바 있다. 그 희망은 유럽대륙을 폐허로 만든 두 차례 세계대전으로 꺾이는 듯했지만 1945년 이후 다시 활기를 찾기 시작하였다.

전후 유럽통합 논의가 활성화되고 구체적 시도가 일어난 데는 유럽이 직면한 몇 가지 현실적 배경이 있었다. 첫째, 식민지 독립운동이 일어나면서 식민지 유지와 그것을 이용한 시장 확대에 투입되는 비용이 점점 커져 갔다. 둘째, 러시아 사회주의 혁명으로 소련이 출현하면서 반공정서가 유럽 통합의 필요성을 강화하였다. 셋째, 극우 민족주의 파시즘에 대항하는 투쟁 이후 민주주의의 보호와 확산을 위한 정치적 연대가 필요했는지도 모른다. 요컨대 1945년 이후 탈식민지화 현상이 확산되는 가운데 유럽은 철의 장막을 두고 두 조각이 되어가는 상황에서, 그것을 영구적으로 막고 유럽의 지속가능한 평화를 가져오려면 통합이 필요하다는 인식이 일부 정치가들 사이에서 일어나기 시작하였다.

서유럽 국가들은 2차 세계대전의 원인 중 하나를 국가 간의 경쟁으로 파악하고 민족 및 국가의 개념을 초월한 보다 진정한 휴머니즘과 공리주의를 바탕으로 유럽통합을 모색했다. 간단히 말해 서로 단합해야 분열과 갈등을 막고 공존공영이 가능하다는 사실에 주목한 것이다. 유럽은 자원의 공동개발과 단일시장의 형성 그리고 정치통합의 필요성을 인식했다. 즉 거대한 경제공동체를 이루어내고 공동의 정치기구를 가져야 한다고 인식했다. 2차 대전은 유럽을 초토화시켰지만 역설적으로 유럽이라는 이념 '성립'에 결정적으로 기여했다. 민족국가들의 주권을 제한받는 데 대한 저항에도 불구하고, 특히 경제적 필요에서 점점 유럽 차원의 기구를 만들자는 생각이 커지게 되었다. 전후 유럽통합의 주춧돌은 경제였던 것이다.

1, 2차 대전 사이 공황을 포함한 장기 경제침체가 대륙을 다시 2차 대전으로 몰아넣었다는 것을 안 미국은 1944년 브레튼 우즈(Bretton Woods)에서 신경제체제를 제의했다. 장차 금으로 유일하게 교환할 수 있는 달러(*Dollar*)를 기축통화로 하는 경제체제가 관철되었다. 1948년 4월 14일 유럽경제협력기구(OEEC: Organization for European Economic Cooperation)는 미국의 원조 13억 달러를 장기차관 방식으로 유럽 국가들에게 나누어주는 것을 목적으로 설립되었다. 영국이 3억 2천만 달러, 프랑스가 2억 7천만 달러, 독일이 1억 4천만 달러를 분배받았다. OEEC는 1948년부터 16개국 간의 경제적, 재정적 협력에 결정적으로 기여했다. 이 기구는 1950년 설립된 유럽 통화연맹과 함께 유럽에 시장경제를 성공적으로 정착시켰고 1948~1950년까지 3년간 전체 총 국민생산은 연 25% 급성장했다.

OEEC 후속기구로 1961년 경제협력개발기구(OECD)가 설립되었다.

전후 두드러진 현상은 사회복지정책이다. 거의 모든 유럽정부가 질병, 노령, 실업에 관한 사회보장제도를 수립했으며 건강보험, 가족수당, 주택보급 등 사회복지사업을 전개했다. 소련의 영향을 받는 동구도 경제를 통합하여 1949년 1월 경제상호원조위원회(COMECON)를 설립하였다. 동유럽 국가들이 유럽부흥계획(Marshall Plan)에 참여하는 것을 반대한 소련이 물자교환과 위성국가들 간 경제협력을 위해 만들었다. 동유럽 국가들은 경제적 자립을 잃고 결국 소련식 계획경제하에 놓이게 되었다. 소비재 가격이 두 진영 사이에 달리 책정되었고 그것은 같은 유럽에서 서로 다르고 경쟁적인 생활이 시작되었음을 의미하는 것이었다.

유럽인들은 정치적 통일을 추구했다. 공산주의 국가를 제외하고 파시즘과 나치즘에 대항했던 정치세력을 한데 묶었다. 1946년 취리히에서는 영국의 보수정치인 처칠(Winston Churchill), 프랑스의 사회주의자 블룸(Leon Blum), 기독교 민주주의자인 벨기에의 스파크(Paul Henri Spaak), 이탈리아의 가스페리(De Gasperi)가 모였다. 처칠이 '유럽연합국'을 언급하자 열광했다. 유럽연합 형성을 위한 운동이 시작되었다. 1948년 헤이그 회의(Hague Congress)는 민주주의의 토대 위에서 2차 대전을 유발했던 국가 간의 경쟁을 포기하는 유럽연맹을 구상했다. 유럽 정치통합에 가장 적극적 반응을 보인 나라는 프랑스였고, 영국은 국가주권을 거역하는 초국가기구의 출현에 유보적이었다. 1949년 10개 서부, 북부유럽 국가들은 공통의 문화, 인간성에 대한 비전을 가지고 민주정부형태를 위한 토대로 스트라스부르그(Strasbourg)에 유럽 평의회(Europarat: Council of Europe)를 설립했다. 이후 유럽장관회의(Council of Ministers), 자문회의(Consultative Assembly)도 만들었다. 여기에 그리스와 터키도 가입했다. 독일은 1951년 가입했다. 1997년 유럽 평의회는 약 40개국이 가입했다. 유럽평의회는 우선 정치적, 사회문화적 협력을 위해 노력했다. 1950년 11월 4일 인권과 기본적 자유를 보호하기 위한 '유럽헌장'을 공포하고 프랑스의 스트라스부르그(Strasbourg)에 유럽재판소를 설치하여 유럽의 법 규범을 공동으로 하는 마스터플랜을 마련했다.

1948~49년 서유럽 통일에 방해가 되는 프랑스와 독일 간에 미해결된 자르(Saar)지역의 영토분쟁이 있었으나, 프랑스는 철강산업을 위해 석탄이 필요했고 독일은 석탄산업을 위해 철강이 필요했다. 1949년 프랑스의 장 모네(Jean Monnet)는 프랑스 배상정책은 포괄적 산업협력으로 대치할 수 있음을 시사했다. 1950년 5월 9일 프랑스 외무장관 슈만(Robert Schuman)은 석탄과 철을 공동으로 생산하고 판매하자고 제안했다. 프랑스는 서독을 유럽 석탄철강공동체(ECSC: European Coal and Steel Community)에 끌어들여 독자적으로 서독의 석탄자원과 프랑스의 전통적 철강산업을 바탕으로 군사강국으로 재도약하는 것을 막고자, 프랑스와 서독 공동으로 최고관청의 관리 아래 석탄과 철강을 공동으로 생산하고 관리하자고 제안했다. 서독을 서유럽에 통합시킨 아데나워(Konrad Adenauer) 수상은 프랑스의 제안에 신속히 응했다. 아데나워 수상은 유럽 석탄철강공동체 구상을 독일이 나치스 시대를 통해 잃어버린 국제적 신뢰를 회복하고 완전한 주권을 다시 획득하는 기회로 삼고자 했다. 또 서독이 서유럽 공동체에 가입하여 서유럽의 힘의 우위를 통해 동유럽을 제압함으로 독일을 통일하고 유럽을 통합해내려 했다. 이탈리아도 비슷한 입장이었다. 베네룩스 3국은 프랑스와 독일이 전쟁만 하면 엄청난 인적, 물적 피해를 보았기에 유럽공동체를 만들어 전쟁을 원천봉쇄할 수 있다는 생각과 작은 나라로 유럽에서 큰 시장을 얻을 수 있고 국제적인 정치, 경제적 영향력도 행사할 수 있다고 보았다. 경제, 기술 협력에 한정했던 유럽통합은 이제 실질적 통합단계에 이를 만큼 성숙했다.

물론 유럽 석탄철강공동체는 좋은 의도에도 불구하고 많은 반대와 비난을 받았다. 영국은 유럽대륙에 예속되는 정치적 유대를 반기지 않았고 이러한 유대가 영연방의 자치적 유대를 약화시킬 수 있다고 우려하였다. 프랑스나 이탈리아는 유럽 석탄철강공동체 구상이 경제분야에서 서독의 급속한 성장을 가져다 줄 것으로 생각하였으나, 석탄과 철강 산업분야에서 국가의 개입에 대한 의구심은 가시지 않았다. 처음에는 1944년부터 긴밀한 경제협력을 시작했던 베네룩스 3국만이 그 구상에 호의적이었다.

유럽 석탄철강공동체 논의가 막상 구체화되자 합의가 어려웠다. 민족국가 전통에 익숙해 있던 이들이 초국가주의 이상을 하루아침에 실현하기가 어려웠다. 1950년 5~6월 논의가 답보상태인 가운데 1950년 한국전쟁이 발발하자 반공의식이 급격히 고조되어갔다. 서유럽 국가들은 단결과 통합의 필요성을 새삼 절실하게 느꼈다. 유럽 각국은 한국전쟁으로 경제통합안을 둘러싼 견해 차이를 어느 정도 봉합하였고, 미국은 서독을 재무장시킬 것을 제안하였으며 서독은 1955년 NATO에 가입했다.

1951년 프랑스, 독일, 이탈리아, 베네룩스 3국은 파리조약으로 '유럽 석탄철강공동체'를 설립하였다. 초대의장은 장 모네(Jean Monnet)가 맡았다. 유럽 석탄철강공동체에 거부하는 세력이 많이 있자 모네는 의장직을 사임했다. 새로운 시도가 필요했다. 정치통합이 쉽지 않다는 것을 깨달은 유럽통합 주창자들은 우선 경제통합에 전념하게 되었다. 1955년 원자력 개발을 조정하기 위한 새로운 기구로 유럽 원자력공동체(Euratom: European Atomic Energy Community)를 만들었다. 1957년 5월에는 프랑스, 독일, 이탈리아, 베네룩스 3국, 즉 6개국이 유럽 경제공동체(EEC: European Economic Community)를 결성하는 로마조약을 체결했다. 1965~1967년 유럽 석탄철강공동체, 유럽 경제공동체,

유럽 원자력공동체가 합쳐 유럽공동체(EC: European Community)로 개칭했다. 미국의 경제적 영향권에서 벗어나려는 노력의 일단으로 시작된 것이었다. 6개 회원국은 점진적으로 관세를 상호 폐지하고 자유무역을 추진하는 대신 다른 나라들을 배제하기 위한 공동관세를 설정하기로 했다.

영국은 망설였다. 대륙에 예속되는 정치적 유대에 대한 거부감 대신 유럽 경제협력기구(OEEC) 소속국가 전체를 공동시장에 포함하는 대규모 자유무역 지대를 만들려 하자 드골과 아데나워가 거부했다. 영국은 1959년 11월 20일 스톡홀름에서 스웨덴, 덴마크, 노르웨이, 오스트리아, 스위스, 포르투갈 7개국과 유럽 자유무역지대(EFTA: European Free Trade Association)를 창설했다. 핀란드는 1961년 가입하였다. EFTA는 1951년 1월 1일 효력이 발생한 유럽 공동시장의 중요성을 축소시키지는 못했다. 결국 영국의 맥밀런(Harold Macmillan)정부는 1961년 유럽공동체 가입을 신청했다. 프랑스는 영국과 미국의 트로이 목마라고 두 번이나 거부(1963년, 1967년)하고 1960년 전반에 비우호적 입장을 보여 유럽건설에 큰 부담을 안겼다. 1966년 타협으로 프랑스는 다시 공동체로 귀환했다. 1973년 영국, 아일랜드, 덴마크가 가입하였고, 1980년 그리스, 1986년에는 스페인과 포르투갈이 가입하여 12개 회원국이 되었다.

2. 본격적 유럽통합

유럽 경제통합은 1970년 초 석유 위기와 1980년 초 경제침체와 신냉전 국제질서를 반영하여 정체를 겪었다. 1980년대 중반을 넘어서면서 다시 활기를 찾아갔다. 1986년 ‘단일유럽 의정서’를 성사시켰다. 초국가주의 유럽통합을 실현하지 않으면 유럽은 다시금 가공할 전쟁과 재난의 시대로 돌아갈 가능성이 크다는 절박한 위기의식이 있었다. 미국과 소련의 힘의 대결구도 속에서 유럽이 살 수 있는 길은 통합밖에 없다는 인식과 또 동아시아 국가들의 눈부신 발전으로, 경제계 종사자들은 유럽경제의 활력을 위해서는 단일시장의 형성이 급선무라 생각했다.

단일시장 형성을 통한 유럽통합이 가속화되었다. 노동의 자유로운 이동을 위한 유럽 시민권제도 도입의 필요성이 절실히 대두되었다. 경제공동체만이 아니라 사회문화공동체, 정치공동체로 확대가 심화되었다. 1980년대 말 동구권의 탈공산주의 현상은 유럽통합을 촉진하였다. 물론 베를린 장벽의 붕괴로 유럽 공동체 안에서 경제적으로 가장 강력한 통일독일이 등장함으로써 유럽연합의 강대국이 되는 데 대한 우려도 확산되었다. 독일은 유럽적 차원의 독일통일을 강조하며 회원국들을 설득했다. “우리는 독일이 유럽을 주도하려는 것이 아니라 유럽의 독일을 건설하려고 한다”고 설득하여 미테랑과 콜이 합의했다.

1991~92년 마스트리히트조약이 체결되고 유럽공동체(EC)가 유럽연합(European Union)으로 개칭되었다. 또 공동 외교정책 및 공동 방위정책을 실시하기 위한 기반을 확립하고 ‘유럽 시민권’ 제도를 도입하여 참정권 행사는 물론 법적 보호를 국경에 관계없이 보장받도록 했다. 유럽연합은 ① 단일시장과 단일화폐를 중심으로 한 유럽공동체, ② 공동 외교안보정책, ③ 유럽 시민권제도에 기반한 법무·내무 분야의 협력 등 3개의 대들보로 이루어졌다. 아일랜드는 절대 다수로, 프랑스는 근소한 다수로 동의했다. 영국은 반대 여론이 높았고, 덴마크는 국민투표에서 근소한 차이로 조약을 거부한 이후 1993년 수정안을 비준하였다. 일반 유럽인들은 EU를 자신과는 거리가 멀고 비민주적이고 신뢰할 수 없는 관료주의 체제로 인식했다. 유럽 각국의 지역과 역사적 다양성을 유지할 것을 분명히 했다. ‘다양성 안에서의 통합’을 추

구한 것이다.

유럽연합 회원국들은 1993년 마스트리히트조약을 개정 보완했고, 1995년 쉥겐 협정(Schengen Agreement)을 맺어 유럽인들의 자유로운 이주가 가능하도록 하였다. 1999년 1월 드디어 유럽 단일통화인 유로화가 사용되기 시작했다. 2001년 2월 니스조약이 체결되어 중·동부 유럽 국가들의 유럽연합 가입을 가속화하고 공동의 안보, 방위정책을 강화하며 공동의 사회정책을 승인하고, 지식과 기술의 혁신을 위해 공동의 정책을 실시하고 회원국 간 경제정책들, 소비자들의 건강과 인권, 그리고 환경보호 등을 위한 정책조정을 목표로 했다. 2010년에는 유럽 대학교육 통합 프로젝트가 예정되어 있다. 이러한 일련의 과정으로 1945년 2차 대전 이후 유럽 통합이 진행된 지역에서 전쟁이 발생하지 않았다.

한편 냉전체제 붕괴와 경제의 세계화 경향이 유럽연합의 확대에 촉진제 역할을 하였다. 구 공산권국가들의 유럽연합 가입이 늘어갔다. 통합의 폭과 속도에 힘이 실렸다. 동유럽 최빈국으로 꼽히는 불가리아, 루마니아는 2004년 가입에서 제외되었다가, 2007년 1월 1일에 가입하였다. 터키도 2008년 1월부터 EU와 가입 협상을 재개했다(인권문제 등 정치적 기준이 충족되지 않아 아직 협상을 시작하지 못하고 있음). 인권 이외에 유럽인들 전체에 대한 안전문제로 쉽지 않을 전망이다.

그러나 노르웨이의 풍부한 오일, 아이슬란드의 풍부한 생선, 스위스의 부의 축적 때문에 이 세 나라는 EU에 가입하지 않았다. EU가입 여부는 전적으로 각국 국민들이 결정할 사안이다. EU에 가입하면 자국의 제도를 상당 부분 버리고 EU의 규칙을 따라야 하기 때문에 간단히 내릴 결정이 아니다. 장기적으로는 크로아티아와 마케도니아도 회원국이 될 것이다. 최종 규모는 30개국 정도이다. 12개국 신규 가입으로 EU 전체 27개국(2007년 1월)의 인구는 4억 9,600만 명이다. 총 국내총생산

(GDP)은 11조 유로로 전 세계 GDP의 1/3을 차지하고 있고 세계 상품 교역의 18%, 서비스교역 26%를 차지하는 등 세계최대의 교역국이다.

유럽통합 과정은 '인류최대의 정치실험'이라고 불리고, 그 중 유로화 도입은 '인류 최대의 경제실험'이라고 한다. 유럽의 빅뱅(*Big Bang*)이 이루어진 것이다. EU는 인력, 물자, 서비스, 돈이 자유롭게 이동하는 단일시장을 만들었다. 이로 인한 경제적 파급효과는 매우 크다. 이제 미국과 비슷한 경제규모를 갖게 된 셈이다. 신규 가입국이 당장 유로화 체제에 편입되는 것은 아니다. 유로화 체제에 들어가려면 재정, 환율, 금리 등이 안정적이라는 평가를 받아야 한다. 즉 재정수지가 건전하고, 금리와 물가가 안정되어야 하며 적어도 2년간 환율을 안정적으로 운용해야 하는 까다로운 조건을 충족해야 한다.

유럽연합에 가입하려면 다음 3가지 기준을 충족해야 한다. 첫째, 정치적 기준으로서 민주주의와 인권존중, 법치주의, 소수자 보호가 제도적으로 정착되어 있고, 둘째, 경제적 기준으로 시장경제를 표방해야 하고, 셋째, EU규율을 존중해야 한다.

유럽의 완전한 통합은 결국 정치통합으로 귀결될 것이고, 그것은 유럽헌법의 발효로 나타날 것이다. EU 헌법안은 이중다수결제, 대통령제, 외무장관, 법적 우위 등을 골자로 한다. 첫째, 이중다수결제는 EU 의사결정은 회원국 과반수 찬성으로 하되, 찬성국 인구가 전체 EU 인구의 60%를 넘어야 한다. 이렇게 되면 독일(8천만 명), 프랑스(6천만 명) 등 인구가 많은 나라의 영향력이 커진다. 이 때문에 스페인(약 4천만 명), 폴란드(3800만 명)는 거부한 바 있다.[1] 둘째, 헌법안은 임기 2년 6개월의 EU 대통령을 둔다. 그 안에 대해 군소 회원국들은 EU 대통령이 큰 나라에 돌아갈 것을 우려한다. 셋째, 헌법안은 EU

1) 스페인은 2005년 2월 국민투표를 실시해 76.7%의 지지로 EU 헌법안을 통과시켰다.

공동 외교정책을 집행할 외무장관을 두고 있는데, 외교주권 유지를 주장하는 영국이 크게 반대한다. 넷째, EU의 법적 우위란 EU의 법은 개별 회원국 의회가 만든 법보다 우위에 있다는 것이다. 이 밖에도 EU 집행위원회는 브뤼셀에 두고 있는데 공무원이 통역요원까지 합쳐서 2만 명이다. 앞으로 가입국이 늘어나면서 더 많은 공무원이 필요할 것이다.

EU의 공식언어는 영어, 프랑스어, 독일어, 스페인어 등 11개이다. 정상회담이나 서류를 만들 때나 보도자료에도 11개 공식언어가 사용된다. 1990년대 말에서 2000년대 초반까지 10개국이 새로 가입함으로써 EU의 공식언어가 20개에 이르러 마치 언어의 바벨탑이 지어져 가는 것 같다. 번역요원은 1,300명, 약 7,600억 원(5억 500만 유로)의 비용이 들었는데 앞으로는 약 1조 1천억 원(8억 유로) 이상이 더 필요할 것이다. 번역비 부담은 EU 인구 1인당 커피 한 잔 값도 안 되는 3유로 꼴이다. 이에 대해 EU측은 '통합 속의 다양성', '서로 다른 언어를 인정하는 것 자체가 민주주의이므로 그만한 돈을 쓸 만한 가치가 있다'고 생각한다.

EU의 완전한 통합이 이루어지려면 정치통합 완성과 함께 국가 간 불균형이 조정되어야 한다. 현재는 EU 회원국 간의 빈부격차가 심하다. 새 회원국의 1인당 GDP는 EU 평균의 40% 수준으로 앞으로 20~50년 가량 지나야 경제수준이 비슷해질 것으로 전망한다. EU가 단일 경제권으로 원활하게 작동하려면 국가 간 빈부격차를 좁혀야 한다. 기존 회원국들은 중·동부 유럽의 담장이 허물어지면 불법이민이 크게 늘어날 것을 우려해, 서유럽 우파 정당들은 "왜 우리 세금으로 가난한 이웃을 먹여 살려야 하는가?"라고 목소리를 높인다. 유럽 공동체 의식의 확산 역시 필요한 과제이다.

2차 대전 이후 냉전구도 하에서 동서 진영으로 분열되었던 유럽이 단일 유럽으로 거듭 태어나는 중이다. 점진적 통합과정으로 혼란과 반발을 최소화하며 순조롭게 완전한 유럽연합으로 나아간다. 개별국가의 주권을 넘어서 27개국이 공동의 외교안보, 통상정책을 펼치는 EU는 국제질서의 새로운 실험무대가 된다.

3. 유럽문화의 르네상스

유럽통화 과정은 근대 시민사회를 등장시킨 원동력이 된 유럽문화의 화려한 부활을 예고하는지도 모른다. 그 출발은 전후 복구에 힘입은 대중의 사회정치적 진출과 소비생활의 발달이었다. 1945년 이후 노동과 일상생활에서 기술의 발전은 놀라웠다. 자동차, 비행기가 대중교통수단으로, 그리고 전화가 대중소통수단으로 일상화되었고, 1970년대 정보통신의 발달로 전 세계가 네트워크를 형성하면서 시공간의 한계를 극도로 단축했다. 즉각적 의사소통과 신속한 왕래 및 물품의 교류가 가능해졌다.

세탁기, 세척기계, 청소기, 냉장고 등 주방기구의 기계화와 1970년대 피임약의 등장은 여성들의 인생설계에 새로운 가능성을 열었다. 여성이 직업을 가지게 되면서 경제적으로 독립했다. 이것은 여권 신장을 동반하였다. 부부의 중요성이 낮아져 고도로 산업화된 나라에서 3쌍 중의 한 쌍이 이혼했다. 대가족제도는 해체되고 1인 자녀 가족이 늘어나는 경향을 보였고 고령화 사회가 도래하였다.

물론 전쟁 직후 파괴되고 외국의 지배를 받은 유럽문화생활은 제자리를 찾지 못하다가 1950년대 들어 생동감을 찾았다. 미국 대중문화의 우위에 대한 반작용이었다. 미국식 생활방식(*American way of life*)은 영국에서 1943년 상륙해 유럽 대륙으로 곧 전파되었다. 담배, 껌, 코카콜라(Coca-Cola)[2], 청바지(*Jeans*)와 같은 미국상품이 2차 대전 후 유럽에 전해졌다. 영화, 재즈[3], 재즈 트럼펫 연주자(*Jazz trompeter*) 렉스 스튜어트(Rex Stewart)는 파리에서 살고 활약했다. 록 음악이 유럽에서 큰 반향을 얻었다.

그러나 '미국화'(*Americanization*)는 곧 비판받았다. 유럽인들은 미국의 대중문화를 여과해서 받아들이려 했다. 미국의 감독이나 작가들을 비판하고 노벨상에 대한 경의로 칸(Cannes) 영화제가 1946년 인정을 받았다.[4] 전후 예술분야에서 영화가 가장 크게 성공했다. 1929~30년대 유성영화로 미국의 영화산업이 현저하게 커져 세계영화를 지배했다. '무방비도시'(Roma, citta aperta)로 유명한 이탈리아의 로베르트 로셀리니(Roberto Rossellini) 감독, '자전거 도둑'(Ladri di Biciclete)을 만든 비토리오 데 시카(Vittorio De Sica) 감독은 영화에서 대중의 일상적 현실을 솔직하게 묘사했다. '리얼리즘'을 세워 소시민들의 삶을 그대로 보여주었다. 프랑스에는 프랑수아 트뤼포(Francois Truffaut) 같은 신인감독이 '누벨바그'(Nouvelle vague)를 주도했다.[5] 스웨덴의 잉마르 베르히만(Ingmar Bergman) 역시 유럽영화의 르네상스에 기여했다. 동유럽에서도 해방기에 새로운 영화물결이 일었다. 정치소설, 철학소설을 포함한 전후문학은 교양인들만을 위한 게 아니라 전체를 위한 것이었다. 프랑스의 장 폴 사르트르(Jean Paul Sartre)는 사회참여 작가이며 실존주의 철학의 대표자였다. 알베르 카뮈(Albert Camus, 1913~1960)는 유럽에서 가장 유명한 전후 작가였다. 그는 연극대본, 소설, 에세이를 쓰고,

---

2) 코카콜라는 1950년대 미국의 심벌이었다. "코카콜라를 마시면 젊고 현대적인 사람이 된다"(Wer C-C trink, ist jung und modern)는 말이 있을 정도였다.
3) 미국에서는 흑백 분리로 밀려났던 반면 유럽에서 오히려 유행했다.
4) 베니스 영화제는 1932년, 베를린 영화제는 1951년 창립됐다.
5) 누벨바그란 1950년대 말에서 60년대 초의 새로운 스타일의 영화로서 형식과 공식을 부인하고 개인적 소재와 스타일로 만든 영화를 칭하는 말이다.

1957년 노벨문학상을 받았다. 연극도 고전주의자들의 먼지를 털어버리는 사무엘 베케트(Samuel Beckett), 외젠 이오네스코(Eugene Ionesco), 장 주네(Jean Genet)와 동구에서 베르톨트 브레히트(Bertolt Brecht)가 1948년 '베를린 앙상블'(Berliner Ensemble)을 만들었다.

뉴욕이 세계문화의 중심도시임에도 불구하고 유럽의 미술가나 음악가들은 20세기 초 모험적(*avangardistisch*) 작품을 저술했다. 영국의 베이컨(Francis Bacon), 프랑스의 니콜라 드 스타엘(Nicolas de Stael), 이브 클랭(Yves Klein) 등은 미국의 미술가만큼 수재들이었다. 독일, 이탈리아, 프랑스에서도 불레즈(Pierre Boulez), 칼하인츠 슈톡하우젠(Karlheinz Stockhausen), 루이지(Luigi) 등과 같은 음악가들이 배출되었다.

20세기는 역사상 어느 때 보다 '세계적 규모의 전쟁'과 '세계적 혁명'이 집중된 시기, 말하자면 전쟁과 혁명의 세기였다. 경제적으로도 산업혁명을 통해 놀라운 풍요를 이룩했으나 아직도 대규모의 빈곤이 세계 도처에 있다. 특히 경제적 불평등을 중심으로 하는 세계적 차원의 빈곤문제, 이른바 남북문제(*North-South problem*)는 풍요 속의 빈곤이라는 현상을 뚜렷하게 보여주었다.

4. 남북 불평등

산업이 발달된 지역은 대부분 지구의 북부지역에 위치한다. 경제적으로 저발전된 지역은 아시아, 아프리카, 라틴아메리카 나라들은 남쪽에 위치해 있어 세계적 차원의 빈부격차 문제를 남북문제라 말한다. 전 세계적 노력에도 불구하고 이 같은 문제는 오늘까지 계속된다.

저개발(*underdeveloped*) 지역은 대부분 과거 유럽식민지로, 이른바 '제3세계 국가'로 불린다. 유엔은 저개발 국가를 산업화된(*industrialized*) 국가의 1인당 국민소득의 25%도 안 되는 나라로 정의했다. '제4세계 국가'는 가장 발달되지 못한 나라이다. 이들 국가들은 지하자원도 없고 농업생산량도 저조하며 토지가 불평등하게 나누어진 곳이다. 대토지 소유자 밑에서 소작인으로 농사를 한다. 인구는 급격히 통제할 수 없이 증가했고, 최저생계도 불안정했다. 인류의 절반이 오늘날 45개의 빈민국에 산다. 이들 국가에서는 영양결핍, 의료혜택의 부족, 비위생적 주거환경, 높은 실업률과 문맹률이 공통적 현상이다. 몇 나라를 제외하고는 거의 대부분 군사독재 하에 있으며 물질적 결핍에다 인권침해, 특히 부녀자와 아동들의 착취는 심각한 상황이다.

저개발 지역의 국가들 중 독자적 산업이 있어도 낙후되어 있어 국제경쟁력은 없다. 국제적으로 산업국가들은 자신들에 유리한 정책을 채택했는데 제3세계 지역에서 원료와 농업생산품은 낮은 가격에 사들이고 제3세계가 필요한 물품은 비싸게 수출한다. 부채가 쌓이고 이자지불이 더 급하고 교육받은 전문가들이 부족하고 효과적 행정력이 없다. 그런 나라들은 1980~90년대 채무 불이행 선언을 한 경우도 있고, 그 중 BRIC(브라질, 러시아, 인도, 중국)라 불리는 국가는 많은 자원과 넓은 국토로 산업화에 부분적으로 성공하였다.

1960년대부터 저개발 국가들에 대해 산업국가들은 '개발원조'나 직접투자를 추구했다. 문화적, 사회적 상황을 고려하지 않은 채 진행된 원조 프로젝트는 종종 실패했다. 포괄적 개발정책으로, 자조를 가르치고, 국제적 협력을 추구하는 대규모 프로젝트 대신에, 북한의 수경재배, 두부공장, 국수공장, 농민교육과 같은 소규모 프로젝트를 진행했다. 교회와 민간원조기관들도 참여했다. 교육, 기술자문, 의료개선, 독자적 이니셔티브가 더 중요했다.

20세기는 파국과 평화, 안정과 불확실성, 자유화와 인권 탄압, 민주적 개혁과 독재, 풍요와 빈곤, 과학기술의 발전과 환경의 파괴, 문명과 반문명, 세계주의와 민족주의가 주기적으로 반복 교차하는 역설의 시대였다. 물질적 풍요로 살기 편한 환경이 있는 반면 빈곤과 기아, 전쟁과 학살, 환멸과 좌절을 겪은 시대였다. 20세기 후반 전 지구촌을 지배하는 핵심개념은 '세계화'였다. 세계화는 인류사회의 상호연관과 상호의존 및 '가치관의 공유'를 의미한다.

16세기 지리상 발견 이후 유럽의 세계패권이 시작되어 20세기에 절정에 다다랐다. 20세기 초까지는 유럽이 중심이었고 2차 대전 후 세계화의 물결이 일어 유럽주의는 종말을 맞이했고 미국이 패권을 잡게 되었다. 세계화는 국경의 의미를 퇴색시키고 개인과 기업의 행동범위를 전 세계적으로 확대했다. 개별 국가의 기능이 약화된 반면 일상생활의 영역까지 전 지구적으로 상호관련성을 가지게 되었다. 경제적 상호의존성이 증대하게 되었다. 경제활동의 세계적 교류가 용이하게 되었다. 그것은 냉전종식, 공산주의 몰락으로 인한 시장경제체제의 확산으로 더욱 촉진되었다. 17세기 이후 시작된 과학혁명과 기술의 발전이 절정에 달한 시기가 20세기였다. 세계는 과학 기술적으로 상호의존하게 되었고 시공간적 한계가 단축되었다. 컴퓨터, 인터넷 등의 발달로 즉각적으로 의사소통이 가능하게 되었고, 신속하게 왕래하고 물품을 교류할 수 있게 되었다. 현대는 지역적인 것도 곧 세계적인 의미를 가지게 된다. 모든 국가의 역사는 곧 '세계사'의 일부이다. 1990년 동구권의 몰락은 1991년 남북합의서에 그대로 반영되었다.

그러나 세계화 현상이 획일적으로, 혹은 아무런 저항 없이 진행된 것은 아니다. 나아가 세계화가 시대정신을 이끈다고 말하기는 더더욱 어렵다. 민족주의와 지역 집단체제, 민족과 문화는 국제정치의 새로운 이슈로 부상하였다. 세계화는 '획일화', '동질화'와 같을 수 없고 다문화 또는 문화적 다원주의와 공존하지 않을 수 없다. 세계화가 지역 민족문화의 활성화와 문화적 다양성을 촉진시킬 수도 있다.

세계화는 경제적 측면에서 지역화 현상과 병행해서 전개되었다. 아태경제협력회의(APEC)와 유럽연합의 탄생, 그리고 북미자유무역협정(NAFTA)의 체결이 모두 1980년 말에서 1990년대에 이루어진 것은 결코 우연이 아니다. 이 시기에 1967년 시작한 동남아시아국가연합(ASEAN)이 상호의존이 더욱 높아진 것도 마찬가지이다. 미래의 세기는 인권, 민주주의와 같은 공통된 가치관으로 통합된 세계화가 계속 진행되면서 동시에 지역문화의 특징이 유지되는 시대가 될 것이다. 보편문화와 지역문화의 조화, 이는 곧 문화적 다원주의를 의미한다. 세계화(*Globalization*)와 지역 민속주의(*Localism and ethnicity*)는 공존하고 조화할 것으로 보인다.

5. 유럽통합의 미래

다시 유럽연합으로 되돌아와서 유럽통합의 미래를 생각해 보자. 유럽공동체는 2006년 3월 26일 로마조약 체결 50주년을 맞이하였다. 2007년 1월 루마니아와 불가리아가 새로운 회원국가로 가입함으로써 27개국 회원국이 된 유럽연합은 로마조약 발효 1년 후인 1958년에 6개의 창설국가로 탄생되었다. 즉 독일, 프랑스, 벨기에, 네덜란드, 룩셈부르크가 창설국가이다. 역사적으로 독일과 프랑스는 서로 앙숙이었고 경쟁상대여서 이를 비생산적이라고 생각한 주위 국가들, 예를 들면 이탈리아, 영국, 네덜란드 등이 경쟁보다 협력을 주장하게 되었고 양 당사국도 이를 받아들여 탄생되었다는 배경이다. 즉 경쟁은 협력보다 비생산적이라는 설득이 주효했음이리라. 이는 동북아시아에 시사하는 바가 크다. 1957년 로마조약이 채택됨으로써 구주공동시장은 이듬해 6개국의 개설국가를 통하여 정식으로 탄생되었다.

50주년 로마조약 기념일에는 유럽 베를린에서 27개국 EU회원국 정상회원국들이 참석하여 로마조약 50주년 기념식을 갖고 EU특별 정상회의를 개최했으며 베를린 선언(Declaration on the occasion of the 50th Anniversary of the signature of the Treaties of Rome)을 채택하였다. 이 긴 선언은 2페이지의 분량으로 서문에서는 EU의 성과, 1부에서는 유럽이 추구하는 공동가치, 그리고 2부에서는 EU가 직면하는 도전, 제 3부에서는 EU의 미래과제를 다룬다. 당초 27개의 정상 서명으로 채택할 예정이었으나, 문안에 대한 이견으로 일부 정상들이 서명에 유보적 태도를 보임에 따라 방식을 바꾸어 EU이사회 의장국인 독일의 메르켈 총리, 조셉 마뉴엘 바로소 EU집행위원장 및 한스 게르트 포터링 유럽의회장의 서명으로 채택하였다. 최대쟁점이었던 EU헌법 관련, '헌법' 용어사용을 반대하는 영국, 폴란드, 체코 등 회원국의 우려를 수용하여 헌법이라는 용어를 사용하지 않고 우회적으로 '새로운 공동기반'(*A renewed common Basis*)을 2009년 유럽의회선거 전까지 형성한다고 기한을 명시함으로써 일단 메르켈 총리의 의도가 관철된 것으로 보인다.

당초 영국이 반대하였던 '유로화 도입'을 EU성과 중 하나로 제시하였고, '유럽 사회모델'을 미래에도 공동으로 지켜나가야 할 EU의 기본가치로 규정하였다. EU확대문제는 "EU경계를 넘어 민주주의, 안정 및 번영을 지속적으로 증진할 것"이라고 규정함으로써 EU가입 희망국들의 입장을 반영하였으나 기존 회원국들이 가지고 있는 EU의 급속한 확대에 대한 불안을 고려하여 확대범위 등은 언급되지 않았다. 폴란드가 주장한 EU의 기독교전통 언급은 프랑스의 반대입장에 따라 메르켈 총리가 최근 폴란드 방문 시 카친스키 대통령을 설득하여 제외되었다.

'베를린 선언'은 현재 EU의 모태가 된 1957년 로마조약 서명 50주년을 맞아 유럽의 평화와 경제적 부흥, 민주주의 확대라는 EU성과를 확인하고 앞으로의 해결과제를 제시함으로써 네덜란드 및 프랑스에서의 헌법조약 부결, EU 확대에 따른 피로감 등으로 위기에 빠진 EU에 새 동력을 부여하기 위해 마련되었다. 그러나 형식면에서 27개국 정상이 아닌 EU 주요기구 대표 3인의 서명으로 채택되고, 내용면에서도 쟁점 이슈에서 모호하고 우회적 표현이 사용되어 당초의 취지가 약화되었다는 평가를 받는다. 한편 체코 클라우스(Klaus) 대통령은 3월 25일 독일 제1공영방송 ARD와의 인터뷰에서 '선언' 채택과정에서 회원국 간 민주적 토론이 부족했음을 재차 지적하였다.

오늘의 유럽연합이 탄생하기까지 역사를 거슬러 올라가 보면 이미 19세기와 20세기 초까지 유명한 지성인들, 예를 들면 임마누엘 칸트, 빅토르 위고, 구스타브 스트라우스만 같은 철학자들은 평화스러운 유럽에 대한 꿈을 이야기하고 그들의 저술을 통해 나타내기 시작하였다. 그러나 제1차, 2차 세계대전은 유럽 내의 강대국 간에 적대감만 키운 결과를 낳았으며, 개인이나 NGO대표들만이 이러한 평화를 향한 유럽의 꿈들을 실현시키기 위해서 외롭게 투쟁한 것이다. 재미있는 사실은 제2차 세계대전 중 프랑스, 이탈리아, 네덜란드, 폴란드의 레지스탕스 그룹이 중심이 되어 국가의 이념을 초월하여 진정한 인권을 위주로 생각하는 하나의 유럽 탄생을 생각하였으며, 우선 민족주의의 극복이 우선시되어야 한다고 주장하였다는 것이다. 유럽연합의 싹은 전쟁 이후 전쟁 없는 평화로운 유럽, '유럽인은 보다 나은 삶을 위해서 뭉쳐야 합니다'(*We citizen of Europe are united for better*) 라는 캐치프레이즈가 선각자들 사이에 유행되면서 시작되었다. 그들은 유럽국가가 탄생하면 전쟁이 없으며 경제, 정치, 군사의 권위를 국가가 갖는 대신 하나의 유럽이 갖는다고 생각했다. 오늘의 유럽연합이 탄생되기까지, 즉 냉전시대부터 오늘의 27개국의 대가족이 형성되기까지의 역사를 분석해 보는 것도 의미 있는 일일 것이다.

■ 유럽통합 연표

1945년 2차 세계대전 종결
1946년 처칠(Winston Churchill) '유럽 연합국 창설' 제안
1951년 프랑스, 독일 등 6개국 유럽 석탄철강공동체(ECSC) 발족
1958년 유럽 원자력 공동체(Eurotom)와 경제공동체(EEC) 성립
1973년 영국, 덴마크, 아일랜드 EEC 가입(회원 9개국으로 증가)
1979년 회원국 간 환율안정을 위한 유럽통화체제(EMS) 출범
1981년 그리스 EEC 가입
1986년 스페인, 포르투갈 EEC 가입
1990년 독일 통일
1992년 유럽 국내시장에서 물자, 인력, 서비스, 자본의 자유를 보증
1993년 마스트리히트조약 체결-EEC 유럽연합(EU)으로 확대개편
1995년 오스트리아, 스웨덴, 핀란드 EU 가입, 쉥겐조약 체결로 국경 개방
1998년 폴란드, 체코, 헝가리 등 6개국과 가입협상 시작
1999년 유럽 12개국 유로화 최초 도입(금융기관) (영국, 덴마크, 스웨덴은 거부)
2000년 불가리아, 리투아니아, 라트비아, 몰타, 루마니아, 슬로바키아 가입협상 시작
2002년 유로화 공식통용[6], 중·동유럽 10개국 EU 가입승인
2004년 중·동유럽 10개국 EU 가입; 폴란드, 헝가리, 체코, 슬로베니아, 슬로바키아, 라트비아, 리투아니아, 에스토니아, 키프로스, 몰타
2007년 불가리아, 루마니아 가입 총 27개국

6) EU 회원국이 아닌 모나코, 산 마리노, 바티칸 시국에서도 통용되기 시작하였다.

6. 동북아 평화공동체의 길

세계는 지금 지역주의에 입각한 공동번영의 길을 간다. 가까이 아세안 10개국은 오래 전부터 상호협력하고 공동번영의 틀 속에서 통상, 안보, 사회발전을 나름대로 구상하고 추진한다. 남미는 모든 국가들이 남미공동체의 탄생을 위해 서로 협력하는 추세이고, 아프리카는 이미 오래 전부터 전쟁과 종족갈등을 극복하고 아프리카인들의 단결을 위한 많은 발전을 하는 전아프리칸회의(All African Conference)를 진행하고 있으며 아프리카 유니온(African Union)은 잘 이루어진다.

특히 지역공동체의 모범이 되는 유럽연합은 우리와 동북아시아 평화정착에 많은 점을 시사한다. 오랫동안 근세 서양사에서 헤게모니 쟁탈전을 무의미하다고 판단한 독일과 프랑스는 공동번영 외에 살 길이 없음을 터득하고 베네룩스 3국과 이탈리아와 함께 구주 공동시장 건설에 주도적 역할을 했다. 독일, 프랑스, 이탈리아, 벨기에, 룩셈부르크, 네덜란드 6개국은 1958년에 유럽연합의 창설국가로서 시작하여 현재는 27개국이 유럽연합을 구성한다. '다양성 속의 일치'를 내걸고 공동번영, 공동안보, 공동협력의 뚜렷한 성과를 이룬다.

터키의 인권사항이 걸림돌이 되어 아직은 이슬람 국가의 뚜렷한 존재가 연합 속에서는 나타나지 않지만, 종교, 인종, 삶의 차이 등 모든 것을 인정하면서 차차 상황 평준화를 그리고 공동번영을 위해 전진한다. 유럽연합은 동북아 평화정착과 공동번영에 시사하는 바가 크다고 할 수 있다.

우리 모두는 4년 전 여름, 예년에 드문 장마로 큰 피해와 이재민을 양산하는 아픔을 겪었다. 그토록 긴 장마에서 그렇게 그리웠던 태양은 우리에게 다시 찜통더위를 선사하였다. 이러한 자연재해는 20세기가 발전모델은 경제성장 일변도에서 강조했던 우리 모두의 잘못에서 그

재앙원인을 찾을 수 있다. 인권과 환경보존을 뒷전에 두고 경제성장을 위해서는 자연파괴를 마구잡이로 한 데에 원인이 있다. 이러한 성장모델은 1997년 12월 아세아 개도국의 재정위기와 경제파탄으로 이어졌다. 한국, 인도네시아, 타일랜드, 필리핀 등이 IMF의 구제금융으로 위기를 모면했지만 한국을 제외한 기타 국가들은 지금도 그 후유증에 시달린다.

이상의 자연재해는 중국, 대만, 일본, 몽골, 한국, 북한 등 동북아 국가들 모두의 공통된 현상으로서, 자연재해 극복을 위해서라도 이제 동북아 나라들은 협력을 할 수밖에 없다(2002년에만 21번의 태풍이 일본 열도를 강타했다). 중국과 몽골 고비사막에서 불어오는 황사현상은 이제 중국, 한국, 일본, 몽골이 공동으로 협력 대처해야 될 자연재해이다. 언제 어느 나라에서 터질지 모르는 조류독감은 한번 전염이 시작되면 어느 나라도 걷잡을 수 없는 공동과제이기에 우리 모두의 공동관심사가 되었다.

우리나라나 일본에서 수출한 중고차들은 몽골이나 중국, 필리핀 등지에서 계속 매연을 뿜어내면서 다시 그 매연이 황사로 변해서 우리에게 날아들어온다는 사실은 이제 동북아의 나라들이 공동번영을 위해 다른 대륙처럼 협력해야 할 필요성을 우리에게 안겨 준다. 우리는 역설적으로 자연파괴나 인간이 만든 재앙들이 동북아 공조를 우리 자신에게 호소하는 아이러니한 상황에 처했다. 또 하나 예를 들면, 일본, 한국, 대만, 홍콩은 몽골, 중국, 북한에서 들어와 우리와 함께 살고 있는 외국인 노동자의 문제들을 공유한다. 이 노동자들은 이제 공동의 정책을 마련하여 동북아 내의 노동정책에 대한 공동대처와 처방을 할 것을 우리에게 요구한다.

이상에서 역설적으로 동북아 공동번영의 당위성과 필연성을 현재 우리들이 처한 문제점들을 통해 살펴보았다.

공동의 번영이라 함은 동북아 평화정착을 위한 집단안보의 개념을 말한다. 또한 위에서 살펴보았듯이 집단 인간 안전권을 가지고 우선 동북아정부들의 관심을 묶어야 한다. 그리고 이 인간 안전권을 바탕으로 동북아를 묶는 견인차 역할을 일본, 한국의 시민운동이 담당하는 것이다. 세계에서 유일무이하게 군비경쟁의 첨단을 걸으면서 국가안보를 우위에 내세우는 동북아의 나라들이 바로 우리들임을 알아야 한다. 이제는 늦기 전에 동북아 집단안보의 시작을 생각해야 한다.

국가안보를 뛰어넘어 지역안보로 가야 한다. 미국의 전략적 유연성이 동북아에서 일본과 중국의 경쟁을 부추기는 역할이 아니고 동북아 전체의 평화정착에 기여하는 파수꾼으로 역할을 할 수 있게 유도해야 한다. 중국과 일본의 힘겨루기, 그리고 많은 분야에서의 헤게모니 쟁탈전도 구주공동시장이 기초한 유럽연합에서 프랑스, 독일이 경쟁에서 공조로 탈바꿈했듯이, 그리고 이 두 나라가 유럽안보를 NATO 속에서의 지역안보로써 발전시키는 데 기여했듯이 말이다. 미국의 새 대통령 선출은 이러한 점에서 우리가 미국에 기대하는 바가 크다는 것, 또 긍정적으로 발전할 수 있다는 것을 의미한다.

꼭 유럽의 모델이 아니라도 일본, 중국, 한국, 북한, 몽골, 대만이 각국의 특성을 살리면서 같이 협력하는 동북아 식의 집단안보로 거듭나도록 서서히 그 운동을 확산시킬 필요가 있다. 요원한 얘기이겠지만 이 공동번영의 틀에 한편으로 일본, 중국, 그리고 한국 사이에서 해결할 수 없는 국경분쟁의 문제들도 동시에 해결되는 계기가 될 것이다. 이를 위한 몇 가지 제안을 해 보겠다.

첫째가 우선 경제분야에서 각국의 특성을 살리면서 각국이 협력하는 모델의 창출이다. 상호보완을 위한 경제공동체이다. 경쟁을 뛰어넘어 상호 보안체제로의 변환 말이다. 세계는 지금 경제지역화를 가속화한다. 동북아 경제가 지역협력을 하면 세계 제1의 경제공동체가 될 것은 말할 필요도 없다.

둘째는 일본의 헌법 9조 평화조항을 동북아가 공유하도록 하는 운동이다. 이 9조를 동북아 평화정신으로 승화시키는 운동이다. 일본 헌법 9조는 2차 대전의 비극에서 나온 우리 모두의 공통고백이기 때문에 공동소유가 가능하다. 이를 위해 평화를 사랑하는 동북아의 시민들이 상호 협력하는 것이 절대적이다. 일본의 평화애호가들이 외롭게 싸우고 있는데 동북아 평화세력이 공동으로 연계하여 평화정착이 이루어질 수 있는 역할을 하고 해당국 정부들이 눈을 뜨도록 도와야 한다. 몇 가지의 긍정적 발전이 APEC이나 ASEAN+3에서 나타나고 있음도 우리에게는 고무적인 일이다.

셋째는 일본과 북한의 관계정상화이다. 어찌 보면 이 두 나라의 외교 정상화가 남북한의 신뢰구축에 바탕을 둔 미래의 남북한 정상화만큼 동북아 평화정착에 중요한 촉매제가 될 수 있다. 2002년 고이즈미 총리의 평양선언의 정신을 살리는 것이다. 현재는 북한의 일본인 납치 문제와 북한의 핵 문제로 답보상태에 있으나, 먼 훗날 6자회담이 성공하고 북한과 일본의 대치상황이 한계에 도달하면 일본·북한의 관계정상화가 동북아 평화, 그리고 남북한 평화정착과 동시에 동북아 전체의 평화정착에 크게 기여하게 될 것이다. 일본도 이제 세계 제2경제대국에 걸맞은 세계적 역할에 눈을 떠야 한다.

넷째는 북한의 개방이다. 1979년 등소평의 혜안으로 중국은 개방정책을 선포했고 이제 30년을 맞이한다. 중국이 그간 이루어 낸 발전은 눈부시다고 할 수 있다. 세계경제 대국으로서의 도약뿐만이 아니고 과학의 발전, 배고픔에서의 완전해방을 우리는 높이 평가한다. 2008년 올림픽을 성공리에 치른 중국의 제 2의 도약을 가히 짐작할 수 있다. 북한도 중국처럼 세계 속의 일원으로 도약해야 한다. 1991년 이후부터 특히 1995년 이후 연속적으로 북한을 강타한 자연재해는 복구가 요원한 채 매우 심각하다. 지난 10여 년 간은 외국의 인도주의 원조에 의지하여 근근이 치유된 지경이다. 그러나 지금 처해 있는 기아, 식량난 해결을 탈피하기 위해서라도 북한은 이제 그 문호를 개방해야 한다. 물론 이를 위해서는 6자회담이 성공하여 핵 문제가 해결되어야 함은 물론이다. 핵문제 해결은 곧 북한의 목을 죄고 있는 강대국들의 경제제재 조치의 해제를 의미하므로, 한반도에도 1953년 7월 27일의 정전회담이 56년 또는 57년 만에 평화조약으로 정착하는 계기가 될 것이다. 이는 마치 1975년 동·서독이 헬싱키에서 미·소 포함 31개국의 축복 속에서 맺어진, 그리고 그것이 통일로 이어졌던 '동·서독 불가침조약'(Non Aggression Act)과 비슷하다. 말할 것도 없이 북한의 개방은 동북아 평화정착에 큰 역할을 할 것이다.

최근 북한은 그 나름대로 국제사회의 기준에 도달하기 위해 노력하고 있으며 우리는 이런 징후를 높이 사야 한다. 예를 들면 북한은 유엔 국제조약 중, 북한이 가입한 자유권 그리고 사회권 심사를 위한 국가보고서를 매 5년마다 제출심사를 받고 있으며, 유엔 권고안의 실천여부에 대한 추가보고서를 매 시기 제출한다. 아동권리협약 보고서를 5년 전 제출심사를 받았으며 유엔 아동권리위원들을 북한에 초청하여 곳곳을 참관시켰다. 1990년 영국 국제사면위원회를 초청, 인권상황을 둘러보게 했다.

또 한 가지 예는 북한주민 외부정보 접촉비율의 증가를 들 수 있다. 지난 2004년 3월부터 2005년 1월까지 입국한 새터민 1,374명을 대상으로 조사한 결과에 의하면 북한주민들의 외부정보 접촉비율이 1999년에는 6.7%인 반면 6년 후인 2005년에는 56.7%로 증가했다. 이는 북한의 개방을 위한 새로운 긍정적 측면으로 평가된다. 남북 상호가 예측하지 못한 채 북한은 세계 속의 일원으로 걸음을 내딛고 있다고 할 수 있다.

이상에서 동북아 공동체로 가는 길에서의 몇 가지 제안과 가능성들을 살펴보았다. 현재 유엔의 경향은 어떤 프로그램을 진행하든지 NGO의 참여를 가장 우선으로 한다. 그만큼 NGO의 역할은 중요하다. 새로운 프로그램을 수행하는 데 시민사회는 참신한 영향력을 갖고 모니터(*Monitor*)의 역할까지 담당하기 때문이다.

시민사회의 영향력은 일본에서는 좀 약하나 한국에서는 지대하다. 통상 유럽의 경우는 정부 간에 서로 의견차이가 있으면 시민사회가 공동으로 중재자의 역할을 하게 된다. 필자는 한국과 일본은 상호 보완관계를 갖는다고 늘 생각한다. 현재 양국은 몇 가지의 현안문제를 빼고는 크게 공조한다. 유엔에서나 기타의 국제회의에서는 외국대표들은 한국과 일본은 늘 같이 간다는 이해를 갖고 접근하고 있으며 한국과 일본은 한 번도 이를 부정하지 않았다.

이러한 긍정적 기대가 정부차원의 국제사회에서는 늘 존재하고 있기에 일본과 한국은 동북아 공동체(North East Asia Community) 건설에 이바지해야 한다. 우리 모두는 인류역사가 말해주듯이 과거의 역사에 집착하는 만큼 미래의 새로운 창조의 폭은 좁아진다는 사실을 깨달아야 한다.

제9장

아시아 민주화의 촛불, 미얀마

1. 아시아의 잠재력

세계는 넓다. 우리 독자들은 일본, 미국은 어느 정도 알고 있는 것처럼 보인다. 그러나 미국과 일본을 아는 것만으로는 부족하다. 그 이외의 아프리카, 아시아, 라틴아메리카, 유럽의 나라들은 아주 생소하다고 생각하는 것을 나는 가끔 느낀다. 이번에는 '식민지 경험과 빈곤 그리고 인종분쟁'을 연구해 보자. 우선 아시아국가에서는 미얀마의 군부와 아웅산 수치의 평화운동, 그 외의 몇 나라들, 그리고 중앙아시아 5개국의 상황, 아프리카의 르완다의 투치족과 후투족, 라틴아메리카에서는 브라질의 고뇌를 살펴보기로 하자.

이를 위해 우선 아시아 대륙에서부터 시작하자. 아시아는 대강 다음 5개의 소구역(*Sub Region*)으로 나누는 것이 국제적 통례이다. 다시 말하면 대영제국의 식민지 경험의 나라들 즉 인도아대륙(*Indian Subcontinent*)라고 칭하는 인도, 파키스탄, 방글라데시, 스리랑카, 네팔 등이며, 다음은 아세안의 10개국, 그리고 동북아시아, 호주, 뉴질랜드, 그리고 중앙아시아의 5개국의 다섯 개의 소구역(*Sub Region*)으로 나눈다. 지정학적 요소와 문화적 유대, 그리고 전통 등이 근거가 된다. 아시아 대부분의 국가들은 약 500년에서 200년의 긴 세월 동안 서구의 식민지를 경험했다. 한국의 일본 식민지 경험 36년과는 대조적이다. 식민 종주국들을 살펴보자.

영국은 인도, 파키스탄, 방글라데시, 스리랑카, 미얀마, 말레이시아, 네팔, 싱가포르 등을 300년 이상 식민지화했으며, 소련은 몽골과 중앙아시아를 수백 년에서 72년간(몽골의 경우) 식민지화했고, 프랑스는 베트남, 캄보디아, 라오스를 200년 동안, 네덜란드는 인도네시아를 400년, 포르투갈은 마카오, 동티모르를 근 600년, 스페인은 필리핀을 300년간, 미국은 그 후에 필리핀을 80여 년간 통치했다.

이 서구 식민지 세력은 아시아와 거의 비슷한 시기에 더 길게 또는 짧게 아프리카와 라틴아메리카를 식민지화했다. 그래서 현재의 아프리카는 프랑코 폰이라는 프랑스 식민지 경험국가와 앵그로 폰의 영국 식민지 경험국가로 나누어져서 독립국가가 된 오늘날까지 프랑스 공동번영국가연합, 그리고 영국이 종주국인 코먼웰스(Commonwealth) 국가연합에 속해 있다.

한편 남미 국가들은 포르투갈 식민지 경험의 브라질과 스페인 식민지였던 칠레, 아르헨티나, 우루과이, 페루, 쿠바 등의 모든 나라들이고 카리브 해의 중앙 남미국가들은 영국, 미국, 프랑스, 네덜란드, 스페인의 식민지 경험을 했던 나라들이다.

이렇게 긴 세월 동안 타국에 의해 통치된 개발도상국들의 현재의 빈곤·종족 분쟁 등은 식민지 경험과 밀접한 관계에 있기에 현재 진행되고 있는 세계화의 해석에 선진국과 큰 차이가 있어서 유엔에서 발전권(*Rights of Development*)을 주장하게 되었고, 그 주장에 대한 해석에 미국과 유럽연합의 대응에 차이를 두게 되는 현상이 나타나고 있는 실정이다. 이러한 전제를 머릿속에 두면서 우선 아시아의 경우를 살펴보자. 앞서 얘기된 5개의 아시아 소지역(*sub region*)은 다음과 같이 나눠볼 수 있다.

동북아시아 중국, 홍콩, 대만, 일본, 남북한, 몽골.

아세안(ASEAN: Association of South East Asian Nations)
인도네시아, 말레시아, 싱가포르, 타일랜드, 필리핀, 미얀마, 베트남, 캄보디아, 라오스, 브루나이.

인도아대륙 인도, 파키스탄, 방글라데시, 스리랑카, 네팔, 부탄.

중앙아시아 5개국 카자흐스탄, 우즈베키스탄, 투르크메니스탄, 키르기스스탄, 타지키스탄.

오세아니아 호주, 아테로아 뉴질랜드, 그리고 태평양 섬나라들.

이러한 분류에도 불구하고 아시아는 다음의 공통점을 갖는다. 세계를 동양과 서양으로 양분했을 때 즉 현재의 중동이 동양으로 분류되었을 때를 기점하면,

첫째, 동양은 세계 4대 종교인 기독교, 힌두교, 불교, 이슬람교의 발상지였기에 종교에 근거된 영성(*Spirituality*)을 갖는다. 서구의 실용주의와 대조를 이룬다. 그래서 아시아인들은 영혼의 문제, 이승의 문제보다 저승의 문제, 가족의 평화, 이웃의 사촌 등 서구가 갖고 있지 않은 영성의 세계가 풍부하다는 주장이다.

둘째, 긴 서구의 식민지 경험을, 그리고 고뇌를 내면의 세계에서 융화, 승화시키므로 극기의 문화를 창출해 낸 것으로 여겨진다. 가난하지만 존엄성은 더욱 돋보이는 점 말이다. 영성은 부와 반비례한다. 돈이면 최고라는 사고가 이제 한계에 도달한 우리를 보면서 스스로 반성해야 한다.

셋째, 평화에 대한 염원이다. 4, 5백 년의 식민지 경험에서 무력충돌로 인해 희생된 이웃, 그리고 가족들에 대한 반성이다. 폭력거부를 내세운 비폭력 저항이 여기에서 나왔다. 간디 변호사의 비폭력 무저항 투쟁은 달라이 라마, 아웅산 수치 여사의 비폭력 평화 및 민주화 운동은 여기에서 기인한다. 제 2차 세계대전부터 소련의 미하일 고르바초

프(1987년)의 개혁과 함께 해체된 소련연방 붕괴까지 45년간을 냉전시대라고 한다. 이때에 미소 어디에도 속하지 않고 비동맹 연합을 창시 이끌어 온 인도 네루 수상을 우리는 지금도 존경한다. 그에게서 창시된, 그리고 그의 딸 인디라 간디 여사에게서 절정에 달한 이 비동맹운동은 세계평화에, 그리고 미소의 극한대치에 완충역할을 했던 사실을 우리는 잊어서는 안 될 것이다.

넷째, 식민세력은 아시아인의 내면의 깊은 고뇌를 읽지 못했다. 자기들의 이익을 위한 이웃 아시아인들을 이주시킴으로 원하는 자국의 이익을 극대화하였다. 그리고 떠날 때는 그 문제를 해결하지 못한 채 그대로 떠났다. 르완다의 인종학살이 벨기에의 식민통치에 기인한다 할 수 있으며 스리랑카의 원주민 싱할라족과 식민세력이 인도의 타밀라두주에서 강제이주, 실론차 재배를 위한 타밀족들 사이의 갈등, 그리고 인도 북동부의 나갈랜드의 독립운동, 그리고 인도 아삼주의 독립운동, 인도네시아의 아체 이리안자야의 독립운동들이 다 영국과 네덜란드의 분리통치정책의 후유증의 일부임을 알아야 한다.

다섯째, 식민지 세력의 근대화 기여의 주장에 대하여 생각해보자. 인도의 철도건설은 영국의 식민지 세력에 의해 1858년부터 건설되었다. 이는 독일의 철도건설과 같은 시대이다. 그러나 인도인들은 이 철도 건설은 식민세력의 통치를 위해서, 그리고 그곳에서 수탈한 물자 수송을 위함이지 인도인들의 편의를 위한 것이 아니라고 주장한다. 일본의 극우세력이 한국의 근대화에 기여했다는 주장을 볼 때 이러한 인도인들의 해석이 타당하다고 할 수 있다.

마지막으로는 아시아의 잠재력이다. 인도와 여타의 나라들은 그 동안의 빈곤을 딛고 일어나 꿈틀댄다. 인구 13억의 인도는 분명히 변하고 있으며, 기지개를 켜고 근대화와 전통을 아울러서 인도식 발전에 진일보하는 것에 주목해야 한다. 2008년 5월 이화여자대학교에 방문해 “방글라데시의 가난은 2030년에는 박물관 속에서 볼 수 있다. 우리 벵골족은 이미 시인 타고르, 그리고 벵골인은 아니지만 마리 테레사 수녀, 나, 무하마드 유누스까지 이미 세 사람의 노벨상 수상자를 냈다"는 말은 가난은 인간의 심오한 내면의 영성과 비례한다는 주장에 귀 기울여야 할 것이다. 자, 그러면 이제 첫 번째 케이스인 미얀마를 살펴보자.

2. 미얀마 민주화운동과 아웅산 수치

세계에는 수없이 많은 개발도상국들이 존재한다. 그러나 여기에서는 특히 아시아에 위치한 미얀마를 중점적으로 다루어 봄으로써 많은 개발도상국들의 공통된 고뇌를 살펴보도록 하겠다. 공통된 고뇌란 참 민주주의의 실현을 위해서 현재 그들의 자유를 억누르고 있는 독재정권들에 대한 불의를 생각해 보며 참 민주주의의 건설이 얼마나 어려운 일인가를 살펴보기 위함이다. 이 나라야말로 7개 부족으로 이루어져 군부가 이를 역이용하여 독재연장을 하고 있으며 비폭력 · 평화적 민주화 운동이 얼마나 더 많은 희생을 치러야 하는가를 생각하게 하는 나라이다. 유엔에서는 한국을 비롯한 많은 선진국들, 미국과 유럽연합까지도 미얀마 민주화 촉진을 위한 제안국이지만 미얀마 민주화의 실현은 더디기만 하다.

미얀마의 고뇌를 집중적으로 다루어 봄으로써 여타의 개발도상국들의 공통된 고뇌, 즉 참 민주주의 실현, 인권의 중대함, 군부독재의 폭력성, 풍부한 자원이 있음에도 국민은 가난에 고통받는 일 등의 후진국의 공통된 고뇌를 독자들이 알기를 바라는 마음이다. 이런 점에서 미얀마를 선택했음을 독자들이 이해해 주기를 바란다. 또한 다른 나라의 경우들에 대해서는 지면 관계로 미얀마의 경우처럼 많은 분량의 원고를 할애할 수 없음을 이해해 주기를 바란다.

2007년 5월 22일, AP통신에 따르면 당시 유엔 인권고등판무관(UNHCHR: Office of the High Commissioner for Human Rights) 루이스 아버(Louise Arbour) 여사는 "미얀마정부가 수치 여사를 비롯한 정치범들을 석방하는 것은 국제사회에 보편적으로 인정되는 인권기준을 지키겠다는 의지를 보여주는 것"이라면서 수치 여사의 조속한 가택연금의 해지를 독촉했다. 그에 앞서 5월 15일 한국의 김대중 전 대통령, 빌 클린턴 전 대통령, 마가렛 대처 전 영국 총리 등의 세계 정상 59명이 미얀마 군사정부에 대해서 수치 여사의 연금해제를 요구하는 서간을 전달했지만, 미얀마정부는 전혀 반응을 나타내지 않았다. 아웅산 수치 여사는 1989년 처음으로 가택연금을 당해서 13년 동안 가택연금이 계속됐다. 최근 정부는 가택연금 규정 위반을 이유로 수치 여사를 재판에 회부하였다. 만약 유죄가 선고될 경우 5년간 수감 생활을 해야 한다. 1945년 출생인 아웅산 수치 여사는 미얀마의 근현대사와 일생을 같이 하였다.

인도와 일본의 식민지 정책에 항거, 미얀마의 독립투쟁을 이끌었던 수치 여사의 아버지 아웅산 장군은 1947년 미얀마의 완전독립을 보지 못하고 사망했다. 15살인 수치 여사는 영국 유학을 시작으로 옥스퍼드 대학을 졸업하고 재학 중에는 학생회장으로서 그 능력을 발휘했다. 미얀마는 1961년 이후 계속 군사독재가 지배했다. 1988년 9월부터 대학생을 중심으로 폭발된 민주화의 열기는 89년 내내 계속되어 90년 5월에는 처음으로 총선을 실시하여 수치 여사가 이끄는 민족민주동맹(NLD: National League for Democracy) 정당이 85%이상의 국민지지율을 획득하여 485석의 국회의원 중 민족민주동맹 정당은 392석을 차지했으나, 군사정권은 총선 무효를 선언하고 수치 여사를 지금까지 가택연금에 가두어 두었다. 1991년 10월 노벨 평화상 수상자인 수치 여사는 명실 공히 4천만 미얀마인들의 지도자로 추앙받는다. 근 12년간의 가택연금 도중 간헐적으로 가택연금 해제가 된 적이 있었다. 이럴 때마다 수십만의 미얀마인들이 아웅산 수치 여사의 집을 에워싸고 환호하기 때문에 군부는 다시 매번 1년씩 가택연금을 연장한다고 밝힌다.

수치 여사는 두 아들의 어머니인데, 1988년 이후 외국출입을 하지 않는다. 그 이유는 군부가 수치 여사의 재입국을 허용하지 않기 때문이다. 노벨 평화상 수상식뿐만 아니라, 1999년 3월, 수치 여사의 남편 전 옥스퍼드 대학교 교수 마이클 아리스의 장례식에도 참석하지 않는, 미얀마의 민주화를 위해서 비폭력 평화적 수단으로 군부와 대치하는 21세기의 평화와 인권, 그리고 민주화의 지도자가 바로 수치 여사이다. 여기에서 잠시 미얀마의 현대사를 살펴보자.

미얀마는 인도의 식민지였다. 인도는 영국의 식민지였음을 잘 안다. 이렇게 본다면 미얀마는 두 나라의 식민 종주국의 악재에 허덕였다고 말할 수 있다. 1948년 1월 4일 영국에서 식민지 종식을 마감하고 독립국가로 되었다. 아웅산 장군은 그 3년 전 1945년 3월 27일 유나이티드(*United*) 버마를 선포하고 독립의 의지를 불태웠다. 1962년 군사 쿠데타를 경험한 미얀마는 45년간 군사독재에 신음한다. 미얀마는 7개의 부족으로 구성되어 있으며 미얀마인이 거의 70%를 차지하고 있고 그 이외에 '친(Chin), 카렌(Karen), 샨(Shan), 몽(Mon), 카친(Kachines), 와(Wa)'의 총 7개 부족으로 구성되어 민주화 이외에 7개 부족 간의 평화도 커다란 과제로 남아 있다. 군사 독재자들은 그들의 정권연장 이유로 소수민족 7개 부족의 평화스러운 공존을 내세우고 있으나, 사실은 그렇지 않다. 군사 독재자들은 이 소수민족의 독립이나 자치의 노력들을 진압한다는 명목으로 그들의 전통적 생활터전을 방화하고 소수민족 말살정책의 일환으로 이들 부족의 부녀자들을 강간하여 소수민족을 지구상에서 없애려고까지 한다. 약 2천 명 이상의 정치범들을 악랄하게 수용하는 군사독재 정권은 유엔의 지속적 정권이양의 회유에도 아랑곳하지 않고 있는 실정이다. 이 군사정권은 국가법질서회복평의회(SLORC: State Law and Order Restoration Council)이라는 이름으로 4,700만의 미얀마인들을 다스리다가 1997년 11월 5일 그 이름을 국가평화발전위원회(SPDC: State Peace and Development Council)라고 개명하였다. 이 나라의 명칭은 1948년 버마연방(Union of Burma)로 출발하여 1974년 버마연방 사회주의공화국(Socialist Republic of the Union of Burma)로 국가의 이름을 변경하였다가 1989년 미얀마(Union of Myanmar)로 다시 바꾸었다. 1885년부터 1930년까지 미얀마는 인도의 주변 변방국가(*Annex*)로 있다가 1930년 인도에서 독립하였고 1948년 다시 영국에서 독립하였다. 그 사이 1942년부터 1945년까지 일본의 식민지로 있었다.

1962년 3월 2일 네 윈(Ne-Win) 장군은 혁명을 일으켜 정권을 장악하고 1974년 폐쇄정책을 실시하여 미얀마는 세계에서 완전히 고립되었다. 1988년 소 마웅(Saw Maung) 장군은 정권을 다시 이양받았고 1997년 킨 윤트(Khin Nyunt) 준장이 실권을 장악하고 있었으나 아직도 늙은 네 윈 장군의 일파들이 섭정하는 실정이다(네 윈은 2008년 사망하였다).

미얀마는 텅스텐, 동, 은, 옥, 금, 니켈, 다이아몬드, 루비 등의 무한한 지하자원과 매장량이 풍부한 원유를 보유하고 있기 때문에 많은 나라들의 관심의 표적이 된다. 미얀마는 방글라데시와의 국경에서 많은 인종분쟁을 야기한다. 독재에 신음하는 미얀마인들은 타일랜드 국경지대로 주거지를 옮겨 거주한다. 특히 소수의 부족국가는 군사독재의 탄압을 견디지 못하고 타일랜드 국경을 넘어서 생활하고 있으나 유엔의 난민지위를 얻지 못하는 실정이다.

타일랜드 국경에는 약 30만의 피난민이 살고 있으며 2만 명의 미얀마인들이 중국과 인도에 산다. 21만 명 이상이 방글라데시에 정착해 산다. 200만의 인구가 자기 집을 잃고 미얀마 내에서 방황하고 있으며

(국내실향민, Internally Displaced People), 종교는 불교가 85%, 전통 종교 5%, 기독교 4.55%, 무슬림 4%, 힌두교 1.5%로 되어 있다. 한국에도 수천 명의 미얀마인들이 외국인 노동자로 일하고 있으며, 특히 아웅산 수치 여사와 같이 민주화 투쟁을 했던 학생출신들 약 30명이 노동자로 일하고 있으며, 그 중 11명이 정치적 망명신청이 허가되어 한국에서 자유롭게 외국을 오가며 그들의 민주화 운동을 한다. 미얀마의 이슈는 다음과 같다.

민주주의, 민족성, 군대, 부정부패, 이주노동자/이주, 종교/불교, 중국, 일본, 한국, 아세안 임무, 서양의 정책, NGO의 자립, 환경, 초국적 협력, 식민주의/NGO, 소수자 권리/여성의 권리, 난민/실향민, 국영언론

3. 미얀마 민주화운동의 전개[1)]

미얀마[2)]는 1885년까지 왕국을 유지하다가 1886년부터 1942년까지 영국의 식민지가 되었다. 그 사이 1937년 미얀마는 인도로부터 분리되어 영국의 직할 식민지가 되었다. 그리고 일본 제국주의의 동남아 진출로 1942년부터 1945년까지는 일제의 식민지가 되었다. 1945년 3월 27

1) 이 자료는 필자가 인권대사 시절에 한국정부로부터 유엔 난민지위를 얻어 한국에서 조국의 민주화 운동을 하는 아웅산 여사의 미얀마민족민주동맹한국지부에 의해서 작성된 것임을 밝혀둔다.

2) 현재 국제 사회에서 통용되는 버마(Burma)의 공식적 나라 이름은 미얀마(Union of Myanmar)다. 1988년 민주화의 요구를 피로 마감하며 정권을 장악한 신군부는 부정적 대외 이미지를 쇄신하고자 1989년 나라 이름을 버마에서 미얀마로 바꿨다. 그러나 민주화를 요구하는 미얀마 국외에서는 버마를 여전히 고수한다.

일 반일혁명(미얀마 혁명의 날)을 벌여 일본군이 미얀마에서 철수할 때까지 투쟁하였다. 그러나 일본의 철수가 미얀마의 독립을 가져다주지는 못하였다. 미얀마는 1945년부터 1948년까지 다시 영국의 식민지가 되었다. 그 사이 1947년 2월 12일 소수민족들과 미얀마 독립운동 지도자 아웅산 장군은 미얀마 독립을 같이 받기 위하여 삔롱조약을 썼다.

당시 영국 식민지였던 미얀마의 독립을 위해 아웅산 장군은 영국의 수상인 애틀리 수상과 회담을 진행하게 된다. 이 회담을 근거로 이른바 '아웅산-애틀리 협정'이 발효되어 양국의 대표가 서명하게 된다. 하지만 '아웅산-애틀리' 회담에 함께 참여했던 구정치인 우소(U Saw)[3]는 아웅산-애틀리 협정서명을 거부하고, 새로운 정치단체를 결성하고 아웅산에게 대항하게 된다.

결국 이러한 움직임은 아웅산과 독립 지도자 8명을 암살하는 사태로까지 이어지게 된다. 8명의 지도자가 암살당한 1947년 7월 19일을 기념하여 순교자의 날로 지정하여 기념하고 있다. 사법부는 아웅산 장군과 독립 지도자 8명의 암살을 지시한 우소와 그의 하수인들에게 법의 심판을 내렸다. 하지만 이 암살 사건에 대한 완전하고 공정한 수사는 제대로 진행되지 못했다. 단지 우소가 아웅산 장군에 대한 불만으로 이런 일을 행했다고만 알려지게 된다. 우소와 그의 하수인들에 대한 조사과정에서도 많은 의문의 죽음이 있게 된다. 미얀마 사회에서 아웅산 장군과 독립 지도자 8명에 대한 암살사건에 대한 처리는 이후 미얀마 사회 내에 발생한 민간인 집단학살이나 친영파, 친일파 문제 등 과거청산을 완전하게 할 수 없게 되는 부담으로 남게 된다.

미얀마는 결국 1948년 1월 4일 독립하였다. 그리고 1948년부터 1962년까지 보통선거를 치르며 민주주의 국가의 기틀을 잡아갔다. 1960년 총선거에 우누 총리가 이끄는 여당이 승리하였지만 1962년 3월

3) 일본군 점령 이전 영국의 식민지배 당시 마지막 수상을 역임한 인물이다.

2일 네 윈 장군이 이끄는 군사 쿠데타가 일어났다. 그에 대해 1962~63년 학생들을 중심으로 민주화운동이 전개되자 탄압이 가해졌다.

군부세력과 대부분의 정치인들이 지지하는 가운데 권력을 장악한 군부정권은 1962년 5월 4일, 양곤 대학의 학생들을 퇴학시켰다. 그러자 학생회에서는 퇴학조치 철회를 강력히 요구했다. 1962년 대학 진급시험 과목 안에 정해진 과목 외에 다른 과목으로 바뀌는 일이 발생했다. 1962년 네덜란드 대사관 앞에서 학생 대표부 4명이 시위하다가 체포되었다. 미얀마 대학생들이 집회를 벌인 이유는 네 윈 장군의 쿠데타를 네덜란드정부가 인정했기 때문이다. 이 일로 네 윈 장군은 대학 관계자들을 불러다가 학생들의 집회가 자꾸 발생하는 이유는 교수의 지도가 잘못되었기 때문이라고 비난했다. 또 학생들이 정치문제에 관심을 갖도록 놔두었기 때문이라는 이유로 대학위원회를 폐쇄했다. 대학 총학생회는 이것을 두고 네 윈 장군이 대학까지 장악하려 한다고 강한 반발 움직임을 보였다. 1962년 5월 11일 양곤 대학 총장과 일부 교수는 사퇴했으며, 일부 교수는 대학을 옮겼다. 다음 날 양곤 대학 기숙사 관리 직원들이 대학을 그만두었다.

1962년 5월 17일 네 윈 장군은 쿠데타령 30항을 통해 대학위원회를 다시 구성하였는데 위원회에 고위직 군인을 포함시켰다. 이 대학위원회에는 1958년에 교육부 장관이었던 사람도 포함되었는데, 이 사람이 양곤 대학 총장이 되었다. 군부정권은 1962년 5월 26일 양곤에 있는 다른 5개 대학을 진급 시험문제가 유출되었다는 이유로 폐쇄시켰다. 1962년 6월 18일에는 대학 기숙사 본부가 학생들을 강하게 통제할 수 있도록 하는 규칙을 제정하였다.

1962년 7월 3일 학생들은 다시 진급시험 무기한 연기와 기숙사 통제에 대한 규칙을 철회할 것을 요구하였다. 1962년 7월 4일 네 윈 장군은 사회주의 정치형태로 나갈 것을 표명하였다. 1962년 7월 5일 네덜란드 대사관 앞에서 3개 대학 총학생회가 시위했고, 군 당국은 엉뚱한 이유를 붙여 총학생회 간부를 체포했다. 학생들은 이 사건이 학생회를 탄압하는 것이라며 다시 항의집회를 열었다. 1962년 7월 6일, 군 지도부는 총학생회와 각 동아리의 회장 등 지도부를 독단적으로 임명하였다. 1962년 7월 7일 오후 1시에 군이 총학생회 지도부를 구성한 것에 반발하여 학생들이 집회를 시작하였다. 처음에는 전투경찰이 진압을 했지만, 오후 5시 반부터는 군인이 무차별적 총기 공격으로 집회를 진압하기 시작했다.

지금에는 유엔에서도 사용을 금지하는 무기인 G3, G4를 사용해 비무장 상태의 학생들에게 총격을 가했다. 군 지도부는 사상자 수가 17명이라고 발표했지만 무차별 총기 난사에 의한 학생 사망자 수는 수백 명에 이르렀다. 당시 총을 맞은 '쩌윈'이라는 사람은 상처에서 흐르는 피로 '7월 7일을 잊지 말자'(*Don't forget 7 July*)고 총학생회 건물 벽에 써 놓았다. 그 날 밤 쩌윈은 상처 때문에 멀리 가지 못하고 총학생회 건물 안에 있을 수밖에 없었다. 총학생회 건물은 미얀마 역사상 가장 유명한 건물이다. 이 건물은 영국의 통치 아래서도 저항운동의 근거지였으며 영국정부도 감히 손대지 못했었다. 이 건물을 두고 네 윈 장군이 총학생회 건물은 공산주의자들의 본거지라며 7월 8일 새벽에 폭파시켰다. 때문에 총상으로 멀리 가지 못하고 건물에 숨어 있던 쩌윈은 미처 피하지 못하고 죽게 되었다.

1962년 7월 9일 아침, 네 윈 장군은 방송을 통해 자기 일을 방해하면 두 번 다시 말로 하지 않을 것이며, 총에는 총으로, 칼에는 칼로 맞설 것이라고 말했다. 하지만 당시 학생들은 거의 비무장 상태로 군에 총이나 칼로 맞설 수가 없는 상황이었다. 군의 지나친 진압이었다. 1963년 11월, 폭파된 총학생회 건물 자리에 임시건물을 지었다. 그리고 그 자리에 1962년 7월 7일 죽어간 사람들을 위해 위령탑을 세웠다.

위령탑 이름은 'OVER 100'으로 이것은 당시 사망자 수가 100명 이상이었음을 뜻한다. 그러나 얼마 지나지 않아 미얀마 내전 종식과 평화구현을 위한 집회가 있자, 학교는 다시 폐쇄되고 위령탑과 총학생회 임시건물도 파괴되었다. 이후에도 미얀마에 민주화의 봄이 올 때까지 학생들을 중심으로 한 반(反)군부독재 민주화 운동은 지속되었다.

1974년에 군부는 대다수 군부대표들과 소수의 국민대표들에 의하여 기초된 새 국가 헌법을 승인하였다. 그 새 헌법은 표현과 시위의 자유 같은 권리들을 포함했지만, 네 윈의 미얀마식 사회주의에 따르는 일당지배체제만을 인정하였다. 헌법에 민주적 권리들이 규정되긴 하였으나 군부 지배자들에 의해 고안된 국가안보에 대한 규정들과 비상 조치법이 헌법상의 권리들을 침해하였으므로 이들은 실행되지 못했다. 게다가 국내 자유거래의 부족과 사적 영역상의 권리부재로 인해 미얀마의 경제사정도 어려웠다. 군부가 모든 기업을 통제했으며 개인적 경제 활동 분야는 활성화되지 않았다. 심지어 주식인 쌀의 국내거래에조차 많은 제한이 가해졌다. 국유화, 국가소유 정부운영의 미명하에 진정한 기회들과 소유권은 군부 지도자들과 그들의 협력자들만을 위한 것이 되고 말았다. 부정과 부패가 전국에 팽배했다. 미얀마가 영양실조, 가난, 그리고 경제붕괴의 영향으로 신음하는 동안, 네 윈 장군은 아시아에서 가장 부유한 인물 중 하나로 꼽히게 되었다.

1974년 6월 6일에 오전 9시 30분에 조선소, 굵은 자루 공장, 의료회사, 제조공장, 철도공장들은 사이렌 소리를 신호로 노동자들은 대문을 닫고 열쇠를 감추었다. 노동자들의 요청은 다음과 같았다. ① 철도노동자들을 석방하라, ② 월급을 올리라, ③ 물 값을 내려라, ④ 아르바이터들을 공식노동자로 인정하라, ⑤ 노동자들에게 쌀, 식용유 및 주방용품들을 무료로 배포하라, ⑥ 노동조직법으로 직책들을 지명하라, ⑦ 복지사업을 진행하라, ⑧ 보상금을 주라, ⑨ 사회주의는 필요

없다, ⑩ 군부독재는 물러가라 등이 그것이다.

미얀마가 낳은 우탄트 전 유엔 사무총장(1962~1971)은 1974년 11월 25일 미국 뉴욕에서 생을 마감했다. 우탄트의 장례식을 미얀마에서 치루고 시신도 미얀마 땅에 묻고 싶어했던 가족들의 뜻에 따라 1974년 12월 1일 우탄트의 시신이 미얀마에 도착했다. 그러나 1974년 12월 5일 오후 1시 네 윈 군부는 우탄트의 시신을 일반 묘지에 묻겠다고 발표했다. 우탄트의 장례를 국장으로 하지 않고 시신을 일반 묘지에 묻겠다는 군부의 발표에 반대하는 학생들과 시민들은 우탄트의 시신을 양곤 대학교로 옮긴 후 시신을 에워싸고 지켰다. 12년 동안 참아왔던 학생들은 군부를 향해 "말할 때는 사회주의, 행동할 때는 일당 독재, 굶고 있는 국민들을 보라"고 외쳤다. 1974년 12월 6일에 시민들은 양곤 대학 안에 있는 우탄트의 시신을 참배했고 학생들은 오후 4시까지 기다리겠다며 우탄트의 장례를 국장으로 진행할 것을 촉구했다.

네 윈 군부의 허가가 없자 학생들은 1974년 12월 8일 전 총학생회 건물(네 윈 장군의 쿠데타 후 7월 7일 발생한 학생운동 진압과정에서 7월 8일 폭발)터에 묘지를 만들었다. 12월 11일 새벽 2시, 군인들은 묘를 지키며 잠들어 있는 학생들을 크레인으로 밀고 구속했다. 군인들은 학생들에게 폭력을 가했을 뿐 아니라 크레인으로 밀었기 때문에 학생들의 부상과 사망이 잇달았다. 이는 오전 8시까지 계속되었다. 시민들은 이를 보고 분노하여 오전 8시 30분 구청, 경찰서, 영화관 등을 방화했다. 군부는 시민들과 학생들, 승려들을 진압했다. 그 과정에서 부상자들과 구속자들이 수없이 발생했고 수백여 명의 학생들, 승려들, 시민들이 목숨을 잃었다. 그리고 대학들은 폐쇄되었다.

1974년 6월, 노동부가 노동자들의 약속을 지키지 않아 노동자들은 1975년 6월 6일 다시 데모를 시작했다. 6월 8일 오후 4시 30분에 미얀마어를 못하는 소수민족 군인 70여명 정도가 공장 안으로 쳐들어왔다.

이 군대를 이끌고 온 소령은 “모두 공장 밖으로 나가라. 우리가 공장을 압수했다. 명령을 지키지 않으면 쏘겠다. 30분 시간을 주겠다. 우리는 한 명도 쏘고 싶지 않다”고 통보했다. 노조 지도자들과 노동자들은 분노했지만 참고 공장 밖으로 나왔다. 군대는 공장 밖으로 나온 노조 지도부들과 노동자를 강제로 감금했다. 그 당시에도 수백여 명이 구속됐다. 이들은 6월 12일 군사법정에서 징역 10년, 13년, 16년의 형을 받았다.

1975년 5월 대학들은 다시 문을 열었다. 다시 대학교를 다니는 대학생들의 마음속에서 74년의 학생운동은 잊혀지지 않고 생생하게 살아있었다. 다시 학생운동이 일어날 수 있다고 생각한 군부는 6월 초 교육부 장관을 공과대학으로 보냈다. 교육부 장관은 학생들이 자신의 생각을 이야기할 수 있도록 연설회를 개최하였다. 교육부 장관과 교수들은 뒤에서 앉아 있고 앞으로 나와 학생들이 자유롭게 연설하였다. 연설하는 학생들은 우탄트 장례식을 군부가 강제진압한 것은 불법이고 공권력의 남용이며 1974년 총선거는 부정선거임을 주장하며 3시~4시까지 연설회를 진행하였다. 교육부 장관은 학생들의 주장을 인정하며 이제 연설회를 마치면 정부 내에서 이에 대해 논의하겠다고 말했다. 공과대 학생들은 아직 많은 학생들이 할 이야기가 있으며 연설회를 더 진행할 것을 요청하였지만 일방적으로 행사는 중지되었다. 이후 학생들은 체육관에서 모여 연설회를 계속했다. 그리고 저녁에 다시 이 자리에서 모이자고 발표했다. 저녁 때 공대학생들은 학위 수여식이 진행되는 건물로 행진하였다.

다음 날 신문은 공과대학교 안으로 불순분자들이 침투하여 공대학생들을 선동하였다고 보도하였다. 기사를 본 학생들은 흥분하여 버스 10대를 탈취하여 승객들에게 기사와 자신들의 주장을 설명하고 기사에 대하여 항의하기 위해 신문사로 향했다. 신문사로 향하는 도중 군용차량에 의해 길이 차단되어 더 이상 나아갈 수가 없었다. 군부는 신문사

측과 그 자리에서 논의하도록 유도했다. 학생 지도자들은 그 자리에서 다음 날 신문에 학생들은 폭동들이 아니라고 정정보도하도록 요청하였고, 신문 편집자들이 이에 대해 인정하고 정정보도하겠다고 답하였다. 그러나 다음 날 신문은 학생들과 만난 사실만을 아주 작게 보도하였을 뿐이다.

6월 9일 학생들은 인세인 교도소를 향해 행진하였고 교도소 앞에서 "학생들을 석방하라, 노동자들을 석방하라, 총학생회를 다시 설립하라"고 외쳤고 교도소 안에서 수감자들이 이에 동조하여 고함을 질렀다. 그 후 학생들은 국제적으로 유명한 쉬다공 파고다로 이동하여 모였다. 쉬다공 파고다는 옛날 독립운동할 때부터 운동가들이 모여 온 장소이다.

따킨 꼬더 마잉(Thakhin Kotaw Hmaing, 1876~1964)은 식민지 시대 혁명가이며 미얀마 사람들이 존경하는 선생이자 시인이다. 1976년 3월 23일 학생들은 따킨 꼬더 마잉의 탄생 100주년을 기념했다. 미얀마 군부가 국가적 행사를 갖지 않아 학생들이 기념을 했다. 유인물을 배포하고 반독재 시위를 했다. 군부는 이를 잔혹하게 진압하였고 안보원들은 학생들 수백여 명을 구속했다. 1976년 6월 26일에 학생 지도자 친족출신 꼬 띤 마웅 우는 교수형을 받았다. 1980년대 중반까지 군부정권의 독재와 폭압은 계속되었다.

그러나 1980년대 후반부터 나타난 전 세계적 민주화 도미노 현상은 미얀마에서도 일어났다. 미얀마 최대의 민주화운동의 불꽃이 일어난 것이다. 1988년 3월 13일 학생들과 지역 주민들은 한 찻집에서의 소란에 휘말렸고 이는 더 큰 사건으로 번져나갔다. 폭동의 중재에 나선 경찰은 양곤 공대(Rangoon Institute of Technology) 재학생의 죽음을 유발하였다. 이에 양곤 공대학생들은 매일 시위를 시작했다. 그 당시에 폰모(Phone Maw)와 대학생 2명이 사망하였다. 시위는 다른 대학들로 퍼졌다. 학생들과 경찰 사이의 무력 충돌이 여러 사상자를 내며 12일이 흐른 뒤, 정부는 대학들을 임시 휴강하도록 하고 학생들의 죽음에 대한 조사에 착수할 것을 약속했다. 6월이 되어 학생들이 다시 학교로 돌아왔을 때, 그들은 여전히 실종된 학생들에 대한 정부의 해명과 함께 학생들의 사상에 책임지고 있는 관리자들의 체포를 요구했다. 경찰과 군부는 이에 다시 한 번 무력으로 대처하였으며 최소 20명에 가까운 학생들을 사살하고 수백 명을 체포하였다. 그리고 대학들은 다시 강제로 문을 닫도록 하였다. 사회적 불안의 공기는 전국으로 퍼져나갔다. 사람들의 정치 변화에 대한 요구의 목소리가 커지면서 저항의 움직임은 점차 거세져 갔다. 정부는 계엄령을 선포하기에 이르렀다. 며칠 전에 부상자 7명이 사망하였다.

3월 16일, 양곤 대학 학생들이 공과대학으로 행진할 때 군대가 길을 막고 총으로 쏴 버렸다. 그 자리는 디다퓨(*White Bridge*)라고 불리는 곳이었다. 그 후 이 자리에서 피살되기 때문에 디다니(*Red Bridge*)라고 부르게 되었다. 7월 26일, 네 윈 의장은 미얀마사회주의당에 사표를 냈으나 독재정권은 바로 다음날 세인 르윈(Sein Lwin) 장군을 새로운 지도자 및 대통령으로 지목하였다.

8월 8일, '민주주의와 인권이 필요하다, 사회주의를 중지하라'고 평화적으로 범국민들을 요청, 데모를 했다. 밤 11시 45분, 미얀마 수도 양곤 시청 앞에 데모하는 국민들을 군대가 발사해 수백여 명의 국민들이 사망했다. 8월 9일, 미얀마 방송국에서 5명만이 사망했다고 보도했다. 국민들은 계속 시위를 하고 전국 각 지역들마다 시위를 벌였다. 사가인(Sagyaing) 지역에 군대와 경찰들은 시위하는 시민들에게 발사해 수백여 명이 사망했다. 8월 12일 세인 르윈 장군은 사임했다.

8월 19일 민간인 출신 법률가 마웅 마웅(Maung Maung) 박사가 대통령직을 대체했다. 이 시기 동안 감옥으로부터 수천 명의 범죄자들이 무작위 석방되면서 범죄에 대한 두려움이 가중되었다. 수돗물에 독극물이 들어있다든지 극악한 행위들이 계획된다는 식의 루머가 정부 관리들에 의해 퍼지기도 했다. 계엄령 아래 새로운 독재정권을 수립한 군 세력에 의해 학생들의 평화시위는 1988년 9월 18일 탄압되었다. 이 새로운 독재정권은 국가법질서회복위원회(SLORC: State Law and Order Restoration Council)라고 이름 지어졌다. 국가법질서회복위원회는 수천 명의 사상자를 내면서 민중시위를 탄압했다.

많은 학생들은 도시를 떠나 그들의 고향으로 돌아갔으며 국경지역으로 도망쳤다. 국가법질서회복위원회는 1974년의 헌법을 중지시켰다. 그 당시에 국민들 3천여 명 이상이 사망했다. 9월 23일, 소 마웅(Saw Maung) 장군은 스스로를 국가법질서회복위원회의 지도자로 내세우면서, 그의 군사적 중재는 입법과 질서유지 및 국민들의 경제조건 개선, 그리고 복수정당 선거를 진행하기 위함임을 민중들에게 밝혔다. 그의 의도는 정권에 오래 머물러 있는 것이 절대 아님을 거듭 강조했다.

9월 24일 우 아웅 지, 우 떤 우와 아웅산 수치 여사는 민족민주동맹(NLD: National League for Democracy)을 설립했고 9월 27일에 정당으로 등록했다. 1988년은 12월 27일, 독립 영웅이며 아웅산 장군의 부인 더 킨 지(Daw Khin Kyi)가 별세하였다.

공과대학생 폰 모(Phone Maw)와 3명의 추모식을 1989년 3월 3일에 공과대학교 내에서 했다. 아웅산 수치 여사, 학생 지도자들과 대학생들이 참석하고 참배를 했다. 그 자리에서 3월 13일은 미얀마의 인권의 날이라고 참석한 모든 사람들이 인정했다. 아웅산 수치 여사는 미얀마 내 각 지역으로 다니며 조직 연설을 했다. 3월 16일에 디다퓨(*White Bridge*) 피살 기념일에 인야 호수에 장례식 화환이 떠돌자 군대가 총으로 탄압했다. 학생들은 시위를 벌였다. 5월 27일 군사독재 정권이 버마에서 미얀마로 국명을 개정했다. 7월 20일 우 떤 우와 아웅산 수치 여사를 1년 가택연금을 했고 전국 민족민주동맹 당원들을 구속했다. 9월 25일 초등학교, 중학교, 고등학교의 문을 열었다.

그런 상태에서 1990년 5월 27일 총선거가 실시되었는데 아웅산 수치 여사가 이끈 미얀마민족민주동맹이 82%의 압도적 지지로 승리했다. 다음 날 민족민주동맹이 승리했다고 군부가 발표했지만 정권을 언제 이양하겠다고 정확하게 발표하지 않았다. 민족민주동맹 국회의원들은 간디 회관에서 모이고 '민주주의로 빨리 변형하라, 우 띤 우 의장, 아웅산 수치 여사와 정치적 양심수들을 즉각 석방하라'고 촉구했다. 9월 2일에 군부는 민족민주동맹은 "정권을 통치할 수 있도록 준비가 되지 않았다"고 말했다.

국제사회의 압력이 높아져가는 가운데 1991년 아웅산 수치 여사가 노벨 평화상을 수상하였다. 1992년 4월 소 마웅 의장(국가법질서회복위원회)이 강제 퇴당되었고 딴 쉬 부 의장이 통치했다. 수치 여사가 가택연금에서 해제된 것은 1995년 7월이었다. 그러나 민주화의 길은 멀어 보였다. 민주화운동을 주도해온 학생운동 참가자들의 대량 구속은 줄어들지 않았다.

학생들의 구속자 석방, 민주개혁 요구가 계속되는 가운데 1998년 9월 16일 국민국회의원 대표위원회(CRPP: Committee of Representative People's Parliament)가 설립됐다. 1990년 9월에 결성이 선포되었지만 조직 설립은 이때 이루어졌다. 국민국회의원 대표위원회는 군부가 선거결과에 승복하지 않은 것 때문에 결성되었고 9년 동안 국회소집 불허와 국회를 소집하기 위한 연방정부를 원하는 요구에 대한 군부의 불응 결과 결성되었다. 9명의 국민국회의원 대표위원회 멤버들은 민족민주동맹 출신이고 나머지 한 사람은 4개의 소수민족정당을 대표한다. 이들 4정당은 아라칸(Arakan) 민주주의연맹, 민족민주주의전선, 샨 민족민주동맹, 조미(Zomi) 민족의회 등이다. 국민국회의원 대표위원회로 대표되는 정당들은 전체 의회의석 중에서 433석(89%)을 차지했다.

국민국회의원 대표위원회는 1990년 다정당 국민의회(Pyitthu Hluttaw) 선거법에 따라 소집될 때까지만 그 활동을 지속할 예정이었고, 유권자를 대표하는 임무를 실행하기 위해 의회를 대신하는 책임을 맡는다고 규정했다. 물론 군부는 국민국회의원 대표위원회에 대해 적대적이었고, 그래서 국민국회의원 대표위원회 활동을 억압하기 위한 행동을 취했다.

군부는 군법에 의한 군사정부의 통제가 새 정부가 새로운 헌법과 함께 구성될 때까지만 지속될 것이라고 설명했다. 그러나 초안 헌법을 점검하면서 분명해진 것은 새 정부의 모든 의석의 4분의 1이 군의 최고담당자에 의해 추천된 군인들을 위해 마련된 것이었으므로, 새 정부 역시 군부에 의해 통제될 것이라는 점이었다.

왜 새 헌법의 중요성이 권력이양 이전 다정당 선거결과가 분명해진 이후에야 군부에게 부각되었는가? 그것은 그들에게 그렇게 놀랄 만한 패배가 예상되지 않았기 때문이었고, 핑계거리로서 헌법을 사용한 것은 자신들의 권력을 합법화하고 국민들의 군부통제 포기요구를 지연시키려는 방안이었다. 그러나 그 요구는 약화되지 않았고 국가법질서회복위원회 성명이 나온 이후 이틀간 민족민주동맹은 의회가 1990년 9월까지 소집되도록 요구하는 '간디 홀 선언'을 발표했다. 선거결과를 존중하지 않은데다 간디 홀 선언의 요구 합의를 거절한 군사정부는 모든 민주주의 그룹을 고민에 빠뜨렸다.

민족민주동맹에 반발한 군사정권이 취한 억압적 조치는 대표자들이 정당의 기능에 자유롭고도 충분히 참여하기 어렵게 만들었다. 정치적 정당 활동도 어려웠을 뿐 아니라, 국회의원으로서의 그들의 책임을 실행하는 것도 불가능했다. 그러므로 국회의원들이 그들의 임무를 이행하기 위한 대안을 찾는 것이 필요하게 되었다. 1998년 5월 27일 민족민주동맹 당 의회는 다시 한 번 군부에 의회소집을 요구하기로 결정했다. 다른 소수민족정당과 국회의원들 역시 민족민주동맹의 요구를 지지하기 위한 유사한 요구사항을 제안했다.

1998년 6월 23일 민족민주동맹은 그들의 요구가 8월 21일까지 달성되도록 국가 권력층에 전달했다. 그 날(8월 21일)은 군부에 의해 무시된 채 지나갔고 그래서 다음 단계는 1998년 9월 16일 국민국회의원 대표위원회를 결성하는 것이었다. 국민국회의원 대표위원회가 구성된 후 20개월 후에 국제사회의 인식이 확대되고 미얀마 국내외적으로 민주적 야당은 그 권력이양을 위한 지지를 강화했다.

2000년에 들어서도 아웅산 수치 여사와 군사정권과의 밀고 당기는 줄다리기는 계속되었다. 군사정권의 여행제한과 연설회 저지에 맞서 아웅산 수치 여사는 민족민주동맹 지도자들과 함께 양곤을 벗어나 지방을 여행하면서 자신들의 투쟁을 알리고자 하였다. 그럴 때마다 군사정권은 길을 차단하거나 기차역을 봉쇄하거나 참가자들을 위협하면서 그녀의 활동을 막았다. 9월 23일 아웅산 수치 여사는 군부정권의 여행제한을 무시하고 중부 만달레이를 방문하려다가 다시 가택연금을 당하게 되었다. 두 번째의 가택연금 상태에 들어갔지만 그녀는 민족민주동맹의 지도자들과 유럽연합 대표, 유엔 인권감시관, 유엔 특사 라잘리 이스마일(Razali Ismail) 등과 만날 수 있었다.

2001년 양곤 시청 앞에서 평화적으로 민주정부를 수립하기 위한 살라이 툰 탄(Salai Tun Than) 박사가 1인 시위를 벌였다. 이로 인해 그는 7년형을 선고받았다. 유엔 인권대사 피에로(Piero) 박사가 감옥 내 면회실에서 인터뷰하고 있을 때 군사독재의 공무원들은 도청을 했다. 2002년 3월 네 윈이 군사정부에 의해 가택연금되고 네 윈의 사위와 외손자 3명이 쿠데타 기도 혐의로 체포되었다. 12월 네 윈이 가택연금 상태에서 사망하였다. 5월 6일 아웅산 수치 여사는 19개월의 가택연금 상태에서 아무런 조건 없이 풀려났다.

2003년 2월에 20개의 개인은행에 닥친 금융위기로 인해 은행이 문을 닫고 경제가 교란되었다. 미얀마의 디페인(Depayin) 지역에서 2003년 5월 30일, 전국을 돌며 강연회를 하던 아웅산 수치 여사를 포함한 민족민주동맹(NLD) 정당의 지도부를 겨냥한 것으로 보이는 테러가 일어났다. 미얀마 망명정부에 의하면 이 현장에서 70여명이 살해되고 200여명이 부상을 입었으며 실종자들도 상당수에 이른다. 이 사건을 계기로 미얀마 군사정부는 야당에 대한 탄압을 대대적으로 자행하여 단 며칠 동안에 총 256명을 체포하고 이 중 100여명은 아직까지도 감금되어 있다. 또한 이 사건을 빌미로 전국의 민족민주동맹 사무실을 폐쇄하고 주요 대학에 휴교령을 내렸다. 2003년 11월, 58차 유엔총회 제3위원회에서 유엔 특사 폴루사지오 피네로 씨는 "디페인 사건이 군부 앞잡이들의 묵인 아래 일어났다는 명백한 증거가 있다"고 하였다.

독재정권은 2005년 11월 7일 양곤에서 핀마나(Pyin Ma Na)로 행정수도를 옮기고, 2006년에는 공식 수도를 양곤에서 네피도(Nay Pyi Taw)로 이전했다.

4. 군부통치의 영향

미얀마에는 군부가 정권을 잡기 전인 1962년 이전에 30여개가 넘는 신문이 있었다. 3개의 영자신문, 6개의 중국어 신문, 8개의 인도어 신문, 그리고 미얀마어 신문은 18개가 있었다. 하지만 오늘날은 4개 정도의 미얀마어 신문만이 있다. 이들 신문의 특징은 군대 소식과 불교행사, 그리고 승가 관련 소식만 나오는데 국내의 간단한 사건사고, 그리고 해외의 시시콜콜한 뉴스를 주요 제목으로 한다. 신문들에서 아웅산 수치 여사와 정치 활동가들, 인권 활동가들을 비난하는 소문들을 발표한다. 정작 국민이 알고 싶어하는 내용은 거의 다루지 않는다. TV 방송은 그 도가 지나쳐서 하루 종일 군대소식과 군인들이 사원과 승려에게 보시하는 내용만 나온다.

영양이 모자라는 어린이들도 많이 있고 그 어린이들에게 아웅산 수치 여사가 이끄는 민족민주동맹 사무실에서 영양제를 먹여 준다. 어린이들이 너무 많아서 영양제가 부족할 수밖에 없다. 학교를 다녀야 하는 어린 소녀들은 공부를 하지 못하고 담배, 과자, 과일 등 잡화를 판다. 타일랜드 북쪽 미얀마 국경지역 범죄조직이 미얀마 소수민족 어린이들을 타일랜드 돈 100바트(한국 돈으로 약 300원)에 타일랜드에 있는 또 다른 범죄조직에 인신매매한다.

미얀마 군대에는 소년병들이 많다. 중고등학생들이 밖에 나가면 길거리에서 미얀마 군인들이 이들을 협박하고 군대로 보낸다. 부모들은 아들이 어디에 있는지도 모르고 군대에서도 알려주지 않는다. 세계에서 인도적 지원을 하려고 미얀마에 왔지만 미얀마 군부독재는 국민들에게 바로 지원할 수 없게 하고 미얀마 군부독재를 통해서만 지원할 수 있게 한다. 이 지원들도 미얀마 국민들에게 쓰이지 않고 군비에 60%이상 쓰고 있고 교육에 대한 지원은 1%밖에 되지 않는다.

미얀마 내에서 인간 면역결핍 바이러스(HIV)와 후천성 면역결핍 증후군(AIDS) 환자들은 80만여 명 정도 있으나 치료받기가 어렵다. 2007년 초에 AIDS 환자들이 치료를 제대로 받을 수 있도록 미얀마 수도 시청 앞에서 시위하다가 구속되었다.

미얀마 여성들은 군부독재 치하에서 일상적으로 벌어지는 압제를 감내해 낸다. 여성들은 강제노동, 강제이주, 고문, 강간, 강제매춘 및 인신매매 같은 군부가 자행하는 다양한 방식의 인권유린으로 인해 고통받는다. 미얀마 여성의 상황과 관련해서 특히 교육, 보건, 여성에 대한 폭력이라는 세 가지 문제를 강조해 설명하겠다.

미얀마정부는 보건이나 교육 서비스에 비해 군대에 대한 지출을 훨씬 더 늘려왔으며, 미얀마 여성과 아동은 그러한 불균형의 직접적 피해자이다. 2002년 미 국무부에 따르면, 미얀마정부는 국내총생산(GDP)의 40%를 군비로 지출하고 GDP의 단 1%만을 교육에 지출하는 것으로 드러났다. 이는 학교, 훈련된 교사, 학교운영비 등의 부족이라는 결과를 낳는다. 이런 이유와 또한 매우 비싼 수업료로 인해, 많은 미얀마인들이 학교에 갈 염두를 못 내거나 기초교육을 받을 기회조차 박탈당한다. 이들 중에서도 미얀마 내 빈곤, 정치적 불안정, 성역할(*Gender role*) 등의 측면에서 젊은 소녀들이야말로 가장 심각한 피해자들이다.

미얀마 전체에서 소녀들은 소년들보다 교육받을 기회가 더 적으며, 전체 여학생의 1/3 가량이 초등교육을 완전히 끝내지 못한다. 여학생의 학습 중도포기 비율이 이처럼 높은 것은 조혼, 임신, 성역할에 대한 전통적 사고 등이 원인이다. 일부 지역에서는 미얀마 군부독재(국가평화발전위원회, SPDC: State Peace and Deployment Council)가 장악한 지역을 건너 통학해야 하는 경우 학부모가 딸을 학교에 보내기를 거부하기도 한다. 자기 딸이 군인들에게 강간이나 기타 성적 학대를 당할까봐 두려워하기 때문이다. 형편상 자녀 가운데 한 사람만 교육시킬 수 있다면 이들은 대체로 딸보다는 아들을 택한다.

2000년 세계보건기구(WHO)의 보고서에 따르면 미얀마는 보건행정시스템 전반과 관련해, 191개국 가운데 190위에 해당한다. 전체 국가예산의 3%만을 보건위생에 지출하기 때문인데, 이로 인해 기초 건강관리 서비스 부족, 보건기관 부족, 훈련된 보건 전문가와 통합 가족계획 등의 부족 등이 야기된다.

병원비가 비싸고 또 공공보건기관과 서비스가 부족하기 때문에 미얀마 여성들은 출산과 관련된 보건교육을 비롯한 건강정보를 포함, 가장 기본적 건강관리혜택도 못 받는다. 때문에 미얀마 여성의 출산 중 사망률은 매우 높은데, 2003년 유엔 아동기금(UNICEF)은 10만 명당 230명으로 잡는다. 소수민족 거주 지역에서는 종종 교전이 벌어지므로 주민들이 다른 곳으로 피난가거나 정글에서 숨어 지내게 되는데, 이 과정에서 어린아이를 둔 엄마나 임산부들이 가장 큰 피해를 입는다. 임산부는 마땅한 원조나 도구 없이 정글에서 그냥 출산하기도 한다.

여성들은 다양한 종류의 성폭력을 포함한 조직적 인권유린에 시달린다. 강간은 내전이 벌어지는 지역에서 가장 흔히 벌어진다. 군부정권은 강간을 전쟁의 한 전략으로 이용한다. 많은 여성들, 특히 카렌, 카레니, 산주같이 무장투쟁이 잦은 지역의 여성들은 군부가 자행하는 강간과 기타 조직적 성폭력에 노출되어 있다. 샨 여성행동네트워크(SWAN)에 따르면 미얀마 군대는 1996년에서 2001년에 이르는 기간에 샨주의 600명도 넘는 여성들에게 강간을 자행했다. 강간은 대개 구타, 신체절단, 질식 같은 극심한 폭력과 고문을 동반했다. 2004년 카렌 여성연합이 내놓은 《침묵을 깨며》(*Shattering Silence*)에는 125명의 여성이 강간당했다고 나와 있다. 여성을 늘 공포에 떨게 하는 강간은 특히 강제투옥, 강제노동, 강제운반이나 농사 와중에 흔히 벌어진다. 강간 피해자는 강간을 저지른 가해자에 대해 그 어떤 조치도 취하지 못한다. 피해자가 강간을 고발하더라도 그 범죄는 곧 무시되어 버리고 처벌은 대개 미미한 수준이다. 피해자 가족이 범죄를 신고하면 군 요원들은 죽이겠다고 협박하거나 구타하며, 실제로 살해하는 경우도 있다.

인신매매 또한 미얀마 전역을 통틀어 심각한 문제이다. 많은 여성들이 인접국인 중국이나 타일랜드 등지로 팔려나간다. 가장 중요한 요인은 미얀마 정권의 경제 실정, 만연한 부패와 취업기회 부족 등이다. 여성들은 섹스산업 같은 착취산업에 이끌려들게 되며, 고용주와 손님이 자행하는 폭력에 시달리게 된다. 현재 타일랜드 매춘 굴에만 약 4

만 명의 미얀마 여성들이 취업하고 있는데, 대부분이 소수민족 출신이다. 일부는 강제로 납치당했으며, 대부분은 취업시켜 주겠다는 거짓 약속에 속아 팔려온다. 2004년 5월 타일랜드 카친여성연합(KWAT)이 인신매매 문제와 관련해서 "*Driven Away*"라는 보고서를 내놓았는데, 중국-미얀마 국경지대를 따라 카친 지역에서 벌어지는 인신매매 현황 조사결과가 담겨있다. 2000년에서 2004년 사이에 벌어진 63건의 인신매매가 적혀 있는데, 피해자는 85명이고 연령대는 14살에서 20살 사이이다.

미얀마 군부독재는 미얀마 수도 내에 있는 미얀마 사람들에게 강제이주와 강제노동을 시킨다. 이주시킬 수 없는 지역은 방화를 일으킨다. 이주시켜서는 벌판에 놔둔다. 미얀마 내에는 많은 종족들이 있고 이 소수민족들도 강제노동과 강제이주를 당한다. 이주하지 않으면 방화를 하고, 도망치면 총으로 탄압한다. 미얀마 소수민족들은 농민들이 많고 가난하다. 미얀마에서 평화롭게 살 수 없어 미얀마-인도, 미얀마-타일랜드 국경으로 도망치는 난민들이 많이 있다. 그 중에 미얀마-타일랜드 국경에 난민들이 가장 많이 있다. 그 숫자가 백만여 명에 이른다.

이들은 유엔 난민고등판무관실(UNHCR: Office of the United Nations High Commissioner for Refugees)이 보호하는 난민촌에 산다. 난민촌에 살고 있는 난민들은 밖으로 나갈 수 없어 돈도 벌 수 없다. 난민촌 내에서는 한 달에 한번 음식을 나누어 준다. 요즘은 난민이 너무 많아 식량이 모자란다. 난민은 계속 늘어난다. 그리고 난민촌에는 어린이들이 많이 있어 이 어린이들이 공부할 수 있도록 미얀마-타일랜드 국경에 있는 정치활동가들, 인권활동가들은 학교들을 만들고 공부를 가르쳐 준다. 학교에 대한 지원은 여러 나라에 살고 있던 미얀마 민족들이 도와준다. 하지만 학교와 학생들이 늘어나서 지원금이 많이 모자란다.

미얀마-타일랜드 국경에 있던 난민들을 호주, 미국, 뉴질랜드, 유럽에서는 받아 주었고 유엔 난민고등판무관을 통해서 제 3국으로 보낸다. 해외로 가는 난민들이 있지만 타일랜드로 들어오는 미얀마 사람들도 늘어난다. 미얀마 난민의 문제는 커져만 간다. 타일랜드정부도 미얀마 난민들에 대해 고민한다.

1988년부터 1,500여 명 이상의 정치적 양심수들은 미얀마 내 교도소에서 고생하며 감금생활을 한다. 현재까지 39개 교도소 내에 국회의원 약 12명, 승려 약 86명, 학생 약 125명, 여성 약 57명, 민족민주동맹 당원 약 182명, 소수민족 약 167명, 언론사 약 21명, 이름 모르는 양심수들도 있다. 양심수들은 치료를 받을 수 없다. AIDS/HIV에 걸리고 있으며 고문, 압박당한다. 석방되는 날이 되어도 석방되지 않고 계속 연장된다. 게다가 폭행당해 많은 양심수들이 사망했다.

미얀마 군부독재정권의 무능한 국가경제 경영으로 인해 미얀마 국민들은 미얀마 군부독재의 통치하에 생활이 어려워지고 각 경제분야가 퇴보했다. 2007년 8월 15일 미얀마 군부독재가 휘발유 2배, 경유 3배, 차량연료 가격을 5배 인상함으로 인해 물가가 500%이상 상승하여 일반 국민들은 식대 및 교통비의 증가로 하루에 식사를 두 끼 하기도 어려운 상황에 처했다. 이러한 갑작스런 물가인상으로 미얀마 국민들이 미얀마 수도 양곤시를 포함하여 전국 각지에서 "상품 값을 내려라, 연료 값을 내려라"고 요구하며 평화적으로 항의했다.

평화적으로 가두시위와 일인시위를 하는 국민들에게 미얀마 군부독재의 추종자들, 돈에 매수된 하수인들, 사복 경찰 및 정보원들이 폭행을 가하고 강제 연행하여 시민과 학생들 100여명 이상이 구속되었다. 그에 더해 국가평화발전평의회의 해체를 요구했다는 이유로 88데모 주동 학생 지도자 민꼬나잉, 꼬꼬지 등 약 13명이 8월 21일 밤 미얀마 군부독재에 의해 강제 구속되었다.

또한 미얀마 군부독재는 정권을 유지하기 위해 악랄한 민족 분열정책을 자행한다. 이들은 국민들을 분열시키고 소수의 미얀마 군부독재의 이익만을 추구하며 계속적 참사를 발생시킨다. 프리버마 캠페인(Free Burma Campaign Korea)은 이 위기를 벗어나기 위하여 아래 요구사항을 즉각 이행할 것을 미얀마 군부독재에게 요구한다.

① 범국민들의 요구를 즉각 이행하라. ② 우 떤 우, 아웅산 수치, 88세대 학생 지도자들과 정치적 수감자들을 즉각 석방하라. ③ 화해를 위한 정치적 대화를 즉각 실행하라.

5. 한국에서의 민주화 운동

민족민주동맹 한국지부는 미얀마 민주화와 인권 보호를 위하여 ① 한국의 시민단체들과 함께 소통, 연대, 토론회, 사진전, 기자회견, 서명운동, 집행, 시위, 반독재 시위, ② 국회의원들과 토론회, 서명운동, 미얀마의 소개, ③ 미얀마군부독재의 대사관 앞 반독재 시위, ④ 망명정부, 민족민주동맹 본부와 지부들, 국회의원연합, 미얀마변호사연합, 종족 단체 등 전 세계 단체들과 성명운동, 서명운동, 사진전을 연다. 회원 수는 22명 안팎이다. 이들은 매월 첫째 주 화요일마다 정오부터 오후 1시까지 서울시 용산구 한남2동 미얀마 대사관 앞 집회와 기자회견을 갖는다. 아래는 한국에서 이들의 활동을 일지로 정리한 것이다.

- 1997년부터 미얀마 민주학생단체 설립 후 홍보활동
- 1999년 2월 수유리에서 민족민주동맹(NLD) (LA) 한국지부창립
- 1999년 5월 4일 민족민주동맹(NLD) (LA) 한국지부 인정
- 2000년 4월 유엔 난민고등판무관(UNHCR) 난민 신청
- 2000년 5월 16일 난민 신청

- 2003년 1월 23일 3명(회장, 부회장, 총무) 난민 인정
- 2003년부터 난민 신청자 7명
- 2005년 4월 4명 난민 인정
- 2005년 4월 9명 (한국지부 4명, 전 한국지부 5명) 난민 불허(일주일 내 이의신청)
- 2005년 7월 11일 서울 행정법원에서 법무부 장관을 아름다운재단(공감) 황필규 변호사, 정정훈 변호사 통해 소송
- 2006년 3월 2일 재판 승 (1명 취소)서울행정법원행정3부(안철상 부장판사)는 3일 마웅 마웅 소(31)씨 등 9명이 법무부 장관을 상대로 낸 난민인정 불허결정처분 취소소송에서 "8명에 대한 난민인정 불허처분을 취소하라"며 원고 일부승소 판결했다
- 2006년 3월 14일부터 2007년 2월 15일 서울 고등법원에서 8명을 승소 판결
- 2006년 인도적 난민(G1 비자) 6개월 연장 1명
- 2006년부터 현재까지 이의신청 1명
- 2007년 3월 15일부터 현재까지 대법원에서 심사 중
- 2007년 인도적 난민(G1 비자-3개월 연장)
- 2007년 프리버마 캠페인(Free Burma Campaign(Korea) 조직

이상의 자료는 미얀마 민주화 한국지부에서 제공한 것이다.

제10장

인도와 파키스탄의 어제와 오늘

1. 분열 이전의 역사

기원전(BC) 2500~1500년경 인더스 강변의 하라파, 모헨조다로를 중심으로 고대의 도시문명인 인더스 문명이 발달했다. 세계 4대 문명권의 하나인 도시국가였다. 기원전 1500년경 인도 유럽어족인 아리아인들이 서북 인도로 침입하여 고대 인더스 문명이 파괴되었다. 펀잡 지역과 갠지스 강 서북부에 아리아인들이 정착한 후 원주민들을 노예화하고 남부 인도로 몰아내고 도시국가를 건설했다. 이 때 사회체계인 카스트 제도가 생겨났다. 브라만(학자와 승려 계급), 크샤트리아(무사 계급), 바이샤(상인, 공인, 농부), 수드라(원주민들인 노예) 그리고 달릿 등 불가촉천민(*Untouchable Caste*)으로 구분된다.

또한 이 시기 아리아인들과 원주민들의 토착종교가 혼합된 힌두교가 탄생했다. 환경의 변화와 생산양식의 발달에 따라 사회모순이 생겨나고 이를 타파할 목적으로 금욕주의적 성격의 자이나교와 불교가 발생했다. 소공국의 왕자인 싯다르타가 붓다로 40년 간 힌두교와 자이나교의 중간인 불교를 전파했다. 불교는 인도 밖에서 세계종교로 특히 스리랑카, 미얀마에 전파되었다. 일반 대중들이나 힌두교 사제들은 불교를 힌두교 내 수많은 종파의 하나로 간주했다.

기원전 326년 알렉산더 대왕의 침입이 있은 후 기원전 321년 최초의 통일왕국이 건설되었다. 마우리아 왕조(320~185 v. Chr.) 때 아소카 대왕(기원전 268~233)은 불교에 귀의해서 불교를 왕실종교로 삼았고 관용이 있는 복지국가를 건설했다. 기원전 185년경 인도는 다시 소국가들로 분열되었고, 4세기경 320~510년 북부 인도에 새로운 굽타 왕조가 등장했다. 불교와 힌두교가 융성했고, 굽타 왕조 때 세워진 불교대학 날란다(Naranda)는 1만 명의 학생과 900만 권의 장서가 있는 고대세계에서 가장 큰 학교이기도 했다. 5~6세기에 굽타 왕조는 쇠락해 갔고 훈족의 침입으로 북부 인도의 찬란한 도시문화는 종말을 내렸다. 606~647년 북부 인도는 하샤바르다나(Harshavardhana)가 통치했다. 그는 불교를 마지막으로 중흥시켰으며 중부 인도를 장악하려고 시도하였으나 실패했다.

8세기에서 10세기까지 중부인도는 라쉬트라쿠타(Rashtrakuta, 약 752~973년), 벵골 지역은 팔라(Pala, 약 750~1161년), 인도 북동부는 프라티하라(Pratihara, 약 730~1036년)로 분할되었다. 이 시기가 중세의 인도로 강력한 세력이 군사적으로 지속적 성공을 거두지 못한 시기이다. 상류계층의 지원을 받지 못한 불교는 많이 위축되었고, 인도 남부에는 촐라(Chola) 제국이 있었고 9~13세기까지 융성했지만 북부 지역까지 세력을 펼치지는 못했다. 11세기에 무슬림들의 침입이 시작되었다. 무슬림들은 7세기부터 서인도 지역을 통해 8~13세기 여러 종류의 접촉을 시도했다. 1206년 델리에 무슬림 왕조를 건설, 무슬림 문화와의 접촉으로 새로운 문화가 생겨났다.

옛 무슬림들은 신의 형상을 그리는 것을 불허하지만 힌두교에서는 신의 형상을 중요하게 여겼다. 무슬림들은 유일신이지만 힌두교는 다신교이다. 산스크리트 문학이 무용지물이 되어 갔다. 우르두(Urdu)어가 상업, 행정용어가 되었고, 건축은 인도-이슬람 스타일 등이 성행했다. 1206년 무슬림 왕조가 건설된 후 350년간 5개의 무슬림 왕조가 흥

망성쇠를 거듭했다. 1526년~1857년 무굴제국은 인도 북부와 중부를 지배했다. 무슬림 문화의 절정기였다. 타지마할(Taj Mahal), 아그라(Agra)에 있는 요새, 후마윤 묘지(Humayun's Tomb) 등이 이 시기에 이루어진 것이다.

17~18세기 인도는 대체적으로 매우 발달된 경제, 재정조직을 갖춘 곳이었다. 1498년 바스코 다 가마의 인도항로 발견을 계기로 포르투갈인을 선두로 하여 그 후 네덜란드, 프랑스, 영국이 차례로 밀려들었다. 1763년 영국은 프랑스를 격파하고 인도에서 패권을 장악했다. 1757년 플라시(Plassey) 전투 후 벵골의 동인도회사 영국 군대는 벵골의 재물을 약탈했다. 1769년 헤이스팅스(Warren Hastings)가 벵골의 총독으로 행정을 장악했다. 부패한 인도 관리들을 앞세워 보호조약이란 미명하에 점차 토지를 장악하고 상업을 독점했다. 1769~1770년 동인도회사의 착취로 찾아온 최악의 곤궁은 벵골에서만 1천만 명이 사망하게 되는 결과를 낳았다.

1813~1948년 인도는 영국의 식민지로 착취당했다. 이 시기 동안 4천만 명이 기아로 사망했다. 인도의 직물산업은 유럽의 기계생산품과의 경쟁으로 완전히 파괴되었고 원료 생산국으로 전락했다. 1813년 동인도회사의 특권이 상실되었다. 1839년 캘커타와 델리 간의 도로가 건설되었다. 은행이 설립되고 증기선이 도입되었다. 1853년부터 최초의 철도가 부설되었고 유럽식으로 교육받은 군대(Sepoy)는 영국의 지휘하에 1830년 18만 7천 명에 달했다. 순수한 유럽연대는 겨우 1만 6천 명이었다. 1857~58년 영국 동인도회사 통치에 저항하는 세포이 반란 이후 영국 왕실이 직접 통치하는 식민지가 되었다. 세포이 반란은 영국에 대항한 인도인들의 최초의 저항운동이었다.

1877년 빅토리아 여왕은 '인도 여황제'로 추앙받았다. 대영제국과 합병된 인도제국은 오늘날의 인도, 파키스탄, 방글라데시, 미얀마를 포함하였고 1947년까지 계속되었다. 1866년 영국은 미얀마를 점령했기에 미얀마는 1937년까지 영국 인도에 통치되었다. 1885년 힌두와 무슬림들은 공동으로 독립을 위한 인도 국민의회를 조직했다. 힌두세력이 강력해지자 1906년 무슬림 측은 이에 경쟁되는 무슬림 동맹(Muslim league)을 조직했다. 인도 국민의회와 무슬림 동맹은 1916년 인도의 독립을 위해 공동으로 단결했다.

마하트마 간디(Mahatma Gandhi, 1869~1948)는 1919~1939년 영국 통치에 대항하는 비폭력 저항운동을 하며 힌두교인과 무슬림 교도들 간의 정치적 통합을 위해 애썼다. 1930년 후반부터는 투쟁방향을 놓고 대립했다. 비폭력 저항운동과 무력투쟁(Subhash Chandra Boses의 지휘하에)이 있었다.

2차 대전이 발발하자 약 20만 명의 인도인이 연합군 측에 전쟁 말까지는 250만 명의 지원병을 투입했다. 전쟁 초기 인도 군대는 우선적으로 아프리카에 투입되었다. 이탈리아 침입시 인도 군대는 세 번째의 대부대, 유럽에서는 인도인 포로들로 인도독립투쟁단이 조직되어 3천 500명이 있었으나 독립운동에는 투입되지 못했다. 2차 대전 동안 8만 7천의 인도 군이 사망했다.

2. 인도공화국의 수립과 분열

'전인도회의'(All India Congress)라는 이름하에 자와할랄 네루(Jawaharlal Nehru)와 마하트마 간디(Mahatma Gandhi)는 1945년 이후 독립을 위해 투쟁했다. 1947년 인도제국은 종말을 맞았다. 양인은 힌두가 압도적 비중을 차지하는 인도와 인더스 강과 갠지스 강 유역에 무슬림 국가인 파키스탄으로 인도를 분리하는 의도를 막지 못했다.

1948년 1월 30일 간디는 힌두교 광신자에 의해 살해되었다.

1947년 8월 15일 인도는 과거의 식민지를 포함해서 대영제국으로부터 '인도연맹'(Indische Union)이란 이름으로 독립했다. 인도대륙은 힌두교, 이슬람과 소수의 불교도 국가 인디언(Indian), 파키스탄(Pakistan), 시킴(Sikkim) 국으로 분할, 1949년 첫 번째 인도가 탄생했다. 파키스탄 간의 카슈미르(Kashmir)를 둘러싼 전쟁은 유엔의 개입으로 카슈미르를 사실상 양분, 인도는 처음에는 영연방(Commonwealth) 내의 군주국이었기에 영국의 조지(Georg) VI세가 국가원수였다. 수상은 인도 독립투쟁의 중심인물 자와할랄 네루(Jawaharlal Nehru) (1889~1964)였다. 1949년 11월 26일 헌법이 제정되어 공화국이 되었다. 초대 대통령 프라사드(Rajendra Prasad, 1950~1962)가 1950년 1월 26일 취임했고, 1950년 시킴(Sikkim) 왕국과 국방, 외교, 통신 등의 업무를 위임받는 조약을 체결했다. 1965년부터 인도와 합병한 왕국이 되었다.

1954년 11월 1일 프랑스는 프랑스 통치하의 (프랑스령 인도) 퐁디셰리주(Pondicherry), 찬다나가르(Chandannagar), 카라이칼(Karaikal), 마헤(Mache)와 야남(Yanam)을 인도연맹으로 넘겨주었다.

1959년 인도는 티베트의 달라이 라마(Dalai Lama)에게 정치적 망명을 부여하고, 달라이 라마는 다름샬라(Dharmshala) (Himachal Pradesh)에 티베트 망명정부를 세웠다. 1961년 고아(Goa), 다마오(Damao)와 디우(Diu)와 같은 포르투갈령 인도를 점령, 합병함으로써 인도대륙 내의 마지막 남은 식민지는 완전 소멸했다.

1962년 10월 20일 인도-중국 간의 전쟁이 발발했고 인도가 패배했다. 중국은 인도 북동부 지역을 합병했고, 1962년 세계적으로 존경받는 철학자 라다크리슈난(Sarvepalli Radhakrishnan)이 인도 대통령이 되었다. 1964년 네루(Nehru) 사망 후 네루의 딸인 인디라 간디(Indira Gandhi)가 2년 후인 1966년 1월 24일 수상이 되었다.

1971년 12월 인도는 동 파키스탄 내란에서 방글라데시 독립을 지지하였기에 3차 인도-파키스탄 전쟁을 일으키게 되었다. 1974년 5월 18일 인도 최초의 지하 핵폭탄 실험(작전명 'Smiling Buddha'), 1975년 시킴(Sikkim) 왕국의 소요로 인디라 간디 인도정부가 개입했다. 1975년 4월 26일 과거의 시킴 왕국은 22번째로 인도 연맹의 연방국가가 되었다. 인디라 간디 정부 후반기는 국내 소요와 몇몇 지역들의 분리운동이 계속되어 1970년대 중반에는 비상사태가 선포되고 민주주의적 권리가 많이 제한되었다. 1977년 선거에서 패배한 인디라 간디 수상은 3년 후 1980년 다시 성공적으로 재기했다.

1981~2001년, 1982년 7월 19일 암릿사(Amritsa)에서 시크(Sikh)교도들이 소요, 편잡에서 시크 국의 독립을 주장했다. 분쟁이 심해지자 인디라 간디는 군대를 투입했다. 1984년 10월 31일 인디라 간디가 시크교도인 한 근위병에 의해 살해되었다. 1984년 12월 3일 보팔(Bhopal)에서 미국회사인 화학공장에서 가스폭발로 2천 명 이상이 사망, 인디라 간디 사후 그녀의 아들 라지브 간디(Rajiv Gandhi)가 수상으로 취임하며 경제의 자유화를 도입했다. 1989년 11월 29일 부패로 라지브 간디가 실각, 단기간의 연합정권들의 여러 수상들이 집권했다. 1991년 나라시마 라오(P. V. Narasimha Rao)가 등장하면서 정부가 안정되어 갔고 1996년까지 계속 경제개혁을 단행, 1991년 5월 21일 라지브 간디(Rajiv Gandhi)는 인도 남부 지방선거 유세에서 스리랑카 타밀 타이거(Tamil Tiger) 분리주의자의 자살폭탄에 의해 살해, 1997년 코체릴 라만 나라야난(K. R. Narayanan)이 최초로 비 카스트인으로 국가의 최고위 직인 대통령으로 취임했다.

인도의 집권당 의회당 BJP는 인도 힌두화를 목표로 하는 힌두트바(Hindutva) 운동을 전개했다. 바지파이(Vajpayee)의 개혁은 경제 붐을 일으키고 있으나 가난한 인도인들의 상황은 거의 개선되지 못했다.

2002~2003년 카슈미르에 있는 무슬림 반역자들을 파키스탄이 계속 지원하므로 파키스탄과의 전쟁을 위해 2002년 열차폭발로 구자라트(Gujarat)에서 많은 사람들이 희생되었다. 2004년 5월 의회선거에서 소냐 간디(Sonia Gandhi) 지도하의 야당이 승리했다. 이탈리아 출신이라는 이유로 저항이 강해 결국 수상직을 포기했다. 2004년 5월 22일 새로운 수상으로 1932년생인 시크교도인 만모한 싱(Manmohan Singh)이 취임했고, 2004년 12월 26일 쓰나미로 인도 남부에서 최소한 12,407명이 사망했다. 2005년 인도와 파키스탄, 이란은 상하이협력기구(SCO: Shanghai Cooperation Organization)의 옵서버 자격을 획득했다.

3. 인도-파키스탄 분쟁

이와 같이 인도, 파키스탄, 방글라데시, 네팔, 부탄, 스리랑카는 한 나라였다. 제 2차 세계대전이 끝나고, 그 2년 후인 1947년 인도아대륙(Indian subcontinent)은 근 400년의 기나긴 세월의 식민지 시대를 청산하고 독립하게 되었다. 그러나 1931년 이크발(Iqbal)이 제창한 무슬림 국가건설은 무하마드 알리 지나(Muhammad Ali Jinnah)가 1940년 '무슬림 연맹'(Moslem League)을 창설하면서 더욱 강해졌고, 1947년 파키스탄은 8월 14일에 인도에서부터 독립을 선포하여 동·서 파키스탄으로 독립하였다. 앞서 말한 철학자이고 시인으로 유명한 이크발은 무슬림 국가를 1931년 천명하면서 무슬림의 제일주의가 힌두로 점철된 인도에서 독립하는 근거를 선포, 환영을 받았다.

파키스탄은 현 벵골주의 절반인 동 파키스탄도 포함시켰고 아삼(Assam)주의 일부도 파키스탄으로 선포되었다. 1956년 3월 23일 파키스탄은 이슬람 국가임을 선포하면서 1958년 칸(Khan) 장군이 쿠데타로 정권을 장악했다. 1969년 야히아칸(Yahya Khan) 장군은 위의 아유브칸(Ayub Khan) 장군을 쿠데타로 물리치고 정권을 장악했다. 1970년 최초로 민주적 투표를 실시하였다. 그러나 이 민주적 투표에서 부토(Bhutto) 장군은 서 파키스탄을 휩쓸고 라만(Rahman) 장군은 동 파키스탄의 투표를 휩쓴 결과가 되었다. 동 파키스탄을 휩쓴 라만은 방글라데시라는 국호로 현 방글라데시를 선포하였다. 서 파키스탄은 이를 참지 못하고 동 파키스탄을 침공하였으나 인도 군이 개입하면서 방글라데시의 편을 들었으므로 오늘날의 방글라데시가 탄생하게 된다.

이와 같이 인도아대륙(Indian subcontinent)은 제2차 세계대전 이후 여러 개의 나라로 분할되었다. 이 분할독립 운동은 아직도 인도에서 계속되어 예를 들면 나갈랜드(Nagaland)의 주는 나가(Naga)사람들의 독립을 주장하면서 근 60년간 정글에서 인도 군과 싸우면서 독립전쟁을 하는 실정이다. 그 외에 아삼(Assam) 민족은 마찬가지로 인도에서 독립하기 위해서 인도 군과 정글에서 투쟁한다. 나갈랜드(Nagaland)나 아삼(Assam)을 여행하면 그 곳의 원주민들은 미얀마인들과 구별할 수 없을 정도로 현 인도인 아리안(Arian)족들과 구분하기가 쉽다. 그러나 이들의 독립운동은 현실적으로 거의 불가능하기 때문에, 국제적 기류는 이 두 주에 대해서 인도는 가능한 많은 자치권을 주는 것으로서 정치적 해결을 봐야 한다고 주장한다.

인도와 파키스탄은 카슈미르 지역 때문에 지금도 국지전을 방불케 하는 전쟁을 한다. 이 카슈미르 지역은 인도와 파키스탄에 국경지대에 놓여있는 고산지대로서 인종은 같지만 종교가 힌두교와 이슬람교로 구분되어 있기 때문에 카슈미르 인들의 근 절반은 파키스탄에 속하고 싶어하고 힌두교를 믿는 근 절반은 인도에 속하고 싶어한다. 2차 세계대전이 끝나면서 영국이 이러한 문제에 대해서 해답을 주지 않고 떠났던 것도 현 갈등의 원인 중 하나이다.

인도는 13억의 인구의 자원을 바탕으로 하여, 그리고 400년 동안 배운 지식, 특히 영어 구사능력을 발휘하여 후진국에서 탈피, 비약적 발전을 꾀한다. 인도의 성장 잠재력은 어느 누구도 무시할 수 없을 것이다. 다만 선진국 도약을 위해서는 2억 4천만이라는 많은 인구의 달릿(Dalit)을 중심으로 한 천민계급의 문제, 기원전 1천 5백 년 전부터 내려와 간디와 네루에 의해서 헌법에서도 금지된 카스트 제도의 문제, 여성이 시집올 때 요구되는 다우리(Dowry)의 문제, 극단 힌두주의자의 극한투쟁 등이 해결되지 않고서는 선진국 도약이 지체될 것이다.

파키스탄은 전쟁이 끊이지 않는 나라이다. 특히 무슬림 교를 국교로 선포하고 있기 때문에 이 무슬림 국가는 블라사미(Blasamy) 법을 선포, 기독교 여타의 종교를 탄압하여 심한 경우에는 아직도 사형에 처하는 실정이다. 전 수상 무샤라프 장군은 1999년 10월 당시에 참모총장으로서 스리랑카에서 귀국하는 도중 자신의 해임소식을 듣고 조종석에 들어가 군대를 직접 상공에서 지휘하면서 이슬라마바드 공항의 착륙 금지조치에도 불구하고 시가와 권총을 양손에 들고 무혈 쿠데타를 성공, 2007년까지 8년간 독재자로서 권좌에 머물러 있었다. 최근에 야기된 계엄령 선포는 야당과 지식인과 학생들의 자신에 대한 독재정권 반대를 수습하기 위해 그가 잘 쓰는 수단이다.

미국은 아프가니스탄의 탈레반 조직이 9·11테러에 앞장선 것을 알면서 냉전시대에 탈레반을 이용, 당시 소련연방에 대항케 한 과거의 동맹을 저버리지 않을 수 없었다. 이 아프가니스탄의 탈레반 정권을 응징하기 위해서 파키스탄의 무샤라프 장군과 동맹을 맺으면서 100억 달러에 해당하는 원조를 제공하였다. 그러나 무샤라프 장군은 파키스탄 내의 강·온 양대 세력을 무마하기 위해서 어정쩡한 태도를 취하는 실정이다. 예를 들면 탈레반과 미국 사이에서 그네뛰기 외교를 하면서 최근에는 자기의 정적 샤리프 총리를 영국 런던에서 귀국하도록 종용했다가 이슬라마바드 공항에서 다시 추방하였고, 부토 여사와는 연정을 제안, 귀국하도록 하였으나 가택연금을 하여 다시 해제하였다. 그러나 부토는 무샤라프와의 연정을 고민 중에 있는 듯하다가 종국에는 살해되었고 미국은 세계적으로 비등하는 독재자를 옹호한다는 비난에 처해 있다.

무샤라프는 무슬림의 강경파와 온건파를 추슬러서 정권을 유지하는 데만 정신이 팔려 있다가 독재의 비리가 한계에 달해 결국 퇴각하였다. 현 인도의 수도, 뉴델리에서 태어난 무샤라프는 3살 때 카라치에 있는 난민촌으로 이주하였고 파키스탄 육군사관학교를 졸업한 후 군인 제일주의를 선포, 실천함으로써 모든 군인들의 추앙을 받고 있었으나 일반 국민들은 이 이상 독재를 용서하지 않고 퇴각시켰다.

인도와 파키스탄의 평화는 인도아대륙(Indian subcontinent)의 평화에 직결되어 있다. 양국은 원자무기를 동시에 소유하고 있기 때문에 세계 평화에도 큰 위험이 된다. 영국 식민지 이전의 평화를 생각하던 이곳 주민들의 순수한 생각들은 20세기, 21세기를 지나고 긴 세월의 식민지 경험에서 변질되어 무력으로써 독립을 쟁취하려고 노력하였다. 그러다가 무력은 결국 평화의 적이라고 느꼈던 간디 옹의 무저항 비폭력 평화운동이 다시 복원되려고 하는 현재를 보면서 인간의 역사는 반복된다는 사실을 알 수 있다.

파키스탄은 현재, 정치적 소용돌이 속에 휘말렸다. 이 정치적 소용돌이 이외에 파키스탄은 다음의 문제들을 해결하지 않으면 안 될 것이다.

첫째, 이슬람 근본주의자들의 준동이다. 이 이슬람 근본주의자들은 다시 그 사이에 여러 종파로 나뉘어져 있어 수습하기가 곤란할 지경이다. 이들의 대부분 종파들은 극단의 폭력을 사용하여, 자살테러, 암살 등을 일삼는다. 대부분의 이슬람 온건파들을 세계에 오도하는 잘못된 역할도 하는 실정이다. 이슬람 과격파들을 어떤 식으로 온건파로 만들어야 하는가 하는 것은 파키스탄이 안고 있는 숙제이다.

둘째, 인도와의 관계에서 카슈미르 분쟁을 대화로서 해결해야 할 것이다. 대부분의 경우에 이슬람 과격파들의 무력의 횡포가 카슈미르의 평화에 찬물을 끼얹고 있는 실정이기에, 이들을 잘 인도하여 온건주의를 표방, 대화를 유도함으로써 인도와의 항구적 평화를 정착시켜야 할 것이다.

셋째, 잦은 쿠데타의 혼란이다. 이는 선군정책과 무관하지 않다. 육군사관학교를 졸업하면 죽을 때까지 권력을 휘두를 수 있는 이 제도는 많은 국민들에게 환영받지 못한다. 정치적 혼란의 대부분은 군인들의 잦은 쿠데타에서 기인한다.

넷째, 파키스탄은 세계에서 가장 고급스러운 카펫을 생산한다. 이 카펫 생산에는 다섯 살부터 열 살까지의 어린 아이들이 동원되고 있는 실정이다. 그들의 가냘픈, 그리고 섬세한 손놀림이 고급 카펫을 짜서 생산하고 있기 때문에 서구유럽에서는 파키스탄에서 생산되는 고급 카펫의 불매운동을 하는 실정이다. 이 소년소녀 노동착취 문제는 파키스탄이 해결해야 할 과제이다.

마지막으로, 파키스탄 전역에 깔려 있는 부정부패 문제이다. 관리부터 많은 지도자들이 부정부패에서 자유스러울 수 없는 실정이다. 아름다운 에베레스트 산을 가지고 있는 나라로서 부정이 없는 깨끗한 나라로의 발돋움을 기원해 본다.

제11장

제3세계의 평화와 인권, 그리고 고려인

제3세계 지역의 국가들은 오랜 식민통치에서 벗어나 새 역사의 희망을 갖고 민주화와 산업화를 추진했다. 그러나 종교, 자원, 종족, 영토 등 다양한 이유로 분쟁에 휘말리는 경우가 적지 않다. 거기에 정치권력과 경제적 부를 독점한 기득권 세력의 탐욕이 결부될 경우 평민들의 생존권과 기본적 자유가 침해받고 신생국가의 미래는 암담해진다. 그 현장을 찾아가 분쟁의 현실을 살펴보고 국민의 아픔과 그 속에서의 희망을 생각해 보고, 제3세계의 평화와 인권증진의 길을 모색해 보자. 또 한국의 경우 일제 식민통치와 전쟁과 분단으로 해외동포들이 모두 환국하지 못하고 자의반 타의반으로 해외에서 적응해 살아가면서도, 한민족으로서의 정체성을 유지하려고 노력한다. 그 중 강제이주의 역사를 갖고 있는 고려인들의 삶을 살펴보고 디아스포라로서, 그리고 한 핏줄로서의 그들의 역사와 현재를 이해해 보도록 하자.

1. 인도네시아

1) 개관

적도 지역의 연결된 섬나라들로 형성된 인도네시아(Indonesia)의 면적은 191만 2,988평방킬로미터로 세계 16위, 세계에서 가장 큰 섬 국가이다. 17,508개 정도의 섬 중 6,044개의 섬이 사람이 살 수 있는 곳이며 서부 파푸아(West-Papua)까지 포함하기에 아시아 지역과 태평양의 일부까지 속한다. 세계에서 가장 큰 우기 지역으로 연평균 2천~4천 ㎜의 강수량을 보인다. 인구 2억 2,550만(2006년)으로 세계 4위로 인구의 절반인 1억 1천만 명이 자바 섬에 거주한다. 인도네시아란 국명은 라틴어의 인도란 단어와 그리스어로 섬이란 뜻의 'Nesos'에서 유래한다.

1945년 8월 17일 독립을 선언하여 1949년 12월 27일 네덜란드로부터 독립했다. 2004년 12월 26일 쓰나미로 특히 수마트라 서해안지역 반다 아체(Banda Aceh)지역 등은 17만 명이 사망했다. 그 후로도 계속 지진과 화산폭발이 일어난다.

인도네시아인의 88%가 수니파 무슬림이며 약 10만 명의 시아파 무슬림이 함께 산다. 다종교 융합정책인 판차실라(Pancasila)가 국가이념이다. 9%가 기독교(약 3% 가톨릭, 6%가 개신교)신자이다. 기독교는 15세기부터 이미 전래되었으나 2000년~2001년까지 기독교인과 무슬림 교도간의 충돌로 많은 사람들이 사망했다. 인구의 1.8%가 힌두교인, 1%가 불교도이다(대다수의 중국계 소수인).

이슬람교는 인도네시아에 10세기에 들어왔다. 930년경 아체(Aceh)지역에 최초의 술탄 국이 건설되고 15세기에 와서 인도와 아랍상인들을 통해 수마트라(Sumatra)에서 점차 퍼지기 시작했다. 16세기 초 자바(Java)에까지, 17, 18세기에는 그 외 섬 지역까지 확산되었다. 자바 섬에 이슬람교는 왈리 송오(Wali Songo)라는 사도가 자바 섬 곳곳에 사원과 쁘산뜨렌(Pesantren) 또는 뽄독 쁘산뜨렌(Pondok Pesantren)이라는 학교를 지어 포교했다 하며 그런 곳들은 오늘날도 매년 순례지역이다. 왈리 송오가 포교한 인도네시아의 이슬람교는 아랍 나라들보다 자유주의적이다. 대부분의 인도네시아 무슬림들은 다른 종교와 문화를 수용하는 입장이다. 무슬림 조직은 식민지 독립운동에 관여하는 큰 조직이다. 종교와 사회문제에 의해 야기된 말루쿠(Maluku)에서의 분쟁으로 9천 명 이상이 사망했다. 그중 대다수가 암본의 기독교인이었다. 중앙 술라웨시(Sulawesi)에서도 지난 몇 년간 점차 과격화된다.

2001년 인구조사에 의하면 인도네시아에는 300가지 이상의 다양한 인종이 살고 있고 그중 대다수가 말레이 계통이다. 수마트라(Sumatra), 자바(Java), 술라웨시(Sulawesi), 발리(Bali) 등지에는 말레이족이 대다

〈그림 11-1〉 인도네시아와 이웃나라들

수, 다른 지역은 말레이족과 본토인들인 멜라네시아인들이 섞여 있다. 1평방킬로미터당 약 1천 명이 사는 자바 섬의 인구집중을 막으려는 보르네오(Borneo)나 술라웨시(Sulawesi)로의 인구 분산정책은 원주민들과의 불화를 야기한다. 1969년 이후의 지역 간 인구 재조정 정책이었다(Transmigration Project).

인도네시아에는 전체 인구의 1%를 상회하는 중국인 중 대부분은 자바 섬에 산다. 대부분의 중국인은 인도네시아가 네덜란드 식민지였을 때 온 사람들이며 상업활동으로 부유하여 인도네시아 인들의 시기의 대상이다. 1945년 독립 후 국적을 빼앗는다든지 중국어 책과 신문판매를 금지, 국가가 통제하는 한 가지 중국신문 외에는 발행을 금지, 중국 설 금지, 공무원 임용에서 불리함 등 중국인들을 많이 밀어내는 정책을 실시했다.

2) 역사

인도네시아인은 원래 몽골 카우카스족에서 유래했다. 수 세기를 거친 점차적 종족이동을 통해 이동했으며 A. D. 1000년 불교와 힌두교가 전해졌다. 중국에서 인도로 가는 유리한 해상로로 여러 해상국가들이 건설되었다. 수마트라섬의 스리비자야(Srivijaya) 왕국이 6세기에서 8세기까지 가장 유명했다. 11세기 왕국이 쇠퇴하기 시작했다. 1275~1290년 싱가사리(Singhasari) 왕이 인도네시아 대부분 지역을 장악했다. 15세기부터 아랍 상인들이 몰려오기 시작하면서 많은 사람들이 이슬람으로 개종했다. 힌두교와 불교는 오늘날 발리(Bali)섬과 롬복(Lombok)에만 토착종교와 혼합된 형태로 남았다.

1487년 포르투갈인 바르톨로뮤(Bartolomeu Diaz)가 희망봉을 돌았고, 바스코 다 가마(Vasco da Gama)가 인도항로를 발견, 유럽인들은 특히 향료 획득에 열중했다. 1600년경 새로운 식민세력인 네덜란드의 출현으로 약 백 년간의 포르투갈의 주도권은 종결을 고했다.

네덜란드의 동인도로서의 인도네시아는 최초의 네덜란드 식민지였다. 풍부한 인도네시아의 원료시장은 네덜란드에 막대한 부를 가져다 주었다. 1799년 상업회사 대신 네덜란드 국가가 직접 식민지를 경영했다. 나폴레옹이 네덜란드를 지배했을 당시 인도네시아 남동부의 네덜란드 식민지는 영국에 점령당했으나 1816년 런던조약으로 영국은 실론과 남아프리카 케이프주를 얻고, 네덜란드는 인도네시아 섬을 재탈환하게 된다.

1825~1830년 자바에서 네덜란드의 식민지 지배에 항거하는 민중봉기가 있었는데 20만 명의 자바인과 8천 명의 유럽인이 사망했고, 1816년 이후 네덜란드인들은 토착농민들과 소작료 계약을 맺었다. 촌락마다 책임자를 임명하여 각 촌에서 생산되는 쌀 가격의 2/5의 해당되는 돈을 내도록 하였다. 1830년경 보쉬(Johannes van den Bosch) 총독이 도입한 제도에 따르면 소작료 대신에 농민들은 이제부터 토지의 1/5만 사용하여 정부가 결정한 농산물만 심도록 하고 1년에 66일을 노동력을 정부에 유리하게 투입토록 했다. 실제로는 더 많은 농민들의 부담이 있었다. 그러한 제도는 네덜란드의 극작가며 한때는 식민지 관료였던 에두아르드 데커(Eduard Douwes Dekker)가 1860년 물타툴리(Multatuli)라는 익명으로 *Max Havelaar* 라는 책을 출판했다. 강제재배제도(*Cultuur-stelsel*)는 1870년 모국의 의회에서 폐지가 결정되었다. 이후 네덜란드의 개인들은 대농장을 만들기 위해 본토인들과 소작관계를 맺게 되었다.

1908년부터 네덜란드는 인도네시아 전 지역으로 세력을 확대했다. 그에 대항하여 1912년에는 무슬림 연합(Sarekat Islam)이 창건되어 민족주의가 대중운동으로 확대되었다. 또 1926년에는 공산당이 해방혁명을 촉구하며 봉기했으나 막강한 네덜란드 식민세력의 우위로 봉기는 좌절되었다. 공산당이 분쇄된 후 1927년 수카르노(Sukarno, 1901~1970)가 네덜란드에 대항하는 인도네시아 국민당을 조직했다.

네덜란드의 인도네시아 식민지배는 1940년대 초까지 계속되었으나 일본의 세력팽창으로 밀려났다. 일본은 1942년 2~3월 네덜란드 식민지를 점령했다. 인도네시아는 그 틈을 타 1943년 3월 일본의 점령하에서 최초로 독립을 선언했다. 1941년 일본인들은 인도네시아 섬들을 점령하기 시작했다. 일본의 관심은 전쟁에 중요한 원자재를 확보하는 것이었으며, 또한 일본에게는 인도네시아가 전략적 요충지로 필요했다. 1942년 3월 네덜란드가 항복했다. 약 350년간의 식민지 시대가 무너졌다. 많은 인도네시아인들은 일본인들을 유럽인의 멍에로부터의 구원자로 간주했다. 그러나 곧 그것이 환상임을 알게 되었고 일본의 지배는 1945년 8월 15일 일본의 항복으로 끝났다.

1945년 8월 17일 수카르노(Sukarno)와 하타(Mohammed Hatta)는 인도네시아의 독립을 선포했다. 이번에는 네덜란드가 다시 개입하여 1947~48년 네덜란드령 인도네시아 지역을 거의 점령했으나 인도네시아인들은 게릴라전을 계속했다. 국제여론, 특히 미국의 압력으로 네덜란드는 1949년 8월 인도네시아공화국과 협상하였고, 같은 해 12월 27일 암스테르담에서 인도네시아 주권을 인정했다. 서-파푸아뉴기니는 임시로 네덜란드 영역으로 남게 되었다. 그러나 네덜란드는 '네덜란드·인도네시아 연합'(Nederland-Indonesia Union)을 결성해 계속 영향력을 행사하려 했다. 인도네시아는 느슨한 문화적, 경제적 조직으로 간주했다. 1956년 2월 15일 인도네시아는 '네덜란드·인도네시아 연합'을 공식적으로 해체했다. 1962/63년 네덜란드는 점점 마지막 식민지였던 서부 파푸아(West-Papua) 또는 서부 이리안자야(West-Irian Jaya)도 포기하게 된다.

인도네시아의 독립조건은 여러 분할국들로 이루어진 연방국이라며 몇몇 분할국가에 영향력을 행사하려 시도하면서 네덜란드가 도모한 쿠데타는 1950년 수카르노(Sukarno) 대통령에게, 즉 인도네시아를 하나의 통일국가로 바꾸려는 민족주의자들에 구실을 주게 되었다. 1950년 8월 17일은 공식적 혁명의 해였다. 인도네시아 군대는 11월 암본(Ambon)의 수도를 점령하고 1955년까지 말루쿠(Maluku Selatan) 공화국 전체를 정복했다.

1963년 9월 16일 말레이시아가 건국되었다. 1966년까지 보르네오(Borneo)에서 매번 전투를 벌였으나 영국과 오스트레일리아는 말레이시아를 지지했고, 1965년 9월 30일 수카르노(Sukarno) 정부의 독재는 공산주의자들의 반란을 야기했다. 우파 군대의 반격으로 공산주의자들의 쿠데타 시도는 좌절되었으나 10만 명 내지 100만 명이 살해되었다. 특히 공산주의자들이 많이 살해된 이때의 사건은 최근 역사에서 있었던 가장 큰 정치적 살해였다. 당시 사건은 오늘날까지 충분히 밝혀지지 못하고 있어 희생자의 숫자나 규모는 불확실하다.

1966년 3월 11일 수하르토(Suharto) 장군이 이끄는 쿠데타 세력은 수카르노에게 새로운 정부조직을 강요하였다. 그 결과 이듬해 3월 12일 수하르토는 '국가행정을 이끄는 대통령'으로, 수카르노는 명목상 국가원수가 되었고[1], 1968년 3월 27일 수하르토가 대통령직을 공식 위임받았다. 1969년 서부 파푸아(West-Papua)는 자유선택법(*Act of Free Choice*)으로 유엔의 지원을 받는다는 조작된 국민투표로 '이리안자야'(Irian Jaya)라는 이름으로 인도네시아의 한 주가 되었다.

수하르토 정권은 1970년대 들어 사회적 불안과 주변지역의 영토문제로 스스로 곤경에 빠져들기 시작하였다. 1973년 8월 5일 계속된 사회적 긴장은 소수 중국인에 대한 인종분규로 번졌다. 한편 1975년 11

1) 수카르노는 1970년 6월 21일 사망하였다.

월 28일 포르투갈이 식민지 동티모르에서 철수하자 동티모르 독립혁명전선(Fretilin)은 독립을 선언하였다. 그러자 12월 7일 수하르토 대통령이 동티모르 침공을 명령하여 동티모르 인구의 10%나 되는 6만 명이 사망하였다. 1976년 6월 17일 동티모르는 인도네시아 국가로 강제 편입당하였다. 그러나 동티모르인들은 무장투쟁, 국제여론 조성 등 다양한 방법으로 독립운동을 중단하지 않았다. 1981년 11월 11일 유엔 총회는 동티모르의 자결권을 요구하는 결의안을 채택하였다. 그러나 인도네시아는 동티모르인들에 대한 야만적 탄압으로 강제 통합정책을 계속해 나갔다.

동티모르의 독립운동이 명맥을 이어갔지만 결정적 분수령은 민주화의 도미노 현상을 나타낸 1980년대를 지나서였다. 1998년 경제위기를 맞은 인도네시아 인들은 소수 중국인들에게로 그 책임을 돌렸다. 여러 대학에서 시위가 있었다. 정부가 5월 5일 공공세금을 인상하자 대중들도 데모에 가담했다. 1천 명 이상이 폭동, 중국인 상점을 방화했다. 3일간의 소요로 1천 개 이상의 상점이 파괴되었다. 그러한 소요는 1998년 5월 12~14일 자카르타에서 절정을 이루었는데, 1,188명이 사망했고, 101명이 부상당했다. 2,479개의 상점과 1,604의 가옥이 약탈당하고 방화되었다. 중국인들이 많이 사망하고 상점을 약탈당했다.

1998~99년 수하르토 장군이 실각하고 부통령 하비비(Bacharuddin Jusuf Habibie)가 대통령이 되었다. 정치적 전환기에 들어선 상황에서 1999년 4월 19일 600명이 꽉 들어찬 자카르타 무슬림 사원에 폭탄투척으로 3명이 부상당하였다. 10월 20일 와히드(Abdurrahman Wahid)가 최초의 자유선거로 대통령으로 선출되었다.

인도네시아정부는 동티모르 독립에 동의하였지만 그에 반대하는 인도네시아 민병대원들이 끝까지 저항하였다. 1999년 10월 31일 9월 유엔군이 딜리(Dili)에 상륙하자 마지막 인도네시아 군대는 동티모르를 거의 잿더미로 만들고 나서 철수하였다. 동티모르는 2002년 5월 20일 정식 독립(Republica Democratica de Timor-Leste) 하였다.

2000년 자카르타에는 계속된 폭탄테러로 많은 사상자가 발생하였고, 2001년 1월 1일 이리안자야(Irian Jaya)에서 국내 자치가 이루어졌다. 2001년 7월 건국자인 수카르노의 딸 메가와티 수카르노푸트리(Megawati Sukarnoputri)가 새 대통령이 되었다. 인도네시아에서는 화산폭발과 함께 폭탄테러도 끊이지 않는다. 그런 가운데서도 2004년 국민의 직접선거로 군 장군이었던 유도요노(Susilo Bambang Yudhoyono)가 당선됨으로써, 이후 국제여론으로부터 민주국가로 인정받았다.

인도네시아 국민의 1/4는 아직도 최저 생존선 하에 살고 있고 전 인구의 절반이 농업에 종사한다. 지역 간 차이가 있지만 27% 이상의 인구가 빈곤층이다. 세계에서 가장 빠르게 숲이 파괴되고 있는 곳이다. 인도네시아는 매년 2천 3백만 톤의 가스가 생산되는 세계에서 가장 큰 가스 수출국이며 대부분 일본으로 수출한다. 발리와 같은 곳은 유명한 관광지로 매년 4백만 명이 찾는 곳이다.

이상에서 우리는 인도네시아의 역사와 식민지 관계를 살펴보았다. 인도네시아는 자원이 풍부한 나라이고 다민족 국가이다. 38년간의 긴 수하르토의 독재권력은 많은 부패를 낳았고 특히 가족 족벌정치는 군대의 절대화를 초래하였다. 참 민주주의 실현, 다민족 국가로서의 화합, 특히 중국인들과의 매끄러운 융합이 이 나라의 과제라고 할 수 있다. '무리한 침략으로 아직도 후유증을 앓고 있는 이리안자야의 독립운동을 어떻게 평화적으로 해결할 수 있을까'하는 문제 또한 남긴다.

2. 동티모르

1) 개관

1975년 11월 28일 독립선언이 있었지만 실제로는 2002년 5월 20일 독립한 동티모르(Timor-Leste)는 면적이 15,007㎢에 불과한 인도네시아 인근에 위치한 작은 섬나라이다. 인구가 94만 7,400명(2006년 7월)이고 인구밀도는 1평방킬로미터당 60명이다. 국민총생산은 2005년 기준 3억 3천 2백만 달러이고 1인당 국민소득은 370달러이다. 수도 딜리(Dili)에는 59,096명이 산다.

최소한 세 차례에 걸쳐 베도오스트로네시안(Veddo-Austronesian), 멜라네시안(Melanesian), 말레이시안(Malaysian)들이 이주해 와 살았고 약 15개 종족이 있다. 근세에는 중국인〔주로 하카(Hakka) 상인들〕, 아랍인, 포르투갈인들이 들어왔다. 인구의 소수는 포르투갈과 티무르인

〈그림 11-2〉 동티모르 및 이웃나라들

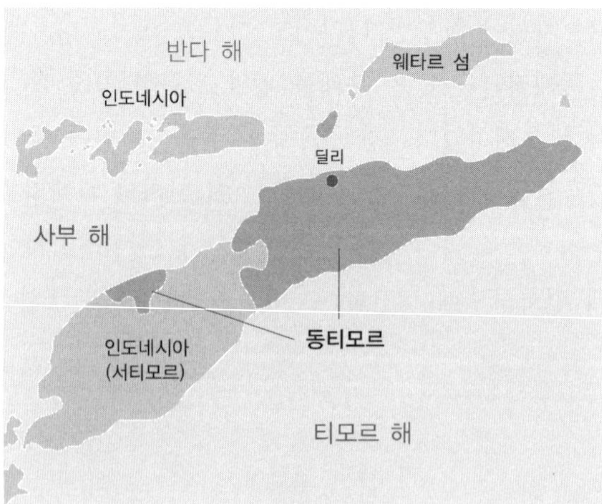

〈그림 11-3〉 5대양 그리고 6대주

들의 혼혈인들로 '메스티소'(Mestizo)라 한다. 사나나 구스마오(Xanana Gusmao) 수상과 주제 라모스 오르타(Jose Ramos-Horta) 대통령도 메스티소인이다.

동티모르 거주인들의 거의 전부가 기독교인이다. 96%가 가톨릭, 2.2%가 개신교, 0.3%가 수니파 무슬림, 그 외 불교도와 힌두교도 및 전통적 애니미즘도 0.8%를 차지한다.

2) 역사

16세기 포르투갈이 식민세력으로 등장했다. 포르투갈은 2차 대전 중 중립국이었지만 1942~45년 일본군이 동티모르 섬 전체를 점령하였다. 2차 대전 후 인도네시아 쪽의 서티모르 독립을 인정받았으나 동티모르는 계속 포르투갈의 식민지로 남게 되었다. 1974년 포르투갈의 본국에서 무혈 쿠데타가 일어나자 상황이 바뀌었다.

1975년 독립을 준비하고 11월 28일 독립을 선포했다. 9일 후 인도네시아가 티모르 티무르(Timor Timur)라는 이름의 한 성으로 편입, 24년간 인도네시아는 민족말살 정책을 펴며 동티모르를 영구 지배하려 했다. 이 기간 동안 80만 주민 중 18만 3천 명이 죽었다. 1998년 인도네시아의 수하르토 독재정권이 붕괴되고 하비비가 새 대통령이 되며 인도네시아 군대는 철수했다.

1999년 하비비는 동티모르의 자치권을 인정했다. 유엔 평화군의 지도하에 유엔이 실시한 국민투표를 통해 동티모르의 독립을 결정했다. 2002년 5월 20일 마침내 독립했다. 2002년 9월 27일 동티모르는 191번째 유엔의 회원국이 되었으며, 이하 자세한 것은 3장에 있는 WCC 편의 선교사례를 참조 바란다.

3. 스리랑카

1) 개관

인도 남부해안 인근에 위치한 스리랑카(Sri Lanka)는 면적이 65,610㎢로 한국 면적의 2/3정도이다. 인구는 2천 22만 2,240명(2006년 7월)이고 1평방킬로미터당 308.2명이다. 국민총생산은 1,160달러이다. 1948년 2월 4일 독립한 스리랑카는 '인도의 눈물' 또는 진주라고 불릴 정도로 아름답다. 스리랑카는 기원전 6000~3500년경 인도 대륙으로부터 분리됐을 가능성이 있다.

2) 역사

전설에 따르면 나가족(Nagas)과 야카(Yakkas)라는 원주민들이 살았었고, 나가족의 흔적은 사라졌지만 약 600명(1%)의 야카(Yakkas)족의 후손들은 오늘날 베다(Veddas)라고 불리며 스리랑카에 지금까지 살고 있는 원주민이다.

스리랑카는 다민족 국가이다. 74%가 싱할라족, 10~12%가 타밀족

〈그림 11-4〉 인도와 이웃나라들(Indian Subcontinent)

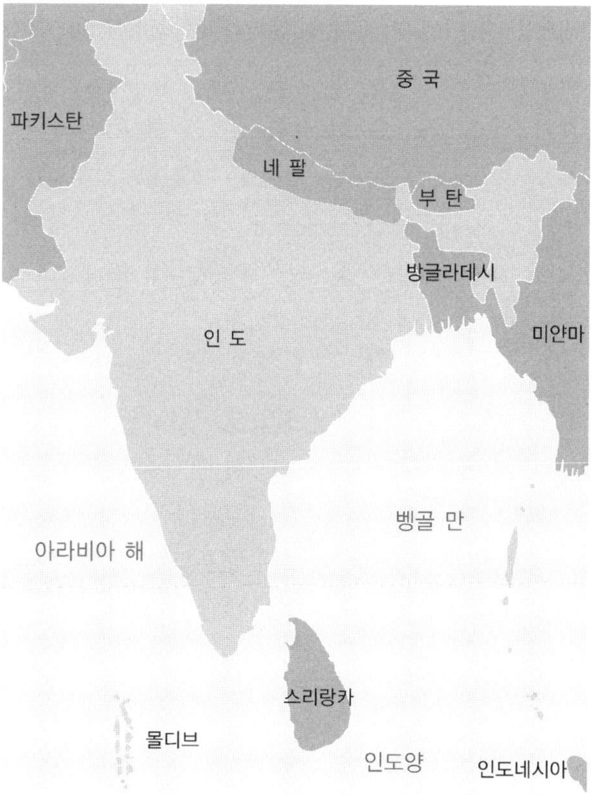

(실론 타밀족과 인도 타밀족을 합한 것), 8%가 아랍과 말레이에서 온 무슬림이다. 타밀족의 55%는 남부 주에 거주한다. 그 외 중국인 등이 있고, 종교도 다양하다. 싱할라족은 불교(69.3%), 타밀족의 대다수는 힌두교(15.5%), 무슬림이 7.6%, 기독교가 7.5%이다.

기원전 500년경 북부 인도에서 인도-아리안족에 속하는 싱할라족들이 스리랑카로 들어왔고, 자신들을 산스크리트어로 '사자'의 후손이라 했기에 오늘날 싱할라 국가의 상징이 사자이다. 기원전 247년경 인도의 마우리아 왕조의 아소카(Asoka) 왕은 왕자와 공주를 스리랑카에 보내 불교를 전파했다. 기원전 200년경 최초의 불교국가가 생겨났다.

기원전 6세기경부터 11세기까지 싱할라 왕국의 수도는 아누라다푸라(Anuradhapura)였다. 14세기까지 몇 차례 수도가 바뀌었다. 13세기부터 자프나(Jaffna)를 수도로 한 타밀 왕국이 생겨났다. 타밀 왕국은 이웃에 위치한 인도 남부로부터 압력을 받았다. 남부 인도의 촐라(Chola) 왕조는 11세기 몇 십 년 동안 스리랑카 전체를 지배하기도 했다. 그 후로는 싱할라족과 타밀족의 여러 지역적 왕국들이 있었고 그 중 가장 중요한 왕국 중의 하나가 코테(Kotte) 왕국이다.

16세기 초부터 유럽 식민세력이 들어오면서 해안지역들을 차지했다. 내륙지역에는 캔디(Kandy) 왕국이 있었다. 1518년 포르투갈이 해안지역을 점령했다. 이어 네덜란드가 포르투갈 세력을 밀어냈다. 1796년부터 영국이 실론(Ceylon)을 차지했다(1803년 영국 왕 식민지).

1815년 싱할라의 캔디(Kandy)왕국이 정복되고 난 후 1818년 섬 전체에 영국령이 내려졌다. 1860년 실론티(茶) 플랜테이션이 시작되었고, 1947년 6월 실론은 영국 영지가 되었다. 1948년 2월 4일 영연방 안에서 마침내 독립했다. 1972년 5월 22일 실론은 공화국이 되며 국명을 '스리랑카'로 바꾸었다.

3) 종족 갈등

타밀족과 싱할라족은 이미 2천년 이상 스리랑카에서 살아왔다. 스리랑카의 타밀족은 '인도 타밀족'과 '본토 타밀족'으로 구분된다. 인도 타밀족은 영국 식민지 시절 인도 남부(Tamil Nadu)에서 대농장 노동자로 데려온 사람들이다. 이들은 스리랑카의 중심 산악지대에 거주한다. 본토 타밀족들은 북동부 해안지역에 거주한다. 19세기 노동자로 이주해 온 인도 타밀족과 본토 타밀족들은 종종 혼동된다. 오늘날 일어나는 내전은 오직 본토 타밀족들이 일으키는 싸움이며, 싱할라족과 타밀족 간의 분쟁의 주요 원인은 약 1920~1940년 식민지 시대에서 유래했다.

당시 타밀족은 대다수가 문자를 해독하는 그룹이어서 국가 행정관직을 많이 맡자 싱할라족들은 타밀족들을 식민세력과 동일시했다. 독립과 더불어 민족주의적 성격의 싱할라족은 타밀족들의 우세한 권력을 제거하려 했다. 타밀어를 영어와 마찬가지로 사무실에서, 일상생활에서 밀어내고 싱할라어(Sinhala)를 일반용어로 채택했다. 지배계층이 아닌 대다수의 타밀인들은 싱할라어 사용이 불편하고 수용하기가 어려웠다. 이에 타밀지역에서는 무장 반기를 들었다. 연방주의적 지역분리, 인도와의 통합 추구와 같은 여러 목표를 내세운 정치운동이 결성, 1948년 독립 직전 타밀인들은 인권보호를 위해 헌법에 소수민족 보호를 요구했다. 전체 인구의 약 15%인 타밀인들은 동등한 선거권을 요구했다. 해결 없이 영국은 철수했고 통일국민당(UNP)이 권력을 장악했다. 건국시기에는 싱할라족과 타밀족, 무슬림 세력이 연합, 1956년 스리랑카 자유당(SLFP: Sri Lanka Freedom Party)은 애국주의 구호를 내걸며 pro-싱할라 정책을 내세웠다. 식민지 시절 타밀인들은 소수이면서 식민지 행정에서 교육과 직업을 도맡아 대다수의 싱할라족들은 사회적으로 부당한 취급을 당했다고 간주했다.

정부의 목표는 행정과 교육, 경제계에서 실제 인구비례에 맞게 타밀인들의 영향력을 줄이려 하는 것이었다. 싱할라어와 불교를 우대했고 소수민족인 타밀인들은 이를 위협으로 간주했다. 인구증가와 타밀족과 싱할라족의 청소년 실업은 정치적 상황을 악화시켰다. 1971년 맑스주의로 기울어진 싱할라, 타밀 청년들의 무장 폭동, 1970년 타밀족 여러 당파는 타밀 통일해방전선(TULF: Tamil United Liberation Front)로 합쳐져 스리랑카 북부와 동부에 독자적 국가를 요구, 두 종족간의 분쟁이 계속되었다. 타밀 과격파는 분리를 주장했다. 이들 그룹에서 타밀 반군(LTTE: Liberation Tigers of Tamil Eelam)이 결성되었다.

1983년부터 타밀족과 싱할라족 간의 갈등이 고조되었다. 타밀 반군은 타밀 독립국가를 요구했다. 1986년 타밀 반군 민병대는 타밀족들만이 살고 있는 자프나(Jaffna) 반도를 점령했다. 인도 군대도 관여하였고, 1990년 중반 타밀족과 싱할라족 간의 불화가 다시 고조되었다. 2002년 노르웨이정부가 촉진자(*facilitator*)로 스리랑카정부와 타밀 반란자들 간 정전협정을 이끌었고, 2002년 10월 31일~11월 3일 제 2차 평화회담, 2002년 12월 2일~5일 제 3차 평화회담, 2003년 1월 6일~9일 제 4차 평화회담, 2003년 2월 7일~8일 제 5차 평화회담, 2003년 3월 18일~21일 제 6차 평화회담이 있었다.

2007년 3월 스리랑카정부군은 타밀 반군의 공격 시작으로 다시 전쟁을 일으켰다. 약 15만 명이 피난했다. 이러한 스리랑카의 종족 간 전쟁은 지금도 진행 중이다. 며칠 전 종전선포는 정부군이 타밀 분리주의자들의 항복을 받았다고 선포하고 있으나 두고 볼 일이다. 두 종족 간의 갈등은 영국 식민세력의 분리통치(*devide and rule*)정책이 낳은 후유증이다. 여기에 종교 간의 갈등까지 겹쳐서 해결의 기미가 도저히 보이지 않아 안타깝다. 좀 더 자세한 것은 3장에 있는 WCC의 새로운 선교 사례를 다시 참고하기 바란다(192쪽 참조).

4. 타일랜드

1) 개관

동남아시아에서 오랜 독립국을 유지해 온 타일랜드(Thailand)는 면적이 513,115㎢이다. 인구는 6,418만 5,502명(2005년 7월)이고 1평방킬로미터당 125.1명꼴이다. 국민 총생산액은 9,200달러(2006년)이고, 고유의 타일랜드어가 있다.

2) 역사

기원전 5천년경 타일랜드에 사람이 거주한 흔적이 발견되었다. 1238년 최초의 타일랜드 왕국, 수코타이(Sukhothai) 왕국이 성립되었다. 타일랜드 민족은 기원후 6~7세기 중국 남부에서 몇 세대를 걸쳐 강줄기를 타고 내려온 민족으로 보인다. 이들은 정복을 통해 정착하기보다는 자연스럽게 원주민들과 섞여 현재 타일랜드 왕국 중앙부에 몇몇 도시국가를 세웠고, 1238~1350년 수코타이 왕국, 1238년 스리 인타라티탸(Sri Intarathitya)의 지도 아래 크메르족을 밀어내고 정복 지역을 수코타이(Sukhothai)시라 명명했다.

최초의 타일랜드 왕국으로 오늘날의 타일랜드의 요람, 람캄행(Ramkhamhaeng, 1275~1298)왕 시대가 번성했다. 람캄행 왕은 싱할라 불교를 받아들였고 오늘날 사용하는 타일랜드 알파벳도 창조했으며 문화유산을 많이 남겼다. 이어 1350~1767년 사이 아유타야(Ayutthaya) 왕국이 번성하였다. 아유타야는 1350년 무혈로 수코타이 왕국을 전복하고 새로운 왕조를 탄생시켰다. 그 후 33명의 왕들이 400년 이상을 통치했다.

크메르를 공격해 앙코르(Angkor)를 정복하여 크메르 왕국을 라오스로 쫓아냈다. 1431년 크메르 왕국을 완전히 파괴, 라마티보디(Rama Thibodi II세, 1491~1529)는 유럽과 최초로 접촉한 왕이다. 1509~1516년 사이 포르투갈에서 온 사절을 접견하고 상업 활동을 할 거점을 허용했다. 1598년 스페인의 필립 II세와 조약을 맺음으로써 포르투갈과 스페인과의 관계를 강화했다. 이 시대 시암(Siam) 왕국은 유럽 국가들과 더욱 문호를 개방하였지만 어느 한 나라와 관계를 강화하진 않았다. 1630년 독재자가 출현했다. 유럽 세력과의 긴장관계가 계속되었고, 130년을 넘게 쇄국정책으로 외부세력과 단절했다. 국내에서는 문학 등이 만개했다. 아유타야는 동남아시아의 중심지로 부상했다. 미얀마 국으로부터의 위협이 증대되었고 1767년 4월 7일 아유타야는 미얀마의 침략을 받고 완전히 파괴되었다. 1767년~1782년 톤부리(Thon Buri) 시대에 중국 출신인 프라야 탁신(Phraya Taksin) 장군은 500명의 심복을 데리고 국왕을 살해한 뒤 정권을 잡았다. 톤부리(Thon Buri)를 새로운 수도로 하고 잔인하게 국정을 운영했다.

유능한 차크리(Cao Phraya Chakri) 장군이 미얀마와의 전쟁에서 회향하여 1782년 4월 6일 왕으로 등극해, 1782년에서 오늘날에 이르기까지 차크리(Chakri) 왕조, 쁘라뿌따요까 출라록(Phraphutthayotfa Chulalok, Rama I세)이, 오늘날의 방콕 지역에 왕궁을 건설했다. 차크리 왕조는 과거 왕국의 재건을 꾀해 캄보디아 지역을 차지하고 남으로는 오늘날 말레이시아에 이르는 지역까지 차지했고, 쁘라 뿌따로뜰라(Phar Phuttaloetla, Rama II세)는 유럽과 다시 접촉했다. 방콕에 최초의 포르투갈 대사관이 설립되었고 문학을 지원했다(쁘라낭끌라오(Phra Nang Klao, Rama III세)). 여러 유럽 국가들의 관심을 그네타기 외교정책으로 대처했다. 시암 왕국이 식민지화되지 않는 유일한 국가로 남게 한 외교 전통이다. 방콕에 최초의 대학을 설립했다.

몽쿠트〔Mongkut(Phra Chom Klao), Rama Ⅳ세〕는 왕으로 즉위하기 전 26년 동안 떠돌아다녔으며, 수도원에서도 생활했다. 외국어와 외국 학문에 접촉했고 왕으로 즉위한 후 개혁과 불교의 중흥을 꾀했다. 1855년 4월 18일 영국과 통상 친교협약(*Treaty of Friendship and Commerce between Her Majesty and the Kings of Siam*)을 체결했다. 프로이센의 사절도 왕국을 여행하고 기록하게 허용했다.

출라롱콘(Phra Maha Chulalongkorn, Rama Ⅴ세)은 15세에 왕위를 물려받았고 1871년에야 왕으로 등극했다. 서양의 사상을 받아들였고 부왕의 개혁을 계속했다. 국왕 앞에서 무릎을 꿇는 것, 노예에 대한 학

〈그림 11-5〉 인도차이나 나라들(Golden Triangle)

대 등을 없애는 등 자유주의적 태도를 보였다. 1882년 방콕과 아유타야 간 타일랜드 최초의 철도를 건설했다. 유럽, 특히 독일을 1897년, 1907년에 방문했고 영국과 프랑스 식민세력 사이에서 시암 국의 입장을 잘 운영해 나감으로써 독립을 유지했다. 강대국 간의 완충국의 입장을 견지했다. 1896년 영국과 프랑스 간의 협정을 통해 그러한 입장을 국제적으로 인정받았다.

바지라부드(Vajiravudh, Rama VI세)는 옥스퍼드에서 공부하며 교육에 치중했다. 1917년 방콕에 출라롱콘(Chulalongkorn) 대학을 세웠고 4세 이상의 의무교육을 도입, 1차 대전 때 중립을 추구하려 했지만 연합국 측에 2천 명의 장교를 파송하였고 국제연맹에 가입했다. 1921년 남녀가 동등함을 법으로 인정한 쁘라차티뽁(Prajadhipok, Rama VII세)은 라마(Rama)란 타이틀을 거부했다. 새로운 시대정신을 가졌으나 관철할 능력은 부족했다. 국제적 경제위기에 맞서 투쟁했다. 1930년 타일랜드 공산당이 조직되었지만 정치적으로는 미약했다.

유럽에서 공부한 대학생들이 군대를 밀고 1932년 6월 24일 무력 쿠데타를 일으켰고 국왕을 정점으로 하는 입헌국이 되었다. 1935년 국왕은 하야, 아난타 마히돌(Ananda Mabidol, Rama VIII세)이 9세에 왕위를 이어받았다. 피분 송크람(Phibun Songkhram) 장군의 독재 하에 1938년 군대의 쿠데타가 있었다. 1939년 '시암'이란 국명을 공식적으로 '타일랜드'로 개칭했다.

2차 대전 발발로 프랑스가 독일에 패하자 타일랜드는 인도차이나에 있는 프랑스 식민지를 공격할 수 있는 호기로 생각하여 전쟁을 일으켰다. 프랑스 식민지였던 라오스와 캄보디아에 지역을 확대, 1941년 일본의 태평양 전쟁에서 일본과 동맹하였고 일본군대의 방콕 주둔으로 인하여 전략적으로 중요한 철도인 콰이강 위의 다리 철도부설에 15만 명의 군인이 1942년 6월에서 1943년 10월까지 동원되어 작업하였고 9

만 명이 사망했다. 일본의 승리를 확신하고 1942년 초 일본과 공식적으로 군사동맹을 맺었으며 영국과 미국에 선전포고를 해야 하는 결과를 낳았다. 미국 주재 타일랜드 대사는 선전포고 문건을 미국에 제출하는 것을 망설였다. 타일랜드는 그 결과 미국으로부터 적국으로 취급받지 않았다. 그래도 타일랜드 군대는 북부 말레이시아 일부를 점령했었기에 전후 1천5백만 톤의 쌀을 배상금으로 제공해야 했다. 1944년부터 정치적으로 불안정한 시기였다.

1945년 9월 타일랜드는 다시 국명을 시암으로 바꾸었다. 전쟁 중 획득한 지역을 모두 포기하여 적국으로 간주되지 않아 국제연합에 가입했다. 1946년 6월 9일 젊은 왕 아난타 마히돌이 갑작스레 죽었다. 동생 푸미폰 아둔야뎃(Bhumibol Adulyadej)이 왕으로 즉위하였다. 푸미폰 왕은 스위스에서 자연과학을 공부했고 1951년 정치학과 법학으로 졸업한 후 1950년 5월 5일 왕으로 즉위했다. 수많은 발전 프로젝트를 수행했고 1987년 국민들의 결정으로 '대왕'의 칭호를 받았다.

1948년 민주당 정권은 군사쿠데타로 전복되었다. 1949년 6월 24일부터 공식적으로 국가명을 다시 '타일랜드'로 개칭했다. 미국에 접근했고 한국전쟁에 군대를 파견했다. 1954년 미국이 주도하는 동남아시아조약기구(SEATO: South-East Asia Treaty Organization)의 회원이 되면서 동남아시아조약기구 사무소를 1975년까지 방콕에 두게 했다. 다시 군사 쿠데타와 독재가 있었고 1951년과 1955년, 1958년과 1968년까지 모든 정당을 폐쇄했다. 베트남 전쟁 동안 미국에 비행장 사용권을 제공했고 1967년 4만 명의 미군이 타일랜드에 주둔했다.

1968~1988년 동안은 1971년 11월 17일 쿠데타를 위시해 몇 차례 군대 쿠데타로 개혁과 쿠데타가 반복되는 '절반의 민주주의 시기'였다. 1988년~2001년 힘든 민주화 과정을 겪고 2001년~2006년 탁신 시대가 왔다. 2001년 2월 9일의 선거로 탁신은 수상이 되었고 근대 타일랜

드 역사는 수많은 가문 간의 권력다툼으로 물들었다. 50개의 다양한 파들이 '민주주의를 실험'했다. 때때로 막강한 영향력을 가진 군대도 왕에 대해서는 터치하지 않았다. 국왕은 타일랜드의 구심점이었다.

탁신이 유엔 총회에 참석하던 중인 2006년 9월 19일 다시 쿠데타로 군대가 방콕을 장악했다. 민주개혁을 위한 위원회가 통치했으며 정부 수반에는 손티 분야랏끌린(Sonti Boonyaratglin) 장군이 있었다. 2007년 12월 16일 또는 23일 자유선거가 있을 예정이었으나 아직 실시되지 않고 있다. '교조민주주의'(*Guided Democracy*)로 돌아갈 전망이다. 현재 타일랜드의 미래는 불확실하다. 지금까지는 국왕의 결정이 정상을 회복하는 데 절대적이었지만 국왕의 나이가 연로하고 건강이 불투명하며 왕자와 공주들 사이의 해석과 여기에 줄을 대는 정치적 세력들이 갈라져서, 그리고 군부의 내분도 겹쳐서 혼미한 지경에 이른다. 민주주의 실현이 얼마나 어려운 일인가를 보여주는 경우라고 할 수 있다.

5. 르완다

1) 종족분쟁의 개시

르완다(Rwanda)는 수단과 함께 식민지의 후유증을 비참하게 경험한 나라이다. 물론 아프리카의 많은 나라들이 프랑스, 독일 및 영국 식민세력의 많은 고통을 당하였지만 수단과 르완다는 특히 고난의 역사가 더하다. 인구 8백여만 명의 이 나라는 우리나라의 경상북도보다 조금 큰 면적이다. 아프리카 최대의 호수인 빅토리아 호수의 주변의 나라로서 우간다, 부룬디, 탄자니아, 콩고와 국경을 맞댄다.

르완다는 1895년 이웃나라인 부룬디와 함께 독일의 식민지인 동아

〈그림 11-6〉 아프리카대륙 내의 르완다

프리카의 일부가 되었다. 1차 세계대전 후인 1916년부터 1960년까지 45년 동안 르완다와 부룬디를 식민지로 지배한 나라는 벨기에이다. 봉건 시대부터 왕족이면서 지배계급이었던 투치족은 키가 유별나게 커서 소수민족으로 있었지만 벨기에 식민세력은 이들을 이용하여 다수족인 후투족을 지배하게 되었다. 이 후투족은 유난히 키가 작아서 투치족의 키와 대비된다. 이 45년 동안에 식민세력은 소수의 키가 큰 투치족의 지배에 다수족이 늘 불만을 품었었다.

1962년 7월 1일 르완다는 독립하게 되었다. 독립 후에 실시된 총선에서 후투 해방 운동당이 정권을 잡게 되면서 45년 동안 자신들을 지배했고 외래 식민지의 앞잡이인 투치족을 공개적으로 전멸시키겠다는 표현을 하게 되었다. 후투족의 일당독재는 시작되었고 수많은 투치족의 사람들이 해외로 피신하였다. 1963년 투치족의 이민자들이 권력 탈환을 위해서 전쟁을 벌이기 시작하면서 후투족은 투치족 1만 명을 살해하고 그 와중에 33만 명의 투치족이 이웃나라로 피신하게 된다. 1973년에 군부 쿠데타로 하비아리마나 장군이 대통령이 되자 투치족과의 화해를 모색했지만 후투족의 권력독점을 투치족이 인정하게 하는 가혹한 조건으로 투치족과 화해를 하게 되었다.

2) 대량학살의 참극

그런 어정쩡한 화해 상태가 1990년까지 지속되었다. 해외 피난민 중 6~70만에 이르는 투치족은 1990년 르완다의 국내 정치가 야당의 민주화 요구로 불안해지자 이 기회를 타서 르완다를 침공하게 되고 3년 내전이 발발하였고 그때부터 인종학살 정책의 실마리가 시작되었다.

1993년 8월 4일 유엔은 탄자니아 등의 중재로 정전협정이 체결되었으나 그 약속이 제대로 이행되지 못해서 다시 2,500명의 평화유지군을 파견하였다. 이 와중에 후투족 강경파는 투치족의 권력복귀를 강력히 반대하며 투치족의 편에 서 있는 후투족 온건파에 테러를 가하기 시작하여 약 1백만 명의 무고한 목숨을 살해하게 된다. 우월한 무장력을 앞세운 투치 족은 계속 진군하였는데 후투족 강경파가 투치족과 후투족 온건파들을 무차별적으로 학살하여 2,500명의 유엔 평화유지군 중 총리를 호위하는 벨기에의 병사 10명의 사지를 절단하게 된다. 벨기에군 400명이 철수하면서 후투 강경파는 수도 키갈리를 벗어나 지방으로 학살을 확대하여 투치족의 전멸을 수행했다. '투치는 바퀴벌레, 바퀴벌레는 박멸하자'고 선동하였고 문맹률이 가장 높은 후투족들이 이러한 선동에 속아 넘어가면서 대량학살이 감행되게 된다.

3) 평화유지의 여정

현재에도 내전은 국지전의 양상을 띠면서 이곳저곳에서 전개된다(현재는 유엔이 마련한 임기 4년의 재판관 18명-아프리카 9명, 유럽 3명, 미주 2명, 아시아 4명으로 구성). 우리나라의 박선기 변호사도 유엔에서 선출되어 2003년부터 판사로 활동하고 있으나 후투족 강경파 피의자들의 숫자가 너무나 많아서 재판은 속력을 내지 못하는 상태였다. 그러자 르완다정부는 재래식 전통적 재판제도를 도입하여 피의자의 형량을 최대로 낮추어서 가해자와 피해자들 사이에 화해를 유도하고 서로 용서를 빌도록 했다. 르완다에서는 40%의 가족이 남편이 사망하여 여성들이 가계를 이끌고 있는 실정이다. 여성이 가장이 되면서 화해의 속도는 더 빨라지고 있는 희망적 요소도 있다. 현대판 집단 학살의 전형인 르완다의 경우는 벨기에의 45년 동안의 통치에서 그 이유를 찾을 수

〈그림 11-7〉 르완다와 이웃나라들

있다고 생각한다. 1백만 명 이상의 무고한 영혼에 위로를 보낸다.

6. 캄보디아

1) 사상최대의 대량학살

9세기부터 14세기까지 앙코르(Angkor) 제국을 이루면서 메콩 지역의 강대국으로 군림한 캄보디아(Cambodia)는 근대에 와서 냉전의 가장 큰 희생을 낳은 나라로서 국민의 한이 극에 달해 있는 나라이다. 1864년 프랑스가 캄보디아를 점령하였다. 1953년 프랑스는 비엔티안 전쟁에서 패함으로써 캄보디아, 베트남, 라오스에서 철수하게 된다. 1955년 시아누크 왕은 중립 국가를 선포하면서 나라를 잘 다스리게 된다. 그러나 냉전시대의 절정인 1970년 론 놀(Lon Nol) 장군이 집권하면서 비극은 시작되었다. 미국의 세력을 등에 업은 론 놀 장군은 공산주의 사상을 갖고 있는 사람들을 수없이 사살하게 되었고 여기에 못 견딘 크메르 루주(Khmer Rouge)인 폴 포트(Pol Pot) 장군이 1975년 론 놀 정권을 무너뜨리면서 론 놀 정권에 가담한 민간인들 및 동조자들 1백만 명을 죽이게 된다. 다시 소련을 등에 업은 베트남이 1979년 캄보디아와 라오스를 침공하면서 크메르 루주에 가담했던 사람들을 또다시 학살하게 되었다.

2) 평화유지의 여정

오랜 내전 속에서 1991년 10월 23일 파리에서 평화회담의 4개의 계파가 참가하게 되면서 유엔이 평화군을 파견하였고 1993년 시아누크는 망명에서 다시 캄보디아에 돌아왔다. 그러나 총선결과 당시에 베트남을 등에 업은 훈 센 파와 시아누크의 아들인 라나리드(Ranarididdh) 사이에 절대 다수의 투표결과가 나오지 않아서 라나리드는 제 1수상, 훈 센은 제 2수상, 그리고 모든 장관도 제 1장관, 제 2장관을 추대하는 혼란기를 지나 1997년 훈 센이 주도한 재선거에서 제 1당인 라나리드 파는 제 2당이 되었고 훈 센은 다시 권력에 복귀하게 되었다.

6백만의 인구 속에서 근 2백만 명의 무고한 목숨을 잃은 크메르족은 많은 고통과 한을 품고 있는 아시아의 이웃나라이다. 지금도 평화는 서서히 오고 있기는 하지만, 다이옥신에 전염된 임산부들이 기형아

〈그림 11-8〉 캄보디아와 이웃나라들

를 낳고 있으며 이 다이옥신은 전쟁 중에 터지지 않은 폭탄 속에서 옮아온 것이다. 대인지뢰의 희생물이 된 많은 캄보디아의 젊은이들은 지금도 다리나 팔이 절단되어 생계를 유지하는 참상을 목격하게 된다. 이러한 전쟁은, 그리고 미·소가 벌였던 냉전의 후유증은 그들의 나라가 아니라 아시아의 가난한 나라에 지금껏 영향을 준다. 캄보디아는 인권유린, 부정부패, 어린아이들의 성매매, 질병, HIV positive 등의 난제를 풀어야 하는 과제를 갖는다. 우리나라, 일본, 선진국들이 이웃 아시아를 도와야 하는 근거가 여기에 있다고 하겠다.

7. 방글라데시

1) 독립을 위한 분열

1970년 12월 동 파키스탄의 독립주의자 시크 무지비르 라만(Sheikh Mujibur Rhaman)은 동 파키스탄의 분리를 주장하여 선거에서 압도적으로 승리하고 서 파키스탄 대통령인 야히아칸(Yahya Khan)과 회담을 하나 결렬이 된다. 1971년 서 파키스탄 군인들이 동 파키스탄을 다시 점령하나 인도 군이 1971년 12월에 전쟁에 가담하면서 동 파키스탄의 손을 들어줌과 동시에 방글라데시(Bangladesh)는 서 파키스탄에서 분리, 하나의 독립국가로서 탄생하게 된다. 그러나 그 이후 계속되는 정쟁으로서 대통령이 암살되고, 다시 나온 대통령이 또 암살되는 악순환을 겪게 된다.

1977년 4월 라만 장군은 정권을 탈취, 1977년 4월 스스로 대통령이 되었다. 그는 1981년 5월 30일에 다시 암살당했고 부통령인 사타르(Sattar)가 대통령이 되었다. 그러나 어샤드(Ershard) 장군은 무혈쿠데타를 일으켜 1982년 3월 24일 대통령이 되었고 1986년 10월 15일 군인의 신분에서 평민 대통령으로 둔갑하였다. 1990년 민중 봉기가 극도에 달해 그는 1990년 10월에 대통령직에서 물러났고 감옥에 들어갔다. 1996년 6월 방글라데시는 16년간의 긴 대통령제를 마감하고 내각 책임제를 실시함으로써 헌법을 개정하였고 수상제도를 부활시키게 된다. 그러면서 하시나(Hasina) 여사가 수상에 취임한다.

2) 빈곤의 그늘

이러한 정치적 분쟁은 지금까지 계속된다. 방글라데시는 세계에서 가장 가난한 나라 중 하나이다. 그러나 방글라데시 사람들은 빈곤탈피를 위해서 피나는 노력을 한다. 방글라데시가 안고 있는 문제 중에 가장 큰 문제는 매년 방향을 바꾸는 몬순 기후이다. 5월부터 7월의 3개월에 걸쳐서 방글라데시에 많은 비를 내리는 몬순 기후는 대부분 홍수를 일으켜 수많은 이재민들을 양산한다. 이러한 매년 반복되는 홍수 피해를 예방하기 위해서 외국의 원조기구들은 'Emergency Shelter', 즉 약 10미터의 4개의 기둥을 세운 뒤 10미터 위에 집을 지어서 홍수의 피해를 막고 있는 실정이다. 한 번 홍수가 오면 한 달 가량의 시간이 소요되는데, 왜냐하면 물이 빠져야 하기 때문이다. 비상식량을 최소 1개월분 이상, 수백 명을 먹일 수 있게 저장하는 문제들도 큰 과제로 남는다.

방글라데시의 국경인 미얀마 접경에는 통상 치타공 구릉지대(Chittagong Hill Track)에 샤크마(Chakma) 종족이 산다. 이 샤크마 종족은 벵골인과 인종이 다른 종족으로서 독립이나 자치권을 주장하고 있기 때문에 내전이 그치지 않아 정부군이 이들을 감시하고 일반인들의 출입을 금지한다. 이 독립운동은 인도의 미조람(Mizoram), 트리푸라

(Tripura), 나갈랜드(Nagaland) 지역의 독립운동처럼 소수 민족들의 자치권을 주장하는 양상으로 번지고 있으며 아직도 분쟁은 계속된다.

방글라데시의 가난을 탈피하기 위해서 이 나라에는 세계에서 가장 많은 NGO의 활동이 눈에 띤다. 그 NGO활동 중에 많은 숫자가 기독교의 근본주의자들로서 무슬림인 벵골 사람들을 전도하기 위해서 가 있는데, 이것은 바람직하지 않은 경우이다. 방글라데시는 필리핀처럼 가장 많이 선진국에 노동자를 공급하는 나라이다. 이 노동자들이 힘들게 번 돈을 본국에 송금하여 나라 예산의 상당부분을 차지하는 실정이다. 우리는 벵골족들의 인격, 철학, 그리고 문학성을 높이 사야 하고 배워야 한다. 가난하기 때문에 그들이 갖고 있는 이러한 좋은 점을 간과해서는 안 될 것이다.

〈그림 11-9〉 방글라데시와 이웃나라들

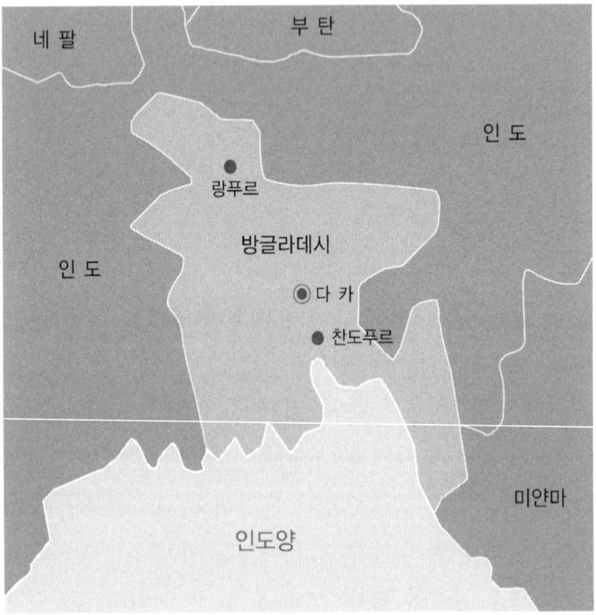

3) 아시아의 고뇌

현재의 아시아 국가 중 서구 식민통치를 경험한 나라들의 고뇌는 역사적 배경을 갖는다는 점에서 깊고, 해결할 과제가 매우 복잡하다는 점에서 넓다. 아래는 그런 고뇌들 중 일부이다.

- 아시아 국가들이 서구 식민지에서 받은 영향, 곧 소련, 영국, 포르투갈, 프랑스, 스페인, 미국, 그리고 네덜란드 등 서구 식민세력들이 남겨 놓은 유산을 상호 비교하는 일.
- 피지배국들의 면모, 몽골리아, 인도, 파키스탄, 스리랑카에서의 후유증을 상호 비교하여 연관관계를 찾아보고 해결점을 모색해보는 일.
- 인도네시아의 암본 지역, 동티모르, 그리고 마카오 등 포르투갈의 식민 세력이 아시아에 남긴 바를 살펴보는 일.
- 베트남, 라오스, 캄보디아에서 프랑스 식민세력이 남긴 유산을 살펴보는 일.
- 필리핀이 스페인과 미국의 지배 하에서 받은 역사적 유산과 상흔.
- 인도네시아, 그리고 서티모르 등은 네덜란드에서 무엇을 얻었고 제 2차 세계대전이 끝났음에도 왜 네덜란드는 인도네시아에서 계속 머무르려 했는가. 그리고 독립된 인도네시아가 동티모르와 이리안자야를 침략한 이유.
- 인도의 달릿(Dalit), 하리잔(Harijan) 등과 같은 천민의 삶과 고뇌는 무엇이며 카스트 제도가 존속하는 이유.
- 인도의 카스트 제도 그리고 힌두교의 소의 신성화가 종교적 의미를 넘어 갖는 사회정치적 의미와 영향.
- 인도의 세계화와 한국의 진출, 한국은 인도에서 다른 나라들이 실패한 전례를 밟지 않는다는데 그 실체와 '성공' 요인.
- 파키스탄의 고뇌, 인도와의 관계, 평화 정착의 가능성, 그리고

종교와 정치의 관계.

- 파키스탄의 '선군정치'의 현장과 근대화에 기여한 허와 실.
- 페샤와르를 중심으로 한 아프가니스탄과의 국경, 그리고 중앙아시아 5개국과의 향후 전망.
- 스리랑카의 고뇌, 타밀 반군(LTTE)과의 평화정착 가능성.
- 차밭(*Tea Plantation*)의 역사와 타밀족과 싱할라족과의 대치, 그리고 식민정책과의 함수관계.
- 스리랑카에서의 종족분쟁과 함께 불교, 힌두교, 무슬림, 그리고 기독교 간의 갈등해결 방안.
- 세계 최빈국 방글라데시의 빈곤 극복 방안과 만성적 홍수 대책.
- 방글라데시의 외국인 선교단체의 역할과 역기능, NGO의 긍정적 면과 역기능, 나아가 NGO의 난립과 개선 방안.
- 네팔의 고뇌, 가난과 기근 그리고 정쟁의 현장.
- 인도의 역할, 부탄 난민들의 미래.
- 불교의 역할, 그리고 국가의 미래.

8. 브라질

1) 개관

브라질(Brazil)의 국토 면적은 851만 4,215㎢, 인구는 1억 8천 6백만 명으로 두 측면에서 모두 세계 5위 국가이다. 대통령제 공화국인 브라질의 인구밀도는 1평방킬로미터당 22명, 국민 총생산액은 10,073달러(2006년)이다.

2) 이주와 왕국시대

1822년 포르투갈로부터 독립선언을 하였고, 1825년 국제적 인정을 받았다. 남미대륙의 47%를 차지하고 남미국가 중 인구가 가장 많은 곳이며, '브라질'(Brazil)이란 국가명은 토착인들이 말하는 '붉은 색의 나무'에서 나온 말이다. 고급가구를 만드는 이 나무는 식민지 시절 유럽에 가져가는 가장 중요한 수출품이다. 막대한 양의 벌목 때문에 오늘날에는 보호목이 되었다.

오늘날의 브라질 해안지역에는 약 기원전 8천년경 사람이 살았던 흔적이 있다. 1492년 콜럼버스의 미 대륙 발견 후 스페인과 포르투갈 간의 경쟁이 심화되었고, 1494년 토르데시야스(Tordesillas)조약으로 양측이 신세계 지역을 나누었을 때 그때까지 알려지지 않았었던 브라질의 절반은 포르투갈 세력권에 소속되었다. 1500년 4월 22일 포르투갈인 카브랄(Pedro Alvares Cabral)이 공식적으로 브라질 발견자이다. 카브랄은 오늘날의 포르토세구로(Porto Seguro) 근처에 정박한 후 새로 발견한 지역을 당시의 포르투갈 왕 마누엘(Manuel) I세에게 헌정했다. 원주민들인 뚜삐 종족(Tupi Indian)들의 반항은 없었다. 1507년 브라질은 유럽에 알려졌다. 프랑스인의 탐험대 등은 포르투갈이 모두 몰아냈다.

포르투갈 왕은 브라질 해안을 15개로 나누어 귀족과 중산층에게 분배했다. 2백 명의 범죄인이 추방죄로 갔다는 기록이 있다. 유럽 여러 나라에서 가톨릭인들이라는 조건만 되면 이주민으로 받아들였다. 고가격이었던 사탕수수 농사를 시작했다. 원주민들이 자살하거나 유럽인들이 가져온 병으로 많이 죽자 아프리카 노예를 수입하기 시작했다. 1538년 최초의 아프리카 노예가 수입되었다. 1600년경 브라질은 당시 세계에서 최고의 사탕 생산국이었다. 포르투갈은 1549년 살바도르 다 바이야(Salvador da Bahia)를 수도로 하고 지사 때로 부왕(副王)이라 칭했다. 1567년 리우데자네이루(Rio de Janeiro)를 수도로 했다. 17세기 초부터 내륙 지방도 개척을 시작했다. 1629년 네덜란드인들이 들어왔지만 밀려나고 1654년에는 브라질 전체를 다시 포르투갈이 장악했다. 18세기 말에 포르투갈 통치에 대항하는 폭동이 많아졌다. 1805년부터 커피 재배를 시작했다.

유럽에서 포르투갈은 영국과 프랑스 간의 그네타기 외교가 실패하고 나폴레옹 군대를 피해 1807년 포르투갈의 전체 궁정은 브라질로 도피했다. 약 1만 5천 명의 왕족들이 옮겨왔다. 모국과 동등한 입장이었다. 나폴레옹 시대가 끝난 후 1815년 빈협약에서 브라질은 포르투갈·브라질 연합왕정을 건립하고 이 범위 안에서 모국과 공식적으로 동등하게 되었다. 당시 남미의 여러 나라들은 볼리바르(Simon Bolivar)의 지도하에 독립운동을 일으켰다. 1822년 10월 12일 브라질은 제국을 선포했다. 1823년까지 점차 포르투갈인들을 몰아냈다.

페드로(Pedro) I세가 황제로 등극했다. 브라질은 자유주의적 헌법을 채택하는 입헌 군주국이었다. 1823년 미국, 영국, 포르투갈로부터 독립국가로 인정받았다. 1831년 페드로 IV세가 9살로 황제위에 오르자 임시로 3명의 섭정위원회가 통치했다. 1825년 남부의 우루과이(Uruguay)가

브라질에서 떨어져 나가 독립을 선언했다. 곳곳에서 폭동이 일었다. 남부에서도 독립운동(*Republik Rio Grande do Sul*)이 있었다.

1840년 페드로 II세가 황제로 즉위했다. 파라과이와의 전쟁에서 승리했다. 1853년 아프리카 노예수입에 대한 비판이 나오게 되었다. 1888년 노예무역이 폐지되었다. 1889년 11월 15일 쿠데타가 있었고 페드로 II세와 가족은 브라질을 떠났다. 공화국 왕정이 무너진 이유는 증대하는 공화주의 운동으로 브라질식 황제국가는 시대에 안 맞고 미국적이지도 않다고 느끼게 되었고 일부 성직자들 간의 암투 및 왕령과 같은 대토지 소유자들이 노예해방을 수용하려 하지 않았기 때문이었다.

3) 현대 브라질

1889년 이후 정치적으로 안정되었다. 1891년 초대 대통령은 뻬이소또(Floriano Peixoto)였다. 1차 대전 중에 브라질은 공식적으로 연합국 측에 있었으나 적극적으로 참여하지는 않았다. 1930년 커피 값이 폭등하였으며, 바르가스(Getulio Vargas)가 폭동을 일으키고 대통령으로 당선되었다. 바르가스도 군대에 의해 쫓겨났고 정치적으로 불안정한 시대였다. 1964년 군사 쿠데타가 일어났다. 2003년 노동당 당수 룰라(Luiz Inacio Lula da Silva)가 '가난퇴치운동'(*Fome Zero*)이라는 사회프로그램으로 당선되었다. 대통령으로 당선되면 부자들은 이민을 가야 한다고 하여 부잣집 젊은이들이 많이 표를 찍어 당선됐다고 하며, 재선되었다.

브라질은 다인종 국가이다. 일본인 100년 역사 농업이민들이 많이 왔다. 160만 명이 있고 대를 이어 야채를 재배한다. 중국인 200만 명을 이주시킬 계획이 있다. 철도가 거의 없는 나라이다. 자동차 회사들의 로비로 철도는 건설되지 못했다. 남쪽으로 돌아가거나 파나마 운하를 통해야만 태평양으로 갈 수 있기에 동, 서를 연결하는 횡단철도를 놓게 되면 태평양 시대를 맞이할 수 있을 것이다.

브라질 국민들은 스포츠와 카니발에 열중한다. 죽이지 않는 한 돈 많은 사람의 돈은 빼앗아도 된다는 생각이 만연한 게 현실이다. 감옥도 교육 정도에 따라 다르고 초범은 거의 훈계방면이다. 총기사고가 많다. 지난 5년간 총기로 사망한 숫자가 월남전 희생보다 많다고 한다. 시체가 많아 치과의사들도 해부를 할 정도이다. 사회폭동보다는 총기가 낫다고 생각한다.

행복지수는 7위이다. 교육열도 거의 없다. 영어가 통하지 않으며 육류소비가 많아 심장병이 많다. 심장병 수술을 맹장수술 정도로 생각한다. 소 한 마리가 100 달러 정도이다. 부가 대대로 세습되므로 사회의 양극화가 심각하다. 코카인 잎은 아마존 유역에서 많이 생산된다. 석유 등 지하자원이 풍부한 곳이다. 중국, 인도와 함께 새로 부상하는 신흥 강국이다.

9. 중앙아시아의 고려인

1) 강제 이주

1987년 소련 수상 미하일 고르바초프는 개혁정책을 선포하고 자유의 바람을 소련 연방제국에 불어넣기 시작했다. 이러한 영향으로 1991년 소련연방은 해체되고, 세계의 상황이 변한다. 그 중에 45년간의 미소 냉전의 종식, 독일 통일, 그리고 중앙아시아 5개국의 독립이 있다.

1937년 스탈린은 그의 공산주의 정책 실현을 위해서 인구밀도가 많은 블라디보스토크를 중심으로 한 극동지역에 이주해 온 많은 소수민족을 중앙아시아로 강제 이주시킨다. 고려인들은 그 중 하나이지만 그 수가 많았다. 1937년 기아에 허덕이고 추위에 떨면서 강제로 고향에서 쫓겨난 우리 고려인들은 몇 십 만을 헤아리게 되었으며 많은 사람들이 이주 도중에, 또는 이주 후 척박한 환경 때문에 굶어 죽었다. 부지런한 우리의 조상들은 열악하고 척박하고 낯선 땅에서 열심히 노력하여 지금 30여만 명이 중앙아시아 3개국에서 생활한다.

'스탄'은 터키어로 땅이라는 뜻이다. 파키스탄, 아프가니스탄과 함께 중앙아시아는 카자흐스탄, 우즈베키스탄, 투르크메니스탄, 키르기스스탄, 타지키스탄의 5개국이다. 전부 무슬림 국가이다. 필자는 아프가니스탄, 파키스탄, 카자흐스탄에 여행 및 출장 차 갔던 경험이 있다. 이 무슬림을 표방하는 국가들은 이방민족에 대해서 겉으로는 퍽 친절하다. 그러나 구체적 협력을 할 때에는 경계하는 빛이 역력했었다. 이 중앙아시아에 사는 우리 고려인들은 이제 대부분이 한국에 오기를 원한다. 그러나 한국에 와서 적응할지, 또는 가능한 통합이 될지는 미지수이기 때문에 이들이 한국에 오는 것보다 한국이 이 중앙아시아의 5개국과 긴밀한 협력을 함으로서 그 곳에서 살고 있는 고려인들의 가슴을 뿌듯하게 하는 것이 가장 바람직하다.

2) 중앙아시아와 한국

중앙아시아는 원유 천연가스의 보고이다. 예를 들면, 투르크메니스탄의 천연가스 매장량은 세계 11위로서 어느 나라도 경제협력을 하지 않고 있는 실정이고, 현재 우리나라의 우라늄 소모량의 4분의 1을 세계 10위 우라늄 생산국인 우즈베키스탄의 생산량 6만 6천 톤에서 수입한다. 중앙아시아의 풍부한 천연자원에 우리의 기술과 자본이 투입되면 고려인의 한도 풀어 주면서 국가의 이익도 막대하게 될 것이다.

내가 지난 달 10월 26일 프라자 호텔의 외교협회의 날에서 만난 우즈베키스탄의 비탈리 펜 주한 대사는 고려인 3세로서 유창한 한국말을 구사하며 한국에 8년째 거주하면서 한국과 우즈베키스탄의 가교 역할을 한다. 〈표 11-1〉은 외교통상부에서 제공한 현황표이다. 이곳 5개국과 한국의 국력에 걸맞은 협력이 증진되면서 그곳에 살고 있는 우리의 형제자매들의 수십 년간 축적된 한을 풀어 주어야 할 것이다.

〈표 11-1〉 중앙아시아 5개국 현황

국가	인구 (만 명)	면적	1인당 GDP (달러)	주요 자원
카자흐스탄	1,538만 명 (고려인 10만)	271만 ㎢ (한반도의 12배)	5,083달러	원유 390배럴, 천연가스 3조 ㎥, 우라늄·크롬 (세계 2위), 철광석·아연·동
우즈베키스탄	2,660만 명 (고려인 20만)	44만 7,400㎢	492달러	원유 6억 배럴, 우라늄 6.6만 t (세계 10위), 금5,000t(세계 4위), 면화(세계 5위 생산)
투르크메니스탄	504만 명	48만 8,100㎢	1,119달러	석유매장량 5.5억 배럴(세계 50위), 천연가스 매장량 2.9조 ㎥(11위)
키르기스스탄	514만 명 (고려인 2만)	19만 8,500㎢	549달러	93%가 산악지대, 이식쿨호수 등 관광자원
타지키스탄	720만 명	14만 3,100㎢	280달러	알루미늄 (연간 13만 t 수출), 수자원(세계 8위)

* 전체 400만 ㎢(한반도의 18배), 인구 5,850만 명.

제12장

한반도 평화·통일의 전망과 과제

1. 2009년 국내외 환경

2009년은 소의 해이다. 여러 가지로 소는 부지런하고 쉬지 않고 일을 해 우리에게 기쁨과 행운을 주는 가축으로 인식된다. 이러한 희망의 해에 우리 민족의 숙원인 평화통일을 기원하는 마음이 간절하다. 역설적으로 2009년은 일본의 식민통치의 시작인 치욕의 을사보호조약이 강제로 체결된 104년이 되는 해이고, 또 1905년 일본과 미국 사이에서 비밀로 체결된 태프트-가쓰라협약(Taft-Katsura Agreement)이 맺어지는 것과 맥을 같이한다고 할 수 있다. 이 협약은 미국이 필리핀을 식민지화하는 것을 일본이 묵인하고, 일본이 한국을 식민지화하는 것을 미국이 묵인하는 협약이었으니 한반도의 분단도 어찌 보면 이것과도 무관하다고 할 수 없다.

그리고 또 2009년은 광복 64주년이 되는 해이며, 동시에 분단 또한 64주년을 헤아리게 되었다. 역사적 남북 정상회담이 9주년이 되는 해이기도 하며 그 둘째 번의 남북 정상회담이 8개 항목을 합의하였고 2007년 10월 31일 오후 3시 제62차 유엔총회에서 192개국의 유엔 회원국가가 우리의 남북 합의문을 7년 전과 똑같이 만장일치로 환영하는 세계적 평화행사가 있었다. 현장에 참석한 필자는 남북 대표들의 화기애애한 분위기를 목격하면서, 늦었지만 한반도 평화정착이 오려는가

보다 하는 희망을 가지게 되었다. 더구나 2007년 서울에서 열린 남북 총리급 회담에서 서해의 평화지역 선포가 구체적으로 논의될 수 있도록 합의한 내용을 보면서 더욱 이러한 생각이 든다.

2008년의 이러한 생각은 2009년 들어 나를 초조하게 한다. 현재의 우리 눈앞에 전개되는 남북의 상황은 간단해 보이지만은 않는다. 원인 제공을 우리가 했다고 치더라도 북한의 일련의 대치국면을 치닫는 상황을 보면서 우울한 생각이 든다.

이러한 역사적 시점에 우리 모두가 한반도의 평화정착에 대해서 생각해 보고 반성하는 것도 의미 있는 일이라 생각된다. 그렇게 함으로써 우리들 각자의 역할이 무엇인가 하는 해답이 나올 수 있기 때문이다.

우리는 냉혹한 국제사회에서 우리 배달민족의 현주소를 읽기 위해 노력해야 한다. 세계는 지금 국가 간의 양극화가 가속화되고 있으며 소수의 강대국가와 다수의 약소국가로 양분되어 소외의 격차는 날로 더욱 심화되고, 동시에 하나의 국가 안에서도 소수의 절대부자들과 다수의 소외계층으로 양극화되고 있는 현실이다.

유엔 개발계획(UNDP: United Nations Development Program)은 20세기의 발전모델이 개발의 극대화를 추구한 나머지 인간의 존엄성 대신 국가안보를 우선순위에 놓았고, 무분별한 발전을 추구하면서 환경을 파괴하였으며 또한 부의 극대화를 위한 전쟁과 폭력이 난무한다고 개탄하면서 21세기의 모범답안인 지속가능한 발전을 위해 민주주의에 기초한 환경, 평화, 인권이 주축이 되는 경제 성장모델을 제시한다.

우리나라도 예외는 아니어서 1970, 80년대에 안보를 우위에 두고 인권과 환경을 도외시했던 사회발전모델의 한계성을 1997년 12월 IMF 위기에서 인정하게 되었으며, 4천만 우리 민족의 피나는 노력으로 IMF 재정위기를 극복하였고 나름대로 성공할 수 있는 모델국가로서의 가능성을 인정받았다고 볼 수 있다. 재정위기 때 240억 달러였던 외환

보유고가 10년이 지난 오늘 2,600억 달러를 넘었으니 이는 민족의 자긍심을 느끼게 하는 대단한 일이다. 그러나 미국에서 시작된 경제위기는 오늘 우리 주위를 강타한다. 1년 전까지만 해도 긍지를 가져다주었던 우리의 환경이 다시 어려운 상황으로 변한 지금, 경제난과 더불어 우리의 지고의 가치인 평화를 생각해 보아야 하겠다.

2. 한반도 평화·통일 구상

앞에서 언급했듯이 인류의 문자기록 역사는 3,520여 년으로 추정되며 인간은 이 역사 동안 약 280여 년만을 전쟁 없는 평화로운 해로 살았다. 우리 인간들은 근 92% 이상의 인류역사를 전쟁을 치르느라 허송세월했다. 어찌 보면 우리의 역사는 전쟁과 폭력으로써 평화가 올 수 있다는 입장의 사람들과, 전쟁과 폭력은 결코 진정한 참평화를 보장하지 않을뿐더러 혹 평화인 것처럼 보이지만 이는 거짓이고 오래가지 않는다는 입장을 가진 사람들이 대치해 온 역사였다고 할 수 있다.

융성과 찬란의 극치였던 로마제국(Roman Empire)은 로마인들의 평화와 인권을 위해 이웃나라의 평화와 인권을 유린하였기에 오래가지 못했다. 즉, 이웃 가난한 나라들의 정의의 문제를 짓밟았기 때문이다. 이것을 팍스 로마나(*Pax Romana*)의 종말이라고 한다. 그래서 평화는 정의와 같이 가야 한다는 진리를 우리 모두는 깨닫게 된다. 평화는 정의와 동반할 때 진정한 참평화이며 오랫동안 지속이 가능하다는 말이다. 나만의 평화가 아닌 모두의 평화가 진정한 평화라는 교훈이다.

그래서 아직 학문으로써 뿌리를 내리지 못하는 평화학이지만, 평화를 얘기할 때는 다음의 4가지 쟁점을 파고들어야 한다는 데 이론의 여지가 없다.

첫째 쟁점은 가난과 질병에서의 자유가 가장 중요하다는 역설이다. 이는 인간 안보의 개념이다. 가난과 질병에서의 완전해방이 인류의 평화정착의 기본이란 뜻이다.

둘째는 전쟁과 핵의 위험으로부터의 해방을 꼽는다. 무력과 갈등, 폭력에서의 완전해방을 인류가 추구하는 평화의 중요한 쟁점으로 주장한다. 그래서 세계는, 유엔은, 그리고 유럽연합체들은 이의 실현을 위해서 노력한다.

셋째가 소외계층의 최소화이다. 한 사회, 한 국가, 한 지역에 불평등하다고 느끼는 집단이 없어야 한다는 주장이다. 외국인 노동자, 탈북자, 결혼이민 여성들이 우리사회에서 차별받지 않고 우리와 똑같이 살도록 해야 우리 모두가 평화롭다는 얘기이다. 100여 년 전 프랑스에 이주해 살아온 알제리인들이 3년 전 파리 근교에서 일으킨 폭동은 프랑스 전역의 평화에 큰 위험으로 작용했고 지금도 문제로 남아 있음을 우리는 늘 상기해야 할 것이다.

넷째는 생명운동, 환경보호, 생태계의 보존, 창조질서의 회복 등이 평화에 절대적이라는 것이다. 그래서 유엔은 1984년 11월 14일 탄생 제 40주년을 기념하면서 인류 모두는 전쟁과 핵의 위협에서 자유로워야 한다는 평화로울 권리(*Declaration on Rights of People to Peace*), 즉 평화권을 선포하였다. 지난 45년간 미소 냉전(1945~1990)의 소용돌이 때문에 평화권의 중요성은 당위성만큼의 진척을 보이지는 못했다. 그러나 이라크 전쟁이 혼미 속으로 빠져들어 전혀 해결의 기미를 보이지 않고 있는 오늘날처럼 이 평화권의 중요성이 절실하게 우리에게 호소력을 가진 적이 없었다.

한반도의 평화는 세계의, 동북아의 평화와 동일시된다. 그럼 이런 평화를 우리는 어떻게 우리 주위에서 실천해야 할까. 필자는 평화정착을 위한 접근방법으로 포괄적 접근(*Comprehensive Approach*)이 요구된다고 주장한다.

'포괄적 접근'이란, 첫째로 우리가 바라는 평화는 다분야의 동시적 접근(*Multi Sectoral Approach*)임을 말한다. 즉 한반도의 평화를 위해서는 인권, 민주주의, 지속가능한 발전, 북한 문제, 그리고 생명권, 기아, 질병, 배고픔의 문제 등의 여러 가지 이슈들과 연계하여 다분야에 걸친 동시적, 포괄적 접근이 필요하다.

둘째로 우리들의 평화는 다차원적 차원에서(*Multi Dimensional*) 복합적으로 협력해야 이루어질 것이다. 국내적으로는 남북한이, 세계적으로는 동북아와 국제적 차원에서 유엔 국제기구들과 연계됨과 동시에 어우러져 이룩되어야 할 것이다. 국내적, 남북한간, 아시아적, 국제적의 다차원적 접근들이 한데 어울리는 것 말이다. 이러한 다차원적 접근방식을 우리 독자들은 늘 머릿속에 간직해야 한다.

마지막으로 우리의 평화 정착에는 다양한 출연자들이 역할을 분담하며(*Multi Actor*) 같이 움직여야 한다. 곧 역할분담론(*Division of Labor*)이 그것이다. 남쪽이, 그리고 북녘이, 정부가, 민간인이, 그리고 유엔이 이웃 나라들이 같이 평화가 공동의 목표임을 인식하고 서로 협력해 공동보조를 맞추면서 진행해야 한다. 물론 각자의 역할이 서로 다르다는 것을 인정하면서 말이다.

이상의 'Multi Sectoral, Multi Dimensional, Multi Actors'의 모든 메커니즘이 매끄럽게 같이 움직이는 것을 필자는 상징적으로 '포괄적 접근'(*Comprehensive Approach*)이라고 명명한다. 이러한 접근방식은 북한 인권문제 해결에도 적용된다.

이러한 접근방법은 한반도 평화정착을 위한 제언들이 균형을 잃고 단순화되거나 방계이론이 오히려 본론을 호도하는 경향을 피하기 위해서이다. 더욱 위험한 함정은 평화토론이 정치화되는 경향이다. 이러한 오류를 시정하기 위해서는 포괄적 접근이 가장 이상적임을 우리는 알게 된다. 그리고 이 방법론은 학문적이면서 공정하다.

이런 맥락에서 우리 미래의 지도자들은 우리 자신들을 헌신적으로 투신하여 평화교육에서 중요한 역할을, 통일교육에서 평화의 전도사 역할을 하면서 다음을 고민해야 한다.

· 동·서독의 통일 16년의 평가(*Assessment*)를 참고하면서 아직도 1국가 2민족이라고 하는 고백은 왜 나오는가?
· 우리나라의 합리적 보수와 이성적 진보의 협력은 왜 불가능한가? 과연 그런 건전한 세력을 구축하는 길은 무엇인가?
· 남녘의 1/2에 북녘의 1/2이 합쳐지는 상징적 통합을 위한 국민 1/2 운동의 시작을 위해서는 어떤 접근이 필요한가?
· 헬싱키 프로세스의 교훈은 한반도와 어떤 연계가 가능한가?
· 52주년을 맞은 유럽연합의 경험은 동북아와 한반도의 평화에 어떤 가르침을 주는가?' 하는 이슈들과 씨름해야 한다.

이제 한반도 평화정착의 사도들이 되기 위한 이론전개의 틀(*Frame of Reference*)을 비교적 객관적 틀을 제공하는 독일의 경우를 설명하며 알아보도록 하겠다.

3. 독일과 한반도 상황의 비교

1945년 제2차 세계대전이 끝난 후 지구상에서 독일과 한반도가 나란히 분단되었다. 미국, 소련, 프랑스, 영국의 연합국가가 독일의 1/4씩을 점령했다. 독일의 분단은 전쟁을 일으킨 전범국가로서 당연한 분단이었지만 한반도의 경우는 전쟁피해 당사국인데도 불구하고 분단되었다. 여러 가지 이유를 나열할 수 있겠지만 우리 조상들이 못나서 서로 싸운 것도 한 원인임을 인정해야 한다. 문헌을 보면 당시에 미국과 소련이 한반도 독점을 상호 견제하고 방지하기 위해서 38선을 그었다. 미소(美蘇)는 합의하기를 38선을 중심으로 이북은 소련이 일본 패잔병들의 무장해제를 위해서, 38선 이남은 미국이 일본 패잔병의 무장해제를 위해 3개월간의 잠정적 기간이 소요되며, 3개월 후 무장해제가 완수되면 미소와 남북대표가 만나 한반도 독립을 보장하기로 한 계획이었다. 그러나 불행하게도 이 계획은 남북 각각의 국내 여러 사정으로 인해 3개월은 고사하고 64년이 흘러가 오늘에 이르고 말았다.

독일의 경우는 분단 초기 우리와 비슷한 상황으로 동, 서독이 서로 질시하고 미워하면서 대치하였던 것도 남북의 한반도 대치상황과 비슷했다. 그러나 독일의 경우 1970년 서독 수상이었고 1973년 노벨 평화상 수상자인 빌리 브란트(Willy Brandt) 박사의 동방정책이 실천되면서 서서히 해빙의 협력시대로 접어들기 시작했다. 동방정책은 신뢰에 바탕을 둔 화해와 협력을 골자로 하였으나, 공포되면서부터 이웃나라 영국과 프랑스의 반대에 부딪쳤다. 동, 서독 화해는 종국에는 독일 통일로 이어질 것이고, 통일된 독일은 최강대국으로서 제 3차 세계대전을 일으킬 수 있다는 우려 때문이었다. 그러나 브란트 수상은 "동, 서독의 화해는 동유럽 공산권과 서유럽 자유진영의 화해를 위하여 추진되고 협력한다"라는 유명한 말로 주변국가들의 우려를 잠재웠다.

1970년 3월 브란트는 서독 수상으로서는 최초로 동독 수상 빌리 슈토프(Willi Stoph)의 초청으로 동독의 도시 에르푸르트(Erfurt)에서 정상회담을 했고 동독 수상은 동년 8월 서독 수상 초청으로 서독의 도시 카셀(Kassel)에서 답방의 제 2차 정상회담을 했다. 이곳에서 합의된 문서는 1972년의 기본조약(*Grund Vertrag*)으로 나타났고 이 조약에 반영된 히틀러 시대의 이웃 나라, 즉 폴란드와 체코 내의 독일 강제점령지를 되돌려 준다는 조항 때문에 어려운 상황에 놓인 브란트 수상은 서독 하원에서 불신임 결의안에 봉착하게 된다. 그러나 야당이지만 젊은 기민당 국회의원 12명이 주동이 되어 "게르만 민족의 문제는 당의 정책보다 더 우위에 있기에 우리는 당명을 어기고 현안중인 브란트 수상의 불신임안을 반대한다"라고 천명하여 부결시켜 브란트는 수상직을 계속 수행하게 되었다.

그렇게 되므로 1975년 헬싱키에서 개최된 유럽안보협력회의(CSCE: Conference on Security and Cooperation in Europe, 1994년에 OSCE: Organization for Security and Cooperation in Europe 으로 재조직)에서 동, 서독 불가침조약이 주위국가들의 절대 지지로 체결되어 독일은 1990년 10월 3일 분단 45년 만에 통일되었다. 우리나라도 이러한 선각자적 국회의원들이 나오기를 기대한다.

참고로 핀란드정부가 주도한 '헬싱키 프로세스'라고 일컬어지는 유럽안보협력회의는 35개국(미국, 캐나다 포함)이 참가하여 아래 소개할 10가지의 원칙을 가지고 움직여(1973년부터) 오늘의 유럽통합, 그리고 동·서독 화해 통일에 크게 기여했다고 볼 수 있으며, 지금 우리가 추진하는 동아시아 공동번영 계획에 크게 참고가 되리라 생각한다. 그래서 2007년 8월 1일부터 이화학술원 내의 평화학 연구센터가 헬싱키 프로세스가 한반도 평화정착과 동북아 공동체 건설에 주는 교훈은 무엇인가를 나와 더불어 연구하는 중이다.

다음은 이 프로세스의 원칙들이다. 우리에게도 많은 점을 시사한다.

① 각국 주권에 대한 존중, ② 비폭력 원칙, ③ 국경존중 원칙, ④ 각국영토 보장, ⑤ 갈등의 평화적 해결 원칙, ⑥ 국내문제 불간섭 원칙, ⑦ 인권, 사상의 자유, 종교, 양심 등, ⑧ 인류평등 원칙과 민족자결원칙, ⑨ 회원국 간의 협력증진, ⑩ 국제협약 존중과 준수 등 이상의 10가지이다.

이제 한반도의 경우를 살펴보자. 한반도의 경우는 비슷한 시기, 즉 서독의 동방정책 선포 2년 후인 1972년 7월 4일 7 · 4 공동성명이 남북간에 합의, 선포되었다. 전문과 7개 조항으로 된 이 합의문서는 당시 남북의 이후락 대표와 김영주 대표 사이에 서명이 이루어진 중요한 문서로서, 평화통일을 이루기 위해 민족협력과 상호불신해소 등의 독일 동방정책의 골자와 일맥상통하는 합의를 이룬 것이라 할 수 있다. 비록 이 합의서를 남북 쌍방이 나름대로 정권연장의 빌미로 이용했다 하더라도, 이것에 당시의 냉전구조를 불식하려는 의지가 담긴 점은 높이 사야 하며 남북 배달민족의 염원을 담아내었다는 점에서 역사적 의미를 부여해야 한다.

문제는 독일의 경우 동 · 서독의 게르만 민족이라는 접근에서는 분단에서 통일까지의 45년간, 그리고 통일 후 17년간, 총 64년 사이에 민족문제에 관한 한 우리의 경우와는 반대로 단 한 번의 단절도 없이 지속적으로 추진되었다는 점이다. 이러한 전통은 사민당의 동방정책이 정권이 바뀌어도 변함없이 추진되다가 기민당의 콜(Kohl) 정부에서 통일이 이루어졌으며, 통일 후 민족문제는 다시 집권당인 사민당의 슈뢰더(Schröder) 정부에 의해서 동 · 서독의 균형발전을 추진하였으며, 이제는 사민당, 기독교, 민주당의 대연정 이후 추대된 앙겔라 메르켈(Angela Merkel) 정권에 의해 중단 없이 추진된다.

여하튼 한반도의 경우는 7 · 4 공동성명의 정신이 단절된 채 근 20년 후 1991년 12월 13일 남북 고위급 합의문서를 전 세계에 선포하여 세계각국이 기대 반 의아함 반으로 이 문서를 접하게 되었다. 〈남북 사이의 화해와 불가침 및 교류, 협력에 관한 합의서〉라는 긴 제목의 이 문서는 전문과 4개의 장, 총 25개조로 구성되며 평화통일의 의지를 아주 잘 나타낸 전대미문(前代未聞)의 문서이다. 그러나 이 문서는 김일성 사후의 조문사절 파동 등으로 다시 단절되고 말았다.

그 후 근 10년 만인 2000년 6월 15일 '6·15 남북정상 공동선언'이 남북정상 간에 합의되었고 2007년 10월 4일 제2차 정상회담에서 8개의 항목에 합의한 후 이 모든 선언들이 단절된 채, 그리고 당시의 정권 차원에서 더 이상 진전되지 않고 정체되어 버렸다. 그리고 우리는 분단 64년인 오늘에 이르렀다. 그러면 통일된 독일에게서 배울 수 있는 몇 가지 교훈을 찾아보겠다.

4. 독일로부터 얻는 교훈

통일 17년을 맞는 독일에서 지난 14년을 분석 회고하는 많은 공식, 비공식 문서들이 2003년 초에 세계에 소개되었다. 이 문서들의 담론은 '아직도 우리는 1국가, 2민족으로 남아있다'고 하는 화두이다. 사전에도 없는 독일어인 서독 사람들이 동독인을 비하하는 '오씨'(*Ossi*, 게으르고 불평만 늘어놓는 동독 녀석)라는 단어라든지 '염치없고 체면 없는 동쪽 녀석'이라는 뜻이 숨어있는 독일어 'Trotzidentitaet'라는 단어들을 서독 사람들이 동독인을 향하여 쓴다. 그런가 하면 옛 동독인들은 서독인들을 '깍쟁이 수전노'라는 뜻으로 베시(*Wessi*)라고 일컫는다.

인구의 17%밖에 안 되는 소수의 동독인들이 '부자 깍쟁이'라는 뜻의 '베시'라는 단어를 서독인들에게 쓰는 것을 보면서 우리는 독일 국민들이 처한 분단 45년의 깊은 골을 헤아릴 수 있다. 1960년대 초 이미 '60세 이상의 시민들은 직계자손이 있으면 상대국에 30일 이상 방문체류할 수 있다'는 협약을 체결하고 실천한 독일은 그때부터 관광, TV 시청, 서신 교환 등을 실시했다. 그럼에도 동·서독이 오늘날 이러한 상황인데, 분단 64년을 맞고 상호교류는 훨씬 못 미치는 우리를 생각하면 앞으로 어찌할까 하는 우려를 금할 수 없다. 독일은 그러면서도 통일 전 민간교류를 더욱 활성화하지 못했다고 아쉬워한다. 이것들은 우리에게 좋은 가르침을 준다.

서독이 통일되기까지 동독에 지원한 원조액은 총 481억 달러에 달했다. 이는 1972년부터 1990년 통일까지 정부차원의 지원금이 297억 마르크, 즉 137억 달러이고 민간차원의 지원금은 동 기간중 정부의 약 2.5배 수준인 748억 마르크, 약 344억 달러를 합한 것이다. 우리나라의 경우는 1992년부터 2004년 6월까지 총 26억 2,359만 달러였다(민간경제협력 11억 5,054만 달러, 정부 5억 3,446만 달러, 금강산 관광대가 4억 445만 달러, 민간 대북지원 2억 3,935만 달러, 민간차원 사회문화 협력사업 투자 5,687만 달러).

통일까지 이런 엄청난 서독의 경제지원에도 불구하고, 그리고 또 통일 후 매년 재정이전 방식으로 759억 달러씩을 동독지역에 지원해도 옛 동독지역의 경제는 옛 서독경제를 밑돌고 있으며 그 격차는 날로 늘어난다. 인구 17%의 동독사람들이 독일 실업의 1/3을 차지하고 있으며 제조업은 고작 8%, 수출은 6%밖에 차지하지 못해 동독인들의 상대적 박탈감은 심각하다는 보고서들의 내용이다.

이러한 동·서독의 균열의 원인은 여러 가지가 있겠지만 우선 통일 후 서독마르크와 동독마르크를 1:1로 바꾸도록 하여 400%의 물가앙등을 초래한 점, 동독 인프라를 60%살릴 수 있다고 보았는데 80%가 못 쓰는 쓰레기로 버릴 수밖에 없었던 일, 동독 근로자 임금수준을 서독임금의 80%라는 고액으로 시작한 일 등을 꼽을 수 있다고 지적한다.

분단 당시의 동독은 필지도 방문한 바 있지만 세계 10대 경제대국이었으며 인프라 수준도 서독의 70%였다. '그러한 나라가 왜 이렇게 되었을까?'라는 질문에 그들은 다음과 같이 대답한다.

"동독의 형제들을 길을 가다 넘어져서 우는 어린아이로 비유한다면 우리 서독은 지난 14년간을 우리의 경제력과 감성적 정서까지 합해 그

아이를 등에 업고 달려왔다고 할 수 있습니다. 우리는 차라리 시간이 길게 걸리더라도 이 우는 아이에게 우유를 주고 스스로 일어나 걷게 가르쳤더라면 얼마나 좋았을까 후회하고 있습니다. 스스로 걸음마를 걷도록 하는 자생력을 간과하고 말았으며 그 중요함을 무시했던 것을 후회합니다"라고 말한다. 우리 경우에 적용하면 우리는 북녘의 문제를 그들 스스로 풀어나가도록 해야 한다. 남녘이 북녘의 문제를 대신 해결해 줄 수는 없다. 북녘이 스스로 그들의 문제를 풀 수 있도록 지원하는 것이다. 스스로 걸음마를 하도록 말이다.

지금 우리 주위에는 약 1만 5천여 명의 북한 형제(탈북자)들이 우리와 같이 산다. 그들의 어려움은 이루 말할 수 없다. 75%의 북한동포들이 한국에서 살기 힘들다고 말한다. 통계는 남쪽 시민의 80%가 북한동포들에 무관심하거나 이들을 귀찮아한다는 것을 보여준다. 우리들은 우리 주위의 탈북자들을 우리 형제처럼 돌보아야 한다.

이 새터민의 근본적 해결방법은 북으로 하여금 스스로 걷게 하여 배고픈 탈북자들을 양산하지 않게, 북이 배부르게 되어 배고픈 사람들이 없어서 누구도 고향을 떠나지 않도록 북을 도와주어야 한다. 그래서 북녘 동포들을 그곳에서 살도록 해야 한다. 이것이 우리가 독일의 경험에서 배운 교훈일 것이다. 이를 위해 인도주의적 식량원조 및 기타 필수품을 북녘에 지원해 주어야 한다. 그들이 스스로 걸을 수 있게 말이다. 이것이 유엔이 얘기하는 인도주의 원칙(*Humanitarian Principle*)이다. 여기서 잠깐 우리와 같이 살고 있는 새터민(탈북자)들의 상황을 살펴보도록 하겠다.

5. 새터민(탈북자) 상황

우선 탈북자의 신분은 내국인도 아니고 외국인도 아닌 비국민의 지위를 갖고 있는 애매한 신분이다. 비록 우리나라 헌법은 한반도와 부속도서가 대한민국이라 선포하고 있지만 탈북자의 경우는 헌법의 효력이 미치지 못하는 주민들이기 때문이다. 그래서 탈북자들이 우리나라에 오면 대한민국 국민이 되는 것이다.

이들이 남북 공히 외교관계를 수립하는 제 3국에 있을 때에는 북한인이다. 현재 5만에서 10만까지의 탈북자들이 중국 또는 기타 국가에 있는 것으로 추정된다. 중국은 이들을 사회주의적 기준에 의해 판단하고 중국 주권의 문제로 보고 있어 탈북자의 민감한 취급은 곧 중국의 주권을 침해하는 분리주의에 편승하는 것으로 취급, 엄단하는 실정이다. 그래서 탈북자들의 처지를 중국 내의 조선족의 문제로 동일시해 자국의 문제로 보고 있으며 탈북자를 식량을 구하려고 온 일시적 현상으로 보면서 북한과 중국의 양자문제로 본다.

국제사면위원회(Amnesty International)의 최근 보고에 의하면 매주 150~3백 명의 북한주민이 중국에서 북한으로 강제 송환당한다고 한다. 세계식량계획(WEP: World Food Programme)은 북의 아동과 여성을 위해 190만 주민의 2년 계획인 1억 2백만 달러를 모금할 것을 호소했으나 2006년 10월 현재 8%만이 모금이 되어, 한국의 인도주의 식량의 중단이 오면 기아는 더욱 심각해지고 탈북자의 수는 날로 증가할 것으로 예상된다. 이런 와중에 그간 중국에 의해 북으로 강제 수용된 탈북자는 1996년 589명, 97년 5,439명, 98년 6,300명 등 최근에는 그 수가 증가하는 실정이다. 그러나 이러한 중국의 정책은 최근에는 다소 완화되는 경향을 보인다. 가끔은 인도주의 원칙 적용을 천명하는 실정이라 고무적이다. 특히 중국의 WTO 가입문제, 미국과 한국과의 실리 외교, 2008년 북경 올림픽 개최 등으로 정책완화가 맞물려 있다는 관측도 있다.

정부는 지금까지 새터민에 대한 기본 정책을 수행할 때 억압된 체제를 떠나 자유와 풍요를 추구하기 위해 위험을 감수한 사람들이라는 인권적 시각으로 접근하고 있으며 한국 입국 희망시 전원을 수용한다. 또 제3국으로 입국을 희망할 경우는 반대하지 않는다는 입장이다. 현재는 3백 명 이상의 탈북자들이 유럽, 미국 또는 제3국에서 난민지위를 획득하여 생활한다.

무엇보다 중요한 정부정책은 한반도에 평화정착이 이루어지고 북이 스스로 걸음마를 하여 국제사회의 일원이 되도록 뒷받침해 줌으로써 탈북자들을 더 이상 양산하지 않도록 하는 원인치유 정책을 구사한다고 할 수 있다.

최근의 국가인권위원회의 용역조사에서는 최근의 새터민들은 각양각색의 다양성을 띠고 있는 것으로 나타났다. 이 조사는 5백 명의 새터민을 샘플링하고 그 중 50명을 심층조사를 하는 방식으로 진행되었다. 샘플링은 서울 3백 명(60%), 지방 2백 명(40%)을 기준으로 한다. 그러나 결과는 수도권이 75.1%, 지방이 24.9%로 나타났다. 이는 새터민들의 주거가 주로 수도권에 밀집되어 있음을 말한다.

다른 조사결과는 2000년 이후의 입국자가 다수를 차지한다는 사실이다. 그리고 또 남자 42.2%, 여자 57.8%로 여자의 수가 훨씬 많다. 출신지로는 함경도가 77.4%(함북 65.3%, 함남 12.1%)로 가장 많고 평안도 3.5%, 자강도 0.9%, 양강도 3.3%로 나타난다. 학력은 80%가 고졸이며, 대졸 14.5%로 나타났다. 이는 북녘의 문맹자 100% 탈출 주장을 뒷받침해 준다. 이들 중 탈북 전에 이미 한국에 가족이나 친척이 있었다고 응답한 사람은 33%나 되어 최근에는 가족, 친척 중심의 탈북으로 변화되고 있음을 시사한다.

가장 주목해야 될 결과는 이들 새터민 중 2.1%만이 나는 한국에서 잘 살고 있으며 만족한다고 한 것이며 절반 수준인 46.7%가 못 산다고 생각하는 것으로 나타나 새터민들이 극심한 상대적 빈곤감에 허덕이고 있는 것이다. 50%는 지켜보겠다는 반응이었다. 최근의 경향은 배고픈 사람보다 중국 등에서 오래 체류한 사람들이 보다 나은 삶을 찾아 한국으로 오는 경우가 많아지고 있으며 중국 등에서 살 수 있음에도 불구하고 더 잘 살기 위해, 심지어는 남쪽의 여권을 받은 후 제3국에서 제2의 도약을 꿈꾸는 경우가 많아진다. 이런 과정에서 여러 가지 불미스러운 일들이 일어나고 있지만 여기에서는 그러한 경우는 생략하겠다. 다만 최근의 사례는 심각한 경우를 우리에게 전한다. 탈북여성의 90%가 심각한 부인병에 걸려 있어 치유가 시급한 실정이며 북의 말라리아 모기들이 비무장지대를 넘어와 우리 장병들을 감염시키는 예가 있어 이제 북한의 문제가 바로 우리의 문제인 것을 깨닫게 한다. 식량문제와 함께 북의 보건위생의 문제가 어쩌면 더욱 심각하게 우리에게 다가왔다. 그러므로 앞에서 언급한 대로 북한으로 하여금 스스로 걸을 수 있게 하는 것이 궁극적으로 탈북자 양산을 막는 길일 것이다. 그래서 우리가 인도주의적 원조를 계속해야 하며 그 당위성이 바로 여기에 있는 것이다.

새터민들의 한국 생활은 3개월(하나원 생활 2개월 포함)의 적응과정을 끝내면 정착을 위해서 기본급 1천만 원, 장려금으로 최대 1,540만 원, 부양자 1인당 3백에서 4백만 원 외에 거주지 보호를 5년간 보장하면서 의료급여, 고용지원금, 교육지원금 등을 지급하며, 사회안전망에 편입되어 자립 자활할 수 있도록 정부로서는 최선을 다한다.

그러나 탈북자들을 괴롭히는 국제 브로커들의 문제라든지, 경찰의 과잉보호가 새터민들에게는 오히려 부담을 주는 것, 북한에 두고 온 가족들의 문제, 북한의 민감한 반응의 문제, 드물지만 정착하지 못한 새터민들이 다수의 선의의 새터민들을 괴롭히는 문제들은 우리 모두가 풀어야할 공동 과제임에는 틀림없다.

통일부 사업예산 800억 원 중 절반 이상인 503억 원, 즉 63%가 탈북자 관련 지출예산인 것만 보아도 정부는 최선을 다하고 있음을 알 수 있다. 결국 새터민의 문제는 180만 중무장 군인들이 오늘도 대치하는 불안정한 한반도 안보현실에서 그래도 어렵지만 신뢰와 화해를 이끌어내어 평화정착을 실현하여 먼 훗날 7천 2백만의 염원인 통일로 가는 길에서의 중요한 시금석이 됨은 틀림없기에 우리 모두는 우리의 일이라고 생각해야 한다. 또한 큰 관심과 협력을 아끼지 말아야겠다. 탈북자들의 행복지수를 보면 이는 결코 성공한 정책이라고 할 수 없다.

6. 정전체제 해체와 평화조약 체결

그 사이 우리 나름으로 많은 남북협력을 이루어가고 있는 것도 사실이지만, 현실적으로는 1953년 7월 23일의 정전협정이 유효한 실정이다. 그러므로 1975년 동·서독이 헬싱키에서 주변국가들의 성원 하에 체결한 평화조약, 즉 불가침조약을 남과 북도 체결해야 한다. 이것이 최우선 과제이다. 여기에 6자회담이 중요하다. 6자회담의 틀 속에서 남과 북이 자주적 주도권을 잡으면서 4대 강국의 성원 하에 평화협정을 체결해야 한다. 그렇게 함으로써 동북아시아의 틀 속에서 남북이 중요한 구성원이 되는 공동안보라는 새 틀을 짜야 한다. 서로 이익을 보는 공동안보와 공동발전 말이다.

그 사이 남과 북은 미흡하지만 많은 일을 해냈다. 1만 명 이상의 이산가족이 상봉했다. 10만 명 이상의 남쪽 사람, 3천 명 이상의 북쪽 사람이 상호 방문했다. 1백만 명 이상이 금강산 관광을 했다. 남북 철도가 연결되면, 그리고 개성공단의 협력이 증가하고 북핵문제와 동시에 미국의 북에 대한 경제제재가 해결되면 북한은 중국의 경험처럼 세계적 고립에서 벗어나 국제사회의 일원이 될 것이며, 또 그렇게 되어야 한다. 최근의 방문자들은 북한이 이런 방향으로 나름대로 준비는 다 되었다고 말한다.

독일식 흡수통일이 아닌 우리 나름의 통일, 실질적으로는 독일보다 내용이 더 풍부한 한국식 통일을 해야 한다. 북한의 문제는 그들이 스스로 풀도록 도와주어 그들 스스로 그들의 인권, 경제성장, 탈북자 등등의 문제들을 풀도록 유도해야 한다. 그렇게 되면 우선은 38선이 평화정착선이 되고, 비자를 받고 상호 방문하며, 경제적 협력을 통해 상호 번영하며, 평화협약, 불가침조약을 통해 군비를 축소하고 공동안보를 하는 내용의 한국식 통일이 될 것이다. 그런 후 훗날 무리 없고 매끄러운 1국가 1민족 통일이 성취될 것이다. 그러면서 동북아 평화 번영 공동체 탄생에 남북이 합심해 공헌 주도권을 잡아야 한다.

북녘의 인권문제도 평화협약의 체결과의 연계 속에서 포괄적으로 다루어져야 하며 각론으로 다루어져서는 안 된다. 소리 나지 않게 조용하게 다루어야 한다. 유엔이나 제 3국, NGO들이 다루도록 하며, 우리 남북 당사국은 인권 이외에 평화정착을 위한 불가침 평화조약 체결에 혼신의 힘을 기울여야 한다. 이것이 독일이 우리에게 주는 교훈이다.

인권은 만인의 보편적 권리임은 말할 필요도 없다. 그러나 인권이 어느 정권을 몰아붙이기 위한 정치적 도구로 전락해서는 안 된다. 인권은 그 특성상 당사자들이 스스로 노력하여 쟁취해야 함은 말할 것도 없다. 그래서 인권은 당사자들에 의해서 상향식으로 추진되어야 한다. 따라서 북녘의 인권은 우리 스스로 다루기에는 한계가 있다. 북한의 인권은 그들 스스로가 주도자가 되어야 한다. 그리고 우리는 보조자의 역할을 해야 한다. 직접 수행하는 'Operator'가 아닌 'Facilitator'의 역할이다. 그들로 하여금 인권의 중요성을 스스로 인정하도록 뒤에서 북돋아 주는 역할 말이다. 이를 위해서는 북한이 국제사회의 일원이 되는 것이 중요하다. 스스로 눈을 뜨고 배우도록 우리가 도와주어야 한다.

7. 맺는말

새벽을 알려 우리를 잠에서 깨워 하루의 일을 시작하게 하는 소의 해를 맞아, 우리 스스로 눈을 떠 우리가 사는 한반도를 생각해 보아야 한다. 치욕의 을사보호조약을 강제로 체결당해 식민지화되었던 한반도가 분단 64년을 맞는다. 우리 주위를 살펴보면 미흡하지만 경제성장도 이루었고 지금은 어렵지만 잘하면 개인소득이 2만 달러를 넘어 3만 달러 시대를 구가해 못사는 이웃나라들을 도울 수 있게 되는 시대가 가능할 것이다. 암울했던 인권유린의 시대를 넘어 현재는 우리 스스로 쟁취한 인권 민주국가가 작동한다. 이러한 경험은 일본이나 중국이 경험하지 못한 우리들의 자산이다. 그리고 이 귀한 우리의 경험들을 아시아, 아프리카, 그리고 라틴아메리카의 열악한 나라들에게 전수해야 하는 책임도 있다.

우리는 여기에 만족해서는 안 된다. 아직도 우리에겐 해결을 기다리는 문제들이 산재해 있다. 선진국으로 가기 위해서는 국가보안법의 폐지 문제, 양심적 병역거부의 문제, 외국인 노동자 문제, 분단으로 인해 억울한 희생을 당한 민간인 학살 문제, 사형제도 문제, 생명윤리의 문제, 비정규직 노동자들의 문제 등 헤아릴 수 없는 많은 문제들을 여야 합의를 통해 해결해야 할 것이다.

이런 문제 해결을 위해 우리 각자는 모두 함께 깊은 사고를 통해서 한반도에 살고 있는 7천 4백만 배달민족의 장래를 생각하고 고민해야 한다. 한반도의 평화정착, 평화통일을 위한 국민통합을 이루어 이를 향해 한 걸음 한 걸음 실천해 나가야 한다. 이를 위해 초당적 여야 정권을 초월한 '민족문제위원회'의 시작이 필요하다. 언제부터인가 '우리 국민은 은근하고 끈기 있다는 덕목을 잃어버리고, 그 자리에 양은냄비와 같은 천박성이 자리 잡은 것이 아닌가, 그냥 쉽게 끓었다 쉽게 식어버리는 천박한 국민성으로 전락한 것이 아닐까' 우려가 된다.

그래서 우리는 지금 이 순간부터 평화와 화해의 사도가 되어야 하겠다. 우리 주위의 탈북자들의 권리는 물론이고, 북녘과도 깊은 정을 나누는 우리가 되어야 한다. 이미 와 있는 탈북자들을 껴안고 그들의 고민을 풀어주는 우리가 되어야 한다.

7 · 4 공동성명, 고위급 합의문서에 이어서 모처럼 합의한 2000년 6월 15일 남북정상 합의문서와 2007년 10월 4일의 제 2차 합의문을 실천하는 일에 앞장서야 한다. 이 문서들이 동 · 서독에서의 기본조약이나 불가침조약처럼 770만 이산가족의 눈물을 닦아주는 문서, 연좌제에 묶여서 불이익을 당했던 우리 이웃들의 한을 풀어주는 문서로 승화되고 100만을 헤아리는 민간인 학살 희생자들의 유족들의 통한을 치유하는 문서들이 될 수 있도록 우리 모두는 화해의 천사, 화해의 사절, 치유의 실천자들이 되도록 다짐해야 한다.

필자가 앞에서도 강조한 것처럼 한 국가, 그리고 한 사회의 건전한 발전은 합리적 보수와 이성적 진보가 매끄럽게 화합했을 때 가능하다. 독수리와 비행기가 두 날개로 날듯이 이 둘은 같이 가야 한다. 안타깝게도 지금의 우리나라에서는 비다협적 완고한 보수가 다수의 합리적 보수를 대신하려고 하며, 다수의 이성적 진보는 소수의 파괴적 극단의 진보에 가려지는 상황이다. 그러나 우리는 과감하게 이 두 세력의 합리적 대화를 위해 다리의 역할을 자청해야 한다. 그들의 사이(*Between*)에 당당히 서는 것이다. 그리고 양측의 대화를 이끌어 가야 한다. 이

길은 어렵다. 가운데서 샌드위치가 되기 십상이며 종종 회색분자니 수정주의자라고 오해를 받을 수 있지만 장래에는 큰 역할을 하게 될 것이며 이 길만이 우리가 승리할 수 있는 길이다. 이 다리의 역할이 작동하면 그곳에 머무르지 말고 제3의 길(*Beyond*)로 도약해야 한다. 헤겔이 말한 '정(正, *These*), 반(反, *Antithese*), 합(合, *Synthese*)'처럼 말이다. 이러한 제3의 길이 신과의 대화의 길이고 창조질서를 지키고 평화와 정의가 강물처럼 흐르는 세상이다.

다시 말하면 유엔이 얘기하는 평화·정의·인권·환경을 핵으로 삼는, 즉 '지속가능한 발전'(*Sustainable Development*)이다. 그래서 필자는 이것을 'B&B'라 칭한다. 'Between and Beyond'이다. 일찍이 1970년대부터 '크리스천아카데미'가 걸어온 길이다.

필자는 한걸음 더 나아가 이 제3의 길을 걷는 것과 함께 '1/2 운동'을 주장하고자 한다. 나의 절반을 깎은 곳에 상대방의 깎인 절반을 들어오게 하는 것이다. 산수에서 '1+1=2'이나 '1/2+1/2=1'이듯이 하나가 되려면 나를 절반으로 줄여야 한다. 결혼한 부부의 관계뿐만 아니고 남북의 평화, 그리고 통일도 1/2로 줄어든 남쪽에 1/2로 줄어든 북쪽이 들어올 때만이 가능하다. 이것이 나를 절반으로 줄이는 1/2 운동이다.

이를 필자는 '화해의 1/2 운동'이라고 한다. 남쪽의 고집을 1/2로 줄이고 북은 북대로 자기들의 주장을 1/2로 줄여서 이 줄어든 양쪽의 절반들이 만나서 하나가 되는 것이다. 우리 21세기 지도자들은 1/2 운동의 실천자가 되어야 한다. 북과의 관계, 일본과의 관계, 그리고 중국과의 관계에서 우리는 규명할 것은 철저히 규명해야 한다. 그러나 그곳에 머물러서는 안 되고 제3의 공동선(善)의 길을 모색해야 한다. 이것이 '역지사지'(易地思之)의 사고이다. 북녘, 일본, 그리고 중국 어느 나라도 적이 아니라 우리와 같이 살아야 할 이웃이다. 이것이 평화주의자의 길이다.

부록

- 역대 노벨 평화상 수상자의 업적
- 세계인권선언문
- 유럽연합 구성 27개 회원국들의 면모
- Toward Genuine Peace & Justice
  (영국 에든버러대학 명예신학박사 학위 수여시 연설문)

■ 역대 노벨 평화상 수상자의 업적

수상자의 국적은 상을 받을 당시의 국적이다. 적합한 후보자가 없거나 세계 정세가 수상자 선정에 필요한 정보를 얻기에 부적절한 경우(예: 1, 2차 세계대전) 수상이 보류되는 경우도 있다.

1901년 장 앙리 뒤낭, 프레데리크 파시

1901년 노벨 평화상은 장 앙리 뒤낭(Jean Henri Dunant, 스위스, 1828~1910)과 프레데리크 파시(Frédéric Passy, 프랑스, 1822. 5~1912. 6)가 공동 수상하였다. 스위스 국적의 인도주의 활동가인 장 앙리 뒤낭은 1855년 세계기독청년연맹(YMCA)의 창설에 참가하였으며 솔페리노 전투 당시 부상자를 돕는 활동을 하였다. 1862년 그는 당시의 경험을 담은 《솔페리노의 회상》을 출판하여 인종과 종교에 상관없이 전쟁 부상자 구호를 위한 중립적 민간 국제기구 창설의 필요성을 역설하였다. 이 제안은 큰 호응을 받아 1864년 국제적십자사가 창립되었으며 그 해 제네바조약이 맺어졌다. 뒤낭은 국제적십자사를 창립하여 전시의 부상자를 위한 구호 활동을 펼치며 박애정신과 평화에 기여한 공로로 1901년 노벨 평화상을 수상하였다.
또 프랑스 경제학자이며 국제중재의 주창자로 활동한 프레데리크 파시는 1867년 정기간행물 〈탕〉(*Le Temps*)에 평화를 호소하는 글을 실어 룩셈부르크를 차지하기 위한 프랑스와 프로이센 간의 전쟁을 막는 데 크게 기여하였고, 같은 해 국제평화연맹을 창설하였다. 1881년부터 프랑스의 하원의원을 역임하며, 프랑스령 기아나와 수리남 간의 국경을 둘러싼 프랑스와 네덜란드 간 분쟁을 중재하여 성공하였으며 국제의원연맹(IPU) 설립에도 기여하였다. 1901년 그는 국제평화연맹을 창설하고 평화운동에 적극적으로 참여한 공로로 노벨 평화상을 수상하였다.

1902년 엘리 뒤코묑, 샤를 알베르 고바

1902년 노벨 평화상은 국제평화사무국의 명예총재로 엘리 뒤코묑(Élie Ducommun, 스위스, 1833. 2~1906. 12)과 샤를 알베르 고바(Charles-Albert

Gobat, 스위스, 1834. 5~1914. 3)가 공동 수상하였다.
엘리 뒤코묑은 스위스의 작가, 편집인, 평화운동자로 활동하였고 1867년 국제평화연맹의 창설을 도왔으며 1891년에는 국제평화사무국의 명예사무총장으로 임명되어 이 그룹의 대표자로 활동하였다.
스위스의 법률가이며 교육 행정관, 정치가였던 알베르 고바는 1892년 국제의원연맹의 제4차 총회 의장이 되었고 이 총회에서 설립된 국제의원사무국의 사무총장직을 역임하며 평화운동, 국제조정, 각국 의회 간 교류를 위해 일하였다. 그는 엘리 뒤코묑의 뒤를 이어 1910년 국제영구평화국의 지도자로서 노벨 평화상을 수상하였다.

1903년 윌리엄 크리머

영국의 하원의원이자 평화주의자로 활동한 윌리엄 크리머〔Sir (William) Randal Cremer, 영국, 1838. 3~1908. 7〕는 국제중재를 주창한 공로로 노벨 평화상을 수상하였다. 1860년 그는 전국목수연합회 창설에 참가하였으며 1870~71년 독일-프랑스 전쟁 중에는 영국의 중립성을 주장하는 노동자위원회를 결성하였다. 이 조직은 이후 노동자평화협회로 발전했으며 크리머는 이 단체의 서기를 역임하였다.

1904년 국제법학회

국제법학회(Institute of International Law)는 국제법의 발전과 학문에 기여하는 것을 목적으로 1873년 9월 8일에 설립되었다. 순수한 학문적 단체인 국제법학회는 많은 형태의 국제법 중 특히 국제인권운동과 분쟁에 대한 평화적 해결책을 찾기 위한 문제를 다루면서 국제법의 발전에 기여한 공로로 1904년 노벨 평화상을 수상하였다. 그 후 이 단체는 수에즈 운하의 보호를 위한 국제조약의 발전에 공헌하였으며 헤이그 회의를 제안하기도 하였다.

1905년 베르타 폰 주트너

베르타 폰 주트너(Bertha, Freifrau von Suttner, 오스트리아, 1843. 6~1914. 6)는 오스트리아의 작가이자 여성 평화주의자의 한 사람으로 1889년 여성의 입장에서 전쟁 반대를 외치는 소설 《무기를 내려놓으시오!》(*Die Waffen nieder!*)를 발행하면서 평화운동을 이끌었다. 그녀는 1891년 오스트리아 평화주의협회를 창설하였고 노벨이 유언장에 평화상 부문을 포함시키도록 하는 데 영향을 주었다. 그녀는 평화운동에 적극적으로 동참하여 국제평화에 기여한 공로로 1905년 노벨 평화상을 수상하였다.

1906년 시어도어 루스벨트

미국의 26대 대통령인 시어도어 루스벨트(Theodore Roosevelt, 미국, 1858. 10~1919. 1)는 뉴욕 주지사와 역사가, 자연주의자, 탐험가, 작가, 군인 등을 포함한 많은 경험을 하였고 역대 가장 젊은 나이인 42세에 대통령으로 임명되었다. 루스벨트는 내정 면에서는 철도에 대한 국가통제, 노동자 보호 입법, 자원보존 등 개혁 정책을 전개하였고, 대외적으로는 날로 커지는 경제력을 바탕으로 러일전쟁을 중재하여 전쟁을 종식시키는 데 기여한 공로로 노벨 평화상을 수상하였다.

1907년 에르네스토 T. 모네타, 루이 르노

1907년 노벨 평화상은 에르네스토 T. 모네타(Ernesto Teodoro Moneta, 이탈리아, 1833. 9~1833. 9)와 루이 르노(Louis Renault, 프랑스, 1843. 5~1918. 2)가 공동 수상하였다. 이탈리아의 언론인이자 국제평화운동가로 활동한 에르네스토 테오도로 모네타는 1887년 국제평화협회(롬바르드 연맹)를 창설하여 군비축소, 국가 간 연맹체 결성, 중재를 통한 국제분쟁 해결을 위해 노력하였으며 1906년 밀라노에서 열린 국제평화회의의 의장직을 수행한 공로로 노벨 평화상을 수상하였다.
프랑스의 법률가이자 교육자였던 루이 르노는 1890년 프랑스 외무부가 마련한 법률 특별고문에 임명되었으며 헤이그 상설중재법원의 재판관으로 1899년과 1907년의 헤이그회의와 1908~09년 런던군축회의에서 능력을 발휘하였다. 1905년 일본인 가옥세사건, 1909년 카사블랑카사건 등과 같은 국제분쟁의 중재자로서 명성을 높였으며 국제법을 강화하여 평화구축에 기여한 공로로 노벨 평화상을 수상하였다.

1908년 클라스 P. 아르놀드손, 프레드리크 바예르

1908년 노벨 평화상은 클라스 아르놀드손(Klas Pontus Arnoldson, 스웨덴, 1844. 10~1916. 2)과 프레드리크 바예르(Fredrik Bajer, 덴마크, 1837. 4~1922. 1)가 공동 수상하였다. 스웨덴의 정치가인 아르놀드손은 북유럽 국가들의 중립을 지지하였으며 1883년에는 스웨덴 평화조정 협회의 창설을 도왔다. 그는 1890년 노르웨이와 스웨덴 간의 분쟁이 악화되자 양국의 평화 정착을 위한 여론 형성에 노력하였으며 그의 호소력 있는 연설과 활동이 1905년 양국 간 분쟁 종식에 기여하였다. 아르놀드손은 그 공로로 노벨 평화상을 수상하였다.

덴마크 개혁가이며 정치가인 프레드리크 바예르는 1864년 독일과 덴마크 전쟁 후에 여성해방, 평화운동, 스칸디나비아 협력을 위해 일하였으며 1871년 덴마크 여성협회를 창설하였다. 1882년에는 덴마크 중립화 협회를 설립하였으며 자유당 의원으로서 국제중재조약을 옹호하였고 1891년 국제평화사무국의 설립에 크게 이바지한 공로로 노벨 평화상을 수상하였다.

1909년 에스투르넬 드콩스탕, 오귀스트 베르나르트

1909년 노벨 평화상은 국제 평화중재운동에서 중요한 역할을 한 에스투르넬 드콩스탕과 오귀스트 베르나르트가 공동 수상하였다. 프랑스 외교관이며 국회의원인 에스투르넬〔Paul-H(enri)-B(enjamin) d'Estournelles de Constant, 프랑스, 1852. 11~1924. 5〕은 1899년 헤이그 평화회의에 참가하여 헤이그 상설중재재판소 창설에 기여하였다. 1905년 파리에 국제조정협회를 창설한 후 제2차 헤이그 회의를 소집하기 위해 적극 활동하였으며 국제협력을 위해 평생을 바친 공로로 노벨 평화상을 수상하였다.

플랑드르 계 벨기에의 정치가인 오귀스트 베르나르트(Auguste-Marie-Françios Beernaert, 벨기에, 1829. 7~1912. 10)는 1903~05년 국제법 협회 회장을 지냈으며, 1899, 1907년 헤이그 만국평화회의에 벨기에 수석대표로 참석하였다. 제1차 헤이그 회의의 위원회 의장으로서 군비축소 규정의 제안을 공식화하였고 국제중재위원회의 일원으로 평화운동에 기여한 공로로 노벨 평화상을 수상하였다.

1910년 국제평화사무국

국제평화사무국(International Peace Bureau)은 국제적 평화운동단체로서 각국의 평화단체 간의 의사소통을 촉진하고 국제회의를 돕기 위한 목적으로 1892년에 설립되었으며 국제중재와 평화운동에 관한 정보를 수집하며 보급하는 일을 한다. 평화와 전쟁문제에 관한 출판물을 번역, 보급하며 전쟁방지와 평화를 위해 노력한 공로로 1910년 노벨 평화상을 수상하였다.

1911년 토비아스 아서르, 알프레트 프리트

1911년 노벨 평화상은 토비아스 아서르와 알프레트 프리트가 공동 수상하였다. 네덜란드의 정치가이자 법학자인 토비아스 아서르(Tobias Michael Carel Asser, 네덜란드, 1838. 4~1913. 7)는 1899년 헤이그 평화회의에서 네덜란드를 대표하여 의무적 중재방침이 경제 분야에서도 도입되어야 함을 역설하였으며 상설중재재판소를 결성해 세계평화에 기여한 공로로 노벨 평화상을 수상하였다.

오스트리아의 기자로써 활동한 프리트(Alfred Hermann Fried, 오스트리아, 1864. 11~1921. 5)는 1891년부터 시작해 평생을 평화운동에 헌신하였다. 그는 평화운동의 유명한 간행물인 〈평화의 수호자〉(*Friedenswarte*)를 발간하였고 평화회의와 중재, 평화운동의 문제 등에 관한 수많은 저술을 남겼고 시급한 평화 회복을 위해 노력한 공로로 노벨 평화상을 수상하였다.

1912년 일라이휴 루트

미국의 법률가, 정치가인 루트(Elihu Root, 미국, 1845. 2~1937. 2)는 루스벨트 행정부 아래 육군성 장관, 국무성 장관을 역임하면서 미국과 라틴아메리카의 관계 개선을 위해 노력하였고 일본 이민자문제를 성공적으로 해결하였으며 미일 양국 간의 전투를 예방하기 위한 미일 협정을 이끌어내었다. 이 후 그는 헤이그 중재재판소 재판관직을 역임하며 북대서양 연안어업에 관한 영국과의 분쟁 해결에 관여하고, 20개국 이상의 국가들과 중재조약을 체결하여 국제평화와 화합에 기여한 공로로 노벨 평화상을 수상하였다.

1913년 앙리 라퐁텐

국제 법학자 중 한 사람인 라퐁텐(Henri-Marie Lafontaine, 벨기에, 1854. 4~1943. 5)은 1895년 사회당원으로서 교육정책, 노동, 여성권리 문제를 다루는 데 중요한 역할을 하였다. 1907년 국제평화사무국의 국장을 역임하였으며 그 단체와 협력하여 두 차례의 만국평화회의를 성사시켰다. 그는 1912년 제네바 평화회의에서 모든 군사작전을 금지하는 결의안을 명확히 하였으며 전쟁과 정복을 반대하는 캠페인을 확산하였다. 이러한 활동의 공로를 인정받아 1913년 그는 노벨 평화상을 수상하였다.

1914년 수상자 없음

1915년 수상자 없음

1916년 수상자 없음

1917년 국제적십자사

국제적십자사(ICRC: International Committee of the Red Cross)는 전쟁 부상자를 보호하기 위한 목적으로 1864년 창립되었다. 국제적십자사는 1차 세계대전 동안 모아진 기금을 전쟁의 포로를 위해 사용하였고 교전중인 국가 정부에게 법과 규율을 지킬 것을 청원하고 병원선 공격에 대한 항의 활동을 벌였다. 그 결과 1929년 제네바 협정에 민간항공기 보호를 위한 법과 전쟁포로 대우를 위한 규정이 포함될 수 있었다. 1917년 국제적십자사는 1차 세계대전 동안의 활동과 인도주의 실천에 기여한 공로로 노벨 평화상을 수상하였다.

1918년 수상자 없음

1919년 우드로 윌슨

우드로 윌슨[(Thomas) Woodrow Wilson, 미국, 1856. 12~1924. 2]은 1912년 미국 대통령으로 당선되었다. 그는 1차 세계대전 발발 시점에는 중립정책을 유지하였으나 독일의 잠수함을 이용한 무제한 공격 선언과 러시아

혁명의 발발로 미국이 전쟁에 참가하는 데 주도적 역할을 하였다. 그는 파리 평화회의에서 국제연맹의 설립을 주창하였으며 14개 조항의 평화원칙을 공포하여 국제사회의 공정한 평화 수립과 전쟁방지에 노력한 공로로 노벨 평화상을 수상하였다.

1920년 레옹 부르주아

프랑스의 정치가이며 인권선언의 열정적 옹호자인 레옹 부르주아〔Léon (-Victor-Auguste) Bourgeois, 1851. 5~1925. 9〕는 1899년 헤이그 회담에 프랑스 대표로 참석하여 국제협력을 주창하였다. 1903년 그는 국제사법재판소 재판관으로 임명되었으며 1907년 제 2차 헤이그 평화회담에 참석하여 국가 간 분쟁을 의무적으로 중재에 부칠 것을 주창하였다. 1920년 그는 국재연맹 이사장으로 임명되어 국제연맹 결성을 열정적으로 추진한 공로로 노벨 평화상을 수상하였다.

1921년 카를 브란팅, 크리스티안 L. 랑에

1921년 노벨 평화상은 카를 브란팅과 크리스티안 랑에가 공동 수상하였다.
스웨덴의 정치가인 카를 브란팅(Karl Hjalmar Branting, 스웨덴, 1860. 11~1925. 2)은 사회민주당원으로서 1905년 노르웨이가 스웨덴과의 연합을 일방적으로 철회한 후 양국 간의 전쟁이 발발할지 모르는 긴박한 상황에서 중재를 통한 해결 방법을 주창하였다. 그는 국제노동 운동의 지지를 동원하여 전쟁에 반대하였고 노르웨이와 스웨덴이 평화적 해결을 모색하는 데 큰 영향을 주었다. 사회민주주의의 선구자로서 평생을 외교와 평화적 방법을 통한 사회개혁에 헌신한 공로로 1921년 노벨 평화상을 수상하였다.
노르웨이의 평화운동가로 활동한 크리스티안 랑에(Christian Louis Lange, 노르웨이, 1869. 9 -1938. 12)는 1909년부터 1933년까지 국제의원연맹의 사무총장직을 역임하였다. 그는 1차 세계대전 당시 카네기 국제평화재단으로부터 자금을 조달받으며 국제의회연맹을 해체의 위기에서 벗어나도록 하는 데 크게 기여한 공로로 1921년 노벨 평화상을 수상하였다. 그는 국가연맹의 설립을 주창하였으며 국제의회연맹에서 적극적으로 활동하며 군비축소를 위해 힘을 썼다.

1922년 프리요프 난센

노르웨이의 탐험가, 해양학자, 정치가였던 프리요프 난센(Fridtjof Nansen, 노르웨이, 1861. 10~1930. 5)은 1905년 노르웨이와 스웨덴의 평화적 분할을 이끄는 운동에 참가하였으며 1921년 적십자의 총책임자로서 기아 축소를 위해 활동하였다. 그는 1920년 국제연맹으로부터 1차 세계대전의 전쟁 포로를 송환하는 지휘자로 임명되어 1922년까지 400,000명이 넘는 전쟁포로를 송환한 공로로 1922년 노벨 평화상을 수상하였다.

1923년 수상자 없음

1924년 수상자 없음

1925년 오스틴 체임벌린, 찰스 도스

1925년 노벨 평화상은 오스틴 체임벌린과 찰스 도스가 공동 수상하였다. 영국의 정치가인 오스틴 체임벌린〔Sir (Joseph) Austen Chamberlain, 1863. 10~1937. 3〕은 1924~29년 외무장관을 역임하면서 독일과 관련된 국경분쟁의 가능성을 제거하여 유럽에서의 평화 확보에 목적을 둔 로카르노조약(Pact of Locarno)을 성립시킨 공로로 노벨 평화상을 수상하였다.

미국의 30대 부대통령이었던 찰스 도스〔Charles G(ates) Dawes, 1865. 8~1951. 4〕는 1차 세계대전 동안 미국 파견군의 자원조달 책임자로 일하였으며 이후 배상임무연합위원회의 의장직을 수행하였다. 그는 1923년 독일이 전후배상금의 지불에 어려움을 겪자 미국의 대부원조를 통해 독일의 경제를 회복하기 위한 방안을 소개하는 도스안(Dawes Plan)을 입안한 공로로 인하여 노벨 평화상을 수상하였다.

1926년 아리스티드 브리앙, 구스타프 슈트레제만

1926년 노벨 평화상은 국제협력과 세계평화에 기여한 공로로 아리스티드 브리앙과 구스타프 슈트레제만이 공동 수상하였다. 프랑스의 총리, 장관을 지낸

아리스티드 브리앙(Aristide Briand, 1862. 3~1932. 3)은 국제연맹과 집단안보의 필요성을 주창하였다. 그는 외무장관을 역임하면서 로카르노조약을 통해 독일과 연합국 사이의 관계 정상화에 노력하였으며 켈로그-브리앙조약(Kellogg-Briand Pact)을 체결하여 전쟁을 불법화시켰다.

바이마르공화국의 총리, 외무장관이었던 구스타프 슈트레제만(Gustav Stresemann, 1878. 5~1929. 10)은 1925년 브리앙과 함께 로카르노조약을 체결하였다. 그는 1926년 독일의 국제연맹의 가입과 1929년 새로운 배상금 지불안인 영안(Young Plan)의 수용을 이끌어 내어 화해와 협상정책의 추진을 통해 전쟁의 패전국인 독일을 국제질서의 일원으로 편입시키는 데 크게 이바지한 공로로 노벨 평화상을 수상하였다.

1927년 페르디낭 뷔송, 루트비히 크비데

1927년 노벨 평화상은 전후 프랑스와 독일의 친선에 기여한 공로로 페르디낭 뷔송과 루트비히 크비데가 공동 수상하였다. 프랑스 교육자였던 페르디낭 뷔송(Ferdinand-Éourard Buisson, 1841. 12~1932. 2)은 1차 세계대전 중 인권연맹 의장으로서 평화를 위해 노력하였고 전쟁을 종식시킬 수 있는 방법으로 대중교육의 중요성을 주창하였다. 전후에는 독일을 여행하며 독일의 평화 옹호자를 초대하여 프랑스와 독일의 친선을 위해 노력한 공로로 노벨 평화상을 수상하였다.

독일의 역사가, 정치가였던 루트비히 크비데(Ludwig Quidde, 1858. 3~1941. 3)는 1894년 뮌헨에 반전단체를 설립하였고 독일평화협회와 국제평화사무국에서 적극적 평화운동을 하였다. 1921~29년 독일 평화협회 회장을 역임하였으며 독일의 국제연맹 가입을 주창하고 독일에서 군국주의에 대항하는 활동을 하였다. 평화주의 문세와 독일의 군비 재무장에 반대하는 저서를 출판하였으며 일생을 평화정착을 위해 기여한 공로로 인하여 1927년 노벨 평화상을 수상하였다.

1928년 수상자 없음

1929년 프랭크 B. 켈로그

미국의 판사였던 프랭크 켈로그〔Frank B(illings) Kellogg, 1856. 12~1937. 12〕는 1916년 미국의 상원의원으로 당선되었다. 그는 1925~29년 미국무장관을 역임하며 많은 국제조약 체결을 이끌었고, 특히 1928년 전쟁을 국가정책의 도구로 사용하지 못하도록 한 1928년 켈로그-브리앙조약(Kellogg-Briand Pact)의 체결에 기여한 공로로 노벨 평화상을 수상하였다.

1930년 나탄 쇠데르블롬

스웨덴 루터교의 대감독이며 비교종교학 연구가였던 쇠데르블롬(Nathan Söderblom, 1866. 1~1931. 7)은 1901년 웁살라대학교 종교사 및 종교철학 교수, 1912년 이후 라이프치히 대학교 종교사 교수를 역임하였다. 그는 1914년부터 웁살라의 교회 감독을 역임하면서 '생활과 노동' 운동을 통해 교회통합에 진력하여 범세계적 교회일치 운동을 벌였으며 1925년 스톡홀름 교회회의 창립에 앞장섰다. 전 세계 기독교 교회의 통합과 국제평화를 위한 노력에 많은 교회들을 동참하게 하고자 노력한 공로로 그는 1930년 노벨 평화상을 수상하였다.

1931년 제인 애덤스, 니컬러스 머리 버틀러

1931년 노벨 평화상은 제인 애덤스와 니컬러스 머리 버틀러가 공동 수상하였다. 미국의 사회개혁가인 제인 애덤스(Jane Addams, 1860. 9~1935. 5)는 북아메리카 최초의 사회복지기관 중 하나인 시카고 헐 하우스(Hull House)를 설립하여 많은 이민자들에게 봉사하고 그들에게 문화적 기회를 제공하였으며 미성년자 고용 불법화와 노동자의 거주향상, 여성 참정권 획득을 위해 노력하였다. 1915년 헤이그 국제여성회의 의장을 맡아 '평화와 자유를 위한 여성 국제연맹' 설립에 기여하였고 평생을 사회복지활동과 국제적 평화협정을 위한 지원에 노력한 공로로 1931년 노벨 평화상을 수상하였다.

미국의 교육자이자 시사평론가였던 니컬러스 머리 버틀러(Nicholas Murray Butler, 1862. 4~1947. 12)는 1901~45년 컬럼비아 대학교 총장을 역임하였으며 공화당의 자문위원으로서 수많은 국제회의에 참석하였다. 국가 간

화합을 주창하였으며 카네기 국제평화재단을 설립하는 데 기여한 공로로 노벨 평화상을 수상하였다.

1932년 수상자 없음

1933년 노먼 에인절
영국의 경제학자였던 노먼 에인절(Sir Norman Angell, 1873. 12~1967. 10)은 평화운동에 헌신하였으며 군사력과 경제사회적 번영 간의 관계를 연구한 《거대한 환상》(*The Great Illusion*)을 저술하여 전쟁이 유용하지 않으며 경제적으로 더 이상 정당치 못하다고 주장하였다. 그는 전쟁의 위험을 줄이기 위한 방안으로 자유무역의 증가와 교육향상의 중요성을 강조하였고 경제발전과 경제사상 등에 대한 많은 책을 출판하며 세계 평화를 위해 일한 공로로 1933년 노벨 평화상을 수상하였다.

1934년 아서 헨더슨
영국의 정치가였던 아서 헨더슨(Arthur Henderson, 1863. 9~1935. 10)은 1929~31년 외무장관을 역임하며 국제연맹을 열렬히 지지하였고 국제 분쟁의 중재에 관련한 제네바 의정서를 입안하는 데 중요한 역할을 하였다. 1931년 세계 군축회의 의장으로 선출되어 1933년 7월 파리, 로마, 베를린, 프라하, 뮌헨을 방문하며 군비축소를 위해 힘쓴 공로로 1934년 노벨 평화상을 수상하였다.

1935년 카를 폰 오시에츠키
독일의 언론인이며 평화주의자로 활동한 카를 폰 오시에츠키(Carl von Ossietzky, 1888. 10~1938. 5)는 1915년 독일 평화협회에 가입하였으며 1차 세계대전 후 독일 평화협회의 지장을 역임하였다. 그는 이후 나치스 치하에서 갖은 억압을 당하며 군부 지도자들의 재무장 준비를 폭로하는 등 평화운동을 위해 노력한 공로로 노벨 평화상을 수상하였다. 그의 수상 이후 히틀러는 나치스의 인권유린 실상이 알려지자 독일인의 노벨상 수상을 금지하였다.

1936년 카를로스 사베드라 라마스

아르헨티나 법학자였던 카를로스 사베드라 라마스(Carlos Saavedra Lamas, 1878. 11~1959. 5)는 1932~38년 외무장관을 역임하였다. 그는 그란차코 북부지방의 유전지대를 놓고 볼리비아와 파라과이 사이에서 차코전쟁이 발발하자, 국제중재위원회를 조직하고 그 의장직을 맡아 1935년 6월 12일 휴전을 받아내어 전쟁을 종식시키는 데 기여한 공로로 노벨 평화상을 수상하였다. 이후에도 1938년 7월 21일 영구평화협정을 성사시켰으며 국제법과 평화유지에 관한 다수의 책을 저술하였다.

1937년 로버트 개스코인 세실

영국 정치가였던 로버트 개스코인 세실〔(Edgar Algernon) Robert Gascoyne-Cecil, 1st Viscount Cecil (of Chelwood), 1864. 9~1958. 11〕은 외무 차관보, 차관 등 외교관으로서 많은 경험을 가졌고 국제연맹 규약을 기초했으며 1945년 국제연맹이 국제연합으로 대체될 때까지 헌신적으로 활동한 공로로 노벨 평화상을 수상하였다. 그는 1927년 집단안보와 군비축소에 대해 부정적 영국 내각의 태도로 정치에서 사임하자 독립적으로 연맹을 지지하는 여론을 동원하는 활동을 하였다. 또 세실은 1923~45년까지 영국 국제연합연맹의 대표를 역임하며 국제평화운동을 창설하고 이끌어나가는 데 중요한 역할을 하였다.

1938년 난센국제난민 사무국

난센국제난민 사무국(Nansen International Office for Refugees)은 1922년 노벨 평화수상자인 난센의 난민구호사업의 뜻을 이어받아 인도주의 활동을 지속하기 위한 목적으로 1931년 창립된 국제적 봉사 구호 단체이다. 이 단체는 1938년까지 활동하면서 150만 명에 달하는 난민의 사무 처리와 주거시설 건립, 경제사회적 생활을 안정시키는 데 노력하였다. 인간의 권리에 대한 인식을 일깨우며 난민들의 처우 개선을 위해 노력한 공로로 인하여 노벨 평화상을 수상하였다.

1939년 수상자 없음

1943년 수상자 없음

1944년 국제적십자사

1863년 창립된 국제적십자사(ICRC: International Committee of the Red Cross)는 1차 세계대전 당시 전쟁 포로와 부상자를 위해 일한 공로로 일찍이 노벨 평화상을 수상한 바 있는데, 2차 세계대전 동안 활동 범위를 확장하여 전쟁포로를 위한 광범위한 정보센터로서 봉사활동을 펼쳤다. 적십자사는 2차 세계대전 동안 전쟁 포로와 그 가족들 간의 서신을 전달하고 구호물자를 제공하는 활동을 펼치며 인류를 위해 노력한 공로로 인하여 1944년 노벨 평화상을 다시 수상하였다.

1945년 코델 헐

미국 정치가였던 코델 헐(Cordell Hull, 1871. 10~1955. 7)은 1933~44년 국무장관을 역임하면서 호혜 통상조약을 체결하고 뉴딜정책을 추진하는 데 크게 기여하였으며 2차 세계대전 당시에는 중국, 인도네시아에서 일본군의 철수를 요구하였다. 1943년 모스크바에서 열린 외무장관회의에서 전시 협력 체제가 전후에도 세계기구 속에서 계속되어야 한다는 서약을 4개국 외무장관으로부터 받아내어 전후의 세계질서 유지와 국제연합의 설립에 공헌한 공로로 1945년 노벨 평화상을 수상하였다.

1946년 에밀리 그린 볼치, 존 R. 모트

1946년 노벨 평화상은 에밀리 그린 볼치와 존 모트가 공동 수상하였다. 미국의 사회학자, 정치학자, 경제학자였던 에밀리 그린 볼치(Emily Greene Balch, 1867. 1~1961. 1)는 퀘이커교 동우회 회원으로 활동하며 1차 세계대전 기간부터 계속해서 여성평화운동을 이끌었다. 1919~22년 제네바의 '국제여성평화 및 자유 동맹'의 국제관계 업무를 맡으며 국제여성연맹의 창립에 크게 기여하였으며 이후 연맹의 명예회장직을 역임하였다. 그녀는 특히 미국 슬라브계 이주민들에 대해 연구활동을 하였으며 평화운동에 이바지한 공로로 노벨 평화상을 수상하였다.

미국의 감리교 평신도, 복음 전도자였던 존 R. 모트〔John R(aleigh) Mott, 1865. 5~1955. 1〕는 세계기독학생연맹(WSCF)의 결성을 지도하였으며 세계선교협의회(WMC) 조직위원, 국제선교협의회(IMC) 의장, 국제기독청년연맹(YMCA) 간부 등을 역임하며 1910년 역사적 제1회 세계선교대회 개최에 큰 역할을 담당했다. 그는 국내외에서 군비축소와 인종차별에 대항하며 국제선교운동을 펼친 공로로 인하여 노벨 평화상을 수상하였다.

1947년 미국 친우봉사회(AFSC: American Friends Service Committee), 영국 친우봉사회(FSC: Friends Service Council)

1947년 노벨 평화상은 사회사업과 공공정보 프로그램을 통한 평화와 화해 증진에 기여한 공로로 미국과 영국의 퀘이커교 단체인 친우봉사회가 공동 수상하였다. 사회사업과 공공정보 프로그램을 통해 평화와 화해를 증진시키는 목적을 가지고 양국의 친우봉사회는 공동으로 세계대전 중 구제사업과 구급운동을 전개하였으며 양심적 병역거부자들이 구제사업과 구급차 부대에서의 활동을 대체복무로 일하도록 도와주었다. 이들 단체는 평화시에는 지역사회 발전, 인종화합, 전쟁 피해자 구호, 피난민 지원 사업 등을 전개하여 국제적 봉사활동을 펼친 공로로 1947년 노벨 평화상을 수상하였다.

1948년 수상자 없음

1949년 보이드 오어

영국의 농학자, 영양학자였던 보이드 오어(John Boyd Orr, Baron Boyd-Orr of Brechin Mearns, 1880. 9~1971. 6)는 1936년 규정식 표본조사 보고서인 《음식, 건강과 소득》(*Food, Health and Income*)을 출간하여 영국인들 중 규정식을 먹을 수 있는 소득층이 절반밖에 되지 않으며 인구의 10%가 영양부족상태임을 밝혔는데, 이것은 2차 세계대전 중 영국의 급식제도 형성에 기초자료가 되었다. 그는 1945년 국제연합 식량농업기구(FAO)의 총재가 되어 1948년까지 세계 영양학과 식량문제에 관해 다양한 저서를 남기며 인류 건강에 이바지한 공로로 노벨 평화상을 수상하였다.

1950년 랠프 번치

미국의 정치학자, 외교관이었던 랠프 번치〔Ralph (Johnson) Bunche, 1904. 8~1971. 12〕는 1943년 전략정보국 아프리카국 국장, 1945년 국제노동회의의 미국 대표, 1946년 국제연합 사무국 신탁통치부장을 역임하였다. 그는 1947년 팔레스타인 분쟁의 해결을 위한 특별위원회에 참여하였고 1948년 국제연합 팔레스타인 휴전감시위원회 조정관인 페르나도테가 암살당한 후 조정관 대리로서 아랍과 이스라엘간의 분쟁해결에 전력을 다하여 양국 간 휴전협상을 성사시킨 공로로 1950년 노벨 평화상을 수상하였다.

1951년 레옹 주오

프랑스 사회주의자이며 노동조합 지도자였던 레옹 주오(Léon Jouhaux, 1879. 7~1954. 4)는 1909년부터 38년간 노동총동맹의 총서기를 역임하였다. 1919년 그는 베르사유 평화회의에 참가하여 국제노동기구(ILO) 창설에 기여하였으며 1948년 프랑스노동조합의 결성을 이끌었다. 그 다음해인 1949년 그는 국제자유노동조합연맹(ICFTU) 창설을 도왔으며 1951년 노동자의 경제적·사회적 권리의 쟁취와 평화운동에 참여한 공로로서 노벨 평화상을 수상하였다.

1952년 알베르트 슈바이처

독일의 의사, 신학자, 철학자, 음악가였던 알베르트 슈바이처(Albert Schweitzer, 1875. 1~1965. 9)는 박애사업에 헌신하기 위해 선교의사로서 아프리카로 파견을 나가 병원을 세우고 아프리카의 빈민을 위한 의료 활동을 펼쳤다. 2차 세계대전 중에서도 귀국하지 않고 진료에 전념하였으며 1952년 의료봉사활동을 통하여 '인류의 형제애'를 실천한 공로로 노벨 평화상을 수상하였다.

1953년 조지 C. 마셜

미국의 육군 장군이며 정치가였던 조지 마셜〔George C(atlett) Marshall, 1880. 12~1959. 10〕은 2차 세계대전 동안 미국 육군 참모총장을 역임하였다. 1947~49년 트루먼 행정부 아래에서 국무장관을 역임하며 유럽부흥계획인 마셜 플랜을 제창하여 유럽의 경제재건 및 세계평화와 이해의 증진을 위해 노력한 공로로 1953년 노벨 평화상을 수상하였다.

1954년 국제연합 난민고등판무관사무실

세계 난민문제의 해결을 위한 목적으로 1951년 창립된 국제연합의 난민고등판무관실(UNHCR: Office of the United Nations High Commissioner for Refugees)은 1954년과 1981년 난민들에 대한 정치적·법적 보호를 위해 노력한 공로로 노벨 평화상을 수상하였다. 스위스 제네바에 본부를 두고 있으며 쿠르드 난민, 캄보디아 난민 등을 위한 수용시설을 운영하며 활발한 활동을 펼친다.

1955년 수상자 없음

1956년 수상자 없음

1957년 레스터 B. 피어슨

캐나다의 정치가이며 외교관이었던 레스터 피어슨〔Lester B(owles) Pearson, 1897. 4~1972. 12〕은 1944년 주미대사로 활동하였으며 1952년 UN 총회 의장직을 역임하였다. 그는 1949년 북대서양조약기구(NATO) 설립시 캐나다를 대표하였으며, 1956년 수에즈 위기(Suez Crisis)가 발발했을 당시 유엔에서 평화유지군을 창설하여 파송할 것을 제안하여 위기를 극복하는 데 기여한 공로로 노벨 평화상을 수상하였다.

1958년 도미니크 조르주 피르

벨기에의 목사이며 교육자였던 도미니크 조르주 피르〔Dominique (Georges)

Pire, 1910. 2～1969. 1〕는 2차 세계대전 후 유럽 피난민들의 구호사업을 전개하였다. 1950년 그는 난민원조 단체인 Aid to Displaced Persons를 설립하여 생활 물자와 식량을 제공하는 활동을 펼쳤으며 이후 피난민을 위해 벨기에에 작은 집들로 이루어진 유럽인 마을(European Villages)을 건설하였다. 유럽 피난민구제를 위해 노력한 공로로 그는 1958년 노벨 평화상을 수상하였으며 이후 1960년 벨기에 평화대학교를 설립하여 평화의 원칙과 실천 방안을 가르쳤다.

1959년 필립 노엘베이커

영국의 정치가였던 필립 노엘베이커〔Philip John Noel-Baker, Baron Noel-Baker (of the City of Derby), 1889. 11～1982. 10〕는 1919년 국제연맹 규약의 초안 작성에 참여하였고, 이후 노동당에 입당하여 하원의원, 세계군축회의 의장보(補), 국무장관, 연방장관직을 역임하였다. 2차 세계대전 후에 그는 UN 헌장의 초안 작성에 기여하였으며 세계 군비축소를 위해 적극적으로 활동하였다. 다자간 군비축소를 위한 활동과 국제연맹, 국제연합에 의한 평화와 군축 정책 수립에 기여한 공로로 그는 1959년 노벨 평화상을 수상하였다.

1960년 앨버트 루툴리

남아프리카공화국의 아프리카 민족회의 의장이었던 앨버트 루툴리〔Albert (John Mvumbi) Lutuli, 1898～1967. 7〕는 전국을 돌아다니며 인종차별 정책 및 다른 부당한 정책에 반대하는 대중집회를 개최하며 비폭력 저항운동을 펼쳤다. 1956년 그는 이러한 활동으로 반역 혐의를 받아 기소되었으며 풀려난 후에도 평등을 위한 연설과 저항운동을 멈추지 않았다. 그는 해방운동의 지도자로서 평화와 인류애를 위해 기여한 공로로 1960년 노벨 평화상을 수상하였다.

1961년 다그 함마르셸드

스웨덴의 경제학자이며 정치가였던 다그 함마르셸드〔Dag (Hjalmar Agne Carl) Hammarskjöld, 1905. 7~1961. 9〕는 1951~61년 국제연합 제2대 사무총장을 역임하면서 UN의 위신을 높이고 효율성을 강화하였으며, 중동에서 이스라엘과 아랍 국가 간 싸움과 위협을 해결하는 데 노력하였다. 1957년 노벨 평화수상자인 레스터 피어슨과 함께 수에즈 운하 위기를 해결하였으며 1958년 레바논-요르단 위기에서도 큰 활약을 하였다. 그는 1961년 콩고 문제를 해결하기 위해 콩고령 대통령에게 평화사절로 가던 중 비행기 사고로 사망하였다. 사망 후 각종 국제분쟁을 해결한 그의 공로가 인정되어 1961년 노벨 평화상이 그에게 수여되었다.

1962년 라이너스 폴링

라이너스 칼 폴링〔Linus (Carl) Pauling, 1901. 2~1994. 8〕은 미국의 화학자로서 화학결합의 이론을 정립하고 이를 성공적으로 응용한 공로로 1954년에 노벨 화학상을 수상한 바 있다. 그는 1950년대 들어 반전반핵 평화운동에 적극 참여하였으며 핵무기의 국제적 통제를 위해 전 세계 과학자들을 대상으로 핵실험을 제한하자는 청원운동을 벌여 1963년 모스크바에서 부분핵실험금지조약의 체결에 기여한 공로로 1962년 노벨 평화상을 수상하였다.

1963년 국제적십자사, 적십자연맹

1963년 노벨 평화상은 전쟁 및 재해로부터 인간을 보호하고 구제하기 위한 활동을 전개해온 두 개의 주요 적십자 단체인 국제적십자사와 적십자연맹이 공동 수상하였다. 국제적십자사(The International Committee of the Red Cross)는 전쟁 부상자를 도우며 세계평화에 기여한 공로로 1, 2차 세계대전 기간에 두 차례의 노벨 평화상을 수상하였다. 전후에도 보건, 위생, 구호를 위한 끊임없는 활동을 하였으며 1949년 제네바회의에서 전투 지역에 있는 군대 병상자의 상태개선조약, 해상에 있는 군대 병상자 및 난선자의 상태개선조약, 포로대우에 관한 조약, 전시민간인보호조약을 채택하는 데 기여한 공로로 1963년 노벨 평화상을 수상하였다. 국제적십자사는 적십자연맹(The

League of Red Cross Society)이 각국 지회를 모아 설립되기 전까지는 스위스에서 활동하는 민간단체에 머물렀다. 그러니까 전 세계적으로 적십자 활동이 확산된 데에는 각국 적십자사의 지지가 큰 힘이 되었고, 그것이 세계적으로 연합한 적십자연맹이 되는 데는 노르웨이 군의관이었던 한스 다이(Hans Daae)와 그의 아들 앤더스 다이(Anders Daae)의 공로가 크다.

1964년 마틴 루터 킹 2세

미국의 흑인 침례교회 목사였던 마틴 루터 킹 2세(Martin Luther King, Jr, 1929. 1~1968. 4)는 1950년대 중반부터 1968년 암살당할 때까지 비폭력주의에 입각하여 미국의 민권운동을 이끌었다. 특히 흑인 인권운동에 앞장섰던 그는 1955년 시내버스의 흑인 차별대우에 반대하는 '몽골메리 버스 보이콧' 투쟁을 지도하여 승리를 거두었으며 흑인이 백인과 동등한 시민권을 얻기 위한 공민권 운동의 지도자로 활약하였다. 평화행진과 같은 비폭력 투쟁을 주도하며 미국의 모든 국민들이 자유와 민주주의를 누리도록 노력한 공로로 1964년 노벨 평화상을 수상하였다.

1965년 국제연합 아동기금

국제연합 아동기금(UNICEF: United Nations Children's Fund)은 1946년 국제연합 총회에서 전쟁으로 피해를 입은 아동의 구호와 저개발국 아동의 복지를 향상하기 위한 목적으로 1946년 창립되었다. 아동의 긴급구호 및 보건, 영양, 교육, 직업훈련 등 여러 문제 등에 관한 보조 활동을 하며 아동의 생활개선에 기여한 공로로 1965년 노벨 평화상을 수상하였다. 뉴욕과 제네바에 본부를 두고 있으며 37개 위원회가 있어 민간모금과 홍보활동을 벌인다.

1966년 수상자 없음

1967년 수상자 없음

1968년 르네 카생
프랑스의 법학자였던 르네 카생〔René(-Samuel) Cassin, 1887. 10~1976. 2〕은 국제연합 교육과학문화기구(UNESCO) 설립에 참여하였으며 1948년 '세계인권선언'을 기초하는 데 참여하였다. 이후 UN 인권위원회 위원장, 유럽 인권재판소 판사, 장관직을 역임하며 인권옹호를 위하여 노력하였고 이러한 업적으로 그는 인권선언 비준 20주년 기념일인 1968년 12월 20일에 노벨 평화상을 수상하였다.

1969년 국제노동기구
국제노동기구(ILO: International Labour Organization)는 1차 세계대전의 종식 후 베르사유조약의 제13절을 근거로 1919년에 창립되었다. 노동자의 지위 및 노동조건, 노동환경의 향상을 위해 각국의 노동입법 수준을 발전시켜 노동조건을 개선하고 사회정책과 인력 자원을 훈련하며 기술을 지원하는 활동을 한다. 1930년 세계적 실업과 경제불황에 직면했을 당시 이를 극복하기 위해 여러 정책방안을 제시하였으며 노동조건과 생활수준을 개선하기 위해 전 세계적으로 활동을 펼친 공로로 1969년 노벨 평화상을 수상하였다.

1970년 노먼 E. 볼로그
미국의 농학자, 식물병리학자였던 노먼 볼로그(Norman Ernest Borlaug, 1914. 3~)는 27년간 멕시코 과학자들과 함께 밀 생산을 증대시키기 위한 연구를 하였으며 이후 멕시코, 파키스탄, 인도를 포함한 많은 나라에 이러한 고수확 작물을 개발하고 재배하는 법을 가르쳐 이들 국가의 밀 생산량을 두 배로 증가시켰다. 세계적 식량증산을 기약하는 농업기술의 진보를 가져온 녹색혁명(Green Revolution)의 기초를 마련하여 수십억 명의 사람들을 기아에서 해방하는 데 결정적 역할을 한 공로로 1970년 노벨 평화상을 수상하였다.

1971년 빌리 브란트

독일의 정치가인 빌리 브란트(Willy Brandt, 1913. 12~1992. 10)는 17세의 나이에 사회민주당에 입당하였으며 히틀러가 권력을 장악하자 반나치스 운동을 전개하였다. 1967~74년 그는 서독 총리를 역임하였으며 임기 내내 소련을 비롯한 동유럽 국가들과의 평화 공존을 위해 노력하였으며 동·서독의 화해를 위한 '동방정책'을 추진하였다. 그의 이러한 노력은 1970년 소련과 상호무력 포기 및 유럽의 현행 국경선의 인정을 골자로 하는 조약의 체결, 독일-폴란드 불가침조약, 1971년 4대국 간 베를린 협정체결에 크게 기여하였다. 1971년 그는 동서화해 추구로 유럽평화에 공헌한 공로가 인정되어 노벨 평화상을 수상하였다.

1972년 수상자 없음

1973년 헨리 키신저, 르둑토

1973년 노벨 평화상은 남북 베트남 사이의 영구적 평화정착을 위한 토대를 마련한 파리평화협정 초안을 마련하여 베트남전쟁의 종식을 위해 노력한 공로로 헨리 키신저와 르둑토가 공동 수상자로 선정되었다.

미국의 정치가였던 키신저〔Henry A(lfred) Kissinger, 1923. 5~ 〕는 소련과 미국의 긴장완화 정책인 '데탕트'(*detente*)를 추진하고 전략무기제한협정(SALT)을 체결하는 등 미국 외교정책에 중요한 영향을 미쳤으며, 1973년 북베트남과 접촉하여 평화협정을 체결해 베트남 분쟁을 해결하고 세계평화를 위해 힘쓴 공로로 1973년 노벨 평화상을 수상하였다.

베트남의 정치가였던 르둑토(黎德壽, 1911. 10~1990. 10)는 1968~73년 베트남전 종식을 위한 파리 평화회담에 월맹측 대표단 특별고문으로 파견되었다. 그는 미국측 대통령 보좌관이었던 키신저와 비밀교섭에 나서 교섭을 성공적으로 이끌며 베트남 종전을 위해 활약한 공로로 1973년 키신저와 공동으로 노벨 평화상 수상자로 지명되었으나, 수상을 거부하였다.

1974년 사토 에이사쿠, 숀 맥브라이드

일본의 정치가였던 사토 에이사쿠(佐藤榮作, 1901. 3~1975. 6)는 1964~72년 내각 총리대신을 역임하였으며 재임기간 동안 핵확산금지조약을 체결하는 등 핵무기 정책에 공헌한 공로로 1974년 노벨 평화상을 수상하였다.

아일랜드의 정치가인 숀 맥브라이드(Seán MacBride, 1904. 1~1988. 1)는 1961~75년 국제양심수기금(International Prisoners of Conscience Fund)과 국제사면위원회의 의장을 역임하는 등 인권과 관련한 여러 국제기구에 적극 참여하였으며 인권신장을 위해 노력한 공로로 1974년 노벨 평화상을 수상하였다.

1975년 안드레이 D. 사하로프

소련의 핵물리학자이며 수소폭탄의 아버지라고 불리었던 안드레이 사하로프(Andrey Dmitriyevich Sakharov, 1921. 5~1989. 12)는 핵의 위험성을 자각하고 핵실험 반대를 주창하였으며 스탈린 독재체제에 반대하는 운동을 하였다. 그는 민주화의 필요성을 역설하며 핵전쟁을 방지하기 위한 방안으로 미국과 소련의 제휴를 주장하였다. 1970년 소련 인권위원회를 결성하여 반소활동에 대한 당국의 탄압에도 불구하고 인권, 시민의 자유, 개혁, 비 공산국가와의 화해 등을 위해 노력하였으며 이러한 공로로 인해 1975년 노벨 평화상을 수상하였다.

1976년 메어리드 코리건매과이어, 베티 윌리엄스

1976년 노벨 평화상은 북아일랜드에서 비폭력 평화운동을 전개한 공로로 메어리드 코리건매과이어와 베티 윌리엄스가 공동 수상하였다.

북아일랜드의 사회사업가였던 코리건매과이어(Mairéad Corrigan-Maguire, 1943. 5~)와 윌리엄스(Betty Williams, 1943. 5~)는 북아일랜드에서 가톨릭, 프로테스탄트 간의 대립으로 인한 내란을 종식하기 위해 평화운동을 전개하였으며 1976년 가톨릭교와 프로테스탄트의 평화운동단체인 피스 피플(*Peace People*) 공동체를 창설하여 북아일랜드의 폭력사태에 반대하였다. 이러한 평화운동을 이끈 공로로 1976년 노벨 평화상을 공동 수상하였다.

1977년 국제사면위원회

국제사면위원회(AI: Amnesty International)는 세계 각국의 정치범들을 구제하기 위한 목적으로 1961년 창립되었다. 사면위원회는 종교의 자유에 대한 탄압과 이념, 정치에 대해 반대하는 정치 인사들을 투옥하고 고문하는 행위를 세계여론에 고발하며 정치범의 석방과 공정한 재판, 고문과 사형폐지를 위해 활동한다. 사면위원회는 전 세계에 파견된 선정위원회를 통해 해당 국가에 항의 서신을 보내고 약 2만 명의 정치범을 석방시켰으며 이러한 인권 침해 고발과 반체제 인사들의 구제를 위해 노력한 공로 1977년 노벨 평화상을 수상하였다.

1978년 메나헴 베긴, 안와르 엘 사다트

1978년 노벨 평화상은 중동평화에 이바지한 공로로 메나헴 베긴 이스라엘 총리와 안와르 엘 사다트 이집트 대통령이 공동 수상하였다. 베긴〔Menachem (Wolfovitch) Begin, 1913. 8~1992. 3〕 총리와 사다트〔(Muammad) Anwar el-Sdt, 1918. 12~1981. 10〕 대통령은 아랍-이스라엘 전쟁 후 중동의 평화를 위해 적극적으로 노력하기 시작하였다. 사다트는 1977년 이스라엘을 방문하여 이스라엘 의회에서 평화조약을 위한 계획을 제시하였고 이후 베긴 총리와 사다트 대통령은 중동에서의 평화 정착을 위해 계속해서 외교적 협상 펼쳐나갔다. 이러한 공로로 1978년 베긴과 사다트는 노벨 평화상을 공동 수상하였으며 1979년 3월 26일 아랍국가와 이스라엘 간에 최초로 평화조약이 체결되었다.

1979년 테레사

알바니아 태생의 인도 수녀였던 테레사〔Mother Teresa(Agnes Gonxha Bojaxhiu), 인도, 1910. 8~1997. 9〕는 평생을 가난하고 병든 사람을 위해 봉사하였다. 1950년 '사랑의 선교회'를 설립하고 그곳의 대수녀원장을 역임하며 빈민, 고아, 나병환자 등 가난하고 불우한 처지에 놓여있는 사람들을 구원하는 활동을 하였다. '마더 테레사'로 불리었던 그녀는 동남아시아, 유럽, 아프리카, 오스트레일리아, 라틴아메리카, 중동 등 각국에서 도움을 필요로 하는 사람들을 위해 선교회를 세웠으며 그들을 위해 평생을 봉사하며 헌신한 공로로 1979년 노벨 평화상을 수상하였다.

1980년 아돌포 페레스 에스키벨

아르헨티나의 조각가, 건축가였던 에스키벨(Adolfo Pérez Esquivel, 1931. 11~)은 라틴아메리카의 인권옹호와 비폭력 개혁을 주장하였으며 1974년 에큐메니칼 조직인 '평화와 정의'(Paz n Justicia)를 창설하여 군사정권의 잔학한 행위들을 고발하는 국제 활동을 펼치며 인권을 지키기 위해 노력하였다. 1977년 14개월간 아르헨티나 군사정부에 의해 투옥당하여 고문을 받기도 하였으며 1980년 인권 개선에 이바지한 그의 공로가 인정되어 노벨 평화상을 수상하였다.

1981년 국제연합 난민고등판무관실

세계 난민문제를 해결하기 위해 1951년 창립된 유엔 난민고등판무관실(UNHCR: Office of the United Nations High Commissioner for Refugees)은 난민구제를 위해 애쓴 공로로 1954년 노벨 평화상을 수상한 바 있다. 이후 베트남, 에티오피아, 아프가니스탄 등 각국에서 온 수많은 난민들의 문제에 직면하여 그들의 이주와 정착 및 처우개선을 위한 정착사업을 추진하고 난민구제를 위한 자금 조달, 난민 캠프의 설치, 운영, 관리 등의 활동을 펼치며 난민문제를 해결하는 데 기여한 공로로 1981년 노벨 평화상을 수상하였다.

1982년 알바 뮈르달, 알폰소 가르시아 로블레스

1982년 노벨 평화상은 군비축소에 이바지한 공로로 알바 뮈르달과 알폰소 가르시아 로블레스가 공동 수상하였다. 스웨덴의 외교관, 행정관료, 작가로 활동하였던 알바 뮈르달(Alva Reimer Myrdal, 1902. 1~1986. 2)은 1961년 외무부 군축문제 특별자문위원으로 임명되었으며 1962년 스웨덴 의회에 입당하여 제네바에서 열린 유엔 군비축소회의에서 스웨덴 대표로 파견되었다. 그는 1966~73년 무임소장관으로 재임하며 군비축소를 위해 노력하였으며 이러한 공로로 1982년 노벨 평화상을 수상하였다.

멕시코의 정치인이었던 알폰소 가르시아 로블레스(Alfonso Garcia Roblesv, 1911. 3~1991. 9)는 1958년 군제연합 군축회의에서 멕시코를 대표하였고 1975~77년 외무장관직을 역임하면서 국제연합 군축위원회에서 멕시코 수석 대표로 활동하였다. 그는 중남미 21개국의 '중남미비핵지대화조약'을 만드는 데 기여한 공로로 노벨 평화상을 수상하였다.

1983년 레흐 바웬사

폴란드의 노동운동가, 정치가였던 레흐 바웬사(Lech Wasa, 1943. 9~)는 파업권을 가진 자유노조를 결성하기 위해 노동자를 결속시켰으며 공산 폴란드 최초의 노동조합인 솔리대러티(Solidarity)를 공동 창립하였고 이 노동조합의 의장을 역임하였다. 그는 사회주의권에서 최초로 국가로부터 독립적 자유노동조합을 이끌며 노동자의 권리확보와 폴란드의 민주화에 기여한 공로로 1983년 노벨 평화상을 수상하였다.

1984년 데즈먼드 투투

남아프리카공화국의 성공회 성직자였던 데즈먼드 투투 주교〔Desmond (Mpilo) Tutu, 1931. 10~ 〕는 1978년 남아프리카공화국의 1,200만 그리스도교도를 대표하는 남아프리카공화국 교회협의회(South African Council of Churches)의 사무총장을 역임하며 비폭력적 인종차별반대운동을 이끌어나갔다. 그는 그의 저작과 강연을 통해 인종차별정책에 관련된 모든 정당 간 조정을 끊임없이 주창하였으며 1984년 인종차별문제를 해결하기 위해 노력한 공로로 노벨 평화상을 수상하였다.

1985년 핵전쟁방지 국제의학자회

핵전쟁방지 국제의학자회(International Physicians for the Prevention of Nuclear War)는 핵전쟁의 위험을 감소하기 위한 목적으로 1980년 창립된 반핵 단체로서 세계 40개국의 의학 전문가들이 참여한다. 이 단체는 핵전쟁을 방지하고 핵무기를 폐지하기 위해 학술연구, 교육, 강연 등을 하고 있으며 전문잡지와 다수의 유명 미디어에 기사를 올리고 서적을 출판하며 핵의 위험을 홍보하는 것을 주요 활동으로 한다. 동서 양진영의 의학 전문가들이 광범위하게 참여하여 핵전쟁의 위험성을 의학적 측면에서 일반 대중에게 널리 알려 반핵의식을 높이는 데 기여한 공로로 1985년 노벨 평화상을 수상하였다.

1986년 엘리 위젤

유대계의 미국 소설가이며 유대인 대학살의 생존자였던 엘리 위젤(Elie Wiesel, 1928. 9~)은 유대인 대학살을 겪고 강제수용소에 감금되었던 자신의 경험담을 담은《그날 밤》(*Night*)을 발표하여 세계의 주목을 끌었다. 그는 이후 2차 세계대전 동안 유럽 유대인의 파멸을 진지하면서도 격앙된 증언 형식으로 다룬 다수의 작품들을 저술하여 유대인 박해를 고발하였다. 작품 활동을 하면서 그는 캄보디아, 에티오피아 등지를 찾아가 기아와 박해에 고통받고 있는 사람들을 위한 구호 활동을 벌였으며 핵전쟁 방지운동에도 적극적으로 참여하였다. 1986년 그는 인종차별 철폐를 위한 노력과 문학을 통해 폭행·증오·억압에 반대한 공로로 노벨 평화상을 수상하였다.

1987년 오스카르 아리아스 산체스

코스타리카의 정치가였던 오스카르 아리아스 산체스(Oscar Arias Sanchez, 1941. 9~)는 2006년 대통령으로 당선되어 자유, 평화, 민주주의를 위한 오스카르 계획(Oscar's Plan)을 논의하기 위해 라틴아메리카 국가들의 대통령을 만나며 평화를 재건하기 위해 노력하였다. 그는 중앙아메리카지역의 무력 충돌을 중단시키기 위해 군대 규모의 제한, 정치적 자유 보장, 반란군 지원 중단 등의 내용을 담은 아리아스 계획(The Arias Plan)을 제의하였고 1987년 중앙아메리카 5개국 간의 평화협정을 실현시켰다. 1987년 그는 이러한 평화 협정을 통해 니카라과와 엘살바도르 사이의 내전을 종식시키고 평화를 위해 힘쓴 공로로 노벨 평화상을 수상하였다.

1988년 국제연합 평화유지군

유엔 평화유지군(United Nations Peacekeeping Forces)은 유엔 안전보장이사회가 각 분쟁지역에 파견하는 군대로서 1948년 창립되어 분쟁지역의 평화를 재건하고 유지하는 일을 한다. 휴전을 한 분쟁 당사국에 대해 휴전협정 위반 여부를 감시하고 평화조약이 체결되지 않은 분쟁지역에서는 평화정착을 위한 협상을 주요 활동으로 한다. 특히 1980~1990년대에 걸쳐 여러 분쟁지역의 평화재건에 이바지한 공로로 1988년 노벨 평화상을 수상하였다.

1989년 달라이 라마

티베트의 승려인 달라이 라마(Dalai Lama XIV, 티베트, 1935. 7~)는 1940년 제14대 달라이 라마로 즉위하였으며 1954년 티베트 지방정부 주석, 중국 전국인민대표대회 티베트 대표를 역임하였다. 중국으로 티베트를 독립시키는 데 헌신해온 티베트의 지도자로서 1959~65년에 걸쳐 중국정부를 상대로 티베트의 인권과 자치권의 존중을 골자로 하는 결의안을 채택하도록 하였으며 티베트의 독립운동을 이끌어 폭력사용의 반대와 관용에 바탕을 둔 평화적 해결을 주창하였다. 1989년 그는 비폭력주의를 고수하며 티베트 독립운동에 기여한 공로로 노벨 평화상을 수상하였다.

1990년 미하일 세르게예비치 고르바초프

소련의 공산당 서기장이었으며 1990~1991년 대통령직을 역임한 미하일 세르게예비치 고르바초프(Mikhail Sergeevich Gorbachov, 1931. 3~)는 1985년 당 서기장으로 활동하며 페레스트로이카(개혁)를 추진하였다. 이러한 그의 개혁정책은 소련 국내의 개혁과 개방뿐만 아니라 동유럽의 민주화 개혁과 세계질서에도 커다란 변화를 주었으며, 1991년 맑스-레닌주의를 포기하는 새 강령의 마련은 공산당의 해체를 가져왔다. 그는 이러한 개혁의지를 통해 냉전체제를 종식하고 세계 평화에 기여한 공로로 1990년 노벨 평화상을 수상하였다.

1991년 아웅산 수치

미얀마의 정치가이며 평화운동가로 활동한 아웅산 수치(Aung San Suu Kyi, 1945. 6~)는 1988년 민족민주연합(National league for democracy)을 결성하여 미얀마의 군사정권에 반대하는 반독재시위를 이끌었으며 이로 인해 내란을 선동했다는 이유로 가택연금되었다. 1991년 그녀는 평화적 방법으로 미얀마의 민주주의 실현, 인권, 민족화해를 위해 노력한 공로로 노벨 평화상을 수상하였으며 수상 후 그녀는 다시 감금되었다. 그녀의 석방을 위한 국제적 호소와 외교적 압력에도 불구하고 2006년 군사정권은 그녀의 가택연금 기간을 무한정으로 연기하였다.

1992년 리고베르타 멘추

과테말라의 인권운동가 리고베르타 멘추(Rigoberta Menchú, 1959～)는 1979년 캄페시노 단결위원회에 가입하여 인권운동을 펼쳤으며 자신의 경험담과 고문으로 세상을 떠난 가족사를 토대로 한《나, 리고베르타 멘추》(*I, Rigoberta Menchu*)를 출판하여 전 세계에 중남미 인디오들의 참혹한 현실을 알리는 일에 힘을 썼다. 이후 유엔 원주민문제 위원회의 위원으로 활동하였으며 과테말라 인디오들의 인권개선과 인종 간 화합에 기여한 공로로 1992년 노벨 평화상을 수상하였다.

1993년 F. W. 데 클레르크, 넬슨 만델라

1993년 노벨 평화상은 클레르크와 넬슨 만델라가 공동 수상하였다. 남아프리카공화국의 10대 대통령인 프레데릭 데 클레르크(F. W. de Klerk, 1936. 3～)는 1989년 대통령으로 취임한 후 인종차별정책 철폐, 정치범 석방, 아프리카민족회의(ANC) 합법화 등 혁명적 조치를 단행하였으며, 인종차별정책 철폐운동을 이끌어 반역죄로 기소되어 감금되었던 흑인민권지도자인 넬슨 만델라[Nelson (Rohihlahla) Mandela]를 석방하였다. 만델라는 석방된 후 아프리카 민족회의 의장직을 역임하였고, 클레르크 대통령과 함께 서로 협조적 관계를 유지하여 350년에 걸친 인종분규를 종식시켰다. 만델라는 1994년 남아프리카공화국 최초로 흑인이 참여한 자유 총선거를 통해 대통령으로 선출되었다. 두 사람은 평화적 방법으로 남아프리카공화국의 인종분쟁을 종식시키고 민주화에 기여한 공로로 1993년 노벨 평화상을 수상하였다.

1994년 야세르 아라파트, 시몬 페레스, 이츠하크 라빈

1994년 노벨 평화상은 야세르 아라파트, 시몬 페레스, 이츠하크 라빈이 공동 수상하였다. 팔레스타인 자치정부 초대 수반이며 팔레스타인 해방기구(PLO) 의장인 야세르 아라파트(Yasser Arafat, 1929~)와 이스라엘의 총리인 라빈(Yitzhak Rabin, 1922. 3~1995. 11)은 1993년과 팔레스타인 자치선언을 내용으로 하는 평화협정을 체결하였으며, 이스라엘의 정치가인 시몬 페레스(Shimon Peres, 1923. 8~)는 외무장관직으로 재직하며 1993년 이스라엘과 팔레스타인 간의 오슬로협정을 체결하는 데 결정적 역할을 하였다. 이렇게 세 사람은 중동평화에 기여한 공로로 노벨 평화상을 수상하였다.

1995년 조지프 로트블랫, 퍼그워시 회의

1995년 노벨 평화상은 조지프 로트블랫과 퍼그워시 회의가 공동수상하였다. 폴란드 출신 영국의 핵물리학자인 로트블랫(Joseph Rotblat, 폴란드, 1908. 11~)은 원자폭탄 개발계획에 참여하였으나 독일의 핵무기 개발이 무산되자 핵무기 개발에 반대하였다. 2차 세계대전 후 그는 반핵운동에 적극적으로 참여하였으며 원자력의 평화적 이용을 추구하는 핵과학자협회장을 역임하며 핵의학 연구에 헌신하였다. 그는 또 과학과 국제정세에 관한 퍼그워시 회의(the Pugwash Conferences on Science and World Affairs)를 이끌어오며 반핵 운동에 기여한 공로로 노벨 평화상을 수상하였다.

각국의 과학자가 참여하는 국제회의인 퍼그워시 회의는 핵전쟁을 해결하는 방안을 모색하고 무력충돌의 위협을 경감시키는 것을 목적으로 한다. 퍼그워시 회의는 군비 경쟁을 벌이는 당사국들 간의 대화를 촉진하는 역할을 하고 있으며 이로 인해 1962년의 쿠바 미사일 위기를 해결하는 데 이바지하였다. 로트블랫과 퍼그워시 회의는 핵무기를 감소시키고 궁극적으로 핵무기를 제거하기 위해 노력한 공로로 1995년 노벨 평화상을 수상하였다.

1996년 카를로스 시메네스 벨로, 주제 라모스 오르타

1996년 노벨 평화상은 카를로스 시메네스 벨로와 주제 라모스 오르타가 공동 수상하였다. 동티모르의 가톨릭 주교인 벨로(Carlos Filipe Ximenes

Belo, 1948~)와 독립운동가인 라모스 오르타(Jose Ramos-Horta, 1949~)는 1980년대 초 인도네시아의 탄압 통치로 인해 동티모르 전체 인구의 1/3이 목숨을 잃은 사태를 해결하기 위해 동티모르의 분리 독립운동을 이끌었다. 벨로 주교는 인도네시아정부에 비폭력운동으로 맞서면서도 대화를 통해 동티모르 문제를 해결하는 데 힘썼으며, 라모스 오르타는 외교적 방법을 통해 동티모르의 실상을 세계에 알리며 사태의 평화적 해결책을 주장하였다. 1996년 이들은 동티모르 분쟁을 공정하고 평화적으로 해결하는 데 기여한 공로로 노벨 평화상을 수상하였고 이로 인해 동티모르의 평화적 독립의 길이 열리게 되었다.

1997년 조디 윌리엄스, 국제대인지뢰금지운동

국제대인지뢰금지운동(ICBL: International Campaign to Ban Landmines)은 대인지뢰를 없애기 위한 목적으로 1991년 출범하였다. 이 단체는 매년 국제회의를 개최하여 전 세계에 있는 다양한 조직과 연대하며 끊임없이 정보 전달을 하였으며, 그 결과 1997년 123개국으로부터 대인지뢰사용금지조약에 서명할 뜻을 받아내어 대인지뢰금지조약(the Mine Ban Treaty)을 성공적으로 이끌어내었다. 이에 대한 공로로 ICBL은 1997년 노벨 평화상을 수상하였으며, ICBL 내에서 핵심적 역할을 수행한 미국의 사회운동가인 조디 윌리엄스(Jody Williams, 1950~) 또한 대인지뢰 사용 금지를 위해 노력한 공로로 공동 수상자가 되었다. 조디 윌리엄스는 현재 강연, 교육 등 대외활동을 통하여 계속해서 대인지뢰금지운동을 펼친다.

1998년 존 흄, 데이비드 트림블

1998년 노벨 평화상은 아일랜드 평화협상에 기여한 공로로 존 흄과 데이비드 트림블이 공동수상하였다. 서로 대립관계에 있던 사회민주노동당(SDLP)의 로마 가톨릭 지도자인 흄(John Hume, 아일랜드, 1937~)과 얼스터 연합당(UUP)의 프로테스탄트 지도자인 트림블(David Trimble, 아일랜드, 1944~)은 지난 30여 년 동안 북아일랜드에서 민족적, 종교적, 사회적 갈등으로 수많은 목숨을 앗아간 유혈분쟁을 해결하기 위해 각자 정당 내에서의 불신과 비판에도 불구하고 그들을 설득시켜 1998년 평화동의안인 멋진 금요일(*Good Friday*)을 체결하였다. 그들은 대화와 타협을 통한 평화적 방법으로 북아일랜드에 평화를 가져오는 데 기여한 공로로 1998년 노벨 평화상을 수상하였다.

1999년 국경없는 의사회

국제민간의료구호 단체인 국경없는 의사회(Médecins Sans Frontières)는 세계 각지에서 전쟁, 기아, 질병, 자연재해로부터 고통받는 사람들을 구호하기 위해 1971년 창립되었다. 국경없는 의사회는 60개국이 넘는 나라에서 난민들을 위해 무료로 의료지원을 하고 있으며 그 밖의 난민의 거주 및 정착 문제를 해결하기 위해 활발한 활동을 한다. 재정의 80%를 개인 기부금으로 충당함으로서 독립성과 자율성을 가진 국경없는 의사회는 인종, 종교, 이념을 뛰어넘어 차별 없는 인도주의 활동으로 세계평화에 기여한 공로로 1999년 노벨 평화상을 수상하였다.

2000년 김대중

한국의 제15대 대통령 김대중(Kim Dae-jung, 1925~)은 30여 년 동안 군사 권위주의 통치 아래에서 계속되는 탄압에도 불구하고 민주주의의 구현을 위해 노력하였으며, 1997년 대통령직에 당선된 후에는 '햇볕정책'으로 불리는 대북 포용정책을 통해 냉전 상태에 있는 남북한 관계를 정상화하기 위해 노력하였다. 그는 2000년 6월 평양에서 분단 55년 만에 처음으로 열린 남북정상회담을 갖고, 북한의 최고지도자와 함께 남북 간 화해협력을 통해 관계 발전을 해나갈 것에 합의한 6·15 남북 공동선언을 이끌어 내었다. 그는 한국과 동아시아에서 민주주의와 인권을 수호하기 위해 노력하고 한반도에 화해와 협력의 장을 여는 데 기여한 공로로 2000년 노벨 평화상을 수상하였다.

2001년 국제연합, 코피 아난

국제연합(UN: United Nations)은 세계 대전 후 전쟁을 방지하고 세계평화를 유지하기 위한 목적으로 1945년 창립되었으며 군비축소, 평화유지, 국제협력을 위한 활동을 한다. 현재 192개국의 회원국을 가지고 있으며 핵전쟁의 위협과 지역분쟁을 해결하기 위한 평화유지 활동뿐만 아니라 전 세계의 경제적, 사회적, 환경적 위기에 맞서 평화와 안전보장을 실현하기 위해 노력한다. 세계 평화의 정착 및 국제적 난제들의 해결을 위해 노력한 공로로 UN은 2001년 노벨 평화상을 수상하였으며 당시 사무총장이었던 코피 아난(Kofi Annan, 가나, 1938~)도 그 상을 공동 수상하였다. 아난 총장은 UN 사무국 내에서 대폭적 기구의 통폐합을 통해 UN 조직의 활성화에 기여하고 인권과 평화 정착을 위해 애쓴 공로를 평가받았다.

2002년 지미 카터

미국의 39대 대통령인 지미 카터(Jimmy Carter, 1924~)는 1997~81년 대통령 재임 당시 이스라엘과 이집트 양국을 조정하여 캠프 데이비드 협정(Camp David Accords)을 체결하도록 중재하여 중동의 평화정착에 기여하였으며, 그밖에도 중국과의 국교정상화와 소련과 전략무기제한협정(SALT)을 체결하는 등 국제분쟁의 평화적 해결을 위해 노력하였다. 퇴임 이후 그는 1987년 비영리기구인 카터 센터를 설립해 국제분쟁과 민주주의 신장, 인권보호를 위해 활동하였으며 개발도상국들의 발전과 성장을 가져오기 위해 노력하였다. 2002년 민주주의와 인권을 신장하며 경제적, 사회적 발전을 촉진하기 위해 수십 년간 노력한 공로가 인정되어 노벨 평화상을 수상하였다.

2003년 시린 에바디

이란의 변호사이며 이란 아동인권후원협회 창립자이자 회장인 시린 에바디(Shirin Ebadi, 1947~)는 인권운동과 민주주의를 위해 노력하였으며, 특히 여성과 아동의 권리증진을 위해 투쟁하였다. 그녀는 변호사로 활동하며 많은 여성과 반체제 인사들을 변호하였으며 민권보호 활동 중 경찰에 투옥되기도 하였다. 2001년 그녀는 노르웨이의 국제적 인권상인 라프토 상을 수상하였으며 2003년에는 이슬람 세계의 엄격한 율법 아래에서 여성과 어린이, 반체제 인사 등을 위한 인권운동에 헌신한 공로로 노벨 평화상을 수상하였다.

2004년 왕가리 마타이

케냐의 정치가이며 환경운동가인 마타이(Wangari Muta Maathai, 1940~)는 1981~87년 케냐여성협의회(National Council of Women of Kenya)의 의장직을 역임하면서 아프리카 밀림을 되살리고 가난한 여성들에게 일자리를 제공하기 위해 나무 심는 운동을 시작하였고, 1977년 '그린벨트 운동'을 이끌어 2003년까지 아프리카 전역에 나무 3천만 그루를 심었으며, 2003년 환경·자연자원부 차관으로 임명되었다. 2004년 그녀는 그린벨트 운동을 통해 아프리카의 사회, 경제, 문화적 발전에 기여한 공로로 노벨 평화상을 수상하였다.

2005년 국제원자력기구, 모하메드 엘바라데이

2005년 노벨 평화상은 국제원자력기구(IAEA: International Atomic Energy Agency)와 그 기구의 사무총장인 모하메드 엘바라데이(Mohamed ElBaradei, 이집트, 1942~)가 공동 수상하였다. IAEA는 원자력의 평화적 이용과 국제적 공동관리를 목적으로 1957년에 창립되었다. IAEA는 핵안전 시설의 설치, 관리와 안전기준을 마련하고 원자력을 실생활에서 활용할 수 있는 방안을 연구하며 개발도상국에 기술 원조를 한다. 현재 145개국의 회원국을 두고 있는 IAEA는 핵에너지가 군사적 목적으로 전용되는 것을 막고 가장 안전한 방법으로 평화적 목적에 이용될 수 있도록 노력한 공로로 2005년 노벨 평화상을 수상하였다. 당시 사무총장 모하메드 엘바라데이 또한 북한, 이라크, 이란 등의 지역에서 핵문제가 불거질 때마다 철저한 검증과 외교적 해결을 고수하며 핵무기의 악용을 막는 데 기여한 공로로 노벨 평화상을 공동 수상하였다.

2006년 무하마드 유누스, 그라민은행

2006년 노벨 평화상은 무하마드 유누스와 그라민은행(Grameen Bank)이 공동 수상하였다. 방글라데시의 경제학자인 유누스(Muhammad Yunus, 1940~)는 1976년 자신이 은행에서 대출받아 빈곤한 자들에게 소액대출을 하는 '그라민은행 프로젝트'(Grameen Bank Project)를 운영하였고 1983년 그라민은행을 설립하였다. 이로 인해 6백만 명의 영세민들이 혜택을 받았으며 그 중 60%가 절대 빈곤에서 벗어나게 된 것으로 집계되었다. 유누스 그라민은행 총재는 소액대출 사업과 같은 혁신적 경제 프로그램을 통해 영세민의 경제적, 사회적 기회를 확대한 공로로 2006년 그라민은행과 노벨 평화상을 공동 수상하였다.

2007년 유엔 정부간 기후변화위원회, 앨 고어

2007년 노벨 평화상은 유엔 정부간 기후변화위원회(IPCC: Intergovernmental Panel on Climate Change)와 앨 고어가 공동 수상하였다. IPCC는 인간의 활동이 기후 변화에 미치는 영향을 평가하고 그에 대한 국제적 대책을 마련하기 위한 목적으로 1988년 설립된 유엔 산하 국제협의체이다. IPCC는 1992년 유엔 기후변화협약(UNFCCC)과 1997년 발효된 교토 의정서의 이행과 관련한 문제들을 다루고 있으며, 인간이 만들어 내는 공해 물질과 지구온난화의 상관관계와 이후 초래되는 지구온난화의 규모를 더 자세히 파악하기 위해 연구한다. IPCC는 인간이 기후변화에 미친 영향을 연구하여 기후변화 문제 해결을 위한 초석을 다지는 데 노력한 공로로 2007년 노벨 평화상을 수상하였으며, 미국의 정치가인 앨 고어〔Albert Arnold (Al) Gore Jr., 1948~ 〕 또한 부대통령으로 재직하며 환경문제 해결에 많은 노력을 기울이고 기후변화 문제를 국제사회에 알리는 데 기여한 공로로 노벨 평화상을 공동 수상하였다.

2008년 마르티 아티사리

핀란드의 정치가인 마르티 아티사리(Martti Ahtisaari, 1937~)는 1990년 유엔 사무총장 대리로서 나미비아가 남아프리카공화국으로부터 독립하는 데 중재역할을 하였고, 이후 핀란드 대통령이 되어 핀란드의 유럽 연합 가입을 실현시켰다. 그는 국제분쟁을 해결하기 위한 비정부 기구인 분쟁조정제의기구(CMI: Organization Crisis Management Initiative)를 설립하였고 1999년과 2005~7년에는 코소보 분쟁을 해결하는 데 노력하였다. 그는 대통령직에서 물러난 후에도 인도네시아정부와 아체 반군 간의 평화적 분쟁 해결을 도왔으며, 2008년 현재 다른 단체들과 함께 이라크 문제의 평화적 해결책을 찾는 데 노력한다. 평화의 중재자라고 불리는 그는 30여 년 동안 국제분쟁을 해결하고 세계 평화에 기여한 공로로 2008년 노벨 평화상을 수상하였다.

■ 세계인권선언문

인류 가족 모든 구성원의 고유한 존엄성과 평등하고 양도할 수 없는 권리를 인정하는 것이 세계의 자유, 정의, 평화의 기초가 됨을 인정하며, 인권에 대한 무시와 경멸은 인류의 양심을 짓밟는 야만적 행위를 결과하였으며, 인류가 언론의 자유, 신념의 자유, 공포와 궁핍으로부터의 자유를 향유하는 세계의 도래가 일반인의 지고한 열망으로 천명되었으며, 사람들이 폭정과 억압에 대항하는 마지막 수단으로서 반란에 호소하도록 강요받지 않으려면, 인권이 법에 의한 지배에 의하여 보호되어야 함이 필수적이며, 국가 간의 친선관계의 발전을 촉진시키는 것이 긴요하며, 국제연합의 여러 국민들은 그 헌장에서 기본적 인권과, 인간의 존엄과 가치, 남녀의 동등한 권리에 대한 신념을 재확인하였으며, 더욱 폭넓은 자유 속에서 사회적 진보와 생활수준의 개선을 촉진할 것을 다짐하였으며, 회원국들은 국제연합과 협력하여 인권과 기본적 자유에 대한 보편적 존중과 준수의 증진을 달성할 것을 서약하였으며, 이들 권리와 자유에 대한 공통의 이해가 이러한 서약의 이행을 위하여 가장 중요하므로, 따라서 이제 국제연합 총회는 모든 개인과 사회의 각 기관은 세계인권선언을 항상 마음속에 간직한 채, 교육과 학업을 통하여 이러한 권리와 자유에 대한 존중을 신장시키기 위하여 노력하고, 점진적인 국내적 및 국제적 조치를 통하여 회원국 국민 및 회원국 관할하의 영토의 국민들 양자 모두에게 권리와 자유의 보편적이고 효과적인 인정과 준수를 보장하기 위하여 힘쓰도록, 모든 국민들과 국가에 대한 공통의 기준으로서 본 세계인권선언을 선포한다.

제 1조 모든 사람은 태어날 때부터 자유롭고, 존엄성과 권리에서 평등하다. 사람은 이성과 양심을 부여받았으며 서로에게 형제의 정신으로 대하여야 한다.

제 2조 모든 사람은 인종, 피부색, 성, 언어, 종교, 정치적 또는 그 밖의 견해, 민족적 또는 사회적 출신, 재산, 출생, 기타의 지위 등에 따른

어떠한 종류의 구별도 없이, 이 선언에 제시된 모든 권리와 자유를 누릴 자격이 있다. 나아가 개인이 속한 나라나 영역이 독립국이든 신탁통치지역이든, 비자치지역이든 또는 그 밖의 다른 주권상의 제한을 받고 있는 지역이든, 그 나라나 영역의 정치적, 사법적, 국제적 지위를 근거로 차별이 행하여져서는 아니 된다.

제3조 모든 사람은 생명권과 신체의 자유와 안전을 누릴 권리가 있다.

제4조 어느 누구도 노예나 예속상태에 놓이지 아니한다. 모든 형태의 노예제도 및 노예매매는 금지된다.

제5조 어느 누구도 고문이나, 잔혹하거나, 비인도적이거나, 모욕적 취급 또는 형벌을 받지 아니한다.

제6조 모든 사람은 어디에서나 법 앞에 인간으로서 인정받을 권리를 가진다.

제7조 모든 사람은 법 앞에 평등하고, 어떠한 차별도 없이 법의 평등한 보호를 받을 권리를 가진다. 모든 사람은 이 선언을 위반하는 어떠한 차별에 대하여도, 또한 어떠한 차별의 선동에 대하여도 평등한 보호를 받을 권리를 가진다.

제8조 모든 사람은 헌법 또는 법률이 부여하는 기본권을 침해하는 행위에 대하여 담당 국가법원에 의하여 효과적 구제를 받을 권리를 가진다.

제9조 어느 누구도 자의적 체포, 구금 또는 추방을 당하지 아니한다.

제10조 모든 사람은 자신의 권리와 의무, 그리고 자신에 대한 형사상의 혐의를 결정함에서, 독립적이고 편견 없는 법정에서 공정하고도 공개적 심문을 전적으로 평등하게 받을 권리를 가진다.

제11조 ① 형사범죄로 소추당한 모든 사람은 자신의 변호를 위하여 필요한 모든 장치를 갖춘 공개된 재판에서 법률에 따라 유죄로 입증될 때까지 무죄로 추정받을 권리를 가진다.

② 어느 누구도 행위 시의 국내법 또는 국제법상으로 범죄를 구성하지 아니하는 작위 또는 부작위를 이유로 유죄로 되지 아니한다. 또한 범죄가 행하여진 때에 적용될 수 있는 형벌보다 무거운 형벌이 부과되지 아니한다.

제12조 어느 누구도 자신의 사생활, 가정, 주거 또는 통신에 대하여 자의적 간섭을 받지 않으며, 자신의 명예와 신용에 대하여 공격을 받지 아니한다. 모든 사람은 그러한 간섭과 공격에 대하여 법률의 보호를 받을 권리를 가진다.

제13조 ① 모든 사람은 각국의 영역 내에서 이전과 거주의 자유에 관한 권리를 가진다.

② 모든 사람은 자국을 포함한 어떤 나라로부터도 출국할 권리가 있으며, 또한 자국으로 돌아올 권리를 가진다.

제14조 ① 모든 사람은 박해를 피하여 타국에서 피난처를 구하고 비호를 향유할 권리를 가진다.

② 이 권리는 비정치적 범죄 또는 국제연합의 목적과 원칙에 반하는 행위만으로 인하여 제기된 소추의 경우에는 활용될 수 없다.

제15조 ① 모든 사람은 국적을 가질 권리를 가진다.

② 어느 누구도 자의적으로 자신의 국적을 박탈당하거나 그의 국적을 바꿀 권리를 부인당하지 아니한다.

제16조 ① 성년에 이른 남녀는 인종, 국적 또는 종교에 따른 어떠한 제한도 받지 않고 혼인하여 가정을 이룰 권리를 가진다. 이들은 혼인 기간 중 및 그 해소 시 혼인에 관하여 동등한 권리를 가진다.

② 결혼은 양 당사자의 자유롭고 완전한 합의에 의하여만 성립된다.

③ 가정은 사회의 자연적이며 기초적 구성단위이며, 사회와 국가의 보호를 받을 권리를 가진다.

제17조 ① 모든 사람은 단독으로는 물론 타인과 공동으로 자신의 재산을 소유할 권리를 가진다.

② 어느 누구도 자신의 재산을 자의적으로 박탈당하지 아니한다.

제18조 모든 사람은 사상, 양심 및 종교의 자유에 대한 권리를 가진다. 이러한 권리는 자신의 종교 또는 신념을 바꿀 자유와 선교, 행사, 예배, 의식에서 단독으로 또는 다른 사람과 공동으로, 공적으로 또는 사적으로 자신의 종교나 신념을 표명하는 자유를 포함한다.

제19조 모든 사람은 의견과 표현의 자유에 관한 권리를 가진다. 이 권리는 간섭받지 않고 의견을 가질 자유와 모든 매체를 통하여 국경에 관계없이 정보와 사상을 추구하고, 접수하고, 전달하는 자유를 포함한다.

제20조 ① 모든 사람은 평화적 집회와 결사의 자유에 관한 권리를 가진다.

② 어느 누구도 어떤 결사에 소속될 것을 강요받지 아니한다.

제21조 ① 모든 사람은 직접 또는 자유롭게 선출된 대표를 통하여 자국의 통치에 참여할 권리를 가진다.

② 모든 사람은 자국의 공무에 취임할 동등한 권리를 가진다.

③ 국민의 의사는 정부의 권위의 기초가 된다. 이 의사는 보통 및 평등 선거권에 의거하며, 또한 비밀투표 또는 이와 동등한 자유로운 투표 절차에 따라 실시되는 정기적이고 진정한 선거를 통하여 표현된다.

제22조 모든 사람은 사회의 일원으로서 사회보장제도에 관한 권리를 가지며, 국가적 노력과 국제적 협력을 통하여 그리고 각국의 조직과 자원에 따라 자신의 존엄성과 인격의 자유로운 발전을 위하여 불가결한 경제적, 사회적 및 문화적 권리의 실현에 관한 권리를 가진다.

제23조 ① 모든 사람은 근로의 권리, 자유로운 직업 선택권, 공정하고 유리한 근로조건에 관한 권리 및 실업으로부터 보호받을 권리를 가진다.

② 모든 사람은 어떠한 차별도 받지 않고 동등한 노동에 대하여 동등한 보수를 받을 권리를 가진다.

③ 모든 근로자는 자신과 가족에게 인간적 존엄에 합당한 생활을 보장하여 주며, 필요할 경우 다른 사회적 보호의 수단에 의하여 보완되는, 정당하고 유리한 보수를 받을 권리를 가진다.

④ 모든 사람은 자신의 이익을 보호하기 위하여 노동조합을 결성하고, 가입할 권리를 가진다.

제24조 모든 사람은 근로시간의 합리적 제한과 정기적 유급휴일을 포함한 휴식과 여가에 관한 권리를 가진다.

제25조 ① 모든 사람은 식량, 의복, 주택, 의료, 필수적 사회역무를 포함하

여 자신과 가족의 건강과 안녕에 적합한 생활수준을 누릴 권리를 가지며, 실업, 질병, 불구, 배우자와의 사별, 노령, 그 밖의 자신이 통제할 수 없는 상황에서의 다른 생계 결핍의 경우 사회보장을 누릴 권리를 가진다.

② 모자는 특별한 보살핌과 도움을 받을 권리를 가진다. 모든 어린이는 부모의 혼인 여부에 관계없이 동등한 사회적 보호를 향유한다.

제26조 ① 모든 사람은 교육을 받을 권리를 가진다. 교육은 최소한 초등기초단계에서는 무상이어야 한다. 초등교육은 의무적이어야 한다. 기술교육과 직업교육은 일반적으로 이용할 수 있어야 하며, 고등교육도 능력에 따라 모든 사람에게 평등하게 개방되어야 한다.

② 교육은 인격의 완전한 발전과 인권 및 기본적 자유에 대한 존중의 강화를 목표로 하여야 한다. 교육은 모든 국가들과 인종적 또는 종교적 집단 간에서 이해, 관용 및 친선을 증진시키고 평화를 유지하기 위한 국제연합의 활동을 촉진시켜야 한다.

③ 부모는 자녀에게 제공되는 교육의 종류를 선택함에서 우선권을 가진다.

제27조 ① 모든 사람은 공동체의 문화생활에 자유롭게 참여하고, 예술을 감상하며, 과학의 진보와 그 혜택을 향유할 권리를 가진다.

② 모든 사람은 자신이 창조한 모든 과학적, 문학적, 예술적 창작물에서 생기는 정신적, 물질적 이익을 보호받을 권리를 가진다.

제28조 모든 사람은 이 선언에 제시된 권리와 자유가 완전히 실현될 수 있는 사회적 및 국제적 질서에 대한 권리를 가진다.

제29조 ① 모든 사람은 그 안에서만 자신의 인격을 자유롭고 완전하게 발전시킬 수 있는 공동체에 대하여 의무를 부담한다.

② 모든 사람은 자신의 권리와 자유를 행사함에서, 타인의 권리와 자유에 대한 적절한 인정과 존중을 보장하고, 민주사회에서의 도덕심, 공공질서, 일반의 복지를 위하여 정당한 필요를 충족시키기 위한 목적에서만 법률에 규정된 제한을 받는다.

③ 이러한 권리와 자유는 어떤 경우에도 국제연합의 목적과 원칙에 반하여 행사될 수 없다.

제30조 이 선언의 그 어떠한 조항도 특정 국가, 집단 또는 개인이 이 선언에 규정된 어떠한 권리와 자유를 파괴할 목적의 활동에 종사하거나, 또는 그와 같은 행위를 행할 어떠한 권리도 가지는 것으로 해석되지 아니한다.

■ 유럽연합 구성 27개 회원국들의 면모

1. 1957년 창립회원국

(1) 네덜란드
국토 면적: 4만 1천㎢
인구: 1천 600만 명
공용어: 네덜란드어, 프리지아어
종교: 가톨릭 27%, 개신교 12%, 무슬림 6%, 무종교 47%

네덜란드는 1385년에 부르고뉴 공국에 속했다. 1477년 네덜란드는 합스부르크가의 통치로 넘어갔고, 1555년 칼 5세는 네덜란드 지역을 아들 필립에게 물려주었다. 스페인 왕이기도 했던 필립은 종교개혁 이후 칼뱅교를 받아들여 네덜란드에 널리 퍼져있는 칼뱅 교도들을 탄압하였다. 칼뱅 교도가 중심이 되어 가톨릭교 세력인 스페인에 대항하는 반란이 1568년에 일어나 그 후 스페인과 80년간 독립전쟁(1568~1648)을 벌였다. 1648년 베스트팔렌조약에서 네덜란드는 정식으로 독립을 승인받아 공화국을 선포했고, 식민지 획득경쟁에 참여하여 오늘날의 뉴욕도 1626년 뉴 암스테르담이라고 네덜란드의 선원들이 건설한 것이다. 1795년 프랑스 혁명의 침공을 받아 네덜란드공화국은 붕괴되어 프랑스의 위성국(衛星國)인 바타비아공화국이 되었다. 1806년 나폴레옹 황제의 동생 루이가 네덜란드의 국왕으로 임명되었고, 1810년에는 프랑스에 병합되었다. 1815년 나폴레옹 몰락 후 비엔나 회의에서 남북 네덜란드가 합쳐져 네덜란드 왕국이 되었다. 1832년 벨기에가 독립한 후 네덜란드는 원래의 작은 나라로 돌아갔지만, 방대한 식민지(예를 들어 카리브 해에 있는 앤틸리스는 오늘까지 네덜란드의 자치령으로 소유)를 가진다. 1815년 엄격한 중립을 선포하였지만 1940년 독일의 갑작스러운 침략으로 1945년까지 5년간 독일군 점령 하에 있었다. 1248년부터 1953년 700년 동안 20번의 수해(水害)가 있었고, 제방이 없으면 네덜란드 국토의 1/4가 바다 밑에 잠겨 있기에, 네덜란드란 말도 '저지대'(低地帶)란 뜻이다. 도시인들의 40%는 기독교 신앙을 버렸다. 산업의 66%가 낙농과 농업생산이며, 유럽 전역에 꽃을 수출한다. 네덜란드의 900년 된 풍차는 유명하며, EU의 위기 때마다 네덜란드에서 EU의 중요한 회의가 소집되어 다시 EU를 뭉치게 하였다.

(2) 독일

국토 면적: 357만㎢
인구: 8천 230만 명
종교: 가톨릭 33%, 개신교 33%, 기타 무슬림과 무종교
1인당 국민소득: 3만 5천 달러

1990년 10월 3일 분단 45년 만에 재통일되었다. 독일이란 이름은 튜턴족에서 유래한다. 843년 'Teutisci'가 독일인이란 칭호로 변했다. 962년 오토 대제는 독일민족의 신성 로마제국의 황제로 즉위하였다. 그러나 1806년 나폴레옹의 유럽재패로 신성 로마제국은 사라졌다. 독일은 프랑스나 영국과는 달리 왕권이 강화되어 통일국가로 발전된 것이 아니라, 1806년까지 300개 이상의 소국들과 자유 도시국가들의 집합체였다. 1815년 나폴레옹 시대가 끝난 후 39개의 독립 주권 국가군이 되었다. 가톨릭교회의 세속화로 1517년 마르틴 루터는 종교개혁 운동을 했고, 그 결과 독일의 종교통일이 무너졌으며 신·구교간의 첨예한 대립은 30년 전쟁(1618~1648)으로 이어져 독일을 초토화시켰다. 1871년 프로이센이 중심이 되어 처음으로 통일국가를 이루었다. 히틀러가 일으킨 제2차 세계대전으로 600만 명의 유태인과 집시, 그리고 여호와의 증인 신도들과 장애인들이 살해되었고, 1945년 패전 후 독일 국토는 4등분되어 승전국에 분할되었다. 1955년 독일은 북대서양조약기구에 가입했으나, 그 다음 해인 1956년 동독은 바르샤바조약기구에 가입했다. 당시에 동·서독의 대결은 냉전시대에 동·서유럽, 동·서세계의 대결로 확대되었다. 독일은 통일비용으로 약 5%의 국내 총생산에 해당하는 비용이 소비되었고, 이런 통일비용은 2020년까지 계속될 전망이다. 1차 세계대전 때까지 600만 명의 독일인이 미국으로 이주했고, 오늘날 독일에는 약 700만 명의 외국인이 산다. 베를린 주민들은 독일 연방공화국에 1인당 약 12,000유로를 빚진다. 독일은 명실 공히 EU의 중심 국가이다.

(3) 룩셈부르크

국토 면적: 2천 586㎢

인구: 47만 4천 400명

공용어: 룩셈부르크어, 프랑스어, 독일어

종교: 90% 가톨릭, 10% 개신교

1인당 국민소득: 6만 5천 달러

국왕 헨리(Henri) 1세. 스페인, 오스트리아, 네덜란드 등의 세력 다툼 속에서 점령당하기도 했고 벨기에에 영토를 일부 잃고 1866년 남부 일부가 완전히 독립하였다. 1921년 벨기에 1948년에는 네덜란드와 관세 동맹을 맺어 '베네룩스 3국'이 되었다. 외국인과 내국인의 비율이 40%대 60%이다. 인구의 5%가 EU관리이거나 직원이다. 룩셈부르크 시(市)에는 유럽 재판소, 유럽 회계감사원, 유럽 투자은행, 유럽 의회사무국이 자리잡았다. 성공적으로 프랑스어와 독일어를 융합한 나라이고 상점은 프랑스어, 신문은 독일어이다. 어린이들은 스위스처럼 영어, 독일어, 프랑스어가 능통하다.

(4) 벨기에

국토 면적: 3만 2천㎢

인구: 1천만 명

공용어: 네덜란드어, 프랑스어, 독일어

종교: 가톨릭 80%, 무슬림 4%, 개신교 1%, 나머지는 무종교

벨기에란 이름은 로마제국이 갈리아 북쪽 켈트족의 일파가 거주한 지역을 정복하여 벨기카(Belgica)라고 부른 데서 유래한다. 열강의 세력다툼과 지배자들의 결혼상속 등으로 1477년 북부 네덜란드와 함께 합스부르크 가문의 지배에 들어갔다. 벨기에 영토인 플랑드르는 유럽정치의 중심지였고, 1500년 겐트에서 출생한 칼 5세는 신성 로마제국의 황제로 독일과 스페인, 신대륙 등 거의 전 유럽을 통치했다. 1648년 북부 네덜란드가 독립을 했지만 벨기에가 되는 남부 네덜란드는 계속 합스부르크 가문에 속해있었다. 스페인 왕위계승 전쟁이 끝난 뒤에도 벨기에는 오스트리아의 합스부르크가(家)로 귀속되었다. 1789년 프랑스 혁명이 일어난 후에는 프랑스의 지배를 받았고, 1815년 워털루 전쟁에서 나폴레옹이 완전히 패배한 후 열린 비엔나 회의에서는 네덜란드 왕국으로 병합되었다. 1830년 프랑스 7월 혁명의 영향을 받아 브뤼셀에서도 혁명이 일어나 독립을 선언하였고, 독일의 작센 코부르크 가문의 레오폴드가 국왕으로 즉위하였다. 오늘의 브뤼셀은 EU의 행정중심지이다. 오늘날까지도 북쪽의 네덜란드계 57.5%이며 게르만어(語)인 플랑드르어(語)를 사용하고 있고, 남부의 31.9%는 프랑스어인 왈롱어를 사용한다. 이 두 문화의 충돌과 융합을 볼 수 있다. 1921년 룩셈부르크와 관세동맹을 맺었다. 벨기에는 유럽에서 가장 도시화가 잘 된 곳으로 인구의 97%가 도시에 거주한다. 고속도로는 잘 발달되어 철도망의 밀도와 함께 세계의 모범이 된다. 벨기에는 세계에서 가장 큰 초콜릿 생산국이며 2003년부터 본인이 원한다면 1인당 5그램의 대마초를 소유할 수 있다.

(5) 이탈리아

국토 면적: 30만㎢

인구: 5천 900만 명

종교: 가톨릭 80%, 무종교 3.6%, 그리고 약간의 개신교와 기타 종교

14세기에는 베로나, 밀라노, 피렌체, 베네치아, 제노아, 시에나, 루카 같은 강력한 도시국가들이 많은 문화적 업적을 이루었다. 15세기 오스만족들이 흥성할 때까지 베네치아는 유럽의 지도적 해상세력으로 성장했다. 1796년 프랑스 혁명군의 침략을 받았고 1806년 나폴레옹은 이탈리아 왕으로 즉위했다. 나폴레옹 몰락 후 1815~1870년 이탈리아 부흥운동 시기를 거쳐 1870년 통일을 이루었다. 1922년 무솔리니는 정권을 잡고 파시스트 독재를 폈으며 2차 대전이 끝난 후 1946년 국민 투표로 군주제를 폐지, 공화국 창설을 결정했으나 이탈리아는 지금까지도 유럽에서 가장 정권이 자주 바뀐 나라이다. 베네치아인들은 아시아로부터 비단과 향료를 가져와서 무역을 한 뱃사람들이다. 이탈리아는 북부와 중부의 발달된 문화지역과 남부의 경제적 후진성이 특징이다. 이탈리아인의 20%이상이 미국(900만 명)과 남미(420만 명)로 이민을 갔다. 고령자가 많은 것은 이탈리아의 음식문화에서 기인한다고 한다. 이탈리아 음식은 그래서 인기가 있다. 연 4,000만 명 이상이 관광객이다. 베네치아 사람으로 아시아를 여행했던 마르코 폴로는 중국에서 유럽의 국수요리를 가져왔다. 이탈리아는 EU의 창설국가 멤버이다.

(6) 프랑스

국토 면적: 543만㎢

인구: 6천만 명

종교: 가톨릭 33%와 8%의 무슬림, 약간의 개신교

프랑스는 이미 843년 베르됭조약으로 오늘날의 프랑스의 윤곽이 나타났다. 프랑스에서 헤게모니를 둘러싸고 영국과 벌인 100년 전쟁은 약간의 중단이 있었지만 역사에서 가장 긴 전쟁으로 1338년~1453년까지 계속되었다. 농부의 딸 잔 다르크는 1492년 영국이 프랑스의 오를레앙(Orleans) 시(市)를 포위했을 때 프랑스 왕 샤를 7세를 구해내 승리를 이루었다. 태양왕인 루이 14세(1643~1715)의 절대주의 시대는 프랑스의 황금시대로 프랑스는 유럽에서 지도적 국가가 되었고, 루이 14세의 베르사유 궁전생활은 전(全) 귀족사회와 왕실의 모범이었다. 군중들에 의한 1789년 7월 14일 바스티유 감옥 습격으로 국왕의 정당성이 의문시되었고, 봉건제도를 포함한 구체제는 붕괴되었으며, 17개의 인권선언이 선포되었고, 자유・평화・박애라는 혁명이념은 근대 법치국가에 근거하는 유럽사회를 만드는 근간이 되었다. 나폴레옹의 군사 정복은 전 유럽을 프랑스 지배하에 두게 하였다. 그러나 1812년 러시아 원정이 실패한 후 나폴레옹의 지배를 받던 유럽의 나라에서는 민족주의를 표방한 반(反) 프랑스 봉기가 일어났다. 1815년 워털루 전쟁에서 패배한 나폴레옹은 헬레나 섬으로 유배되었다. 프랑스는 19세기 말 광대한 식민제국을 건설했고, 1・2차 세계대전을 치르면서 1,300만㎢을 확보했다. 현재에도 4개의 해외식민지를 보유한다. 1944년 노르망디 상륙전은 나치스를 패망하게 하였고, 프랑스와 스페인 국경에 사는 약 80만 명의 바스크인들은 독자적 언어와 문화를 가지고 있는 소수 민족이다. 1994년 50㎞길이의 운하 터널을 완성함으로서 영국과 유럽 대륙을 잇는 수백 년의 꿈을 이루었다. 프랑스는 독일과 함께 EU의 버팀 국가이다.

2. 1973년 가입국

(1) 덴마크

국토 면적: 4만 3천 ㎢
인구: 550만 명(그린란드 5만 6천 명, 페로어 섬 약 5만 명)
일상어: 덴마크어, 독일어
종교: 88%가 루터교

덴마크의 국토는 483개의 섬과 유틀란트 반도로 이루어진다. 490개의 섬들 중에 108개의 섬에만 주민이 살고 있는 덴마크는 해안선의 길이가 7,400㎞가 되는 나라이다. 덴마크는 스위스 크기의 작은 나라지만, 그린란드와 페로어 제도(스코틀랜드와 아이슬란드 사이의 산재한 섬들)와 같은 자치지역을 포함하면 독일보다 6배가 큰 대국(大國)이다. 1953년부터 덴마크령(領)으로 간주되었고, 1979년부터는 자치지역인 그린란드는 210만㎢의 크기로 세계에서 가장 큰 섬이다. 덴마크는 980년경 국가건설이 되었고, 기독교를 받아들였으며, 비잔틴제국과도 이미 무역을 하였다. 11세기까지 스웨덴이 노르웨이인들과 함께 덴마크인들을 바이킹이라고 칭했다. 덴마크는 1387년~1814년까지 노르웨이와 함께 덴마크 노르웨이 왕국이었고 1389년~1523년에는 스웨덴과 '칼마르 연합'으로 세 왕국이 공동왕의 통치를 받았다. 1849년 절대 왕정이 붕괴되고 헌법을 갖춘 왕국이 되어 현재는 가장 모범적 민주국가이면서, 가장 오래된 군주국가의 하나이다. 빨간 바탕에 흰 십자가가 그려진 덴마크 기는 에스토니아를 공략하는 십자군이 출정했을 때 발데마르 2세가 승리했다는 전설에서 나왔다. 안데르센은 〈인어아가씨〉를 쓴 동화작가로서 세계 어린이의 우상이다. 덴마크는 연간 약 200만 톤의 생선을 수확하며 가장 많은 정치적 망명 희망자를 받아들인다. EU의 모범 회원 국가이다.

(2) 아일랜드

국토 면적: 7만 300㎢

인구: 420만 명

일상어: 아일랜드어, 영어

종교: 가톨릭 88.4%, 아일랜드 성공회 3%, 기타 개신교 1.3%, 무슬림 0.5%

1인당 국민소득: 4만 달러

아일랜드에는 석기시대에 이미 사람들이 살았다고 하며 기원전 4세기부터 철기문화를 가진 켈트족이 아일랜드 섬으로 이주해 와서 150년 이상 소왕국을 건설했다. 4세기에 그리스도교가 전래되었고 5세기 패트릭 성인 등 우수한 지도자에 의해 아일랜드에는 그리스도 문화가 만개하였기에 유럽에서는 '성자와 학자의 섬'으로 알려졌다. 8세기부터는 바이킹족이 아일랜드를 정복하였고 1171년 노르만족의 왕 헨리 II세가 통치권을 행사함으로서 영국의 지배가 시작되었는데 영국 왕 헨리 8세는 1541년 스스로 아일랜드 왕이라 칭했다. 잉글랜드와 스코틀랜드의 개신교도들에게도 영국의 국교인 성공회를 강요하는 헨리 8세의 의도는 반란을 일으켰고 영국이 1603년 북아일랜드 얼스터를 지배하는 계기가 되었다. 아일랜드는 1948년에야 비로소 대영제국으로부터 독립하였고 1949년 영연방에서 탈퇴하여 공화국으로 완전 독립하였다. 아일랜드는 1998년 성 금요일 협정으로 북아일랜드 얼스터 주(州)에 대한 소유권을 포기했다.

국토의 2%만이 숲인 아일랜드는 유럽에서 숲이 가장 적은 국가이다. 19세기 가난과 심각한 기아(1845~1849)로 약 150만 명의 아일랜드인들이 미국으로 이주했다. 합법적 이혼은 1986년 국민투표에서 부결되었지만 이혼금지법은 1997년 폐기되었고 엄격한 낙태권 강화는 2002년 부결되었다. 아일랜드인들은 니스조약을 인가하여 2004년 EU의 동구권 확대로 가는 길을 자유롭게 했다.

(3) 영국

국토 면적: 2만 5천 ㎢

인구: 6천만 명

종교: 성공회 45%, 장로교 20%, 가톨릭 10%, 무슬림 2.7%

유럽에서 가장 큰 도서국가(島嶼國家)인 영국은 스코틀랜드, 웨일스, 북 아일랜드, 그리고 영국의 4개 지역의 정치적 연합체이다. 기원전 6세기 켈트족이 거주했는데, 로마인들은 이 켈트인들을 브리타니아인이라고 불렀다. 이 때문에 영국은 '브리타니아'라고 불리게 되었다. 5세기 초에는 게르만족의 일파인 앵글로색슨인들이 영국 남동쪽을 정복하여 7개 왕국을 건설하였다. 헨리 8세는 종교 개혁을 일으켜 가톨릭으로부터 떨어져 나왔고, 엘리자베스 1세 치하 때 스코틀랜드 왕가(王家)의 마리아 스튜어트를 1587년 처형함으로써 가톨릭 측의 왕위 계승요구를 묵살시켰다. 1588년 스페인의 무적함대 '알마다'를 격퇴한 영국은 그 이후 세계의 바다를 재패하는 국가로 떠올랐고, 방대한 식민제국을 건설하였다. 1707년 잉글랜드와 스코틀랜드는 '대영제국'이란 이름하에 연합국가가 되었고, 1801년 아일랜드도 연합왕국에 포함되었다. 18세기 후반 영국은 맨 먼저 '산업혁명'을 일으켜 세계의 공장이 되었다. 하노버 왕조(1714~1901)시대 영국은 미국, 아프리카, 극동 정복에 착수하여 전 세계에 대영제국을 건설하였다. 1921년 아일랜드는 독립공화국을 선언했지만, 북부 아일랜드는 영국 왕국에 그대로 남았다. 2차 대전 이후 대영제국은 식민지를 거의 잃어버렸다. 그리고 세계제국의 지위도 잃어갔다. 그러나 런던은 아직도 세계의 가장 중요한 경제금융의 중심가이고, 국제 금융의 중요한 기능을 담당한다. 아직도 유로화를 통용하지 않고 영국의 파운드화를 사용하고 있으나, 유로화를 모든 가격에 같이 표시한다.

3. 1981년 가입국

(1) 그리스

국토 면적: 13만 2천㎢
인구: 1천 110만 명
일상어: 그리스어
종교: 98% 그리스 정교, 1.6% 무슬림
1인당 국민소득: 2만 달러

기원전 2천년경 인도 게르만족들이 그리스로 이주해왔고 기원전 8세기에 펠로폰네소스 반도에는 스파르타와 아테네가 막강한 도시국가로 성장했다. 그리스 문화통일에는 공통의 언어와 문자가 결정적 역할을 했고, 그리스 정교회가 그리스 민족을 하나로 묶었다. 인구의 98%가 정교에 소속되어 있으며 그리스 정교는 국교는 아니지만 거의 국교와 같은 위치에 있다. 그리스는 기원전 776년에 첫 번째 올림픽경기가 개최된 나라이다. 그리스는 기원전 508~507년 아테네의 정치가 클레이스테네스의 헌법개혁으로 유럽대륙에서 최초의 민주주의를 이룩한 나라이기도 하다. 기원전 331년 페르시아와의 전쟁에서 승리하여 세계제국을 건설한 알렉산더 대왕은 그리스 언어와 문화를 그대로 보존했다. 알렉산더 대왕 사후(死後) 기원전 146년 그리스는 로마제국의 한 주(州)가 되었고 로마제국이 동·서로 분열된 후로는 395년 동로마 비잔틴제국에 소속되었다. 1453년 동로마제국이 오스만 터키에 정복되면서 그리스는 그 후 근 400년 동안 오스만제국의 지배를 받았다. 1829년에야 오스만 터키제국에서 독립하였고 1832년 바이에른의 왕 루트비히 1세의 아들이 오토 1세로 독립한 그리스의 초대 왕에 등극하면서 근대 그리스 역사가 시작되었다.
그리스인들은 의학, 기하학, 물리학을 학문으로 처음 다룬 민족이었고 플라톤과 아리스토텔레스와 같은 사상가들이 활약한 고대 국가이다. 1981년 1월 1일로 EU 회원국이 된 그리스는 EU에서 가장 큰 상선을 보유하는 나라인데 어류남획(魚類濫獲)과 해양오염이 심해 언젠가는 수산업 분야도 국내수요를 못 채울 가능성이 있다.

그리스의 국가(國歌)는 158절로 세계에서 가장 길다.

4. 1986년 가입국

(1) 스페인(에스파냐)
국토 면적: 50만 ㎢
인구: 4천 500만 명
일상어: 카스티야어, 카탈루냐어, 갈라티아어, 바스크어와 갈로어
종교: 가톨릭 92%, 개신교 0.3%, 무슬림 0.4%
1인당 국민소득: 2만 5천 달러

이베리아 반도의 6/7을 차지하는 스페인은 기원전 6세기 이래 카르타고인들에 의해 기원전 19년부터는 로마의 속주 '이스파니아'로 불렸다. 게르만 민족의 이동이 있을 때 서고트족의 일부가 들어왔으나 이들은 711년 이슬람교의 무어족(북아프리카의 베르베르인 가운데 이슬람교로 개종한 사람들을 무어인이라고 불렀다)들에게 밀려났다. 무어족은 스페인에서 쫓겨날 때까지 700년 동안 거의 스페인 전체를 지배했고 이슬람 문화의 흔적을 오랫동안 남겼다. 코르도바, 세비야, 그라나다에 있는 무어인들의 문화는 유럽에서 독특한 것이다. 1580년에는 포르투갈을 병합하여 스페인은 유럽과 식민지에서 헤게모니를 잡았으나 1588년 네덜란드 독립을 지지하는 영국과 벌린 해전에서 스페인의 무적함대(알마다)가 대패하면서 쇠퇴의 길로 들어섰다. 1700년 카를로스 2세가 후사(後事)없이 죽자 스페인의 합스부르크 가문의 혈통이 끊겼고 프랑스 루이 14세의 손자 필리프 5세가 즉위함으로 스페인에서 부르봉 가문 시대가 시작되었다. 유럽 세력균형을 깨트리는 이러한 스페인의 상황으로 영국, 네덜란드, 오스트리아 대(對) 프랑스, 스페인 간의 에스파냐 왕위 계승 전쟁(1701~1714)이 일어났고 부르봉 가문이 스페인 왕위를 차지한 것이 오늘날까지 이어진다. 라틴아메리카에 있는 스페인 식민지들은 1810년부터 독립하기 시작했고 마지막 식민지들인 쿠바, 푸에르토리코와 필리핀은 1898년 미국과의 전쟁 후 잃었다. 1936년 프랑코 장군이 쿠데타로 정권을 잡아(1936~1975) 내전을 겪었고 내전 동안 120만 명이 희생되었다.

(2) 포르투갈

국토 면적: 9만 2천 ㎢

인구: 1억 50만 명

일상어: 포르투갈어

종교: 가톨릭 97%

1인당 국민소득: 1만 6천 달러

포르투갈이란 국명은 포르투갈의 제2의 도시인 포르투시에서 따온 것인데 로마 시대 이전에 사람이 살던 '갈레'라는 곳을 로마인들은 라틴어로 항구라는 뜻의 '포르투스'라고 처음 언급했고 해안도시 '포르투스 갈레'란 뜻이 후에 국명이 되었다. 오늘날의 포르투갈에 켈트족이 살던 지역은 기원전 1세기 로마의 속주가 되었고 711년부터는 이슬람 세력인 무어족의 지배를 받았다. 무어족의 지배로부터 벗어난 것은 독일, 영국, 플랑드르, 프랑스의 십자군 원정 참가자들의 도움 덕분이었다. 알폰소 1세가 포르투갈의 최초의 왕이었고 1143년 포르투갈은 유럽 최초의 국민국가를 이룩했다. 오늘날까지 유효한 국경선은 1267년에 정해졌다. 포르투갈은 15세기 엔리케 항해 왕 때부터 세계적으로 거대한 해상국가로 부상하기 시작하였고 노예, 금, 후추, 곡물 거래로 점점 많은 부를 쌓았다. 1498년 바스코 다 가마는 인도 항로를 최초로 발견했고 향료무역을 독점했다. 포르투갈의 항해가 카브랄이 1500년 브라질을 획득했고 브라질은 1822년에야 포르투갈의 식민지에서 독립했다. 포르투갈은 인도, 말레이시아, 몰루카 제도, 후에는 중국과 아프리카에까지 무역중심지를 세웠다. 지리상 탐험시대는 포르투갈이 국내적으로 예술과 문화가 만개한 시기였다. 1580년 포르투갈은 스페인 왕국과 합병되었다가 1668년에야 독립을 쟁취했다. 1933년 A. O. 살라자르는 권위적 '새로운 국가'를 내세워 반세기 가까운 독재정치를 했고, 1974년 4월 25일 일어난 쿠데타로 독재는 막을 내렸다. 약 4백만 명의 포르투갈인들이 외국에 살고 있고 그 중 1/3이 브라질에 산다. 1999년 말에 포르투갈의 최후의 식민지인 마카오가 중국으로 반환되었다.

5. 1995년 가입국

(1) 스웨덴

국토 면적: 45만㎢
인구: 900만 명
공용어: 스웨덴어
종교: 루터교 75%(1527년~1999년까지 국교)
1인당 국민소득: 4만 1천 달러

1397년 스웨덴은 노르웨이와 함께 '칼마르' 동맹을 맺고 북유럽 3개국은 덴마크 왕 휘하에 있었다. 1523년 칼마르 동맹이 해체(解體)되어 스웨덴 왕국이 되었고, 16세기에는 덴마크와 러시아의 팽창과 확장에 대항하여 전쟁을 하였다. 구스타프 왕은 1521년 덴마크 군대를 물리치고, 1523년 스웨덴 왕으로 선출되었다. 스웨덴은 신·구교 간의 투쟁인 30년 전쟁에 개입하였고, 전쟁이 끝난 후 발트 해 연안의 방대한 독일 영토를 차지하였다. 1809년 스웨덴은 핀란드를 러시아에 빼앗겼다. 1814년 스웨덴은 그 이상 전쟁에 휩쓸리지 않고 1815년부터 무장 중립원칙을 지켰다. 2차 세계대전 이후 스웨덴은 사회민주당 주도하에 근대 복지국가의 모델이 되었다. 스웨덴에 6만여개의 협곡은 유명하다. 10만개 이상의 호수가 있고, 국토의 62%는 울창한 산림으로 덮여 있다. 스웨덴의 북쪽에 가면 겨울에는 약 2시간 동안 희미하게 해가 비친다. 인구의 80%가 남부와 동부에 살고 있으며, 스웨덴 노동자들은 가장 많은 임금을 받고 있고, 가장 많은 세금을 내는 사람들이다. 2003년 9월 14일 56.2%의 다수가 유로화 도입을 반대하여 유로화의 채택이 무산되었다. 스웨덴 남쪽 끝에서 북국까지의 거리는 1,572㎞이고 동서의 길이는 499㎞로 남북의 거리가 독일의 북쪽도시 플렌스부르크에서 이탈리아의 나폴리에 이르는 거리와 맞먹는다. 비록 유로화는 아직 소개되지 않았지만 EU의 모범국가임에는 틀림없다.

(2) 오스트리아

국토 면적: 8만4천㎢

인구: 826만 명

공용어: 독일어, 크로아티아어, 헝가리어, 슬로베니아어, 체코어

종교: 가톨릭 74%, 개신교 5%

1918년 군주국이 종말을 맞으면서 공식적 귀족칭호는 사라졌지만 그래도 오늘날까지 유럽에서 가장 많은 귀족 타이틀을 사용하는 나라이다. 오스트리아는 9세기 프랑크제국 내 바이에른 지방 오스트마르크에 속해 있었다가 996년 처음으로 바이에른에서 분리되어 '오스타리치'라는 독립국가가 되었고 프리드리히 1세 치하에서 독자적 세습공령으로 승격하였다. 스위스 아르가우에 있는 하비츠부르크가(家) 합스부르크 가문의 종가집으로 11세기 초 백작지위를 획득하였다. 신성 로마제국의 선제후들은 1273년 합스부르크 가문의 루돌프 백작을 신성 로마제국의 황제로 선출하였고 1806년 까지 600년 이상 신성 로마제국의 황제 관을 차지하였다. 1477년 부르군트 공국의 공주와 막시밀리안 1세의 결혼으로 합스부르크 가문은 대국으로 발전하는 기초를 닦았고 그 후에도 결혼정책으로 계속 영토를 넓혀 갔다. 합스부르크 가문 출신의 칼 V세 치하 때에는 스페인과 해외 식민지까지 소유하여 '해가 지지 않는 나라'라 하였다. 1556년 합스부르크가는 스페인계와 오스트리아계로 나뉘었고 오스트리아 계 합스부르크 가문은 1683년 빈까지 포위한 터키 군을 물리친 후에는 명실 공히 유럽의 대국이 되었다. 나폴레옹과의 전쟁에서 패한 후 오스트리아는 1806년 신성 로마제국의 황제직을 잃었고, 1867년에는 헝가리와 함께 연합왕국이 되었다.

1914년 6월 28일 오스트리아의 황태자가 사라예보에서 암살되어 1차 세계대전이 일어났고 대전 후 오스트리아 합스부르크제국은 해체되었다. 1938년 국민투표에서 오스트리아인의 99%가 나치스 독일과의 합방을 찬성하였기에 1939년 2차 세계대전에 독일 측에 참전했지만, 2차 세계대전 후에는 '독일적'이란 단어가 적대시되고 배척되었다. 잘츠부르크 인근지역에는 2만 5천 ㎢나 되는 세계에서 가장 큰 얼음동굴이 있다. 오스트리아는 디젤차가 70%나 되어 유럽에서 디젤차가 가장 많은 곳이다.

(3) 핀란드

국토 면적: 33만 8천㎢
인구: 525만 명
공용어: 핀란드어, 스웨덴어
1인당 국민소득: 3만 7천 달러

핀란드 국명인 '수오미'는 '소택지(沼澤地), 늪'이란 뜻이다. 핀란드의 해안선은 굴곡이 많은 길이가 1,100㎞나 되며 산재된 섬이 약 3만 개나 되는 것은 빙하시대의 유물이며 전 국토의 약 10%가 호수다.
핀란드인의 조상은 9세기 경 우랄 산맥 서쪽 볼가 강 유역이 고향이었는데 이들이 서쪽으로 이동하면서 일부는 핀란드로 일부는 헝가리로 갔기에 오늘날까지 인도 게르만어와는 계통이 전혀 다른 언어를 쓴다. 핀란드인들은 원주민인 라프인(사멘)들을 북쪽으로 밀어냈지만 그들 자신들은 서쪽으로부터 밀려오는 스웨덴인들로부터 시달림을 받았다. 1581년 핀란드는 대공국으로 스웨덴 왕국의 일부가 되었고 1809년 러시아에 점령당해 속국이 되었다. 러시아 황제 알렉산더 1세는 스웨덴의 아성(牙城) 수도 투르쿠를 오늘날의 수도 헬싱키로 이전했다. 핀란드는 러시아 2월 혁명 발발을 계기로 1917년 독립을 선언했다. 1·2차 세계대전에서 핀란드는 러시아에 대항하여 싸웠고 그 후로는 평화적 중립과 자립 정책을 써서 동·서 간의 화해자 역할을 했다(1973년 헬싱키에서 개최된 유럽안전 보장협력회의의 헬싱키 선언).
핀란드인은 교육체제에서 1위, 문맹률이 0%로 세계경제포럼에 의하면 경제 발전에서 최상의 조건을 갖춘 나라이다. 풍부한 삼림자원으로 목재 및 종이 제품의 생산과 수출을 하는 국가이며 2000년대에 들어서는 정보기술 산업도 크게 성장하여 핀란드 제(制) 휴대폰 '노키아' 생산은 2003년도 핀란드 전체 수출액의 20%이상을 차지했다. 핀란드는 땀 흘리는 '사우나'를 발명한 나라이기도 하다.
핀란드는 1906년에 이미 여성 참정권(參政權)을 인정한 최초의 유럽 국가이고, 국회에서 여성의 비율이 10%이다. 6천 개 이상의 섬으로 이루어진 올란드 제도는 자치행정구역으로 1985년부터 독자적 우표를 발행하고 주민들은 스웨덴어를 모국어로 한다. 시벨리우스는 핀란드 출신의 작곡가로 유명하다. 핀란드 전체인구의 반 이상이 헬싱키 주변에 거주한다.

6. 2004년 가입국

(1) 라트비아

국토 면적: 6만 5천 ㎢
인구: 230만 명
일상어: 라트비아어, 러시아어
종교: 루터교 55%, 가톨릭 24%, 러시아 정교 9%
1인당 국민소득: 6,760 달러

발트인으로 불리는 고대 민족은 기원전 2000년경부터 오늘날의 라트비아에 살았다. 9세기 이후 바이킹족의 지배를 받다가 13세기 라트비아인들은 강제로 독일 기사단의 농노가 되었다. 1201년 브레멘 주교 알베르트는 '리가'를 그리스도교화를 위한 전초기지로 삼았다. 리가가 발트 해에서 중요한 한자 동맹 도시였었다는 것은 독일 상인들의 건물들이나 구(舊) 도시에 있는 창고가 말해 준다. 독일 기사단의 흔적은 오늘날까지 남아 있는 성곽의 폐허에서 볼 수 있는데 성곽은 1558~1583년에 있은 전쟁 때 러시아인들이 부수어 버렸다. 스웨덴과 폴란드의 지배를 받았고 러시아와 스웨덴 간의 대 북방전쟁(1700~1721) 후 또 폴란드 분할 후는 러시아의 속주가 되었다. 1차 대전 때에는 독일군대의 점령을 당하였고 독일이 패배한 후 '라트비아공화국'으로 독립을 선포했다. 그러나 라트비아는 1939년 히틀러, 스탈린 간의 불가침협약으로 다시 러시아 영향권에 들어갔고 곧 소련에 합병되었다. 라트비아, 리투아니아, 에스토니아 발트 3국은 과거 소련연방에서 떨어져 나간 최초의 공화국들이고 1989~1990년 독립을 선언했다.

(2) 리투아니아
국토 면적: 6만 5천 ㎢
인구: 340만 명
일상어: 리투아니아어, 폴란드어, 러시아어
종교: 가톨릭 79%, 러시아 정교 4.1%, 개신교 1.9%
1인당 국민소득: 7천 달러

리투아니아란 국명은 라틴어 해안이란 뜻인 '리투스'에서 유래한 듯한데 기원전 2000년경 발트 해 민족이 이동해서 거주하였다. 리투아니아인들은 에스토니아인이나 라트비아가 수년 동안 독일기사단과의 싸움에서 패배한 것과는 다른 운명을 겪었는데 14세기 알리르다스 대공 때 발트 해에서 벨로루시와 우크라이나의 대부분 지역을 병합하여 흑해에까지 이르는 대국으로 팽창하였다. 1385년 리투아니아의 요가일라 대공이 폴란드 여왕과 결혼함으로써 그 후 폴란드와 리투아니아 간의 400년간의 왕조연합 성립이 시작되었다. 리투아니아는 폴란드와 동맹을 맺고 1410년 탄넨베르크 전투에서 독일기사단을 대패시켜 독일의 위협을 최종적으로 물리쳤다. 그러나 폴란드의 시기스문드 II세 아우구스트 왕 치하에서 리투아니아는 독립국의 지위를 잃었고 18세기 3차에 걸친 폴란드 분할 이후에 리투아니아의 대부분 지역은 러시아령이 되었다. 1918년 히틀러, 스탈린의 유럽분할협약에서 리투아니아는 소련 측에 귀속되었고 1940년 에스토니아, 라트비아와 함께 소련연방으로 합병되었다. 고르바초프의 개혁, 개방정책과 함께 1987년 독립 운동단체가 결성되어 1990년 2월 최초의 자유선거를 거쳐 독립을 선언했다. 2004년 EU와 NATO 회원국이 되었다.

(3) 몰 타
국토 면적: 316㎢
인구: 40만 명
일상어: 몰타어, 영어, 이탈리아어, 스페인어
1인당 국민소득: 1만 4천 달러

약 5천 년 전 최초의 사람들이 아마도 시칠리아에서 이 섬으로 와서 고도의 거석문화를 이룩했다는 흔적은 오늘날 몰타 섬 여러 곳에 있는 신전 기념물에서 알 수 있다. 몰타 섬은 기원전 800년부터 페니키아인들이, 기원전 400년부터는 카르타고인들의 식민지였다가 기원전 218년부터는 로마제국의 일부가 되었다. 몰타 섬은 그 후 비잔틴, 아랍인들, 그리고 노르만족에게 정복되었다. 칼 5세 황제는 1530년 터키에 의해 로도스 섬에서 쫓겨나 땅이 없는 요한 기사단에게 몰타 섬을 제공하였고 그 후 몰타 교단으로 이름을 바꾸었다. 몰타 섬은 시칠리아와 북아프리카 사이의 지협의 일부였고 홍적세 때 지중해는 두 개의 수로로 갈라졌다. 오늘날 몰타어의 뿌리는 아라비아어 계통이고 아랍이 지배하는 200년 동안 사용되었다. 몰타인들은 지중해 여러 민족들의 피가 섞여 있는데 정복자와 이주민들, 특히 노르만족, 스페인인, 아랍인, 이탈리아인, 프랑스인, 영국인들의 피가 뒤섞여 있다. 지금의 몰타 교단은 1852년 독립적 성직기사교단으로 재생된 복음주의 계파이고 100개국 이상에서 자선사업을 펼친다. 1996년 총선에서 승리한 노동당 정권은 EU 가맹신청을 동결했었으나 1998년 국민당이 승리하여 결국 EU에 가입했다.

(4) 슬로베니아

국토 면적: 2만 ㎢

인구: 200만 명

일상어: 슬로베니아어, 크로아티아어, 헝가리어, 이탈리아어

종교: 가톨릭 57.8%, 무슬림 2.4%, 개신교 0.9%

1인당 국민소득: 1만 7천 달러

남슬라브 민족인 슬로베니아인들은 6세기에 알프스 동쪽 지역에 정착하기 시작했다. 신성로마제국에 속했었고 13세기 중엽부터 1차 대전이 끝날 때까지 오늘날 슬로베니아 영토의 대부분은 합스부르크가 통치지역이었다. 슬로베니아는 1차 대전 후 오스트리아-헝가리제국으로부터 분리된 후에 세르비아, 크로아티아와 함께 1929년 유고슬라비아 왕국으로 합쳤었고 공산주의 유고연방이 해체된 후 1991년 6월 25일 역사상 처음으로 독립국가가 되었다. 유고연방으로부터 독립을 선언하자 이를 저지하려는 연방정부와 10일간의 내전을 거치고 독립국가가 되었다. 슬로베니아는 과거 유고연방에 소속한 나라들이 내전에 휩쓸렸을 때도 전쟁의 피해를 받지 않고 멀리 있었다. 슬로베니아는 인구의 90% 이상이 슬로베니아인이었기에 유고연방으로부터의 분리가 순조로웠다.

(5) 슬로바키아
국토 면적: 5만 ㎢
인구: 540만 명
일상어: 슬로바키아어, 헝가리어, 체코어, 우크라이나어
종교: 가톨릭 68.9%, 개신교 9%, 정교 외 국가가 인정하는 15개의 교파 0.94%
1인당 국민소득: 8천 달러

5세기 말부터 슬라브족이 이주해 와 살았고 9세기에 슬로바키아는 대모라비아제국의 일부였다. 모라비아제국이 멸망한 후 10세기 말에는 헝가리에 복속되어 1918년까지 헝가리의 일부였다. 1920년 6월 4일 헝가리로부터 분리되어 체코슬로바키아공화국의 일원이 되었다. 1960년 공산당 정권하에서 '체코슬로바키아 사회주의공화국'으로 개명하였다. 공산당 총서기장으로 선출된 A. 두부체크가 1968년 당과 국가, 경제를 민주화하려는 시도 '프라하의 봄'은 바르샤바조약국 군대로 실패하였다. 1990년 4월 설립된 체코와 슬로바키아로 각각 독립하였다. 1993년 1월 1일부터 양국으로 분리된 후 경제발전이 이웃나라 체코보다 훨씬 못 미쳐 아직까지 분리에 회의를 가진 사람들이 많다.

(6) 에스토니아
국토 면적: 4만 5천 ㎢
인구: 140만 명
일상어: 에스토니아어, 러시아어
종교: 루터교 13.6%, 에스토니아 정교(전 인구의 약 30%만 종교가 있다고 고백)
1인당 국민소득: 9,100달러

12세기 말 독일 기사단은 에스토니아 남부와 라트비아 북부의 지배자이며 약탈자로 14세기까지 강력한 세력이었다. 에스토니아는 과거 역사에서 덴마크, 독일, 스웨덴, 러시아의 지배를 받았고 러시아에 혁명이 일어나자 1918년 독립했다. 그러나 1939년 히틀러-스탈린조약에서 나치스는 에스토니아를 소비에트에 넘겨주었다. 에스토니아, 리투아니아, 라트비아 발트 3국은 과거 소련연방 중에서 1989~90년 최초로 독립을 선언했는데 에스토니아가 발트 3국 중 가장 작은 공화국이다. 에스토니아어는 우랄어족 가운데 발트-핀란드 계통이다. 에스토니아 주민의 1/3은 러시아인이지만 이들은 1947년부터 스탈린의 강제적 러시아화 정책으로 이주한 미움을 받는 가장 수가 많은 소수민족이다. 에스토니아의 문화와 언어는 공산주의 시대에 조직적으로 억압을 당했다. 독립하기 전 에스토니아는 소련연방공화국 중에서 최고의 생활수준을 누렸으나 자유경쟁이 도입되면서 급격히 저하된다. 1989년 탈린에서는 라트비아의 수도 리가를 지나 리투아니아의 수도 빌누스까지 1백만 명의 인간띠 잇기로 자유화의 의지를 보여주었다. 에스토니아와 라트비아 간에는 단지 3곳의 공식적 국경 통행지만 있다. 2003년 9월 14일 국민투표에서 67%가 에스토니아의 EU 가입에 찬성하여 2004년 5월 1일로 회원국이 되었다.

(7) 체코

국토 면적: 7만 9천 ㎢
인구: 1천 30만 명
일상어: 체코어, 슬로바키아어, 폴란드어, 독일어
종교: 가톨릭 26.8%, 개신교 2.3%, 무종교 59%
1인당 국민소득: 1만 700달러

9세기에 보헤미아와 모라비아, 슐레지엔 지역에 체코와 슬로바키아 민족이 대 통일국가를 수립했는데 체코는 서반부의 보헤미아와 동반부의 모라비아로 나뉜다. 체코문화의 근저에는 체코인, 독일인, 유대인의 문화가 녹아 있다. 체코에는 850년에 건설된 세계에서 가장 큰 궁성(Hradschin)이 있는데 한때 보헤미아 왕들의 대관식이 거행되었던 곳이다. 1526~1918년까지 보헤미아, 모리비아, 슐레지엔은 합스부르크 왕의 직영지로 오스트리아-헝가리 제국에 속했다. 1차 대전이 끝난 후 1918년 성립된 체코슬로바키아는 공화국으로 1, 2차 세계대전 중간기에 유럽에서 민주주의가 그래도 작동된 몇몇 안 되는 나라였지만 체코인, 슬로바키아인 다음으로 독일인을 제 3국민으로 인정하지 않았다. 1933년 이후로는 체코인과 독일인 거주지역인 수데텐란트에 사는 과격파 독일인들과의 투쟁이 첨예화되어 갔다. 히틀러는 1939년 체코정부에 '수데텐 문제해결'을 구실로 체코를 점령하였다. 2차 대전이 끝날 무렵 소련의 붉은 군대는 프라하에 진입하였고 수데텐란트의 독일인들을 추방하였다. 천년을 잘 지내 왔던 체코인과 독일인 유대인들의 공동체는 10년 안에 무너져 버렸다. 1968년 A. 두부체크가 체코 공산당 제 1서기로 선출되어 '인간의 얼굴을 가진 사회주의'라는 자유화 운동 '프라하의 봄'을 시도했으나 바르샤바조약군의 탱크에 좌절되었다. 1989년 '벨벳 혁명'으로 공산통치가 종식되고 자유화 물결이 시작되었다.

프라하에는 1328년 알프스 북쪽에서 처음으로 대학이 설립되었다. 독일어 문학계에는 F. 카프카, R. M. 릴케, E. 키쉬, F. 벨펠, 밀란 쿤데라와 같은 프라하 출신 작가들이 활약했고 스메타나나 드보르자크와 같은 음악가를 배출한 나라이다.

(8) 키프로스

국토 면적: 9천 251㎢
인구: 78만 4천 명
일상어: 그리스어, 터키어, 영어
종교: 그리스 정교 78%, 무슬림 18%
1인당 국민소득: 1만 6,500달러

키프로스는 지중해에서 시칠리아, 사르데냐 다음으로 세 번째로 큰 섬이다. 키프로스란 국명은 BC 2500년 전 발견된 라틴어로 구리(cuprium)란 말에서 비롯되며 키프로스 섬에는 그리스인들이 이주해 살았지만 그리스에 속해 본 적은 없다. 유럽, 아시아, 아프리카 대륙을 연결하는 교통의 요지에 있는 키프로스는 수천 년 전부터 동·서양이 교차하는 지역이었다. 이처럼 전략적으로 중요한 위치에 있는 키프로스는 그리스인, 페니키아인, 아시리아인, 이집트인, 페르시아인, 로마인, 비잔틴인, 프랑스 십자군, 베네치아인, 영국인, 터키인들이 계속 정복하여 차지하고 이주하고 다시 빼앗기곤 하는 끝없는 불화의 원인을 제공하였다.
오늘날 분단의 씨앗은 1571년 오스만 터키인들이 키프로스를 점령하여 오스만제국 영토가 된 데 있다. 오스만제국의 술탄은 키프로스 섬에 사는 그리스인들을 국민으로 인정하고 그리스 정교의 대주교의 지위도 인정하며 국민의 지도자로 간주했기에 그리스인들과 터키인들은 함께 평화롭게 살았다. 그러나 이 같은 평화는 1878년 영국이 키프로스 섬의 행정권을 터키로부터 빼앗고 또 1925년 중동에 있는 영국 식민지의 발판으로 하기 위해 키프로스 섬을 직할 식민지화하면서 깨어졌다. 1955년 그리스 계 주민들 사이에서는 키프로스를 그리스로 다시금 복귀시키려는 통합(에노시스 enosis = union) 운동이 반영(反英) 운동으로까지 확대되는 유혈전투가 있었고 또 통합에 반대하는 터키계 주민과 터키정부, 그리스 계 주민 사이에 대립이 격화되었다. 1960년 키프로스조약으로 타협이 이루어져 키프로스는 영국령에서 독립하면서 대통령은 그리스 계, 부통령은 터키계가 맡기로 하고 영국, 그리스, 터키가 독립을 보장하였다. 1974년 쿠데타로 친 그리스 정부가 수립되자 터키군은 터키계 주민보호를 구실로 침입하여 키프로스 섬 북부(국토의 37%)를 점령했다. 1983년 11월 15일 터키계 주민들은 '북 키프로스-터키공화국'을 일방적으로 분리 독립을 선포하였지만 터키만이 이를 인정했다. 양측은 서로 불법이라고 주장하고 있어 키프로스 섬의 분단을 되돌리는 것은 현재로서는 불가능하다. 키프로스 섬의 북부는 농사를 짓는 평야, 산업, 호텔, 특히 역사적으로 아름다운 장소와 지역이 있음에도 불구하고 고립되어 있어 경제적으로 어렵고 터키에 의존한다. 2004년 5월 1일에 키프로스는 EU회원국이 되었지만 '일방적 독립'을 선언한 북 키프로스를 제외한 남 키프로스에만 EU 법규가 적용된다. 키프로스는 사랑과 아름다움의 여신인 아프로디테(비너스) 탄생 전설이 있는 섬이며 키프로스의 강들은 겨울에만 물이 있고 '향기의 고장'이라 할 만큼 장미꽃이 많은 나라이다.

(9) 폴란드

국토 면적: 31만㎢
인구: 3천 900만 명
일상어: 폴란드어, 우크라이나어, 벨로루시어, 독일어
종교: 90% 가톨릭, 1.3% 정교
1인당 국민소득: 7천 달러

로마제국이 멸망한 후 5세기에 서 슬라브족 계통의 폴 민족이 오늘날의 폴란드에 이주했다. 9・10세기 피아스트 왕조시대에 국가 체제가 생겨났고 가톨릭 신앙을 받아들였다. 14세기 카시미르 왕은 중앙집권의 강국을 건설하여 문화를 크게 번성시켰고 중부 유럽과 서유럽에서 추방당한 유대인들을 받아들였다. 2차 세계대전 때 나치스에 의해 유대인 절멸정책이 있기까지 폴란드에서 유대인은 가장 수가 많은 소수민족이었다. 12세기부터 17세기까지 폴란드 왕국의 수도였던 크라쿠프는 화려한 르네상스 양식의 건축이 즐비한 중세 최대의 시장이었다. 폴란드는 1795년부터 시작된 3차례에 걸친 프로이센, 오스트리아, 러시아의 분할로 유럽의 지도에서 1918년까지 완전히 사라졌다(1807~1812년 잠시 프랑스의 위성국이었던 적이 있었다). 1939년 9월 1일 히틀러의 폴란드 침공으로 2차 세계대전이 발발했고, 스탈린의 붉은 군대는 약 2주일 후인 1939년 9월 17일 동쪽으로부터 폴란드로 진군했다. 2차 세계대전에서 폴란드인들은 약 6백만 명이 죽었고, 그 중 85% 이상이 유대인 주민이었으며 전체 국민 재산의 약 38%가 피해를 입었다. 단치히의 조선소 노동자 L. 바웬사를 위원장으로 하는 폴란드의 자유노조인 '연대노조'는 1980년부터 폴란드 민주화에 많은 기여를 했다. 폴란드란 국명은 '평야'(pole)란 뜻에서 나왔는데 폴란드는 세계에서 가장 큰 곡물 생산 국가이다.

(10) 헝가리
국토 면적: 9만 3천 ㎢
인구: 1천만 명
일상어: 헝가리 어
종교: 가톨릭 54.5%, 칼뱅교 15.9%, 루터교 3%, 무종교 14.5%
1인당 국민소득: 1만 달러

도나우 강 서쪽지역은 로마의 아우구스투스 황제 치하에서 로마제국의 한 주(州)가 되었다. 우랄 산맥 서쪽에 살던 헝가리 민족인 마자르족은 계속 서쪽으로 침입하여 전투를 했다가 10세기 말 유목 기마생활을 버리고 정주하며 농경생활 양식을 받아들였다. 16세기 중엽에는 오스만족의 침략을 받아 독립을 잃었고 1526년 모하치 전투에서 대패하여 145년간 터키의 지배를 받다가 1686년 오스트리아 합스부르크가(家)로 넘어갔다. 오스트리아는 대 터키전쟁에서 헝가리와 지벤뷰르겐 지역을 정복하였고 1867년에는 오스트리아와 헝가리 간에 화협(和協)이 성립되어 오스트리아-헝가리 2중 왕국으로 동등한 위치가 되었다. 1차 세계대전에서 오스트리아가 패전하여 헝가리는 독립하였고 1918년 11월 16일 최초로 공화국이 선포되었고 2차 대전 후에는 소련식 모델의 헌법을 채택했다. 1956년 10월 23일 민중봉기가 실패한 후에 헝가리에는 모스크바에 충실한 카다르 정권이 들어섰고 경제개혁을 이룬 카다르 정권의 대중적 노선을 흔히 '굴라쉬 공산주의'(굴라쉬는 파프리카를 넣은 대표적 헝가리 음식)라 불렀다. 1989년 부다페스트의 개혁주의적 공산주의자들이 동독의 피난민을 위해 서방 국경 차단기를 열자 베를린 장벽은 의미가 없어졌다. 그와 같은 용기 있는 결정은 유럽의 정치 상황을 바꾸어놓는데 결정적 역할을 했다.

7. 2007년 가입국

(1) 루마니아

국토 면적: 34만㎢

인구: 2천 250만 명

일상어: 루마니아어, 헝가리어, 독일어, 세르비아어, 크로아티아어, 러시아어

종교: 루마니아 정교 87%, 가톨릭 5.6%, 기타 개신교 6.8%

1인당 국민소득: 3,830달러

로마의 트라야누스 황제는 106년 루마니아의 원주민인 다키아족을 복속시키고 로마의 속주(다키아)로 하였고 다키아인들이 로마화한 루마니아족이 되었다. 14세기에는 헝가리 출신의 바사라브 공을 수장으로 하는 키아-몰다비아 공국을 건설했으나 독일인이 이주해 살던 지벤부르크 지역과 함께 오스만 투르크제국에 예속되었다. 1866년 프로이센의 왕자 카를 1세(1866~1914년 재위)가 루마니아의 왕으로 선출되었기에 루마니아는 문화적·정치적으로 중부유럽과 연결되었다. 1944년 처칠과 스탈린 합의로 루마니아는 서방세력의 관심에서 멀어졌고 루마니아에는 소련을 모델로 하는 '인민공화국'이 선포되었다. 1989년 말 차우셰스쿠 독재에 대한 유혈봉기가 일어나 차우셰스쿠와 그의 아내는 도주 중 체포되어 이틀 후에 처형되었다. 1939년 약 80만 명의 독일계 루마니아인들을 소련으로 강제 이주시켰고 1990년 루마니아에 살고 있던 약 20만 명, 그 후 다시 10명이 추방당해 루마니아를 떠났다. 루마니아는 과거 동구권 국가들 중 오늘날 1989년 전보다 더 못한 상태에 있는 유일한 국가이다. 루마니아인들은 기원전 2세기 로마 지배 때 생겨난 라틴어 계통의 언어인 루마니아어를 공용어로 사용한다. 루마니아는 석유와 천연가스 등 지하자원이 풍부하여 수출까지 했었으나 1990년부터는 수입석유에 대한 의존도가 높아진다. 2004년 NATO에 가입했고 2007년 1월 1일로 EU 회원국이 되었다.

(2) 불가리아

국토 면적: 11만㎢

인구: 780만 명

공용어: 불가리아어.

일상어: 불가리아어, 터키어, 로마니어

종교: 불가리아 정교 82.6%, 무슬림 12.2%

아드리아 해와 흑해 사이에 있는 불가리아 발칸 산악지역은 동서 길이는 약 520㎞, 남북은 약 330㎞인 직사각형 모양이다. 기원전 29년 로마인들은 이 지역을 로마화하기 시작했고 슬라브인들도 이주해 살았다. 7세기말 중앙아시아에서 투르크계인 불가리인이 침입하여 AD 681년 아스파르흐칸이 이끄는 불가리아 국가를 성립하였다. 대(大) 시메온 황제(893~927년 재위)시대는 발칸 반도 전 지역을 차지하는 대국으로 성장하였으나 비잔틴제국과 장기간에 걸친 전쟁으로 시메온 황제 사후 급속히 쇠퇴하기 시작하여 1018년에는 비잔틴제국에 굴복하였다. 12세기 말경 두 번째로 남동 유럽에서 다시 한 번 크게 세력을 키워 제2차 불가리아제국(1186~1393년)을 이루고 문화를 부흥시켰다가 다시 쇠퇴하여 1393년부터 오스만제국의 침략을 받게 되고 약 500년 동안 오스만제국의 지배하에 있게 되었다. 1876년 4월 터키 지배에 대항하는 불가리아인들의 유혈 폭동은 러시아와 터키 간의 전쟁(1877~78년)을 유발했고, 전쟁 후 베를린 회의에서 500년 만에 반 독립적 불가리아 입헌군주국으로 승인을 받고 러시아의 영향력이 인정되었다. 1차 세계대전 때에는 독일 오스트리아 편에 있었기에 영토를 잃고 거액의 배상금까지 내야 했다. 1946년 군주제가 폐지되고 인민공화국이 되었으나 1990년 공산당 1당 독재가 포기되고 불가리아공화국으로 새롭게 탄생되었다.

■ Toward Genuine Peace & Justice
(영국 에든버러대학 명예신학박사 학위 수여시 연설문)

Laureate Response

Park, Kyung-seo

Today is a day which brings honor to the whole people and country of Korea, a country which has been divided into North and South for the last 62 years. Our people are divided into two groups, one advocating the premise "War is a means to real Peace" and the other, that "War can never bring real Peace."

Yet when we confront today's world's realities, we cannot but recognize the limits of trying to attain genuine peace by the use of force. A war waged in order to bring an end to another war can never by any means ensure a peaceful outcome.

This is why we realize that a true and lasting peace is achieved only through communication, that is, a peaceful means which is founded on mutual compromise through reconciliation.

This we learn from modern human history, especially from the Korean War, the Vietnam War, the Iraqi War, from other wars, which all reconfirm this same lesson.

Following through the dispute between those who state that it is through war that peace is attained, and the others who say that genuine peace is achieved only by peaceful means, we reconfirm the only possible conclusion, which is that true peace can be achieved only by peaceful means. To this end we are called by Jesus Christ to be Peace Makers and Peace Advocates.

I am proud and happy to bring this Honorary Degree back to my Country Korea and to continue with our long and patient struggle to achieve a lasting peace settlement on the Korean Peninsula. Thank you very much.

찾아보기

(용 어)

ㄱ

ㄴ

ㄷ

ㄹ·ㅁ

ㅈ

찾아보기

(인 명)

ㄱ·ㄴ·ㄷ

ㄹ

나남커뮤니케이션스 ⑦

주) 나남 | 나남의 책은 쉽게 팔리지 않고 오래 팔립니다 | 2009

1055 **사회과학 데이터 분석법 ③: 인자분석·Q방법론·MDS·생존분석·LISREL**
최현철(고려대)·오택섭(前 고려대) 공저

1056 **시각영상 커뮤니케이션**
신항식(홍익대 겸임교수) 저

1058 **범죄학 이론**
로널드 L. 에이커스·크리스틴 S. 셀러스/민수홍(경기대) 외 공역

1059 **공영방송론: 한국의 사회변동과 공영방송**
강형철(숙명여대) 저

1060 **한국의 내일을 묻는다**
정범모(한림대 석좌교수) 저

1063 **뛰는 스포츠, 나는 마케팅**
에비즈카 오사무/휘닉스커뮤니케이션즈마케팅플래닝본부 역

1064 **9 · 11의 충격과 미국의 거대전략**
존 L. 개디스/강규형(명지대) 역

1065 **에로스와 문명**
허버트 마르쿠제/김인환(고려대) 역

1066 **대한민국 어디로 가야 하나**
김진현(세계평화포럼이사장) 외 공편

1068 **변화하는 세계 바로보기**
하영선(서울대) 외 공저

1069 **21세기 동북아 국제관계와 한국**
이승철(한양대) 외 공저

1071 **한국 원민족 형성과 역사적 전통**
신용하(한양대 석좌교수) 저

1073 **김일성시대의 중소와 남북한**
오진용(포스코경영연구소 연구자문위원) 저

1074 **한국전쟁과 미국 외교정책**
윌리엄 스톡/서은경(AFX NEWS) 역

1075 **한국 경제의 인프라와 산업별 경쟁력**
이근(서울대) 외 공저

1076 **열린 통상대국**
안세영(서강대) 외 공저

1077 **인적 자원의 확충과 보호**
안종범(서울대) 외 공저

1078 **한국사회의 세대문제**
박재홍(경상대) 저

1079 **사람이 나라의 미래**
중앙인사위원회 편

1080 **가족복지론**
김연옥(서울시립대) 외 공저

1081 **시각영상기호학**
신항식(홍익대 겸임교수) 저

1082 **천도반대운동의 사회학**
김형국·최상철(서울대) 공편

1083 **디지털시대의 방송미디어**
김규(서강대 명예교수)·전환성(청주대)·김영용(서강대) 공저

1084 **도시와 인간**
여홍구(한양대) 외 공저

1085 **김대중 정권의 흥망**
〈비화 국민의 정부〉 동아일보 특별취재팀 저

1086 **정책 · 행정 서비스의 업그레이드**
송하중(경희대) 외 공저

1088 **사회복지조사방법론**
최성재(서울대) 저

1090 **프로젝트 청계천: 갈등관리 전략**
황기연·변미리(서울시정개발연구원)·나태준(연세대) 공저

1091 **한국영화 정책사**
김동호(동서대 객원교수) 외 공저

1094 **시각영상 세미나 ③, ④**
신항식(홍익대 겸임교수) 저

1097 **떠날 것인가 남을 것인가**
앨버트 O. 허쉬만/강명구(아주대) 역

1099 **영화마케팅 PR론**
이수범(인천대) 저

1101 **재벌의 사업구조와 경제력 집중**
송원근(진주산업대)·이상호(참여사회연구소) 공저

1102 **재벌의 재무구조와 자금조달**
이윤호(순천대) 저

1103 **재벌의 소유구조**
김진방(인하대) 저

1104 **재벌의 경영지배구조와 인맥 혼맥**
김동운(동의대) 외 공저

1105 **재벌의 노사관계와 사회적 쟁점**
강신준(동아대) 외 공저

1106 **동아시아 안보공동체**
한용섭(국방대) 외 공저

1107 **법·정치와 현실**
안경환(서울대) 외 공저

1108 **비교빈곤정책론**
김상균·조흥식(서울대) 외 공저

1109 **사회복지자료분석론**
최성재(서울대) 저

1110 **설득 커뮤니케이션**
김영석(연세대) 저

1111 **지역사회복지론**
감정기(경남대) 외 공저

1113 **새로운 한국경제발전사**
이대근(성균관대) 외 공저

1114 **현대중국의 이해**
김익수(고려대) 외 공저

1116 **새로운 제국-중국**
로스 테릴/이춘근(자유기업원 부원장) 역

1118 **한국현대사: 진실과 해석**
전상인(서울대) 외 공저

1123 **학문의 조건**
정범모(한림대 석좌교수) 저

1124 **한국 보수세력 연구**
남시욱(세종대 석좌교수) 저

1125 **미국의 대전략: 외교정책과 군사전략**
로버트 J. 아트/김동신(前 국방부장관)·이석중(국방대) 공역

1126 **위기의 교육과 교육시장**
앤드류 코울슨/서은경(AFX NEWS) 역

1128 **지역사회복지실천론**
강철희(연세대), 정무성(숭실대) 공저

1129 **사회복지정책론**
이태복(사) 인간의 대지 이사장), 심복자(사) 인간의 대지 상임이사) 공저

1130 **공정거래정책혁신론**
신광식(연세대 겸임교수) 저

1131 **의사소통행위이론 1, 2권**
위르겐 하버마스/장춘익(한림대) 역

1135 **일본의 국가전략과 안보전략**
배정호(통일연구원 선임연구위원) 저

경기도 파주시 교하읍 출판도시 518-4 TEL : 031)955-4600 FAX : 031)955-4555 www.nanam.net

주) 나남

나남커뮤니케이션스 ⑧

나남의 책은 쉽게 팔리지 않고 오래 팔립니다

2009

1138 **땅은 사유재산이다**
김정호(자유기업원 원장) 저

1139 **디지털시대의 방송편성론**
한진만(강원대), 심미선(순천향대) 외 공저

1140 **직업으로서의 학문**
막스 베버/전성우(한양대) 역

1141 **사회문제와 사회복지**
표갑수(청주대) 저

1142 **파워브랜드를 만드는 광고전략**
김원규(Communications 'of Cours') 저

1143 **미국법 오해와 이해**
이수형(동아일보) 저

1145 **후진타오 시대의 중국정치**
조영남(서울대) 저

1146 **한국언론인물사상사**
조맹기(서강대) 저

1148 **한국의 법문화**
김정오(연세대) 저

1151 **정보화시대의 신성장국가론**
홍성걸(국민대), 윤석만(포스코) 외 공저

1152 **마케팅커뮤니케이션의 통합과 온광고론**
김일철(동의대), 돈 E. 슐츠(미국 노스웨스턴대) 공저

1153 **복지국가의 태동**
송호근(서울대), 홍경준(성균관대) 공저

1155 **황우석사태와 한국사회**
김세균·최갑수(서울대), 홍성태(상지대) 외 공저

1156 **민족일보연구**
김민환(고려대) 저

1157 **노예의 길**
프리드리히 A. 하이에크/ 김이석(국회예산정책처) 역

1158 **종교사회학의 이해**
이원규(감리교신학대) 저

1159 **방송대본 이렇게 써라**
한소진(드라마 작가) 저

1160 **여성과 자유**
웬디 맥엘로이 편/ 서은경(AFX NEWS) 역

1167 **한국 세기 뛰어넘기**
권태준(前 서울대) 저

1168 **정신보건과 사회복지**
양옥경(이화여대) 저

1171 **도선국사 풍수비법**
리귀홍(전통풍수지리학회장) 저

1174 **인간·경제·국가 ①, ②**
머레이 N. 라스바드/ 전용덕(대구대), 김이석(국회예산정책처) 공역

1176 **공공의료제도의 치명적 위험**
리처드 A. 엡스타인/ 안진환(인트랜스번역원) 역

1179 **다시 광장에서**
송호근(서울대) 저

1181 **민주주의와 법원의 위헌심사**
존 하트 일리/ 전원열(대법원 재판연구관) 역

1188 **현실주의 국제정치학**
이춘근(자유기업원 부원장) 저

1189 **복지재정과 시민참여**
김태일(고려대), 박정수(이화여대), 이재원(부경대) 외 공저

1190 **직업으로서의 정치**
막스 베버/ 전성우(한양대) 역

1191 **북미핵협상**
남찬순(순천향대 초빙교수) 저

1193 **유학자의 성찰**
윤사순(고려대 명예교수) 저

1196 **디지털 크로스로드**
조나단 넥터라인, 필립 와이저 공저/ 정영진(법무법인 율촌 변호사) 역

1198 **상상력에 엔진을 달아라**
임헌우(계명대) 저

1199 **역사에 대한 예의**
전진우(동아일보) 저

1201 **광고카피창작론**
김병희(서원대) 저

1203 **자원봉사론**
남기철(동덕여대) 저

1204 **부와 빈곤의 역사**
존 P. 파월슨/ 권기대(돌 미디어 대표) 역

1205 **IPTV**
김국진(미디어미래연구소 소장), 최성진(서울산업대) 공저

1206 **경제사회학이론**
박길성(고려대), 이택면(한국여성개발원) 공저

1216 **친구와의 서신 교환선**
니콜라이 고골/ 석영중(고려대) 역

1217 **민주시민의 도덕**
로버트 프리먼 버츠/ 김해성(강원대) 역

1218 **다른 것이 아닌 것**
니콜라우스 쿠사누스/ 조규홍(한국중세철학회) 역

1219 **세계시민주의와 민족국가**
프리드리히 마이네케/ 이상신·최호근(고려대) 공역

1220 **폭력에 대한 성찰**
조르주 소렐/ 이용재(전북대) 역

1224 **기사쓰기 워크북**
하준우(동아일보) 저

1225 **서구자유주의의 융성과 쇠퇴**
앤서니 아블라스터/ 조기제(진주교대) 역

1228 **글로벌 브랜드 커뮤니케이션**
마리케 드 무이/ 김유경(외대)·전성률(서강대) 역

1233 **휴머니즘론**
박호성(서강대) 저

1235 **이념의 힘**
복거일(소설가) 저

경기도 파주시 교하읍 출판도시 518-4 TEL : 031)955-4600 FAX : 031)955-4555 www.nanam.net

나남커뮤니케이션스 ⑩

주) 나남 　 나남의 책은 쉽게 팔리지 않고 오래 팔립니다 　 2009

1343 **퍼스의 기호학**
찰스 샌더스 퍼스/김동식(육사) · 이유선(군산대 연구교수) 공역
1344 **중국의 권력승계와 정책노선**
전성홍(서강대) · 조영남(서울대) 공저
1345 **사회변동과 한국가족법**
김성숙(숙명여대) 저
1347 **여성복지의 실천과 정책**
김인숙(가톨릭대) · 정재훈(서울여대) 공저
1348 **회귀분석**
김두섭(한양대) · 강남준(서울대) 공저
1349 **중국외교연구의 새로운 영역**
김태호(한림국제대학원대) 외 공저
1350 **매스커뮤니케이션이론(5판)**
데니스 맥퀘일/양승찬(숙명여대) · 이강형(경북대) 공역
1351 **코르테스의 멕시코제국 정복기 ①, ②**
코르테스/김원중(서울대 강사) 역
1354 **보건복지정책론**
문창진(포천중문의대) 저
1355 **한국근현대사회와 국제환경**
신용하(이화여대 석좌교수) 저
1358 **교육적 오락물과 사회변화**
아빈드 싱할 외/배현석(영남대) 역
1359 **루이 14세와 베르사유 궁정**
생시몽/이영림(수원대) 역
1361 **딜레마와 제도의 설계**
소명진(대구대) 외 공저
1362 **서양과학의 기원들**
데이비드 C. 린드버그/이종흡(경남대) 역
1365 **공작부인이야기**
제프리 초서/김재환(한림대) 역
1366 **분류체계의 수사학**
하인리히 F. 플렛/양태종(동아대) 역
1367 **정의의 타자**
악셀 호네트/문성훈(서울여대) 외 공역
1368 **레프 톨스토이 ①, ②**
빅토르 쉬클롭스키/이강은(경북대) 역
1370 **섹슈얼리티와 위험연구**
조병희(서울대) 저
1371 **미디어 경제경영론**
알바란 외 편/김동규(건국대) 외 공역
1373 **지향성-심리철학 소론**
존 R. 설/심철호(한중대) 역
1374 **진리와 정당화**
위르겐 하버마스/윤형식(프리랜서) 역
1375 **풍경식 정원**
헤르만 퓌르스트 폰 퓌클러무스카우/권영경(고려대 강사) 역
1376 **광고비평방법**
김병희(서원대) 외 공저
1378 **누구의 과학이며 누구의 지식인가**
샌드라 하딩/조주현(계명대) 역
1379 **현대 커뮤니케이션 사상사**
조맹기(서강대) 저
1381 **신문, 컨텐츠 제국**
박명식(동아일보) 외 공저
1385 **포토저널리즘(개정판)**
이병훈(고려대 겸임교수) 저
1386 **코드 2.0**
로렌스 레식/김정오(연세대) 역
1387 **다문화사회, 한국**
양옥경(이화여대) 외 공저
1389 **변증법적 이성비판 ①, ②, ③**
장 폴 사르트르/박정자(前 상명여대) 외 공역
1392 **아담 비드**
조지 엘리엇/이미애(서울대) 역
1393 **신유목적 민주주의**
임혁백(고려대) 저
1394 **다윈 진화고고학**
마이클 오브라이언 · 리 라이맨/성춘택(경희대) 역
1395 **인간은 섬이 아니다**
존 던/김명복(연세대) 역
1397 **촛불에 길을 잃다**
고종원(조선일보) 외 공저
1398 **미디어정책 개혁론**
로버트 W. 맥체스니/최현철(고려대) 외 공역
1399 **분열된 서구**
위르겐 하버마스/장은주(영산대) 외 공역
1400 **원전 36계에서 배우는 경영의 지혜**
유엽 편저/박윤식(북경 LG빌딩 고문) 역
1401 **크로스위치**
덴츠/휘닉스커뮤니케이션즈 역
1402 **애착**
존 보울비/김창대(서울대) 역
1403 **한반도 상생프로젝트**
남성욱(고려대) 외 공저
1404 **디자인방법론**
스티븐 톨레슨/한상만 · 임헌우(계명대) 공역
1405 **대만의 독립문제와 정당정치**
지은주(고려대 평화연구소 연구교수) 저
1406 **다중적 근대성의 탐구**
쉬무엘 N. 아이젠스타트/임현진(서울대) 외 공역
1408 **기자가 본 한국현대사 현장**
김인수(사상타임스) 저
1409 **지구촌 시대의 평화와 인권**
박경서(이화학술원 석좌교수) 저
1410 **아서 왕의 죽음 ①, ②**
토마스 말로리/이현주(감리교신학대) 역
1412 **공업입지론**
알프레트 베버/안영진(전남대) 역
1415 **뉴 스토리, 뉴 스타일**
송상근(동아일보) · 박재영(고려대) 공저